중국 도교사

신선을 꿈꾼 사람들의 이야기

이 책은 牟鐘鑒의 『中國道教』(廣州: 廣東人民出版社, 1996)를 완역한 것입니다.

노장총서 10

중국 도교사 - 신선을 꿈꾼 사람들의 이야기

지은이   牟鐘鑒
옮긴이   이봉호
펴낸이   오정혜
펴낸곳   예문서원

편 집   김병훈
인 쇄   ㈜ 상지사 P&B
제 책   ㈜ 상지사 P&B

초판 1쇄   2015년 5월 29일

주   소   서울시 성북구 안암로9길 13, 4층
출판등록   1993년 1월 7일 (제307-2010-51호)
전화번호   925-5913~4 / 팩시밀리   929-2285
Homepage   http//www.yemoon.com
E-mail   yemoonsw@empas.com

ISBN 978-89-7646-338-8   03240

YEMOONSEOWON #4 13, Anam-ro 9-gil, Seongbuk-Gu Seoul KOREA 136-074
Tel) 02-925-5913~4, Fax) 02-929-2285

값 28,000원

노장총서 10

중국 도교사

신선을 꿈꾼 사람들의 이야기

牟鐘鑒 지음
이봉호 옮김

예문서원

역자 서문

근대적 의미에서의 도교에 대한 연구는 19세기 말부터 20세기 초까지 서구와 일본에서 시작된다. 19세기 말에서 20세기 초는 제국주의시대이다. 이들이 제국주의의 관점에서 도교에 관심을 기울인 것은 도교가 가장 중국다운 것이라는 인식 때문이었다. 도교 연구는 중국의 정체성을 이해하기 위해 시작되어, 1968년 이탈리아에서 열린 국제학술대회를 시작으로 지금까지 35회의 국제학술대회가 열렸다. 중국은 1980년 이후부터 참여하게 된다. 이처럼 도교에 대한 저간의 연구는 당사자인 중국의 시각이 배제된 채 이루어져 왔다. 도교 연구에서 가장 앞선 나라들이 프랑스와 일본, 미국이란 점은 도교 연구가 제국주의적 시각에서 자유로울 수 없다는 점을 시사한다.

이러한 사정에 의해, 2010년 이전까지 한국에서의 중국 도교와 도교사에 대한 이해는 일본 학자들의 연구결과와 번역을 통해 이루어져 왔다. 일본은 제국주의시대부터 도교에 대한 자료를 수집하고 연구를 진행해 왔는데, 이는 제국주의의 실천방법이었다. 그래서 일본의 초기 도교 연구에는 제국주의 시각이 묻어날 수밖에 없다. 또한 일본의 연구방법에서 보이는 세세한 고증과 문헌 중심의 연구는 그 장점에도 불구하고 큰 그림을 보는 데는 다소 미흡한 점이 있다. 이러한 점에서 도교에 대한 일본 학자들의 시각과 중국 학자들의 시각에는 미묘한 차이가 있을 수밖에 없다.

중국의 경우는 공산화 이후 종교활동이 금지되고, 문화대혁명으로 인해 종교연구까지 금지되었다. 그러다가 1978년부터 이에 대한 해제가 시작되어 본격적인 연구가 진행된다. 1980년대 이후로 지금까지 중국학자들의 도교와 관련된 연구와 저술들은 가히 폭발적이라 할 수 있다. 하지만 도교에 대한 연구는 여전히 보이지 않는 장벽이 있다. 역자의 경험에 따르면, 도교와 관련된 국제학술회의에서나 도관의 방문 때, 공산당 하급공무원이 항상 배석하여 학자들의 이야기를 메모했다. 도사와 도교 연구자들은 중국 공산당의 시선 안에 있어야 했다. 간혹 공산당 당원이 도관의 주지인 경우도 있었다. 이러한 상황에 대해 역자는 도교는 여전히 공산당의 관리를 받아야 하는 종교이고, 도교의 관점에서는 공산당의 지원을 받아야 하는 종교라는 생각을 가졌었다.

　　최근 한국 학계에 중국 학자들의 도교 서적들이 번역되어 소개되었다. 도교에 대한 일반적 소개를 하는 책도 있고, 도교를 강의한 교재를 번역한 책도 있으며, 도교의 수련이론을 중심으로 한 책도 있다. 하지만 중국 도교사는 소개되지 않았다. 역자는 여러 종류의 도교사를 일람해보았지만 이 책처럼 일목요연하고 핵심을 추려 쓴 도교사는 보지 못했다. 모종감 교수는 중국철학사를 전공한 노학자이다. 그래서인지 도교사를 중국사의 관점과 철학사의 관점에서 정리하고 있다. 노신은 중국 역사를 도교의 관점에서 이해할 때만이 제대로 이해할 수 있다고 했는데, 이 책을 읽으면 노신의 말을 이해할 수 있을 것이다. 또한 이 책은 모종감 교수의 도교에 대한 시각을 분명히 보여 준다. 그는 철학자의 시각에서 도교에 대한 애정과 비판을 서술해 내고 있다. 이 점이 이 책의 장점이다. 무엇보다도 이 책은 도교사에 관한 전문서적이지만 재미가 있다는 점이 장점일 것이다.

하지만 역자의 입장에서는 몇 가지 괴로운 점이 있었다. 저자는 고대한어와 현대한어를 한 문장에서 동시에 사용하기도 하고, 중국 역사와 경전들을 전거 없이 인용하기도 하며, 중국사에 대한 지식이 있어야만 이해할 수 있는 내용인데도 설명이나 주석을 달지 않았다. 이러한 점에 대해 역자는 최대한 신경을 쓰면서 번역하였고, 주석을 찾아 달았다. 여전히 드는 생각은 저자가 한 호흡으로 이 책을 써내려 간 듯하다는 것이다. 역시 대가다운 힘을 느끼게 한다.

어떤 분야이든지 그 분야를 연구하자면 사적인 흐름을 잡고 구체적인 부분들을 공부하는 게 좋은 방법일 것이다. 도교에 대한 연구에서도 마찬가지일 것이다. 도교사의 흐름을 잡기에는 이 책만한 것이 없다고 판단한다.

역자는 박사학위논문을 쓰면서 도교사의 흐름을 잡을 필요가 있었다. 도교사를 일목요연하게 서술한 책을 찾다가 이 책을 발견하였다. 학위논문을 작성하고 난 이후 언젠가 이 책을 번역해야지 마음먹었는데, 이제야 출간하게 되었다.

이 책을 번역하면서 여러 사람의 도움을 받았다. 이권 선생님, 신진식 선생님, 최재호 선생님, 이대승 선생님 등이 초역된 원고를 읽고 조언을 해 주었고, 오역도 잡아 주었다.

역자가 도교 연구자로 성장하는 데 가장 많은 영향을 준 지도교수 최일범 선생님께 감사를 드린다. 선생님은 도교 경전을 같이 읽어 주었을 뿐만 아니라, 연구실의 도교 서적을 자유롭게 열람하게 해 주셨다. 마지막으로 젊은 학자를 항상 응원해 주시는 SK Telecom사의 손길승 회장님께 감사를 드린다. 이우형 부장님께도 감사의 마음을 전한다.

2015년 5월 18일
역자 이봉호 씀

제1장 초기도교의 배태와 탄생

1. 중국 도교의 특색

중국 역사에서 독립된 교단 조직을 갖춘 대형 종교는 다섯 가지이다. 불교·도교·이슬람교·천주교·개신교가 그것이다. 이 중에서 네 개 종교는 외국으로부터 전래되어 와서 점차 중국적 특색을 갖추게 된 것이고, 오직 도교만이 중국 고대의 문화와 종교에 근원한 토박이 종교이다. 도교는 비록 불교로부터 자양분을 흡수했지만, 중국 민족의 전통신앙적 특징을 가장 잘 표현해 낸 종교이다.

도교가 숭배하는 최고의 대상은 '도道'이다. 도는 천지만물의 본원이자 우주발전의 원동력이다. 이러한 도는 우주만물의 본체이자 사회와 삶의 최고 진리를 관통하고 있어서 가장 존귀하다. 도교의 설법을 살펴보면, 도기道氣가 변화하여 삼청三清의 존귀한 신이 된다. 이 신들 가운데 원시천존元始天尊은 옥청경玉清境에 거주하고, 영보천존靈寶天尊은 상청경上清境에 거주하며, 도덕천존道德天尊은 태청경太清境에 거주한다. 이 삼청의 신들이 도교에서 숭배하는 최고의 신령이다. 이 중에서 원시천존이 가장 지위가 높지만, 영향을 가장 많이 미친 신은 도덕천존 즉 태상노군太上老君이다. 이 신은 노자老子가 신으로 승화된 것이다. 태상노군은 천신天神으로 인정되는 동시에 도교를 창립한 교주로 인식되었으며, 또 그가 저술한 『도덕경道德經』은 모든 도교 경전의 으뜸으로 인정되어 도교도들의 특별한 존경을 받아 왔다.

도교의 신앙과 수련에서 최고 목표는 장생불사長生不死하고 도를 터득하여 신선神仙이 되는 것이다. 그 다음의 목표는 병을 다스려 신체를 건강하게 하고, 삿됨을 물리치고 귀신을 제거하는 것이다. 아울러 도교는 안으로 몸을 다스리는 한편으로 밖으로는 세상을 구제하려 하는데, 특히 수련과 선행(덕을쌓는참된행위)의 두 측면이 다 온전하기를 강조한다. 때문에 사회활동에 대해 관심이 많다.

종교활동의 형식에서 말하자면, 도교는 두 개 파로 구분할 수 있다. 연단파煉丹派와 부록파符籙派가 그것이다. 연단파는 다시 외단파外丹派와 내단파內丹派로 구분되는데, 공통점은 금단金丹을 제련하는 데 힘을 기울여 이로써 장생을 추구하고 세상을 구제하려 한다는 점이다. 부록파는 주문과 부적, 액막이기도를 중시하여, 이를 통해 사람들을 고난으로부터 벗어나게 하고 복과 안녕을 구한다.

도교는 일반적인 종교의 공통점을 갖추고 있으면서도 독특한 내포와 특징을 가지고 있다. 그 특색은 다음과 같이 구분할 수 있다.

첫째, 종교발생학의 관점에서 보면, 도교는 원시형 종교도 어떤 창교자에 의한 종교도 아닌, 양자 사이에 끼여 있는 종교이다. 도교는 통일된 형태로서의 도교를 만든 교주와 종교를 창조한 집중된 시기도 없었다. 그 탄생과 성장 과정은 시간적으로 완만하고 여러 시기에 분산되었으며, 다양한 과정을 거쳐 다양한 지역에서 발전하다가 점차로 하나로 합쳐졌다. 그래서 그 탄생의 시초를 확정하기가 쉽지 않다. 흔히 "노자가 도교를 창시했다"(老子創敎)라고 말하는 것은 종교적 신화일 뿐 학자들은 이를 인정하지 않으며, 장도릉張道陵이 창건한 것은 '도교'가 아니라 '오두미도'일[1] 뿐이다. 도교의 신앙 가운데 다신숭배와 자연숭배가 있는데, 이는 중국 고대의 종교의식을 표현한 것이다.

둘째, 종교교의학宗教教義學의 관점에서 보면, 도교는 여러 종교 중에서 현실생명을 가장 중시한다. 기독교와 이슬람교는 현실의 삶은 잠깐 동안이며 고난의 연속이지만 하나님과 알라신에 귀의하면 사후에 영혼의 구원을 얻을 수 있다고 인식한다. 불교 역시 삶을 고통으로 보면서 '윤회를 벗어남'(無生)을 해탈로 인식한다. 오직 도교만이 삶을 즐거움으로 인식하여 생명을 중시하고 죽음을 싫어한다. 도교의 수련은 현실생명을 기초로 삼아 몸과 정신이 서로를 지키는 것이다. 성性과 명命을 동시에 닦아 현실생명으로 하여금 끊임없이 승화하게 하여, 최후에 환골탈태하는 경지에 도달함으로써 성과 명이 영구히 견고하게 되는 것을 목적으로 삼는다. 도교에서 숭배하는 대도大道는 우주의 끊임없이 낳고 낳는 영원한 생명력을 가리키는 것으로, '생生' · '통通' · '도道'를 기본적인 내포로 삼는다. 이른바 "삶과 도의 합일"(生道合一)이란, 개체 생명으로 하여금 영원한 생명의 도에 일체화되게 하는 것이다. 도교에서 제시한 "나의 생명은 나에게 달려 있지 하늘에 매여 있지 않다"(我命在我, 不在天)[2]라는 구호는 양생수련을 가장 잘 표현한 말로, 건강한 육체와 장수를 위한 양생의 도와 지혜 및 잠재능력을 개발하는 선학仙學을 하나의 체계로 발전시킨 명제이다.

셋째, 종교관계학의 관점에서 말하면, 도교는 여러 종교 중에서 비교적 배타성이 적고 포용성이 많은 종교이다. 도교는 상고시대의 사유로부터 제자백가의 사상까지를 포괄하는 다양한 문화가 융합된 산물이다. 도교는 후대의 발전 과정에서도 여전히 개방적 태도를 취하여 폭넓게 사상과 문화를 받아들임으로써 "만상을 포괄하고 구류를 관철하여"[3]

---

1) 이에 대해서도 학계에서는 여전히 논의 중이다.
2) 역자주: 『抱朴子』, 「黃白」편에 『龜甲文』의 "我命在我不在天, 還丹成金億萬年"라는 문장이 인용되어 있다. 『귀갑문』은 일실되어 전하지 않는다.
3) 이는 도교에 대한 陳攖宇의 지적이다.

형성된 것이 특징이다. 도교 자체의 역량은 비록 크지 않지만, 도교는 제자백가를 통괄하였기 때문에 전통사회의 3대 정신적 지주 중의 하나가 될 수 있었다. 도가는 도교가 아니다. 그러나 도교는 처음부터 끝까지 도가에 의지하여 이론적으로 도가와 도교를 회통함으로써 자신의 영향력을 증대시켜 갔다. 또한 도교는 대량으로 유교와 불교의 사상을 흡수하였을 뿐 아니라, 자신의 사상을 두 종교에 심기도 하였다. 여러 시대에 걸쳐 편찬된 『도장道藏』은 광범위한 내용을 수록하고 있다. 이 때문에 『도장』은 중국 문화 사료의 보고가 되었는데, 그 속에는 제자백가의 저작들도 상당수 수록되어 있다. 이 점은 도교에 대해 '뒤섞여서 단서가 여럿'(雜而多端)이라는 인식을 갖게 만들었다. 비록 도교는 온갖 사상을 끌어 오면서도 결코 자신의 중심된 뜻을 잃지 않았지만, 그런 가운데서도 중국인의 다신교적 특성과 잡다하면서도 통일되지 않는 신앙의 특징을 잘 드러내고 있다.

넷째, 종교문화학의 관점에서 보면, 도교의 정식 교인 수는 제한적인데, 이를 광대하게 영향을 미친 도교문화와 비교해 보면 선명한 대비를 이룬다. 도교의 이러한 특징은 다른 종교와 비교할 때 매우 특이한 현상이다. 도교 신도는 역대로 다섯 종교 중에서 가장 적어 몇 십만을 넘지 않는다. 그러나 도교가 중국문화에 미친 영향은 도리어 신도 수의 범위를 훨씬 뛰어넘어 각계각층, 각종 영역, 각종 지역 등에서 광범한 영향을 미친다. 중국의 기독교나 이슬람교가 아무리 그 신도의 수가 많더라도 문화적 영향은 기본적으로 신도들의 범위 안에 한정된다는 점과 비교된다. 도교는 민간신앙과 가장 밀접한 관계에 있다. 수많은 민간종교가 도교로부터 발생하였으며, 노군묘老君廟(노자를 모신 사당), 동악묘東岳廟(관우를 모신 사당), 진무묘眞武廟(진무대제를 모신 사당) 등의 여러 사당에서 도교와 민간신앙이 결합한 것을 볼 수 있다. 문학과 예술의 측면에서 보더라도, 도교의 신선설화(仙話)는 문예창작의 주요한 원천이 되었으며, 또 문학예술의 주요 사상에서부터 예술의 원리, 언어적 표현 등에 이르기까지 도교의 영향이 침투되지 않은 곳이 없고, 민간문예는 도교의 내용을 빠뜨린 적이 없다. 치병과 양생의 측면에서도 마찬가지로, 도교와 중국의학은 뗄 수 없을 정도로 밀접한 관계를 맺고 있다. 내단의 수련법에서 생겨난 온갖 종류의 기공氣功이 중국 각지에서 지금까지도 시행되어 옴으로써 민족의 체질을 높이는 데 공헌하고 있다. 이처럼 도교는 중국문화 및 민족성과 밀접한 관련을 맺고 있기 때문에 노신은 "중국의 뿌리는 온전히 도교에 있다"라고 말하기도 했다. 도교문화는 중국 전통문화의 중요한 구성 요소인 것이다.

2. 도교는 고대문화에서 근원한다

1. 고대종교와 민간무속

중국 고대에 성행한 자연숭배와 귀신숭배는 모두 도교가 자생하는 토대가 되었다. 『상서尚書』「요전堯傳」에 "마침내 상제에게 류類 제사를 지내고, 육종六宗(天地四時)에 인禋 제사를 지내며, 산천에 망望 제사를 지내고, 여러 귀신들에게 두루 제사하였다"라고 하였고, 『예기禮記』「제법祭法」에서는 "산림과 계곡, 구릉이 구름을 내어 바람과 비를 만들고 괴이한 물건을 드러내니, 모두 신이라고 한다. 천하를 소유한 사람은 온갖 신에게 제사한다", "제사를 지내는 것은 황제로부터 시작해서 5대를 이어져 불변하는 것이다"라고 하였으니, 이러한 기록들을 통해 초기 종교의 내용에 대해 거슬러 올라가 볼 수 있다.

중국은 농업에 기반한 나라이며, 농업에서 제사는 중요한 지위를 점유한다. 그러므로 사직신社稷神이 있다. 『사기史記』「봉선서封禪書」에서, "우임금이 일어나 토지신에게 제사하는 것을 정비한 이래로, 하늘과 땅에 대한 제사는 모두 그 '근본'(所從來)를 숭상하는 것이다"라고 하였다. 다른 신들로는 태양신, 달의 신, 별의 신, 산의 신, 강의 신, 바람의 신, 우레의 신, 주방의 신, 부뚜막의 신 등이 있는데, 이런 여러 신들에 대한 숭상은 대단히 오랜 기원을 가지면서 면면하게 이어져 내려와서 보편적인 민간신앙이 되었다. 『사기』「봉선서」에서는 또 말하기를, 한나라 초기에 "벽옹辟雍[4]에 해, 달, 참성參星, 진성辰星, 남북두성, 형혹성熒惑星, 태백성太白星, 세성歲星, 전성塡星, 이십팔수二十八宿, 풍백風伯, 우사雨師, 사해四海, 구신九臣, 십사신十四臣, 제포諸布, 제엄諸嚴, 제구諸逑 등을 모시는 백여 개의 사당을 두었다"라고 하였다. 이를 통해 여러 대상을 숭배하는 풍속이 성행하였다는 사실을 알 수 있다.

이러한 온갖 종류의 신들은 후대에 대부분 도교에 흡수되어 도교의 존귀한 신들이 되었다. 가령 천제天帝는 옥황대제玉皇大帝가 되었고, 천天·지地·수水의 세 신은 삼관신三官神이 되었으며, 북방 일곱별의 신은 현무玄武(眞武)가 되었다. 그 밖에 최초의 민간신앙의 대상이었던 동악대제東嶽大帝, 사해용왕四海龍王, 성황토지城隍土地, 문지방신, 부뚜막신 등은 후대에 도교와 민간이 공통으로 제사지내며 섬기는 대상이 되었다. 도교는 민간신앙 중에서 신령스러운 것들을 흡수하고 개조하였는데, 이는 초기에만 한정된 것이 아니라 후대의 발전 과정에서도 끊이지 않고 지속적으로 이어져 왔다. 그 결과 이 두 집단의 신들은 뒤섞여 분명하게 구분할 수 없게 되었다.

옛사람들이 신령을 숭배한 것은 복을 빌고 화를 면하기 위해서였다. 그러나 신령은 심오하여 알기 어려웠기 때문에 신을 제사지내는 방식을 강구할 필요가 있었다. 하지만 모든 사람들이 신과 소통할 수는 없었다. 그래서 무축巫祝이라는 종교적 직업이 탄생하게 된다. 이들은 관과 민간에서 종교와 제사를 전문적으로 담당하며 신과 인간의 소통을 관장하였다. 이들은 신의 뜻을 구하고 귀신의 힘을 조화롭게 움직임으로써 인간의

---

4) 역자주: 중국 周나라 때 천자가 나라에 설치한 大學의 이름. 동쪽을 東序, 남쪽을 成均, 서쪽을 瞽宗, 북쪽을 上庠이라 하였다.

복을 구하고 재앙을 제거하였다. 은상시대의 점복占卜 글에서 '무巫'자는 '두 손으로 옥을 든 모습'을 형상화한 것으로 나타나는데, 이는 신을 섬기는 모습이다.『설문해자說文解字』에서는 '무巫'자를 풀이하기를 "여자 중에서 형상 없는 것을 섬길 수 있어 춤을 추어서 신을 강림하게 하는 자"라고 하였고,『국어國語』「초어楚語」편에서는 "그러한 능력이 있는 남자를 박수覡라 하고, 그러한 능력이 있는 여자를 무당이라 한다"라고 하였다. 일반적으로는 무巫와 격覡을 합하여 무당이라고 한다. '축祝'에 대한『설문해자』의 설명은 "찬양하여 섬기는 자"라고 되어 있으니, 종교적 제사와 의식을 담당하는 자로서 신을 맞이하고 기도를 드리는 일 등을 담당하였다. '복卜'에 대해『설문해자』에서는 "벗겨진 거북을 굽는 자로서, 거북을 굽는 모습을 형상화한 것이다. 혹자는 거북의 껍질이 불에 타서 종횡으로 갈라진 모습兆을 형상화한 것이라고도 한다"라고 설명하고 있다. 점치는 자는 오로지 다른 사람을 대신해서 의문 나는 사항을 결정하고 길흉을 판단한다.

무, 축, 복은 고대사회에서 필수적으로 요구되는 직업으로서 여러 신들의 강림, 해몽, 예언, 기우, 의료행위, 별자리 점 등의 수요를 충족시켜 주었다. 옛사람들은 질병의 발생을 악귀가 씌어 일어나는 것으로 보아, 무당의 푸닥거리를 통해 해결할 수 있다고 생각했다. 이러한 이유로 부적과 주문으로 귀신을 쫓는 법술이 생겨났다.『논어論語』「자로子路」에 "남방 사람들의 격언에 '사람이 꾸준함이 없으면 무의巫醫조차도 될 수 없다' 하였다"라는 말이 있고,『여씨춘추呂氏春秋』「물궁勿躬」에 "무팽巫彭을 의사로 삼았다"라는 말이 있는데, 이를 통해서 고대에는 의사와 무당이 불가분의 관계였음을 알 수 있다. 후대의 도교에서 행하던, 부적을 태워 섞은 물을 통해 병을 치료하고 기도를 하고 주문을 외우는 것이 모두 여기에서 기인한 것이다. 은나라 사람들은 귀신과 무당을 높이고 귀히 여겨, 무함巫鹹과 무현巫賢을 재상으로 삼았다. 또 『상서』「이훈伊訓」에서는 "감히 궁중에서 항상 춤을 추고 집에서 잔치하여 노래함이 있으면, 이를 무풍巫風이라고 한다"라고 하였는데, 여기에 대해 공영달孔穎達의 소疏에서는 "무당은 노래와 춤으로 신을 섬긴다"라고 하였다. 대체로 무당은 모두 가무歌舞를 잘하여 귀신을 기쁘게 했다. 춘추시대 이후에도 무풍은 여전하여, 형荊나라와 초楚나라에서는 더욱 심하였다. 『국어』「초어」에서는 초나라 대부 관사보觀射父가 무사巫史[5]의 집안이라고 했는데, 이는 실제적으로 당시 초나라 사회의 무풍을 반영한 것이다. 『초사楚辭』 가운데 「구가九歌」는 초나라 땅의 민간에서 신을 제사지낼 때 부르던 노래에서 기원한 것이고, 「이소離騷」에는 무함의 강신 사실이 기록되어 있으며, 「초혼招魂」에는 "무양巫陽이 아래로 사람을 부르니 모두 바르게 되었다"라는 내용이 있다. 또 『사기』「봉선서」에는 한나라 초기에 유방이 전통신앙을 조심스럽게 보존하고 오제五帝를 제사지낼 것을 명하였다는 기록이 있다.

> 나는 사당과 제사를 매우 중요하게 생각한다. 지금 상제와 산천의 여러 신들에게 행하는 제사는 각기 그 때에 맞게 예를 갖추어 예전의 의례에 따라 제사하라.……(조정에는) 장안에 사당을 세우고 축관祝官, 여자 무당을 두도록 하라. 양梁지방 무당은 천天, 지地, 천사天社, 천수天水, 방중房中, 당상堂上 등을 제사하고, 진晉지방 무당은 오제五帝, 동군東君, 운중雲中, 사명司命, 무사巫社, 무사巫祠, 족인族人, 선취先炊 등을 제사하고, 진秦지방 무당은 사주社主, 무보巫保, 족루族累 등을 제사하고, 형荊지방 무당은 당하堂下, 무선巫先, 사명司命, 시미施麋 등을 제사하고, 구천무九天巫는 구천九天을 제사하되, 모두 때에 맞게 궁중에서 제사하라.

---

5) 역자주: 고대에 신을 불러 점을 치던 인물을 '巫'라고 하였고 天文·星象·曆數·史冊을 관장하던 인물을 '史'라고 하였는데, 이러한 일들을 한 사람이 겸하기도 했기 때문에 통칭해서 '巫史'라고 불렀다.

무제가 즉위한 이후에는 더욱 공경히 귀신을 제사하였으니, "동남쪽 교외에서 제사 도구를 갖추어 천신(太一神)을 제사하였다", "정호궁鼎湖宮에 행차하여 병이 위중해짐에 불려오지 않은 무의가 없었다", "신의 우두머리를 예배한 뒤 사람을 시켜 그 말을 받아 적게 하고는 이를 '획법畵法'이라고 불렀다" 등의 기록이 있다. 이 '획법'이라는 것은 대체로 후대 도교의 부적과 유사한 것이다. 무제는 또 태산泰山에서 봉제封祭를 지내고 양보梁父에서 선제禪祭를 지냈으며, 다섯 산악과 네 강에도 두루 제사하였다. 도교는 바로 이러한 무속의 풍습을 직접적으로 계승하여 일어난 종교이다. 특히 부록파의 부적과 주문, 초제醮祭, 과의科儀는 대부분 고대로부터 한나라 때에 이르기까지의 귀신제사 활동과 무당의 술수들로부터 취한 것이다.

2. 신선전설과 신선방술

초기도교는 전국시대로부터 진·한시대에 이르기까지의 신선神仙전설과 방사方士들의 방술에 기원을 두고 있다. 도교의 신선은 일반적인 귀신과 달라, 일상생활에서 파악하기 어려운 정령이 아니다. 신선은 현실 활동을 하는 사람으로서 개체 생명이 무한히 연장되고 신장되어 그대로 승화한 존재이다. 신선의 최대 특징으로는 그 형상이 보통사람과 동일하지만 장생불사한다는 점, 자유롭게 소요하며 신통력이 무한하다는 점을 들 수 있다. 신선숭배는 도교신앙의 핵심으로, 도교가 다른 종교의 교의와 가장 큰 차이를 보이는 특징이다.

신선전설의 기록은 전국시대로까지 거슬러 올라가는데, 그 기원은 두 가지로 나누어 볼 수 있다. 하나는 형荊나라와 초楚나라의 문화이고, 다른 하나는 연燕나라와 제齊나라의 문화이다. 『장자莊子』에 나오는 신인

神人, 지인至人, 진인眞人, 성인聖人에 관한 글들은 신선의 형상에 관한 생동감 있는 최초의 묘사이다. 「소요유逍遙遊」편에는 "막고야산에 신인이 살고 있다. 살갗은 얼음 눈 같고 물오른 처녀 같은데, 오곡을 먹지 않고 바람과 이슬을 먹으며 구름을 타고 나는 용을 몰면서 이 세상 밖에 노닌다"라는 기록이 있고, 「제물론齊物論」편에는 "지인은 신령스럽다. 큰 연못을 말릴 뜨거운 불로도 그를 뜨겁게 할 수 없고, 큰 강물을 얼릴 추위도 그를 춥게 할 수 없다"라는 기록이 있다. 신인이나 성인은 인간처럼 화식火食을 하지 않고 물과 불의 재난을 받지 않으며 구름과 안개를 타고 자유롭게 오간다는 점을 보여 준다. 또 『초사』 가운데에는 생동적이며 낭만적인 신선에 관한 고사가 있다. 「이소」에는 자신이 하늘로 상승한 것을 상상하면서 "앞에는 월어(望舒)로 길잡이를 삼고, 뒤에는 풍사(飛廉)에게 따라오도록 하네. 난새와 봉황은 나를 위해 앞서가며 알려 주고, 뇌사雷師는 내게 부족한 점을 일러주네. 나는 봉황새로 하여금 날아오르게 하여, 밤낮으로 계속 날아다니게 하네"라고 한 내용이 있으며, 「구장九章」에는 도를 노래하면서 "푸른 용과 흰 용이 이끄는 수레를 타고, 나는 순임금과 함께 옥으로 만들어진 동산에서 노니노라. 나는 곤륜산에 올라가서 옥화玉花를 따먹으며 천지와 더불어 오래 살고, 일월과 함께 빛나고 싶도다"라고 한 내용이 있다. 후대 도교에서 묘사하는 신선의 삶이 대체로 이러한 모습을 벗어나지 않는다.

이미 신선에 대한 환상의 세계가 있다면 반드시 그것을 진지하게 추구하는 자가 있게 마련이다. 관건은 어떻게 생사라는 한계를 돌파하여 현실의 개체가 영생永生을 실현하느냐에 달려 있다. 여기에서 '불사不死'라는 관념이 출현한다. 『전국책戰國策』「초책楚策」에는 어떤 사람이 불사약을 형왕荊王에게 봉헌하였다는 기록이 있고, 『한비자韓非子』「외저설좌상外儲說左上」편에는 어떤 손님이 연나라 왕에게 불사의 도를 말하였다는 기록이 있다. 신선전설은 비교적 광대하게 유행하였고, 신선방술에 대해 열광적인 사람들은 주로 제후들이었다.

신전전설과 신선방술이 동시에 성행한 지역은 북방의 연나라와 제나라 일대이다. 연나라와 제나라는 바닷가에 있어서 아득한 해천海天과 섬들, 항해 중의 어려움과 신비로움 등이 인간의 풍부한 상상력을 이끌어 내었고, 이러한 이유로 삼신산三神山의 전설이 출현하게 되었다. 『사기』 「봉선서」의 기록에 따르면, 봉래蓬萊·방장方丈·영주瀛洲의 삼신산은 발해渤海의 가운데에 있어서 볼 수만 있고 도달할 수는 없다고 하는데, 그곳에 직접 이르러 신선과 불사의 약이 있음을 보았다고 주장하는 이들이 종종 나타났다. 이에 제나라의 위왕과 선왕, 연나라 소왕 등이 사람을 파견하여 이 삼신산을 찾으려 했으나 허사였다. 다만 헛되이 거짓을 일삼는 무리들만 난립할 뿐이었다.

연나라와 제나라 해안지방의 방사方士들이 그 술수를 전수하였으나 통하지 못하였다. 그리하여 괴이하고 오묘하게 아첨하는 말로 억지로 영합하려는 무리들이 이로부터 일어나니, 그 수는 헤아릴 수 없을 정도로 많았다.

이후 진시황秦始皇도 천하를 통일한 뒤에 수차례 바닷가를 따라 동쪽으로 순수하면서 이 산들을 찾기를 원하였다. 또한 그는 서복徐福과 동남동녀童男童女 수천 명을 바다로 파견하여 신선과 선약을 구해 오게 하고 다시 한종韓終과 후공侯公, 석생石生으로 하여금 그것을 구하게 하였으나, 결과적으로 막대한 비용만 소비했을 뿐 전혀 얻은 바가 없었다. 「봉선서」에는 또 신선방술에 더욱 열심이었던 한 무제에 관한 기록이 있다. 이에 따르면, 이소군李少君이라는 방사가 부뚜막신에 제사하고 벽곡辟穀으로 늙음을 물리치는 방법을 보여 무제의 총애를 받았다고 한다. 이소군이 말한 신선방술은 다음과 같다.

부뚜막신을 제사하면 물건을 이루고, 물건을 이루면 단사가 변화하여 황금이 되며, 황금으로 음식그릇을 만들면 수명이 더욱 늘어나고, 수명이 늘어나면 바다 속의 봉래신선을 볼 수 있으며, 신선을 보아 봉선하면 죽지 않습니다. 바로 황제黃帝가 그러한 경우입니다.

이소군이 총애를 얻게 되자, 바닷가 연・제지역의 괴이하고 황당한 방사들이 와서 신선의 일을 말하는 경우가 더욱 많아졌다고 한다. 소옹小翁이나 난대欒大, 공손경公孫卿 같은 무리는 모두 제나라 사람이었다. 이 중 난대는 말하기를 "황금도 만들 수 있고, 황하의 물도 막을 수 있으며, 불사의 약도 얻을 수 있고, 신선도 될 수 있다"라고 하였다. 또 공손경은 황제黃帝가 솥을 제조하여 용을 타고 하늘에 올랐다는[6] 등의 신화를 만들어 내어, 보배로운 솥이 다시 나오고 한의 황제皇帝가 봉선한다면 "신선이 되어 하늘에 오를 수 있다"라는 말로써 무제를 꼬드겼다. 이에 무제는 "내가 진실로 황제黃帝와 같을 수 있다면 처자 버리기를 신을 벗듯이 하겠다"라고 말했다고 한다. 황제 한 사람이 이처럼 방술을 좋아하니 온갖 사람들이 몰려들어 왔다. 제나라 사람들 중 신이하고 기이한 방술을 상언하는 자가 만여 명에 이를 정도였다. 그리고 이후로도 방사들 중에서 신선과 제사를 말하는 사람들이 더욱 많아졌다.

이러한 풍조는 동한대에 이르러서도 쇠퇴하지 않았다. 그래서 명제와 장제의 시기에 이루어진 『논형論衡』의 「도허道虛」편은 당시에 유행하던 신선전설에 대한 비판만을 오로지하고 있다. 황제黃帝가 솥을 만들고 하늘로 날아갔다든지, 회남왕淮南王이 도를 얻어 하늘에 올랐다든지, 노오盧敖가 도를 배워 신선이 되었다든지, 동방삭東方朔이 세상을 벗어나

---

6) 역자주: 黃帝가 首山에서 구리를 캐어 荊山에서 솥을 주조했는데, 솥이 완성되자 용이 내려와서 황제를 태우고 하늘로 올라갔다는 신화이다.

죽지 않았다든지, 노자가 도를 닦아 진인이 되었다든지, 왕자교王子喬가 벽곡하여 먹지 않았다든지 하는 것들이 그 내용인데, 이는 당시에 신선사상이 일반적인 사회사조가 되어 세상에 광범위하게 유포되었음을 반증해 준다. 『후한서後漢書』「방술열전方術列傳」에 실려 있는 방사의 모습은 초기 도사道士에 가까운데, 왕자교의 신선술이나 냉수광冷壽光 · 노여생魯女生의 방중술, 비장방費長房의 부적술, 계자훈薊子訓의 신이함, 좌자左慈의 변신술 등이 그 예이다. 다만 이때의 신선방술은 아직 도가의 이론과 결합하지 않았고, 또 통일된 교주와 조직이 없이 분산되어 신선활동을 하고 있었을 뿐이다. 이후 신선전설과 신선방술은 도교 단정파丹鼎派의 직접적인 연원이 되는데, 특히 전체 도교의 핵심적인 교의가 되는 장생성선설長生成仙說은 도교의 탄생과 가장 밀접한 관련을 맺고 있다.

3. 노장철학과 도가학설

초기도교는 선진시대 노장철학과 진한시대 도가학설에서 유래하였다. 노장사상과 진한대의 도가는 모두 학파이지 종교가 아니며, 『노자』, 『장자』, 『열자列子』, 『회남자淮南子』 등의 책은 모두 학술서적이지 신학의 경전이 아니다. 그러나 도교는 이론적 측면에서 도가에 긴밀하게 의존하고 있고 또 도가의 기치를 내세우고 있어서 도가와는 떼려야 뗄 수 없는 관계이다. 이는 도교로 하여금 도가가 아니면서도 도가를 벗어날 수 없게 만들었다.

노자든 장자든 간에 모두 연단煉丹과 부록符籙, 과의科儀를 말하지 않았으며, 또한 귀신과 푸닥거리를 미신으로 반대한다. 더구나 육체의 장생불사와 우화등선을 추구하지도 않는다. 노자는 다만 '하늘처럼 오래 살 수 있다'(天長地久)는 것만을 인정했을 뿐, 인체가 재앙과 화의 근원이라고 인식하여 '무신無身'을 주장하였다. 장자도 '삶의 유한함'을 인식하여, "삶은 혹이 달린 것이니, 죽음만이 고통을 해결해 줄 것"[7]이라고 주장한다. 장자가 주장한 주요 내용은 정신적 해탈과 자유이다. 그럼에도 불구하고 도가사상 속에는 확실히 어느 정도 도교와 상통되는 요소 또한 없지 않다. 가령, 도가가 숭상하는 '도'는 형상을 초월한 우주최고의 법칙으로서 신비한 경향이 있다. 도교는 이러한 도의 초월성과 절대성에서 한 걸음 더 나아가, 도를 무한한 권능을 가진 전지전능한 지상신至上神의 대명사로 파악한다. 또 선진시대 도가는 청정무위를 주장하면서 세상을 찌꺼기로 여기고 부귀를 사물에의 얽매임으로 파악하면서, 한결같이 세속을 초월하여 무하유지향無何有之鄕을 향하는 강렬한 정서를 지니고 있었다. 도교는 이것을 출발점으로 삼아 한 단계 더 부연해서 마침내 출세간의 종교적 인생론을 형성하였던 것이다. 또한 도가는 양생을 지극히 중시하였으니, 도가사상 안에는 이미 장생의 사상이 배태되어 있었다고 할 수 있다. 가령 노자는 "곡신谷神은 죽지 않으니 이를 일러 현빈玄牝이라 하고, 현빈의 문을 일러 천지의 뿌리라 한다"[8], "그러므로 능히 오래 산다"[9]라고 하거나 '장생구시長生久視의 도'를 언급한다. 장자는 신인을 언급하는 가운데 "오곡을 먹지 않고 바람과 이슬을 먹으며 운기를 타고 나는 용을 부리면서 세상 밖에서 노닌다"[10], "너의 형체를 피로케 하지 말고 너의 정신을 요동치게 하지 않아야 장생할 수 있다"[11]라는 언설들을 펼치면서 "천년 세상을 꺼려 저 흰 구름을 타고 제왕의 고향에 이른다"[12]라고 말한다. 『회남자』에서는 "기를 먹는

---

7) 『莊子』, 「大宗師」, "以生爲府贅懸疣, 以死爲決肒潰癰."
8) 『老子』, 6장, "谷神不死, 是謂玄牝, 玄牝之門, 是謂天地根."
9) 『老子』, 7장, "故能長生."
10) 『莊子』, 「逍遙遊」.
11) 『莊子』, 「在宥」.

자는 신령스럽고 장수하며, 곡식을 먹는 자는 지혜롭지만 요절하며, 먹지 않는 자는 죽지 않고 신이 된다"[13]라고 하고 있다. 이러한 내용들은 모두 도교가 직접적으로 흡수한 사상적 자료이다.

유가가 적극적으로 입세간적이라면 도가는 차가운 눈으로 세상을 방관할 뿐이며, 도교는 자유롭게 세상을 초월하기를 주장한다. 그러나 도교는 도가를 종교세계로 나아가는 교량으로 삼았기 때문에 시종 도가에 의존적일 수밖에 없었다. 이 때문에 두 사상은 장기간 결합하면서 지속되어 왔던 것이다.

진한시대의 무속과 신선방술은 단지 세속의 미신이라고 할 수 있지만, 그들이 도가이론에 결부되어 독특한 도교 신학체계를 형성한 이후로는 자기 자신만의 길로 접어들게 된다. 이로부터 도교는 유가 및 불교와 나란히 가는 대형 종교가 될 수 있었던 것이다. 노자는 도가의 창시자이지만, 도교는 도가를 받아들이는 과정에서 자연스럽게 노자를 높여 자신들의 교주이자 존귀한 신으로 받들었다. 이때 그들은 노자를 신화화하고 노자의 책을 받들어 학습하였는데, 이것이 초기도교가 탄생하게 된 중요한 지표이다.

서한시기 도가와 황로학黃老學은 여전히 기본적으로는 일종의 사회정치사상이자 학술사조였다. 이는 『황로백서黃老帛書』, 『회남자淮南子』, 『노자지귀老子指歸』, 『논형論衡』 등을 통해 확인할 수 있다. 이 무렵 신선술의 도와 도가가 결합되는 경향이 이미 형성되어 있었는데, 한대 초기에 복서점卜筮占으로 이름을 날렸던 초땅 사람 사마계주司馬季主 같은 이가 대표적인 예이다. 그는 『역경』에 통달하였고 황제와 노자를 술수로 사용하였다.[14] 기록에 따르면 그는 『역경』과 『노자』를 점술에 회통시켜

---

12) 『莊子』, 「天地」.
13) 『莊子』, 「地形訓」.

송충宋忠과 가의賈誼의 길흉을 예견하였다고 한다.

동한시기에 나온 하상공河上公의 『노자장구老子章句』는 신선가의 사상을 더욱 분명하게 담고 있다. 가령 "사람이 신을 기르면 죽지 않는다"[15], "정과 기를 피로케 하지 않으면 다섯 신이 수고롭지 않아 장생할 수 있다"[16] 하는 내용들이 이에 해당한다. 그리고 동한 후기에는 도가가 신학화되는 경향이 극에 달하게 된다. 그 표지 중의 하나가 황로학이 변하여 황로숭배로 된 것이다. 환제桓帝는 궁 안에 황로의 부도浮圖를 모신 사당을 세웠고[17], 장각張角은 황로의 도를 받들었으며[18], 변소邊韶는 「노자명老子銘」을 지어 노자를 신화화하면서 "노자는 혼돈의 기에서 벗어날 수도 합할 수도 있고, 삼광과 더불어 처음과 끝을 함께한다"[19]라고 하였다. 이러한 사항들은 황로숭배의 경향이 사회 저변에 보편적으로 나타났음을 보여 준다. 또 다른 표지는 신선의 도와 도가가 융합된 이론이 저술되어 나타난 것이다. 가령 『태평경太平經』이나 『주역참동계周易參同契』, 『노자상이주老子想爾注』와 같은 저작들의 출현은 세상을 향해 도교의 탄생을 선언한 것이었다.

도교가 도가를 이용한 것은 초기에만 한정된 것이 아니었다. 그것은 이후에도 여전히 지속적이고 부단하게 진행되어 갔다. 동한 말기에 도교는 노자를 신화화하여 그들의 중심으로 삼았고, 이러한 경향은 이후 장자를 신화화하는 것으로 이어져 갔다. 당나라 때에는 『노자』를 높여서 『도덕진경道德眞經』으로, 『장자』를 높여서 『남화진경南華眞經』으

---

14) 『史記』, 「日者列傳」.
15) 『老子河上公注』, 제6장.
16) 『老子河上公注』, 제59장.
17) 『後漢書』, 「襄楷傳」.
18) 『後漢書』, 「皇甫嵩傳」.
19) 『隸釋』, 권3.

로, 『열자』를 높여서 『충허진경沖虛眞經』으로 불렀으며, 『회남자』에서 가려 뽑아 만든 『문자文子』를 높여서 『통현진경通玄眞經』으로 불렀다. 송대 이후에는 『도장』을 편찬하면서 선진시대 이래의 도가 저작을 거의 망라하여 도교의 경전으로 편입시켰는데, 항상 『노자』를 가장 첫머리에 두었다. 한대에 생산된 유가 경학이 신학화된 경학이라고 한다면, 도가 경학도 한대 말에 생성된 신학화된 경학이다. 다만 이때의 도가 경학은 도교의 신학일 뿐이다. 이러한 의미에서 도교는 도가가 발전하는 과정에서 출현한 지류라고 할 수 있다.

4. 유학 및 음양오행사상

초기도교 가운데 장각張角과 이홍李弘[20] 등 농민봉기에 이용된 민간도교조직을 제외한 상층계급의 도교는 모두 유학과 대립적이지 않았다. 그들은 도리어 유학을 보조자로 삼아 세상에 출현하였다. 유학은 그들이 흡수할 사상의 중요한 원천이었다. 초기의 도교신학은 모두 예교禮敎를 유지하는 것을 첫 번째 교계敎戒로 삼았다. 가령 『태평경』은 도를 행하기 위해 충군忠君, 효친孝親, 경장敬長을 강조하였고, 『노자상이주』 역시 충·효·인·의를 긍정하였다. 갈홍葛洪은 신선이 되고자 하면 충효와 인, 신의에 따르는 것을 근본으로 삼아야 한다고 제시하였으며, 구겸지寇謙之는 신천사도新天師道를 창건하면서 예법을 첫 머리에 두었다. 이러한 측면에서는 도교와 유가 경학은 차이가 없다. 그래서 후대 도교의 대부분은 봉건종법제도의 입장에서 충忠을 채택하였고, 도덕 속의 대부분의

---

20) 역자주: 이홍은 『태평경』에 최초로 나타나는데, 말세에 인간을 구제하기 위해 태어난 노자로 그려진다. 그래서인지 중국의 민중봉기에서는 종종 이홍이라는 인물이 민중들의 변란을 지도하는 인물로 등장한다. 당대에 이르러, 당나라 황실이 노자와 같은 이씨라는 점을 강조한 뒤부터는 말세에 민중을 구원할 구세주가 이홍에서 미륵으로 대체되기 시작한다.

규범이 유가의 도덕과 일치한다.

전국시대에 추연騶衍으로 대표되는 음양오행陰陽五行사상은 진한교체기에 광범위하게 유포되어 도가·유가와 방사들 사이에 공통으로 흡수되었다. 『여씨춘추』에는 「십이기十二紀」가 있고, 『예기』에는 「월령月令」편이 있으며, 동중서董仲舒는 음양재이陰陽災異학설을 배포하여 음양의 조화, 사시의 순행, 오행의 순서, 월령에 합당한 정령의 배포 등을 말하였는데, 이는 한나라 때 사람들의 사유방식에서 일반적 특징으로 형성되었다. 초기도교 경전 속에도 이러한 사상이 충만해서, 가령 『태평경』은 음양으로 자연을 관찰하여 "천지의 본성은, 반은 음이고 반은 양이다"라고 하였고, 『주역참동계』는 괘卦와 효爻에 음양오행을 배당하여 연단과 약물, 화후火候를 설명하고 있다. 또한 『황정경黃庭經』은 오장을 오행에 배당하여 음양의 기로써 신체를 단련하게 한다. 음양오행학설은 내·외단학의 중요한 이론적 근거인 것이다.

5. 고대의 의학과 신체학 및 위생학

도교의 수련양생은 육체적 건강을 초보적인 수련으로 삼기 때문에 양생과 신체적 건강을 중시한다. 그러므로 고대 의학과 약학 및 양생학의 사상을 주의 깊게 흡수하여 자양분으로 삼는데, 이러한 방면의 지식은 고대로부터 충분하게 누적되어 있었다.

『장자』 「각의刻意」편에는 '도인법을 하는 사람, 육체를 단련하는 사람'에 관한 기록이 있는데, "숨을 내쉬고 들이마시며 낡은 기를 뱉어 내고 새로운 기를 들이며 곰처럼 움직이고 새처럼 움직이는데, 오래 살려고 하는 것이다"라고 말하고 있다. 이것이 초기의 기공氣功이다. 『초사』 「원유遠遊」편에서는 "육기六氣를 먹고 항해沆瀣를 마시네, 정양正陽을 쏘이고 조하朝霞를 품네"(餐而飮沈灦兮, 漱而舍)라고 하였는데, 이이李頤는 주석에서 "새벽녘(平旦)은 조하朝霞이고, 한낮은 정양正陽이며, 해질녘은 비천飛泉이고, 한밤중은 항해沆瀣이다. 여기에 하늘의 현기玄氣와 땅의 황기黃氣까지 더해 모두 육기六氣이다"라고 하였고, 사마표司馬彪는 주석에서 "육기는 음陰·양陽·풍風·우雨·회晦·명明이다"라고 하였다. 이것은 곧 복기服氣의 방법으로, 『포박자』「석체釋滯」편의 "선인은 육기를 마신다"라는 설이 바로 여기에서 기원하였다.

도교에는 벽곡설辟穀說이 있는데, 그 기원 또한 비교적 초기부터 있었다. 『장자』「소요유」편에서 신인을 설명하면서 "오곡을 먹지 않고 바람과 이슬을 먹는다"라는 말한 것이 바로 벽곡법이다. 마왕퇴馬王堆 한묘漢墓에서 발굴된 백서帛書들 중에는 『각곡식기편卻穀食氣篇』이라는 백서본이 있다. 또 『사기』「유후세가留侯世家」에서는 장량張良이 공을 이룬 이후에 적송자赤松子를 따라 소요하였다는 사실을 설명하면서 "벽곡과 도인導引, 경신輕身의 법을 배웠다"라고 적고 있고, 『삼국지』「화타전華佗傳」에서는 "고대 신선은 도인을 일삼고 곰 동작과 올빼미 동작을 하며 허리를 늘이고 관절을 움직여서 늙지 않게 한다"라고 설명하고 있다. 도인행기법과 벽곡법은 서로 배합된다. 이것이 도교 내단학에 흡수되어 정精을 쌓고 기氣를 누적하는 중요한 방법을 이룬 것이다.

고대 의학 경전인 『황제내경皇帝内經·소문素問』의 「상고천진上古天眞」, 「사기조신대론四氣調神大論」 및 『황제내경·영추靈樞』의 「근결根結」, 「수요강유壽夭剛柔」 등의 편에서는 음식과 활동, 정과 신을 조화롭게 간직하는 것 등에 대해 논하고 있는데, 이것은 도교 양생학의 근원 중의 하나이다. 방중술 역시 세속으로부터 전래되어 도교 양생학의 하나가 되었다. 이미 마왕퇴 백서들 중에도 방중술에 관한 옛 책이 있다. 『한서』「예문지」에서는 방중8가의 저술이 186권에 달한다고 하면서 이들에 대해 설명하기를, "방중술이란 성정性情의 지극함이요 지극한 도의 경지이다. 이 때문에 성왕聖王은 외부의 즐거움을 다스려서 내부의 욕정을 금하게 하여, 방중의 일에는 격식(節文)이 있도록 하였다"라고 하였다. 이로부터 방중술의 원래 취지가 욕망을 절제하여 삶을 기르는, 위생에 관련된 지식임을 알 수 있다. 도교는 방중술을 수도修道의 보조 수단으로 사용하였고, 나아가 그것을 '음을 채집하여 양을 보충하는' 어녀술禦女術[21]로 발전시켰다. 그러한 이유로 방중술은 전통적인 유가의 학문을 하는 사람들로부터 비난을 받기도 하였다. 갈홍은 방중술에 대해 "그 핵심은 정을 되돌려 뇌를 보충하는(還精補腦) 한 가지 일일 따름이다"[22]라고 설명하였다.

내단에서 중시하는 기공氣功은 도교 내단학의 발달과 더불어 크게 기공학의 발전을 촉진시킴으로써 중국 전통 양생학설의 중요한 성분이 되었다.

이상에서 살펴보았듯이, 도교의 주요 기원은 고대 형초荊楚문화(노장사상)와 연제燕齊문화(신선사상)에 기대고 있는데, 도가와 신선가가 이 두 문화지역에 주된 원천을 두고 있다. 구체적으로 말하면, 오두미도五斗米道[23]에 이르면 앞서 언급한 몇 가지 측면 외에 파촉巴蜀문화가 더해진다. 한중과 파촉 일대는 매우 일찍부터 『노자』와 신선을 좋아하고 귀신을 공경하며 푸닥거리가 매우 성행했다. 『진서晉書』에는 "한말에 장로張魯가 한중에 거처하면서 귀신의 도로써 백성들을 교화했다. 떠돌이들이 공경

---

21) 역자주: 어녀술은 대체로 방중술과 같다. 여성을 솥으로 삼고 여성의 젖을 화로로 삼으며 여성의 성기를 生身處로 삼아서 교합하는 것으로, 생리혈을 보배로 여겨 채취하여 먹는 등 도교의 수련법 가운데 수준이 낮은 것이다. 자세한 내용은 李道純의 『中和集』 참조.
22) 『抱朴子』, 「釋滯」.
23) 역자주: 나중에 天師道로 전환되고, 도교의 정종이 되어 특수한 지위를 갖게 된다.

히 무당을 믿어서 대부분 받들었다"(「李特載記」)라고 적혀 있고, 또 『화양국지華陽國志』에는 다음과 같은 기록들이 있다. "무양현에 왕교王橋, 팽조彭祖의 사당이 있다"(「漢中志」), "한초에 건위 출신의 장군이 태수가 되었는데 홀연히 선도仙道를 얻어 이로부터 승천하였다"(「巴志」), "강이 붕괴되어 물고기 대부분이 해를 입고 백성들은 징무徽巫에서 실종되었는데, 귀신과 요괴를 좋아했기 때문이다"(「蜀志」), "성도 사람 엄준嚴遵은 『대역』에 정밀하였고 노장을 탐닉하였다. 성시에서 점을 쳤는데, 거북점을 사용해 사람들에게 알려 주었다.⋯⋯ 『지귀指歸』를 저술하였으니, 도교서의 핵심이다."(「先賢士女總贊上」) 오두미도가 최초로 발생한 이 지역은 귀신을 숭배하는 분위기가 원래부터 농후하였던 것이다. 이 지역의 민간풍속과 결합하였기 때문에 다른 말로 귀도鬼道[24]라고도 불린다. 오두미도에서 『노자』 오천언의 학습을 중시한 것도 모두 이러한 분위기에 말미암은 것이다.

---

24) 역자주: 鬼道는 '鬼巫道'라고도 한다. 도교사전에서 귀도는 오두미도를 지칭하는 것으로 되어 있는데, 오두미도가 갖는 무속적 요소 때문에 귀도라고 부르는 것이다.

3. 초기도교 경전: 『태평경』과 『주역참동계』

1. 『태평경』

『태평경』[25]은 현전하는 최고最古의 도교 경전이다. 이 책 이전에 서한 성제 때 제나라 사람 감충가甘忠可가 지은 『천관력포원태평경天官歷包元太平經』이 있었다고 하는데, 일실되었다. 『한서』 「이심전李尋傳」에 따르면, 일실된 『포원태평경』은 이미 당시에 도교의 특징을 제대로 갖추고 있는 사회개량이론서였다. 지금 유통되는 『태평경』은 동한 후기에 탄생하였다. 이 책이 쓰일 당시, 조정은 부패하고 외척과 환간들이 정권을 장악한 가운데 사방에서 민란이 일어나 사회비판사조가 활발하게 일어나고 있었다. 『태평경』 속에 언급된, "오성五星이 궤도를 잃고 병란이 횡행하며 오랑캐가 침입하고 반란이 일어났다", "인민이 큰 난리에 모두 그 거처를 잃어버리고 노약자가 등짐을 지고 피란하니 제명에 죽지 못한 자가 반을 넘었다", "태황후의 궁이 있는 곳에서 큰 반란이 일어났다" 등의 기록들은 당시의 정치적 혼란과 인민의 고통, 모후(태황후)가 정치를 간섭한 상황 등을 잘 보여 주고 있다. 저자는 이 책의 목적이 덕 있는 군주에게 치국治國과 흥국興國의 도를 제출하고자 한

---

25) 이 책에 인용된 『태평경』의 내용은 모두 王明의 『太平經合校』(中華書局, 1960) 참조.

것임을 분명하게 밝히고 있다. 이 책은 곳곳에서 통치자를 대신하여 봉건종법제도를 견지하려는 시도를 하고 있다. 이러한 이유로 이 책은 당연히 초기 상층부의 도교 저작에 속한다.

『후한서』「양해전襄楷傳」에서는 다음과 같이 말한다.

처음 순제順帝 때에 낭야琅邪 사람 궁숭宮崇이 궁궐에 들어와 그 스승 간길幹吉이 곡양천曲陽泉 물가에서 얻은 신서神書 170권을 진상하였다. 모두 청백의 비단과 붉은색의 칸, 이름이 적힌 청색의 갑, 붉은색의 제목으로 되어 있었는데, 이를 『태평청령서太平淸領書』라고 불렀다. 그 내용은 음양오행을 주로 하는 가운데 대부분 무당의 말들이 뒤섞여 있었다. 관리가 아뢰기를 궁숭이 진상한 것은 요망하고 불경스러운 책이라 하니, 이에 거두어 간직하였다. 이후 환제桓帝 때에 양해襄楷가 다시 이 책을 헌상하면서, "전에 궁숭이 헌상한 신서神書는 오직 천지를 화평하게 하고 오행을 따르는 것을 근본으로 하니, 또한 나라를 일으키고 자손을 얻는 술수가 있습니다"라고 하였다.

이상의 기록에 근거하면 대체적으로 다음과 같은 사실을 단정할 수 있다. 이 책은 간길과 궁숭 등의 도사에게서 나왔고, 시대는 안제安帝 혹은 순제 때이며, 당시에 유포되지 못하다가 이후 환제 때에 양해가 다시 헌상하면서 비로소 세상 사람들에게 알려지기 시작했다는 것이다. 또 「태평경복문서太平經復文序」속에는 이 책을 전수한 계보가 있는데, 백화帛和 이전의 인물들은 종교적 신화의 영역에 속하므로 논외로 하면, 백화가 본문을 전해 주자 간길이 부연하여 170권이 되었다는 설이 하나의 학설이 될 수 있다. 그런데 현존하는 『정통도장正統道藏』속의 『태평경』은 남아 있는 판본이 57권이지만 원래는 총 170권이었다고 되어 있어서, 그 권수와 내용이 모두 『후한서』에서 서술하고 있는 『태평청령서太平淸領書』와 부합한다. 따라서 두 책이 동일한 것임을 알 수 있다. 한편, 「양해전」을 이현李賢이 주석하면서 "신서神書는 바로 지금

도가의 『태평경』이다'라고 하였는데, 이는 당나라 초기에 이미 이 책이 『태평경』으로 불렸음을 증명하는 기록이다.

　『태평경』 사상의 중요한 점들은 다음과 같다.

　첫째, 신비한 기화氣化학설이다.

　『태평경』의 우주론은 원기元氣를 주로 한 발생설이다. 『태평경』에서는 "천지가 개벽할 때 근본을 귀하게 여겼는데, 이것이 기의 근원이 되었다", "원기는 천지와 사방을 감싸고 있으니, 그 기를 받아 생겨나지 않은 것이 없다"라고 말하고 있다. 그러나 원기와 그로부터 파생된 천지음양의 기는 모두 감정과 의지, 도덕적 색채를 지니고 있다. 그래서 『태평경』에서는 다시 "원기가 저절로 즐거우면 함께 합쳐서 천지를 생성하고, 기쁘면 음양이 화합하고 비바람이 조화로우며, 비바람이 조화로우면 일만 이천의 사물을 함께 생성한다", "양기陽氣는 생성을 좋아하고 화기和氣는 이룸을 좋아하는 데 반해 음기陰氣는 죽임을 좋아한다"라고 말한다. 이러한 신비로운 기화론은 후대에 곧장 도교 이론의 중요한 구성 요소가 되었다.

　둘째, 삼명동심三名同心의 조화론調和論이다.

　『태평경』의 작자는 양이 존귀하고 음이 낮으며 임금이 존귀하고 신하와 백성이 낮다는 것을 긍정하면서도 중화中和의 도를 강조하여, 임금과 신하 및 백성이 협조할 것을 주장하였다. 책에서는 "중화란 만물을 조화롭게 하는 것을 주로 한다", "음양에서 중화가 가장 중요하다"라고 말하는데, 천지음양의 기가 교류할 수 있는 것은 '중화의 기'를 이룰 때이고, 이때에 비로소 만물은 함께 길러질 수 있다는 것이다. 자연과 사회의 온갖 존재들이 음과 양 그리고 중화, 이 세 가지를 기본 성분으로 포함하고 있듯이, 모든 일들은 세 가지 이름을 갖고 있지만 결국은 하나의 체體이다. 그러므로 다음과 같이 말한다.

원기에 세 가지 이름이 있으니, 태양·태음·중화이다. 형체에 세 가지 이름이 있으니, 천·지·인이다. 하늘에 세 가지 이름이 있으니, 해·달·별이고 북극성이 중앙이 된다. 땅에 세 가지 이름이 있으니, 산·천·대지이다. 사람에 세 가지 이름이 있으니, 아버지·어머니·자식이다. 다스림에 세 가지 이름이 있으니, 임금·신하·백성이다.

세 가지 이름이 한마음인 세계(三名同心)는 바로 『태평경』의 저자가 그리는 이상적인 태평세계이다. 천지가 조화로워서 한마음이 되면 함께 만물을 생성한다. 남녀가 한마음이면 자식을 낳고, 부모와 자식 세 사람이 한마음이면 한집안을 이루며, 임금과 신하, 백성 세 집단이 한마음이면 나라를 이룬다. 한대의 동중서董仲舒는 양을 숭상하고 음을 천시하여, "백성을 굽히고 임금을 신장한다"라고 말했다. 이에 반해, 『태평경』은 음양이 서로 따르고 세 가지 이름이 한마음을 갖는 것을 중시했다. 『태평경』은 사회적 위기 시대에 저술되어 계급적 모순을 완화하려고 하였기 때문에 동중서의 논리와는 같을 수 없었다. 동중서는 모순의 차이성을 강조하였지만, 『태평경』은 모순의 통일성을 강조하였던 것이다.

셋째, 음양오행의 재이설災異說이다.

음양의 도는 하늘의 뜻(天意)을 체현하는 것이기 때문에 사람들이 음양에 순응하는 이치를 분명히 알아야 사회가 비로소 태평할 수 있다. 이 책에서는 "하늘은 사람을 위해서 상象을 내려 법을 삼게 하였고, 제왕을 위해 법령을 세웠다"라고 말한다. 그러므로 사람들은 반드시 천문을 살펴서 음양의 큰 흐름에 합치해야 한다. "음은 양을 따르고 신하는 임금을 따르는" 원칙에 근거하면, 윗사람을 공경하여 섬기는 것은 하늘의 도를 따르는 것이 되고 이에 어긋나면 하늘의 도를 거스르는 것이 된다. 그래서 이 책은 "소인은 도가 없어서 대부분 스스로 업신여겨 함께 반역을 일으키는데, 이는 천문지리를 범한 것이 된다"라고 말한다. 여기에서 『태평경』이 봉건계급제도를 유지하려는 책이지, 결코 농민의 봉기를 위한 책이 아님을 알 수 있다.

그러나 이 책은 다시 "천도의 법은 양陽만으로 짝을 이루지 못한다", "하늘의 법은 항상 임금과 신하와 백성 모두로 하여금 하나가 되게 하니, 명命도 같고 길흉도 같게 한다"라고 말한다. 게다가, 임금과 신하와 백성이 서로 따르고 남녀가 서로 따라서 "한마음의 삶을 이루는 것이 함께 천지의 원칙을 전하는 것"이라고 하여 아녀자와 어린아이를 해치는 것을 반대하면서, 이것이 천도를 따르는 것이라고 하였다. 살생을 미워하고 생명을 좋아하는 천도에 근거하면, 정치를 행할 때 덕을 높이고 형벌을 제거하는 것이 필요하다. 그래서 "형벌이란 악함이 하늘을 범하고 음양을 어긴 것"이 된다. 또한 부자들은 재산을 나누어 가난한 이들을 구제해야 한다. 왜냐하면 "재물이란 천지가 조화롭기 때문에 있게 된 것이므로, 함께 사람을 공양하는 것이 되어야 하기" 때문이다.

인간의 정치가 깨끗하고 공명정대하면 천지가 기뻐하고, 천지가 기뻐하면 음양이 순조롭게 화창하다. 반대로 인간의 정치가 혼란하면 천지가 화를 내고, 천지가 화를 내면 음양이 조화를 잃는다. 그러므로 해와 달이 크게 밝고 별들이 궤도를 지켜서 어지러이 운행하지 않는 것은 하늘이 기쁘다는 증거이고 온갖 강물이 순조롭게 흘러서 망녕되이 범람하지 않고 만물이 잘 자라는 것은 땅이 기쁘다는 증거인 데 반해, 천하의 재이가 온갖 가지로 괴이하게 변화하는 것은 모두 음양이 변혁함을 말하는 것이다. 음양의 변혁 가운데서도 일식과 월식은 "천지가 대노한 것"이다. 그리고 "천하의 재이란 정치를 따라 일어나는 것"으로, "임금이 도를 행하면 천지도 기뻐하지만 도를 잃으면 재이를 일으킨다." 이처럼 자연계의 조화와 재이는 사회·정치의 좋고 나쁨을 비추는 거울과 같기 때문에 통치자는 항상 이로써 자기의 행위를 반성하여 선정을 베풀어야 한다.

넷째, 천인상통天人相通의 신선계보이다.

『태평경』은 도교 서적 가운데 가장 먼저 신선의 계보를 나타낸 책이다. 신선의 계보는 모두 여섯 등급인데, 첫째가 신인神人이고 둘째가 진인眞人이며 셋째가 선인仙人이고 넷째가 도인道人이며 다섯째가 성인聖人이고 여섯째가 현인賢人이다. 이러한 계보는 하늘 끝까지 이어진 사다리(雲梯)와 같아서, 가장 아래의 두 등급인 현인과 성인은 인간 중의 최고경지와 맞닿아 있지만 이로부터 위로 올라가면 인간세계를 초월하여 신선세계에서 우뚝하게 존재한다. 신인의 등급 위에 다시 "형체 없이 '기를 따르는'(委氣) 신인"이 있는데, "기를 따르는 신인(委氣神人)은 그 형체와 힘이 원기와 더불어 합치하고 있다."

『태평경』은 두 가지 신학 계통을 형성하고 있다. 하나는 앞에서 본 천지음양의 계통으로, 이것은 한대 유학의 설명법과 같다. 다른 하나는 바로 이 신선계보로, 이것은 『태평경』이 선보인 독창적인 계통이다. 이 두 계통은 각기 최후에는 '원기' 또는 '기를 따르는 신인'으로 향해 가지만, 이 둘은 평행적인 대응관계를 형성한다. 그러므로 다음과 같이 말하게 되는 것이다.

신인은 하늘을 주관하고, 진인은 땅을 주관하며, 선인은 풍우를 주관하고, 도인은 교화와 길흉을 주관하며, 성인은 정치로 백성을 다스리고, 현인은 성인을 보좌한다. 이들 모두는 하늘의 다스림을 보좌하는 자이다.

여기서 마지막 구절이 매우 중요한데, 『태평경』의 작자는 신선을 하늘의 다스림을 돕는 위치에 두고 있다는 점이다. 이것은 중국의 전통적인 사상·문화 속에서 유학이 차지하고 있는 자리에다 도교를 꼭 같이 위치지우고 있는 것이다.

다섯째, 승부설承負說과 도를 공부하는 방법이다.

『태평경』은 『주역』에서 말한, "선을 쌓으면 경사롭고, 악을 쌓으면 재앙이 이른다"라는 설을 기초로 승부承負의 설을 제시한다. 그 논한 내용은 다음과 같다.

> 승承은 앞이 되고 부負는 뒤가 된다. 승이라는 것은, 선조들이 본래 하늘의 마음을 이어서 행하다가 조금씩 조금씩 하늘의 마음을 잃게 됨을 스스로 알지 못하여, 허물의 쌓임이 날로 많아져서 금후에 태어나는 사람이 도리어 죄가 없이도 문책을 받고 대대로 전승되어 재앙을 입는 것이다.…… 부란 선조들이 후손을 등진다는 것이다.

승부는 대대로 누적되는 결과로, 선악과 화복이 서로 일치되게 나타나지 않는다.

> 힘써 선행을 했지만 도리어 악을 얻은 자는 선조의 잘못을 승부한 것으로, 재앙이 앞뒤로 유전되면서 쌓여 오다가 이 사람에게 해를 입힌 것이다. 악을 행했지만 선을 얻은 자는 선조가 세운 공이 매우 많아, 그것이 유전되어 이 사람에게 이른 것이다.

또한 승부는 가족에만 한정되지 않고 국가 전체로까지 확대된다.

> 중고시대 이래로 대부분의 통치는 기강을 잃었다. 이것이 마침내 서로 승부가 되어 뒤에 태어난 사람들이 그 유전된 재앙을 얻은 것이 더욱 슬픈 일인데, 실제로는 임금과 백성이 도를 잃었기 때문이다.

이처럼 국가의 쇄락과 혼란은 상층민이나 하층민이나 간에 모두 책임이 있다. 그리고 하늘은 승부가 극도에 이르면 선악을 가리지 않고 벌한다.

승부가 극도에 이른 경우에는 하늘이 노여움을 발하니, 그 사람이 선한지 악한지를 따지지 않고 모든 사람이 큰 흉악함을 만나게 된다. 하늘은 그 잘못이 매우 심각하면 죄가 없는 사람까지도 대부분 해친다.

승부설의 목적은 사회 전체 구성원에게 사회의 위기를 구하려는 책임감을 고취시키려는 데 있었다. 상하 계층의 모든 사람들이 한마음으로 고무되어 도를 공부하고 선을 행하기를 강조하려 한 것이다. 그러나 이러한 설명의 과정에서 불가피하게 천신天神의 공정한 모습은 훼손되고 말았다.

『태평경』은 운명론을 받아들이고 힘주어 주장한다. 이 책에서는 "사람은 태어날 때 각각 운명이 있다. 귀하게 태어난 사람은 천해질 수 없고, 천하게 태어난 사람은 귀해질 수 없다"라고 강조한다. 신인, 진인, 선인, 도인, 성인, 현인의 여섯 계층도 각자 운명이 있다. 그래서 결코 사람들 모두가 신선이 될 수는 없으며, 세상을 구제하는 자도 만 명에 한 명 있을까 말까 하다. 그러나 그렇더라도 인간의 성취는 결국 개인의 노력 여부와 관련이 없을 수 없다. 힘써 공부하지 않으면 홀로 근심과 고통 속에서 죽고 지하세계로 가게 되며, 선을 행하고 도를 공부하면 정해진 운명 가운데 최상의 결과를 허락받아서 천수를 누릴 수 있다.

천명이 있는 자는 도를 공부하면 반드시 큰 법을 얻게 되고, 중간 정도의 현인이 도를 공부하면 큰 장수를 누리게 되며, 어리석은 사람이 도를 공부하면 작은 장수를 누리게 된다.

상등의 현인이 힘써 공부하면 세상을 구제할 수 있고, 중등의 현인이 힘써 공부하면 제왕의 좋은 관리가 될 수 있으며, 하등의 소인이 힘써 공부하면 희노를 알지 못하여 천하에 원망이 없게 된다.

『태평경』이 설계하고 있는 신선천국은 비록 소수의 상층인사들을 위해 개방된 것이기는 하지만 하층의 인민들에게도 실망을 주지 않으려 한다는 점을 알 수 있다.

도를 닦는 원칙은 '본성을 기르는 것'(養性)과 '덕을 쌓는 것'(積德)을 아울러 중시한다. 그래서 "안으로는 장수(壽)를 이루고, 밖으로는 이치(理)를 이루는 것이다"라고 말한다. 그 내용을 구체적으로 몇 가지 지적해 보면 다음과 같다.

① 임금에게 충성하고 스승을 공경하며 부모님을 친애하는 것이다. 이에 해당하는 구절로는 "공부를 하는 데는 장수와 효도가 가장 긴요하다", "부모란 생명의 근원이고, 임금이란 영화로움과 존귀함을 내려주는 문이며, 스승이란 지혜가 나오는 곳으로서 끊임없이 공부하는 자이다. 이 세 종류의 사람은 도와 덕의 문이다", "효도를 하지 않고 도를 행하는 자 중에서 하늘세계에 오른 자는 한 사람도 없다" 등이 있다.

② 수일법守─法이다. 수일법에는 두 종류가 있다. 하나는 신체의 주요 기관, 가령 머리의 정수리, 얼굴의 눈, 배의 배꼽, 맥의 기, 오장의 심과 같은 곳을 지켜 이들을 가득 차게 하는 것이다. 다른 하나는 신神을 지키는 것으로, 형체와 신이 떨어지지 않고 항상 하나가 되도록 하는 것이다. 형체와 신이 항상 하나가 되게 하면 태어날 때부터 주어진 정과 신이 모두 갖추어져 오래 살 수 있고, 그것을 흩어지지 않게 지켜내면 세상을 구제하는 데에 이른다.

③ 기를 먹고 약을 먹는 것이다. 장생을 하려면 먹고 마시는 것에서 "첫째로 바람과 기를 마시고, 둘째로 약을 먹어야" 한다. 여기서 먹는 것은 자연의 기이다. 이것은 "원기와 결합된 것"이기 때문에 수명이 천지와 같아질 수 있는 것이다. "천상에 쌓여 있는 신선의 불사약은 대부분 큰 창고에 쌓여 있는 곡식과 같아서" 천지에 큰 공이 있는 자가 그것을 얻을 수 있다. 그 밖의 수련방법은 다음과 같다. 붉은

주사로 글을 쓰고 그것을 태워서 마시는 것, 생명이 있는 것들을 훼손하지 않는 것, 정성스럽고 참되게 믿어서 부負가 될 일을 하지 않는 것, 매번 다른 사람의 잘못을 볼 때마다 자신을 반성하는 것, 머리를 두드리고 돌리며 우는 소리를 내며 새벽녘에 참회하는 것, 침과 뜸으로 맥을 조절하고 비결을 외워 신을 부르는 것, 장사지낼 곳을 점쳐 가리는 것 등이다. 이러한 내용들은 양해襄楷가 말한 "무당의 말들이 뒤섞여 있는 것"들에 해당한다.

『태평경』은 '태평太平'이라는 이상사회를 제시하였다. 또한 '태평'이라는 말은 이 책이 후대에 남긴 인상 가운데 가장 빼어난 개념이다. "태太란 크다는 뜻으로, 훌륭한 일을 쌓아 나가면 하늘과 같이 될 수 있다는 말이다", "평平이란 통치가 지극히 고르고 조화로우며 모든 일에 이치가 있어 다시는 간사함이 없는 것이다", "태란 크다는 뜻이고, 평이란 바르다는 뜻이다." 태평세계는 "해와 달과 별이 그 궤도를 잃지 않고 사시와 오행이 어긋나지 않는" 조화롭고 공정하며 평안한 세계이다. 모든 일이 그 바름을 얻어서 제왕은 너그럽고 백성은 원망이 없는, 도둑이 없고 칭송의 노래가 끊이지 않는 세상이다. 이것은 지주계급 중의 개량파가 추구하는 봉건이상국가이다. 평화를 추구하고 전란을 반대하는『태평경』의 이상은 전란 속 인간들의 심금을 울려 보편적인 공감대를 형성하였고, 그 결과 한나라 말기에 민간도교가 탄생하는 데 상당한 영향을 미쳤다.

『태평경』은 "왕을 편안하게 하는 큰 술수"로 나온 것이었지만 끝내 정통 관학이 되지는 못했다. 이에 대해서는 현실적으로 다양한 이유를 지적할 수 있겠지만, 가장 큰 이유는 당시의 집권자들이 이 책에 대해 신중한 태도를 취했기 때문이다.『태평경』은 위진시기 이후에야 점차로 중시되기 시작했다. 「태평경복문서」에 따르면, 남조 진陳의 선제宣帝는 도사 주지향周智響에게 사람을 보내어 『태평경』 읽기를 청하면서, "주지 향은 『태평경』의 뜻에 뛰어난 도사로서 항상 스스로 강습을 즐기니, 태평법사太平法師라는 호를 내린다"라고 했다고 한다. 당나라 승려 현외玄 巍의 『견정론甄正論』에서는 이 책을 "제왕이 국가를 다스리는 법"이라고 인식했다. 명나라 때의 백운제白雲霽는 『도장목록상주道藏目錄詳注』에서 이 책에 대해, "모든 내용이 몸을 닦고 성을 길러서 정과 신을 보호하고 아끼는 일에 관한 것이니, 안으로 몸을 단련하여 장생하고 밖으로 나라를 태평스럽게 다스리며 재앙을 물리치고 병을 다스리는 데 이르기까지 증험하지 못할 것이 없다"라고 했다. 후대의 도교는 바로 이를 따라서 안으로는 수련을 통해 장생을 이루고 밖으로는 치국과 안민을 이루려는 노선으로 발전해 갔다. 게다가 이 책 속의 매우 많은 내용을 부록파[26]와 단정파丹鼎派[27] 도교가 흡수하였으므로, 『태평경』은 확실히 도교 이론의 개시 작용을 했다고 할 수 있다.

2. 『주역참동계』

『주역참동계周易參同契』는 현전하는 도교 단정파의 최초 이론서이다. 『주역참동계』라는 서명을 살펴보면, 먼저 '주역周易'은 이 책이 『주역』을 입론의 근거로 삼았음을 보여 준다. '참參'이란 세 가지라는 뜻이니,

---

26) 역자주: 부록파는 도교 교파들 가운데 부적과 주문으로 귀신을 쫓고 병을 치료하는 것을 위주로 하는 파의 통칭이다. '符水道敎'라고도 부른다. 동한시기의 태평도와 오 두미도, 후대의 영보파, 상청파, 정일도 등이 이에 속한다.
27) 역자주: 단정파는 연단을 제련하여 복식함으로써 신선이 되고자 하는 도교의 파로, '金丹道敎'라고도 불린다. 이들은 장생을 하고 신선이 되는 것을 추구하는데, 그 연원 은 신선사상과 方仙道로 거슬러 올라간다. 대체로 『주역참동계』류의 연단이론을 기 초로 하는 도교 교파이다.

『주역』, 황로黃老, 화로火爐의 세 가지 일을 의미한다. '동同'이란 통함이며, '계契'란 서책이라는 뜻이다. 그러므로 『주역참동계』라는 서명은, 이 책이 『주역』의 원리에 근거하여 '역', '노자', '단학'의 세 학문이 결합된 서적임을 밝히고 있다. 『주역참동계』의 자주自註에서는 이 책의 이름인 '참동'의 뜻에 대해 다음과 같이 설명하고 있다.

> 대역大易의 실정과 본성은 각각 그 법도와 같고, 황로는 궁구하여 하나하나 운용할 수 있으며, 단학(爐火)의 일은 참으로 근거한 바가 있다. 세 가지 도는 하나에 말미암아 함께 나와서 길이 갈리게 된 것이다.

갈홍의 『신선전神仙傳』에서는, 위백양魏伯陽이 『주역』을 요약하여 『주역참동계』를 지었고, 환제의 시기에 같은 군에 사는 순우숙통淳於叔通에게 주었다고 한다. 오대시기의 팽효彭曉가 지은 『주역참동계분장통의周易參同契分章通義』의 서序에 따르면, 위백양은 회계의 상우上虞땅 사람인데 "『고문용호경古文龍虎經』을 얻어 그 오묘한 뜻을 모두 파악한 뒤 『주역』을 요약하여 『주역참동계』 세 편을 찬술하였으며 다시 「보색유탈補塞遺脫」 한 편을 지어 단경의 오묘한 뜻을 부연하였다고 한다. 이어서 "은밀히 이를 청주의 서종사徐從事(徐景休)에게 보이자 서종사가 이름을 숨기고 주석하였으며, 다시 후한의 효제 때에 같은 군에 사는 순우숙통에게 전수하여 드디어 세상에서 유통하게 되었다"라고 되어 있다. 그런데 『진고眞誥』「계신추稽神樞」의 도홍경陶弘景 주에서는, "『역참동계』는 환제 때 상우 사람 순우숙통이 청주 사람 서종사에게서 術을 받은 것이다"라고 적고 있다. 이상의 내용을 통해 다음과 같이 판단할 수 있다. 즉, 이 책은 위백양에 의해 완성이 되었는데, 그 시대는 순제와 환제의 교체기로 『태평경』보다 조금 늦은 시대이다. 순우숙통이 위백양에게서 이 책을 받았다는 것과 청주 사람 서경휴徐景休에게서 術을 배웠다는 것도 두 사실이 모순되지 않는데, 술은 책이 아니기 때문이고 또 위백양이 『주역참동계』를 저술하였다고 판단하는 데에 아무런 영향도 미치지 않기 때문이다.

『주역참동계』의 중심 사상은 『주역』에 제시된 음양의 도를 운용하면서 황로의 '자연의 이치'(自然之理)를 결합하는 한편으로 화로火爐·연단煉丹의 일을 서술한 것으로, 기본적으로는 외단경外丹經에 속한다.

첫째, 약물에 관해서 살펴보자.

"흰 것을 알고 검은 것을 지키면 신명이 저절로 온다. 흰 것은 금金의 정精이고 검은 것은 수水의 바탕이다." 여기서 흰 것은 납가루이고 검은 것은 수은이다. 납은 또 하거河車라고 부르는데, "밖으로는 검고 안으로는 금화金火를 품고 있어" 다섯 금속의 주인이 된다. "백호는 솥뚜껑 꼭지(熬樞)가 되고, 수은인 해는 유주流珠가 되니 청룡이 이와 더불어 갖추어진다." 여기서 백호는 납을 가리키고 청룡은 수은을 의미하는데, 수은은 물의 속성을 갖추고 있어서 마치 구슬과 같은 모습이다. "금은 주사朱砂를 주로 삼아 수은과 융합한다." 금과 주사는 자연 속에 있는 납가루를 지칭하는데 안으로 금의 정을 포함하고 있어서 환원성에서 수은과 같다. 그래서 이 두 가지를 조화한다는 것이다. "2·8(16)이 한 근斤에 응하니, 역易의 도는 정正하여 치우침이 없다. 수銖에 384가 있는 것은 또한 화후火候와 효상爻象의 수에 말미암은 것이다." 이 말의 의미는 수은 반 근과 납가루 반 근을 합하여 한 근(16兩) 즉 384수銖가 되는데, 이는 역의 효수爻數 384와 상응한다는 뜻이다. 그런 다음에 "수와 화로 짝을 삼으니, 네 가지가 혼합된다"라고 하였다. 이 의미는 솥 안에 물을 붓고 솥 아래에서 불을 땜으로써 연단이 시작된다는 뜻이다.

둘째, 화후火候에 관해서 살펴보자.

화후를 장악하는 것은 연단의 성패를 가름 짓는 관건이다. 그러므로 이 책은 주요 편에서는 화후에 대해 거듭 논술을 펼치고 있다. 화후를 바르게 조절하는 데 필요한 것은 다음과 같다.

> 법령을 두루 살피되 지극히 성실하고 오로지 세밀하게 하며, 신중히 일진을 기다려 소식消息(음양의 변화)을 자세히 살핀다.
>
> 동정이 일정하여 그 법칙을 받들고 사시가 때에 맞아 기와 더불어 융화되며 강유가 나뉘어 서로 간섭하지 않고 오행이 경계를 지켜서 함부로 넘치거나 수축되지 않으면, 역이 두루 유행하여 굴신이 반복한다. 그믐과 초하루 사이에 마치 부절에 합치된 것처럼 그 속에서 운행한다.

이 내용의 의미는 다음과 같다. 연단의 동작 하나하나는 모두 음양이 서로 갈마드는 도를 따르고 사시의 변화질서를 준수하며 오행이 서로 변화하는 차례에 합치하고 그믐과 보름에 이르는 달의 변화에 응해야지, 마음대로 어길 수 없다는 것이다. 이어서 불의 온도를 장악하는 방법으로, "처음에는 문화文火(외단에서는 약한 불 때기, 내단에서는 부드러운 호흡)로써 닦고, 끝에는 무화武火(외단에서는 강한 불 때기, 내단에서는 강한 호흡)를 펼쳐야 한다"라는 말이 나온다. 그런데 「정기가鼎器歌」에서는 "처음과 끝에는 무화로 하고, 중간에는 문화로 한다. 시작은 70일이고 끝은 30일이며, 중간의 260일 동안 고르게 잘 조절한다"라고 되어 있다. 두 논리 사이에 다소간 같지 않은 점이 있다.

1개월 동안 화후를 조절하는 규칙에는 괘기卦氣와 납갑納甲의 두 가지 방법이 있다. 괘기법은 한나라 때 『역』의 60괘를 1년 사시에 배당한 것을 고쳐서 한 달인 30일에 배당한 것으로, 두 괘를 1일에 배당하여 한 달의 처음에서부터 한 달의 마지막에 이르기까지 60괘를 둥글게 배치한 것이다. 이에 관한 이 책의 내용은 다음과 같다.

초하루의 아침에는 준屯괘가 일을 담당하고 저녁에 이르러서는 몽蒙괘가 받는다. 주야는 각각 하나의 괘에 해당하니, 그것을 사용함은 차서에 의한다. 기제既濟괘와 미제未濟괘가 그믐날의 새벽에 이르러 오니, 끝나면 곧 회복하여 다시 시작한다. 일진日辰은 정해진 한도가 되고 동정動靜은 이르고 늦음이 있다.

매월 초하루의 오전에 준괘를 배당하고 저녁에 몽괘를 배당하며, 초이튿날의 오전에 수需괘를 배당하고 저녁에 송訟괘를 배당한다. 이와 같은 방식으로 미루어 가서, 한 달의 마지막 날 오전에 기제괘를, 오후에 미제괘를 배당한다는 것이다. 매일의 처음과 마지막에 두 괘를 배당하면 두 괘의 괘획은 정확하게 뒤집어진 모양이 되어 서로 반대가 되는 상을 형성하는데, 이것은 음양과 주야가 대립되는 것을 표시한다. 한 달 동안의 연단 화후는 반드시 이 괘기의 변화에 순응해야 한다.

납갑법은 1달을 6후候로 나누어 6괘와 10천간天幹으로 배합하는 것이다. 『주역참동계』에서는 다음과 같이 말한다.

초삼일에 나와서 밝아지니, 진震괘가 경庚의 방위인 서방을 받는다. 초팔일에 태兌괘가 정丁의 방위를 받으니, 상현의 반달이 마치 먹줄 놓은 듯하다. 십오일에 건乾괘의 몸이 이루어지니, 보름달이 갑甲의 방위인 동방에 뜬다.…… 16일에 전轉하여 역통歷統을 받으니, 손巽괘가 신辛의 방위에서 새벽녘에 나타난다. 간艮괘가 병丙의 방위인 남방에 위치하니, 하현은 23일이다. 곤을坤乙이 30일이 되어 동북방에서 그 밝음을 잃는다. 절차가 다하면 서로 넘겨주니, 체를 계승하여 다시 용을 낳는다. 임壬과 계癸는 갑과 을을 짝하고, 건과 곤은 시작과 끝을 포괄한다.

이를 설명하면 다음과 같다. 매월 초삼일에 달이 비로소 밝아지는데, 이는 일양의 빛을 받은 것으로서 진震괘의 상(☳)이 되고 별이 서방 경庚의 자리에 나타난다. 또한 초팔일은 상현달이 되는데, 이는 이양二陽의 빛을 받은 것으로서 태兌괘의 상(☱)이 되고 별이 남방 정丁의 자리에 나타난다. 15일의 보름은 달이 태양의 빛을 온전히 받은 것으로서 건乾괘의 상(☰)이 되고 별이 동방 갑甲의 자리에 나타난다. 16일에는 달이 아래로 일음一陰을 생성하니, 손巽괘의 상(☴)이 되고 별이 서방 신辛의 자리에서 나타난다. 23일에는 하현달이 되어 두 음을 생성하는데, 간艮괘의 상(☶)이 되고 별이 남방 병丙의 자리에 나타난다. 30일에는 달이 완전히 변화하여 삼음이 되니, 곤坤괘의 상(☷)이 되고 별이 동남 을乙의 자리에서 나타난다. 그리고 다음 달이 되면 처음부터 다시 시작하는 것이다. 이 학설은 우번虞飜의 괘변설卦變說과 대동소이하다.

연단을 할 때에는 이 여섯 절후와 음양의 소식消息에 의거하여 화후의 승강을 제어하는 것이 중요하다. 1년의 화후는 12소식괘消息卦로써 배정할 수 있다. 책에서는 "초하루 아침이 복復괘(☳)가 되니, 양기가 비로소 통한다", "림臨괘(☱)는 화로가 조리를 펴는 것이니, 길이 열려 바르게 빛난다", "우러러 태泰괘(☰)를 이루니, 강유가 나란히 융성한다", "점차 거쳐 가서 대장大壯괘(☳)가 되니, 묘卯의 문에 비스듬히 늘어서 있다", "쾌夬괘(☰)는 음이 물러나고 양이 상승하여 앞선다", "건乾괘(☰)는 굳세고 매우 밝아서 널리 사방의 이웃에까지 혜택을 입힌다", "구姤괘(☰)는 음의 실마리가 시작함이니, 서리를 가장 먼저 밟는다", "둔遯괘(☶)는 세상의 지위를 버리는 것이니, 그 정精을 수렴한다", "비否괘(☰)는 막혀서 통하지 않으니, 싹이 나지 않는다", "관觀괘(☴)는 도량형기를 살피고 중추의 실정을 살핀다", "박剝괘(☶)는 사지가 문드러져서 그 형체가 소멸된다", "도가 극도에 달하면 곤坤괘(☷)의 처음으로 되돌아온다" 등의 말로써 12소식괘를 설명하고 있다. 우번의 「계사」 주注에 근거하면, 태괘는 정월, 대장괘는 2월, 쾌괘는 3월, 건괘는 4월, 구괘는 5월, 둔괘는 6월, 비괘는 7월, 관괘는 8월, 박괘는 9월, 곤괘는 10월, 복괘는 11월, 림괘는 12월에 각각 해당한다. 『주역참동계』는 양기가 비로소 생겨나는

11월 복괘로부터 다음해 10월 곤괘에 이르기까지의 음양의 소식을 한 주기로 삼아서, 1년간의 화후도 이것에 근거하여 정한다.

책에서는 또 다음과 같이 말한다.

봄과 여름은 괘의 내체內體에 근거하니 자子에서 시작하여 진辰·사巳에 이르고, 가을과 겨울은 괘의 외용外用에 해당하니 오午에서 시작하여 술戌·해亥에서 끝난다. 상벌은 봄과 가을에 상응하고, 어둠과 밝음은 추위와 더위에 상응한다. 효사에는 인仁이 있고 의義가 있으며, 때에 따라서 희喜가 발하고 노怒가 발한다. 이와 같이 사시의 흐름에 순응하면 오행이 그 이치를 얻는다.

이 내용은 12지지地支를 사계절에 배당한 것이니, 즉 자·축·인을 봄에, 묘·진·사를 여름에, 오·미·신을 가을에, 유·술·해를 겨울에 배당한 것이다. 괘(重卦)에는 내괘와 외괘가 있는데, 내괘는 체가 되고 외괘는 용이 된다. 1년에서는 봄여름이 내괘에 해당하고 가을겨울이 외괘에 해당하며, 하루에서는 자시子時에서 사시巳時까지가 내괘에 해당하고 오시午時에서 해시亥時까지가 외괘에 해당한다. 단을 단련할 때에는 이 계절과 시진이 요구하는 양화陽火의 나아감과 음부陰符의 물러남을 따라야 한다.

셋째, 단약을 복용하는 것에 대해 살펴보자.

책에서는 다음과 같이 말한다.

검정참깨로도 수명을 연장하는데, 선단을 먹으니 말할 것이 있겠는가. 금의 성질은 썩어서 없어지지 않으므로 만물의 보배가 된다. 술사가 그것을 복용하면 수명이 장구해진다. 금사가 오장 속에 들어가니, 비바람처럼 흩어져서 훈훈하게 피어올라 사지로 퍼져 간다. 안색이 좋아져서 윤기가 나고, 백발은 모두 검게 변하며, 빠진 이가 제자리에서 다시 돋는다. 늙은이는 장년으로 돌아가고 노파는 처녀가 된다. 형체가 바뀌어 세상의 액을 면하니, 이것을 호칭하여 진인이라 한다.

이 내용에는 세 가지 뜻이 들어 있다. 첫째는 금단이 썩지 않는 성질을 가져서 사람으로 하여금 장생하게 한다는 것이다. 둘째는 금단이 몸속에 들어가면 안개와 같은 상태로 바뀌어 그 단의 기운이 온몸을 적신다는 것이다. 셋째는 금단을 복용한 효과로 늙은 사람을 아이의 상태로 되돌린다는 것이다. 책에서 "그 입을 닫고 신령스러운 구슬을 견고히 쌓으면 삼광三光이 고요하여 자주子珠(脾臟의 丹)를 기른다"라거나 "단전(黃中)이 점차로 통하면 윤택한 기가 피부까지 도달한다"라고 말한 것 또한 위에서 말한, 내단수련을 통해 금단을 기르는 것과 비슷하다. 금단이 비장과 위장을 거쳐 소화 흡수되어 온몸 전체에 퍼져 나가 선도를 이루는 것처럼 설명하고 있다.

『주역참동계』의 글들은 대부분 황홀한 내용들과 유비적 비유로 되어 있고 문자가 심오하여 이해하기 어렵다. 그래서 그 참뜻을 사람들이 쉽게 파악하지 못했으니, 주희朱熹조차도 착수처를 알지 못해 가볍게 강설하지 않았다. 이러한 서술법은 지극히 복잡한 종교심리에서 기인한 것으로, 저자 역시 다음과 같이 표방하고 있다.

> 혀를 묶어 말하지 않으려고 하였지만 도의 맥을 끊는 죄를 얻을 것이고, 마음을 쏟아 부어 책을 만들고 싶지만 또 천기를 누설할까 염려되었다. 이에 이러지도 저러지도 못한 채 탄식만 하면서 어리석은 사람처럼 우러러보고 굽어볼 뿐이다.

침묵하고 말하지 않으면 도를 끊는 죄를 범하는 것이 되고 말을 했다가는 천기를 누설하는 것이 되니, 저자는 말을 할까 말하지 않을까 저울질하고 있다. 결국 저자는 말을 하되 모호하게 하여 은연중에 드러내는 방법을 택한다. 고의로 독자들을 번거롭게 하여 참된 도는 쉽게 얻을 수 없다는 뜻을 책 속에 심어 둔 것이다. 천기가 사람에게 드러나는 것이 무엇 때문에 좋지 않은가? 천기天機는 본래 인기人機에 지나지 않는데, 이를 설명한 것이 지극히 평상적인 것 혹은 체험에 맞지 않은 것으로 인식되어 신뢰를 잃어버리게 될 수도 있기 때문이다. 그래서 천기는 절대로 누설해서는 안 된다고 하는 것이다. 신봉하는 사람으로 하여금 영원히 신비하여 헤아릴 수 없고 오묘하여 무궁하며 고원하여 탐구할 수 없는 것으로 여겨지게 하여, 숭배함이 그침이 없게 하려는 것이다. 『주역참동계』가 1천여 년이 넘도록 학자들에 의해 반복적으로 연구되고 다양한 해석이 가해졌음에도 한결같이 참된 실질을 얻지 못하고 도리어 수많은 새로운 단정丹鼎학설이 연역되어 나오게 된 것은, 대체로 이 책의 모호함으로부터 기인하고 있다.

여하간에 『주역참동계』는 도교의 단정학설(주로 외단설)의 기본 이론으로 기초 지어졌고, 단경의 비조로 칭해져서 후대 외단학설에 지대한 영향을 미쳤다. 이후에 내단학자들이 부회하여 다시 이 책에서 내단수련의 공법을 연역해 내었기 때문에 『주역참동계』의 주석은 외단적 주석과 내단적 주석의 두 갈래로 나뉘게 된다. 『주역참동계』는 송대의 리학자들에게서도 매우 중시되어, 주희는 이 책을 주석한 『주역참동계고이周易參同契考異』를 짓기도 했다. 흔히 도교 초기에 심대한 영향을 미친 책으로는 경전의 내용을 고치고 주석하여 도교 신학이론의 기초가 된 『노자상이주』와, 외단의 경전이 된 『주역참동계』, 내단의 경전이 된 『황정경黃庭經』의 세 종류가 언급되곤 한다. 그래서 청대 도사 동덕녕董德寧은 『황정경발미黃庭經發微』에서 "도교 경전 중에 오래된 것은 『도덕경』(『노자상이주』), 『주역참동계』, 『황정경』이다"라고 하였다.

4. 태평도와 황건군의 봉기

태평도太平道에 관해 가장 상세하게 기록된 사료는 『전략典略』과 『후한서』 「황보숭전皇甫嵩傳」을 들 수 있다. 『삼국지』 「장로전張魯傳」의 주석에서 인용한 『전략』에 따르면, 영제 시대에 들어서면서 세 곳의 대규모 민간도교세력이 출현하였다고 한다.

> 희평熹平 연간에 요괴스런 도적들이 크게 일어났는데, 장안 인근에는 낙요駱曜가 있었다. 광화光和 연간에는 동방에 장각張角이 있었고, 한중에는 장수張修가 있었다. 낙요는 은신술緬匿法을 사람들에게 가르쳤고, 장각은 태평도太平道를 만들었으며, 장수는 오두미도五斗米道를 만들었다. 태평도는 천사天師가 구절장을 들고 부축符祝을 행하면서 병든 사람으로 하여금 머리를 조아리고 자신의 잘못을 반성한 뒤에 부적을 태운 물을 마시도록 하였는데, 병든 자들 가운데 혹 병이 낫는 자가 있으면 도를 믿었기 때문이라고 하였고 혹 병이 낫지 않으면 도를 믿지 않았기 때문이라고 하였다.

'희평熹平'은 한나라 영제靈帝의 연호로 172년에서 177년 사이이고, '광화光和' 또한 영제의 연호로 178년에서 184년 사이이다. 태평도의 주요 종교활동은 신도神道에 의탁한 치병이었다. 태평도 도사가 부적을 만들어 기도를 하면 병든 사람은 먼저 머리를 조아리고 잘못을 반성하는데, 이는 참회의식과 유사하다. 그런 다음에 부적을 태운 물을 삼키는데,

마음이 정성스러운 자는 효과가 빠르게 나타나고 그렇지 않으면 효과가 빠르지 않다고 한다. 이 과정은 심오한 교의도 없을뿐더러 방법도 매우 간단하다. 「황보숭전」에서는 다음과 같이 기록하고 있다.

> 처음에 거록鉅鹿땅의 장각이 스스로를 '대현량사大賢良師'라 칭하면서 황로도黃老道를 받들며 제자를 길렀다. 무릎을 꿇고 머리를 조아리게 하여 부적 태운 물과 주문으로써 병을 치료하니, 병든 사람이 많이 낫게 되자 백성들이 믿고 따랐다. 장각은 제자 여덟 사람을 사방으로 보내어 선도善道로써 세상을 교화하였는데, 나중에는 서로 속여 미혹하는 것으로 바뀌었다. 10여 년 동안에 따르는 대중들의 수가 10만이 되어 군현과 나라 전체를 연결하게 되었는데, 청靑으로부터 서徐, 유幽, 기冀, 형荊, 양揚, 연兗, 예豫의 여덟 주에 이르도록 사람들이 응하지 않은 곳이 없었다. 마침내 36방方을 설치하였으니, 방은 군대(將軍)의 뜻과 같다. 대방大方은 1만여 명, 소방小方은 6~7천여 명인데, 각기 거수渠帥를 세웠다. "창천蒼天은 이미 죽었다. 황천黃天이 서야 한다. 해가 갑자년이니 천하가 크게 길하다"라는 유언비어를 퍼뜨리고, 흰 회칠로 경성의 네 문 및 주와 군현의 관부에 모두 '갑자甲子'라는 글자를 썼다.

이 단락의 글은 우리에게 태평도의 활동에 대한 다음과 같은 풍부한 정황들을 제공해 준다.

장각은 거록(현재 하북 平鄕 일대) 사람으로 '대현량사大賢良師'라고 자칭하였는데, 이는 고난을 구제하는 좋은 스승이라는 신분으로 활동했다는 것을 분명히 나타낸다. 그래서 그의 도를 '선도善道'라고 한 것이다. 부수치병符水治病(부적 태운 물로 병을 다스리는 것)의 방법과 『전략』의 기록은 완전히 일치한다. 동시에 이 전기는 태평도가 사람들의 마음을 깊이 얻어 10여 년 만에 수십만 명의 신도를 거느릴 수 있었음을 인정하지 않을 수 없게 한다. 또 장각을 말할 때, "황로도(황제와 노자의 도)를 받들어 섬겼다"라고 하지 결코 그 교도를 '황로도'로 부르지는 않는다. '황로도'

는 동한 말기에 유행했던 황로숭배의 일반적인 명칭이다. 『후한서』 「왕환전王渙傳」에서 "환제가 황로도를 섬겼다"라고 한 것도, 후대 사람들이 환제의 황로숭배를 서술한 일종의 개괄적인 설명법이다. 장각과 환제는 모두 황로를 섬겼지만 결코 종교적 조직과는 관련이 없다. 『삼국지』 「위서魏書·장로전張魯傳」의 배송지裵松之 주에서는 『전략』을 인용하여 장각의 종교를 '태평도'라고 불렀다고 적고 있는데, 이것이 이 종교의 정식 명칭이었다. 「황보숭전」에서 '황로도'라 부른 것은 장각의 교도가 숭배한 대상을 가지고서 일반적으로 말한 것일 뿐이다.

여기에서 도출해 낼 수 있는 것은, 장각은 전도를 한 지 10여 년이 지난 이후에야 비로소 무장반란의 기치를 내걸었다는 점이다. 태평군이 봉기를 일으킨 것은 갑자년으로 서기 184년이다. 이해에서 10년을 거슬러 올라가면 서기 174년 즉 영제 희평 3년인데, 위의 기록에서 10여 년이 지나 봉기하였다고 했으니 장각이 태평도를 최초로 건립한 시기는 희평 원년을 전후하거나 건안建安 연간에까지 이른다. 이를 좀 더 상세하게 살펴보면, 태평도의 창립 시기는 상당히 초기로, 심지어 장안 인근에서 봉기한 낙요나 한중에서 오두미도를 일으킨 장수에 비해서도 뒤처지지 않을 것이다. 태평도가 가장 흥한 시기는 당연히 광화 연간이다. 이때는 태평도가 이미 여덟 주에 걸쳐 퍼져 나갔는데, 지금의 하북, 하남, 산동, 강서, 호북 등에 해당하는 광범위한 지역이다. 아울러 군사행동의 준비라는 측면에 주의를 기울이면, 군사를 일으킴과 동시에 각 교구를 합쳐서 '방方'이라는 통일된 조직 체제를 건립하였기 때문에 이 방의 수령을 종교적 의미의 제주祭酒 혹은 사師라는 명칭으로 부르지 않고 '거수渠帥'라고 불렀다.

태평도가 제출한 구호 중에서 사람의 마음을 가장 감동시킨 것은 "창천은 이미 죽었다. 황천이 서야 한다. 이해는 갑자년이니 천하가 크게 길하다"(蒼天已死, 黃天當立, 歲在甲子, 天下大吉)라는 구호였다. 이 구호는 천지 개혁의 혁명을 알리는 정치구호이자, 태평도의 종교신앙과 전통의 천신 天神숭배가 대립적인 것임을 드러내는 선언이었다. "창천은 이미 죽었 다"라는 말에서의 '창천'은 군권을 수여하고 지지하는 하늘의 상제를 지칭하는 말인 동시에, 민간에서는 천신에 대해 통속적으로 부르던 이름이었다. 태평도는 관이 숭배하는 천신의 절대성과 영원성을 승인하 지 않고, 그것은 이미 죽어 사라졌다고 선언했다. 이는 당연히 창천에 의해 지지되는 정권도 죽어 사라졌다는 뜻이다. "황천이 서야 한다"라는 말의 '황천'은 태평도가 세워서 신봉하는 천신으로, 그것은 신이기는 하지만 다시 통치자를 위해 복무하는 신이 아니라 새로운 태평군의 봉기와 정권탈취를 위해 복무하는 신이다. 태평도는 황로숭배의 관점에 서 천신을 취급하기 때문에 '황천'이라고 칭한 것이다. '황黃'은 땅의 중앙에 위치하여 주관한다는 의미이다. 그러므로 "황천이 서야 한다"라 는 말은 중앙의 정권을 탈취하고 천하를 점유한다는 의미를 함유한다. 또한 '황천'은 일종의 통속화된 용례이고, 실제상으로는 태평도가 신봉 하는 천신은 '중황태을中黃太乙'이라고 불렸다.

『삼국지』「위서·무제기武帝紀」의 배송지 주에 따르면, 초평初平 연간에 조조와 청주의 황건당黃巾黨 백만이 일진일퇴를 거듭하며 서로 항거하였 는데, 당시 황건군이 조조를 대상으로 내건 격문에 다음의 내용이 있었다 고 한다.

옛날 제남에서 그대가 신단을 허물었으니, 그때 그대의 도는 바로 중황태을과 같았다. 그때는 도를 아는 듯하더니 지금은 도리어 미혹되었다. 한나라의 운행이 이미 다하였으니 마땅히 황가黃家가 서야 할 것이다. 하늘의 큰 운행은 그대의 재주와 힘으로 보존할 수 있는 것이 아니다.

56

격문 앞부분의 '신단을 허물었다', '중황태을과 도가 같았다'라는 말은 바로 조조가 제남에서 재상을 역임할 때 행한, "음란한 제사를 금지하니 간악한 무리가 도망하여 군의 경계가 깨끗해졌다"[28]라는 것을 가리킨다.『위서』「무제기」의 기록에 근거하면, 당초에 성양왕城陽王 유장劉章이 한나라에 공을 세워 국군國君에 봉해지고 사당이 세워지자 청주의 여러 군들이 서로 본받았는데, 제남에서는 더욱 성행하여 심지어 육백여 개의 사당이 설립되고 큰 상인들과 관리들은 제사를 핑계로 연회와 사치를 일삼았다고 한다. 이에 조조가 제남에 부임하면서 사당을 모두 허물고 백성의 고혈을 짜내는 제사를 금하였다는 것이다. "신단을 허물었다"는 말은 이 일을 가리킨다. "그때의 도는 중황태을과 같았다"는 말은, 조조 역시 황로를 신봉하니 황건군이 신봉하는 중황태을과 같다는 뜻이다. "도를 아는 듯하더니 지금은 도리어 미혹되었다"는 것은, 조조가 황로를 숭배하여 음란한 제사를 금지시킬 때에는 황건군이 숭배하는 도교와 통하는 것 같더니, 황건군과 대적하고 있는 지금은 중황태을의 신도神道를 진정으로 이해하지 못했을 뿐 아니라 오히려 미혹되기까지 한 상태라는 뜻이다. "한나라의 운행이 다했으니 황가黃家가 서야 한다"라는 말은 "창천이 이미 죽었으니 황천이 서야 한다"라는 말과 비교되는데, 전자는 신정권이 구정권을 대체해야 한다는 뜻이고 후자는 새로운 신권神權이 낡은 신권을 대체해야 한다는 뜻이다. 또 "하늘의 큰 운행은 그대의 재주와 힘으로 보존할 수 있는 것이 아니다"라고 했는데, 이것은 황건군이 하늘의 운행으로부터 승인을 받았으니 이제 천하는 귀족 중심의 통치가 아니라 황가黃家로 대표되는 민간 중심의 통치로 바뀌었다는 것이다.

---

28)『魏書』,「武帝紀」.

'태을太乙'은 '태일泰一', '태을泰乙' 등과 통하는 말로, 진한의 교체기에 등장한 개념이다.『장자』「천하天下」,『여씨춘추』「대악大樂」,『예기』「예운」,『회남자』「전언훈詮言訓」등에 그 용례가 보인다. 한 무제 때에는 태일太一이 지상신至上神이 되고 오제五帝가 태일의 보좌신으로 변하여 사당이 세워지고 제사가 봉해졌다. 그 이후 태일숭배의 유행이 끊이지 않아,『태평경』에서도 "위로 하늘의 태일로부터"(上從天太一)라는 설명법을 취하고 있음이 확인된다. 태평도는 이러한 전통의 태일신앙에 황로숭배의 사상을 결합시켜서 '태을'의 앞에다 '중황'이라는 수식을 더하였다. 가운데 위치하여 황도를 운행한다는 뜻을 드러낸 것이다. 이처럼 '중황태을'은 전통의 태일신과는 구별되면서, 태평도가 유독 숭배하는 우상이 되었다. 태평도의 신앙은 '황黃'을 숭상하였다. 그래서 그 무리는 군대를 일으킬 때 모두 황색 띠를 착용하여 표지로 삼았는데, 당시 사람들은 황건黃巾이라고 불렀다.[29]

전도를 통한 발전 단계에서는 부수치병符水治病을 중시하였고 황로신앙도 표면적으로 상층부와 합치되었기 때문에 봉기 초기의 태평도에 대해서는 관에서도 그다지 두려워하거나 경계하지 않았다. 도리어 태평도의 뜻을 잘못 해석한 여러 군현에서는 "장각이 잘 이끌고 교화하여 백성을 안정시켰다"[30]라고 말할 정도였다. 그러나 그런 와중에도 정치적 감각이 예민한 소수의 대신들은 문제의 심각성을 깨닫고 대책을 제시하기도 하였다. 사도司徒인 양사楊賜의 경우가 그러하다. 일찍이 그는 유도劉陶를 불러 다음과 같이 경계하였다.

장각 등은 사면을 받았어도 뉘우침이 없고, 그 싹은 더욱 번성해지고 있다. 지금 그들이 활동하는 인구 1만 이하의 주州를 무력으로 진압한다면 다시 소요를 일으킬

29)『後漢書』,「皇甫嵩傳」.
30)『通鑑紀事本末』, 권8.

것이 두려우니, 오히려 그 근심거리가 더욱 빨리 커질 것이다. 이에 모든 자사刺史와 이천석 二千石[31]에게 엄한 칙령을 내려서 유민들을 추려 각자 본래의 고향으로 되돌려 보냄으로써 그 무리를 고립 약화시키려 하니, 그런 다음에 그 거수를 주살한다면 큰 힘을 들이지 않고도 안정될 수 있을 것이다.[32]

양사는 "천하 사람들이 아이를 업고서 장각에게 모여드는" 형세를 지적하면서 유민을 돌려보내어 황건의 무리를 와해시키려는 책략을 유도에게 타진하였다. 그러나 그는 상서를 올리기도 전에 지위에서 물러나게 되고, 이후 유도와 악송樂松, 원공袁貢이 연명한 상소가 올라 왔다. 상소에서는 이렇게 말하고 있다.

> 지금은 장각의 무리를 이길 계략이 없습니다. 예전에 사도인 양사가 상주한 조서에서 주와 군에 엄한 칙령을 내려 유민을 보호하여 돌려보내라고 하였는데, 때마침 양사가 지위를 버리니 다시는 그를 붙잡을 수 없었습니다.…… 비록 사면령이 내려졌지만 해산하지 않았습니다. 사방에서 사람들이 말하기를, 장각 등이 몰래 경사에 잠입해 조정을 엿보고 있다 하면서 음독陰毒한 말과 행동으로 사사로이 동조하고 있으나, 주나 군의 관리들은 꺼리어 들으려 하지 않으면서 다만 서로 수군대기만 할 뿐 공문으로 올릴 생각을 하지 않습니다.[33]

이미 양사가 "장각 등은 사면을 받아도 뉘우치지 않는다" 하였고 유도 또한 "사면령이 내려졌지만 해산하지 않았다" 하였으니, 이를 통해 이미 조정에서는 장각의 태평도 활동에 대해 비방한 일들이 있었으 며 또 장각 일당이 대사면을 통해 면죄된 적이 있었음을 알 수 있다. 당시에 지방 관리들은 황제의 다스림을 모함했다는 죄명을 받을까

---

31) 역자주: 한나라 때의 관직으로 군수를 말한다. 봉록으로 받은 급여가 이천 석에 달했 기 때문에 이렇게 불렸다.
32) 『後漢書』, 「揚賜傳」.
33) 『後漢書』, 「劉陶傳」.

두려워서 상부에 보고하기를 꺼렸는데, 이에 유도가 제출한 대책은 "아래로 조칙을 분명히 내려, 장각의 무리를 사로잡아 오면 토지를 하사하고 감히 명령을 회피하면 장각의 무리와 같은 죄를 준다"라는 것이었다.[34] 그러나 어리석은 영제는 이러한 회유책(招安籠絡)을 못 들은 척 방치해 버렸다. 곧바로 장각의 제자 당주唐周가 봉기 계획을 밀고해 오자 조정에서는 특별한 조치를 취하고자 했지만 이미 때는 늦은 상태였다. 장각의 봉기에 대해 「황보숭전」에서는 이렇게 적고 있다

중평中平 원년에 대방大方 마원의馬元義 등이 먼저 형荊·양楊지역의 수만 명을 모아 업鄴에서 봉기하기로 약속하였다. 마원의는 여러 번 경사를 왕래하면서 중상시 봉서封諝·서봉徐奉 등과 내통하여 3월 5일을 전후로 함께 봉기하기로 약속하였다. 난을 일으키기 직전에 장각의 제자인 제남의 당주가 글을 올려 고하니, 이에 마원의를 낙양에서 거열로 죽였다. 영제는 당주의 상서를 삼공三公과 사례司隸에게 보내어 열람시키는 한편, 구순령鉤盾令 주빈周赋으로 하여금 삼부의 관리를 거느리고 궁성의 경비를 맡게 하고 또 백성들을 조사하여 장각의 도를 섬기는 자를 찾아 천여 명을 주살케 하였다. 그리고 기주冀州를 조사하여 장각 등을 사로잡게 하니, 장각 등은 거사가 이미 탄로 난 것을 알고 밤새 달아났다가 사방에 공표하여 일시에 봉기하였다. 이들은 모두 황색의 두건을 착용하여 표시로 삼았는데, 이를 두고 사람들은 '황건'이라고 부르거나 '불나방도적떼'(蛾賊)라고 불렀고, 사람을 죽여 하늘을 섬긴다고 비난하였다. 장각은 스스로 '천공장군天公將軍'이라고 부르고 동생 장보張寶를 '지공장군地公將軍', 또 그 밑의 동생 장량張梁을 '인공장군人公將軍'으로 부르면서 이르는 곳마다 관부를 불태우고 마을을 약탈하니, 주와 군은 할 일을 잊어버리고 관리들이 대부분 도망하였다. 10여 일 사이에 천하가 호응하고 경사가 진동하였다.

후기의 태평도는 이미 종교조직에서 탈피하여 종교라는 외투의 엄호를 받는 민간군사조직으로 전환해 있었으며, 궁정의 근신들과 관계를

---

34) 『後漢書』, 「劉陶傳」.

맺으면서 무장폭동을 준비하고 있었다. 한편으로는 사회가 부패하여 인심이 변한 까닭도 있고 다른 한편으로는 내부적으로 장기간에 걸쳐 역량을 축적해 온 까닭도 있었겠지만, 어쨌든 동조자의 밀고가 있었어도 태평군이 전국적으로 봉기를 일으키는 데에는 별다른 장애가 없었다. 그래서 단기간 내에 "천하가 호응하고 경사가 진동하게" 되었던 것이다.

　태평군의 봉기에 대한 한나라 조정의 대책은 다음과 같았다. 조정은 하진何進을 대장군으로 삼아 경사를 보위하게 하고 황보숭과 노식盧植, 주준朱儁 등의 장군을 파견하여 적도를 토벌케 하는 한편, 내부 모순의 봉합을 위해 당고黨錮의 금禁[35]을 풀어 천하인들로 하여금 황건군과 맞서게 하였다. 지식인들과 황건군의 결합을 저지하기 위함이었다. 또 각 지역의 토호들을 무장시켜서 연합하여 황건군과 대치하게 하였는 데, 이후에 등장한 유비, 조조, 손권 등의 군벌은 바로 이 토호들의 무장세력으로부터 발전해 나간 집단들이었다.

　태평군과 관군의 전투는 대략 다음과 같이 전개되었다. 중평 원년 영천潁川의 황건군은 진군하자마자 황보숭, 주준의 토벌군과 공방을 벌이다가, 조조가 토벌군에 합세하면서 합룽하에서 패배하게 된다. 또 남양의 황건 장만성張曼成은 태수 저공儲貢을 공격하여 죽이지만 이후 진힐秦頡에 의해 패배한다. 그리고 장각이 노식의 군대와 전투를 벌이던 중 병으로 죽고, 장각의 뒤를 이은 장량張梁은 황보숭의 군대와 전투를 벌이다가 패하여 죽고 만다. 승전한 황보숭은 장각의 무덤을 파헤쳐서 그 시체를 도륙하고 장보張寶를 공격하여 참수하였다. 이후 장만성이 조홍趙弘을 장수로 삼아 십만 군중을 통솔하였으나 주준에게 패배하고, 다시 한충韓忠이 완성宛城을 거점으로 주준에게 대항하였으나 역시 패하

---

35) 역자주: 환관들이 권력을 전단하면서 자신들을 비판하는 관리들을 내쫓은 뒤 평생 동안 관로에 오르지 못하게 한 정책을 '당고의 금'이라고 한다.

고 만다. 손하孫夏가 남은 군사를 이끌고 지속적으로 전쟁을 하였으나, 주준과 손책에게 공격당해 패배하였다. 중평 5년에 곽대郭大가 황건군을 이끌고 태원과 하동 일대에서 전쟁을 벌였고, 익주의 황건 마상馬相은 자사 치험郗儉을 죽인 뒤 스스로 천자라 칭하면서 파군巴郡을 공격하였으며, 중평 6년에 백파白波의 황건군이 동탁의 부장 우보牛輔와 전투를 벌였다. 헌제 초평 2년에 청주靑州의 황건 30만이 공손찬과 전투를 벌였다. 청주 황건은 초평 4년에 백만여에 이르는 군세로 연주兗州를 공격하여 자사 유대劉岱를 죽이기도 했지만, 제북濟北의 재상 포신鮑信과 수장壽張에서 전투를 벌이다가 조조군에 쫓긴 끝에 제북에 이르러 마침내 항복하였다. 조조는 항복한 군졸 30만 가운데 정예병들을 골라 예하에 두고 청주병靑州兵이라고 불렀는데, 이들은 조조가 천하를 호령하는 데 핵심적 역량이 되었다. 앞서 태평군이 조조를 상대로 내건 격문에 있던 "그도는 중황태을과 같다"라는 말에 근거해 추리하면, 조조는 10만 청주 황건군을 항복시키면서 위협을 가하는 대신 오히려 종교적 권면을 하였는데, 아마도 황로숭배를 보장할 터이니 자신을 위해 일해 달라는 뜻이었을 것이다. 그래서인지 청주병은 기꺼이 조조를 위해 싸웠다. 건안建安 12년 황건군은 제남왕 유윤劉贇을 죽였다.

태평군의 무장봉기는 전국에 미쳤고, 20여 년 동안 수없이 패배하면서도 다시 일어났다. 여기에서 사그라지면 저기에서 다시 타오르곤 하는 그들의 모습은 억압받는 중국 농민의 충천한 기개와 강건한 정신을 표현한 것이었다. 봉기는 끝내 실패하였지만 부패한 한나라 왕조도 따라서 붕괴하여 위·촉·오 삼국으로 나뉘었으니, 태평군과 유씨왕조의 대치는 함께 종말을 향해 나아간 것이라고도 할 수 있다. 마땅히 인정해야 할 것은, 태평도는 민중을 동원하고 조직하여 부패와 불의에 저항하는 과정에서 상당히 중요한 작용을 했는데, 그것은 다양한 하층 민중을 보호해 내고 천지를 뒤집는 업적을 창조하였다는 점이다. 이는 실제로 초기의 민간도교사에서 눈부시게 빛나는 한 장章이다.

태평도는 『태평경』과 관계가 있다. 『후한서』 「양해전」에서 『태평경』을 언급할 때 "후대에 장각이 그 책에 치우쳐 있었다"라고 하였는데, 이를 통해 태평도 수령이 직접적으로 『태평경』의 영향을 받았음을 알 수 있다. 분명 사회사상의 측면에서 태평도는 『태평경』의 '태평' 개념을 차용하여 그들이 추구하는 이상사회를 표현했을 가능성이 높다. 그러나 기본적인 경향은 두 가지가 절대로 같지 않다.

태평도가 주력한 것은 폭력혁명의 노선이었기 때문에 『태평경』의 기본사상이 그들에게는 가능하지 않았고, 사실상 그 사상을 채용하지도 않았다. 『태평경』은 충군과 효친, 경사, 상하동심을 선양하지만 태평도는 윗사람들을 범하고 난을 일으켜 국가를 뒤집는 것을 원했으며, 『태평경』은 군대를 억누르고 살인을 미워하지만 태평도는 폭군을 주륙하고 관리를 살인하려 하였다. 이처럼 『태평경』과 태평도는 기본적인 정치노선 상에서 첨예하게 대립하고 있었기 때문에 조화를 이룰 수 없었다. 「황보숭전」에서는 황건군에 대해 "사람을 죽여 하늘에 제사한다"라고 하였는데, 죽임을 당한 자는 관리이고 제사의 대상은 황천이었다. 황건군은 이후 온힘을 다해 군사저항을 실행함으로써 한마음으로 하늘을 받들어 평화롭게 고쳐 나가자는 『태평경』의 종교적 가르침을 완전히 저버렸다. 『태평경』의 사상은 태평도에서는 결코 허용될 수 없는 것이었다. 이러한 까닭에 비록 뒷날 진나라 갈홍이 "치국하는 사람이 이를 사용하면 장생할 수 있는데, 이것이 그 본래 뜻이다"[36)라고 하고 또 명나라 백운제白雲霽가 "안으로는 몸을 다스려 장생하고 밖으로는 나라

---

36) 『神仙傳』.

를 다스려 태평하게 한다"[37]라고 하는 등 상층부 인사들이 『태평경』을 중시하며 거듭 찬탄하였음에도 불구하고, 태평도는 무장한 귀족연합세력의 잔혹한 진압을 만나 철저하게 소멸당해 버림으로써 후세에 전해지지 못하게 된 것이다.

---

37) 『道藏目錄詳注』, 권4.

5. 오두미도와 『노자상이주』

1. 오두미도

도교의 전통적인 말에 따르면, 장릉張陵은 파촉에서 천사도天師道의 전신인 오두미도五斗米道를 창시하여 그 아들인 장형張衡에게 전하고 장형이 다시 이를 아들 장로張魯에 전하니, 사람들은 이들을 '삼장三張'이라 불렀다고 한다. 이 중 장릉은 천사天師로 불렸고 장형은 사사嗣師로 불렸으며 장로는 계사系師로 불렸다. 도교도들은 존중의 뜻에서 장릉의 이름에 '도道'자를 더하여 장도릉張道陵이라 칭하였고, 남방 부록파는 그를 대대로 교주로 받들어 왔다. 도교의 각 파에는 자체적으로 도의 전수관계를 설명해 주는 계보가 있는데, 이는 일종의 신앙 전수라는 측면에서 존중을 받는다. 이와 달리 학계에서는 신앙의 전수라는 측면에 구속되지 않고 사료의 분석에 근거하여 별도의 학술적 계보를 제출하기도 하는데, 이 또한 마찬가지로 존중받을 가치가 있다.

장릉

장릉張陵은 패국沛國(지금의 강소성)의 풍豊땅 사람으로, 『후한서』에 따르면 순제 때에 촉땅에 이르러 학명산鶴鳴山에서 도를 닦고 부서符書 약간을 지었다고 한다. 갈홍의 『신선전』에서는 장릉에 대해 "본래 태학생이었는데 장생의 도를 배워 황제의 구정단법九鼎丹法을 얻었다", "촉땅은 사람들이 순후하여 쉽게 교화할 수 있고 또 이름난 산이 많다는 것을 듣고서 제자와 함께 촉땅으로 들어갔다. 학명산에 머물면서 도서 24편을 저술하였다", "홀연히 천인天人이 내려와…… 장릉에게 새로 나온 정일맹위正一盟威의 도를 전수하였다. 장릉이 그것을 받아서 사람들의 병을 고칠 수 있게 되었다. 이에 백성들이 몰려와 그를 사師로 받드니, 제자가 수만 명에 이르렀다"라고 적고 있다. 『태평어람太平禦覽』에서는 『상원보경上元寶經』을 인용하여, "(장릉은) 본래 큰 유학자로, 한나라 연광延光 4년에 처음 도를 배웠다. 동한 말기에 학명산에서 선관仙官으로부터 정일맹위의 가르침을 전수받았는데, 이를 베풀어 백성을 교화하는 법으로 삼으니 천사라고 불렀다"라고 하였다.

이상으로 볼 때, 장릉은 박학한 사람이었고 내지內地에 있을 때 유학에서 도교로 전환하여 장생의 도를 배우고 자신만의 체계화된 이론을 세웠음을 알 수 있다. 내지의 사회동란은 그로 하여금 촉땅으로 가서 전교하는 일에 나서게 하였다. 그는 학명산에 거주할 때 세 가지 일을 하였는데, 첫째는 '천인天人'・'선관仙官'이라는 이름에 가탁한 '정일맹위지교正一盟威之敎'를 세운 것이고, 둘째는 저서와 학설을 세워 자신만의 도교 이론을 건립한 것이며, 셋째는 해당 지역의 필요에 부합하는 활동을 통해 전도에 나서고 신도神道로써 병을 다스려 민중들의 신임을 얻어낸 것이다.

장릉의 도문道門을 부르는 명칭에 대해 『삼국지』에서는 단지 "세상에서는 쌀도적이라고 부른다"(世號米賊)라고만 적고 있는데, 이것은 당연히 그들 스스로가 부르는 이름도 아니요 또 오두미교 밖에서 일반적으로 부르는 이름도 아니다. 이것은 종교집단이라는 이름을 빌려 민중을 현혹시키고 난을 일으키는 것에 대해 관방 혹은 정통파에서 나쁜 의미로

붙인 이름이다. 그러나 장릉은 전혀 반란의 행동을 하지 않고 오로지 종교활동에만 종사했기 때문에, 필자는 이 '쌀도적'이라는 명칭이 후대 사람들이 부른 것으로서 장릉과는 무관한 것이 아닌가 의심한다. 도를 받은 자가 다섯 말의 쌀을 내는 것도 장릉의 교칙이 아니다. 『상원보경上元 寶經』과 『신선전』 모두 '정일맹위지도'라고 칭할 뿐 '오두미五斗米' 같은 글자는 없었다. 게다가 '정일正一'이라는 용어의 출현도 비교적 늦은 시기의 일이니, 후대 사람들이 수식한 것임을 알 수 있다. 어쨌든 장릉이 행한 도는 초기도교에 속하는 것으로, 일종의 도교신앙과 촉지방의 푸닥거리가 결합된 산물이다.

　장릉의 저작을 세밀하게 연구하기는 어렵지만, 후세의 도서들 가운데 장천사에 가탁한 경우가 매우 많기 때문에 살펴보지 않을 수 없다. 『문헌통고文獻通考』에서는 "도가의 학설은 대부분 후한의 환제 시기에 시작되었는데, 지금 세상에 전하는 경전부록은 장도릉 천사가 영수永壽 연간에 노군에게서 받은 것이다"라고 하였다. 이 말은 당연히 도교 내부의 말이다. 『위서』「석노지釋老志」에서는 "장릉이 학명에서 도를 받았다. 『천관장본天官章本』120권을 전수하였으니, 제자들이 서로 전하면서 그 일을 크게 행하였다"라고 하였다. 그 내용은 사당에서 제사를 지내며 무릎 꿇고 절하는 법 등으로, 부록파 도교의 특징을 그대로 드러내고 있다. 도홍경陶弘景의 『등진은결登眞隱訣』에서 언급된, 상장의식 上章儀式(초제를 지낼 때 행하는 의식)을 기록한 책인 『천이백관의千二百官儀』가 바로 『천관장본』인데, 학자들의 고증에 따르면 이 책은 지금의 도장본 『정일법문경장관품正一法文經章官品』 속에 수록되어 있다. 다만 이 책은 진지한 분석을 요한다.

　장릉이 포교한 지역의 범위는 얼마나 될까? 육수정陸修靜은 『도문과략 道門科略』에서 "장천사가 태상노군太上老君의 명령을 받아 24치治와 36정려

靖廬를 설치하였는데, 안팎으로 도사 2천 4백여 명이 있었다"라고 하였다. 이 24치는 섬서 남부와 사천, 멀리 낙양에까지 분포되어 있었다고 한다. 그러나 당시의 정세를 살펴보면 이러한 상황은 불가능한 것이었다. 육수정의 기록과 같은 대단위의 종교활동은 역사서 속에는 결코 기록된 적이 없다. 장릉은 군벌이 할거하는 광대한 지역에서 공개적으로 교구조직과 유사한 계통을 건립하고자 했지만 끝내 실패하였다. 그는 단지 종교신앙의 역량에 의지했을 뿐 정치·군사력에 상응하는 후원자를 구할 수 없었던 것이다. 장로가 한중漢中에서 점점 독립성을 표출해 내려 했으나 유장劉璋에 의해 용납되지 못했던 것이 이를 증명한다. 비교적 신빙성 있는 설명은, 애초에 장릉이 활동한 범위는 성도와 그 주변의 촉군 일대에 그칠 뿐 결코 파군과 한중 등 기타 지역에는 이르지 못했다는 것이다. 이러한 이유로『운급칠첨雲笈七籤』에 보이는『장천사이십사치도張天師二十四治圖』는 후대 사람이 거짓으로 편찬한 것이 분명하다.『도문과략道門科略』에 언급된 24치설 역시 장천사를 가탁하여 당시 천사도 조직을 정리하려고 제출한 방안일 뿐이다.

현전하는 자료들로써는 장릉이 확립하였다는 교권세습제도 역시 증명할 길이 없다. 장형이 장릉 이후 제2대 천사가 되었다면 필연적으로 최소한의 사적이라도 남아 있을 터인데, 다만 "장릉이 장형에게 전했고, 장형이 장로에게 전했다"라는 한 구절만이 전해지고 있어 사람들의 의심을 사게 되었다. 도안道安의『이교론二教論』에서는『촉기蜀記』를 인용하여 주석하기를, 장릉은 "한나라 희평 말기에 큰 뱀에 의해 삼켜졌다"라고 한다. 장릉이 죽은 뒤 그 도문이 곧 쇠락해 버렸기 이 때문에 그 아들 장형은 힘을 발휘할 수 없었다. 또한 장형은 너무 이른 나이에 세상을 떠났기에 그 아들 장로에게 미친 영향이 미미하였고, 도리어 장형의 처가 상당한 풍채와 도술을 갖추고 있었다. 이 때문에『삼국지』·

『전략』・『후한서』 등에서는 장로가 집안을 일으키는 과정을 기술할 때 모두 장형을 기록하지 않고 다만 장로가 어떻게 장수張脩를 대신하였는지를 말하고 있을 뿐이다.

장수

장수張脩의 활동 연대는 장릉보다 늦다. 『전략』의 설명을 보면, 장수는 장각과 동시대 인물로 파촉 일대 오두미도의 초기 영수이다. 그의 종교활동은 대체로 태평도의 그것과 같아서, 머리를 숙여 잘못을 사과하고 부수로써 병을 다스리는 것을 강조한다. 그러나 약간 독특한 점이 있다. 사람들의 주목을 끄는 것은, 도가 이론을 중시하여 도교사상사에서 최초로 『노자』를 교도들이 반드시 익혀야 할 경전으로 삼았다는 점이다. 이것은 한 시대의 획을 긋는 의의가 있다. 즉 도교 활동이 마침내 도가 이론과 정식으로 결합하였음을 의미하고, 또 도교가 세속의 미신과 일반 민간종교의 수준을 벗어나 독립적인 큰 종교로 발전해 간다는 것을 의미한다. 아울러 장수의 오두미도는 교의와 교리가 상응하는 것을 중시하여 '제주祭酒'의 직위를 창립하였다. 제주는 본래 고대에 잔치와 신에 대한 제사를 집행하는 존귀한 지위였다가 점차로 학궁學宮의 수석이자 오경박사의 우두머리로 변화하였는데, 오두미도는 이를 빌려 와서 일종의 신성한 직위로 삼은 것이다. 이는 오두미도가 교의의 훈련을 중시했다는 것을 알 수 있게 한다. 또 종교의식에서도 장수의 오두미도는 태평도와 비교할 때 복잡성을 띤다. 예를 들면 수명연장을 비는 법 중에, 병든 사람의 집에서는 삼관수서三官手書를 지어야만 했는데, 바로 참회문을 세 건으로 써서 천・지・인 삼관에 따로따로 비는 것이다. 이는 당시에 이미 삼관을 숭배하고 있었음을 알려 준다.

『전략』에서는 "병든 집안으로 하여금 항상 다섯 말의 쌀을 내게 하였다. 그러므로 오두미사五斗米師라고 불렀다"라고 말한다. 이 설명은 『삼국지』의 "도를 받는 자는 다섯 말의 쌀을 낸다"라는 설명보다 사실에 더 잘 부합한다. 왜냐하면 병을 다스리는 처방을 주고 그 보답을 받는 것이지, 일이 있든 없든 아무 때나 곡식을 받을 수는 없기 때문이다. 필자는 장수가 도를 행할 때 이미 오두미도라는 호칭이 있었다고 생각한 다. 그리고 『전략』에 기록된 오두미도사 장수와, 『삼국지』「장로전」에서 장로와 연합하여 한중태수 소고蘇固를 공격했다가 이후 장로에 의해 살해된 장수는 동일인이라고 생각한다. 당시 장로는 장수를 살해하고 그 무리를 빼앗은 이후에 스스로 한중에서 오두미도의 교권을 세웠기 때문이다. 이것은 바로 『전략』에서 말한 "장로가 한중에 머물게 되자 그 백성들의 신앙생활과 수업修業이 점점 더 장식되었다"라는 구절과 일치한다.

장수라는 사람과 그 사람이 한 일은 앞서 서술한 『사기』의 기재 내용으로 확증할 수 있을 뿐만 아니라 기타 사료에서도 방증할 수 있다. 『후한서』「영제기」에서는 중평中平 원년에 장로가 일을 시작한 지 오래지 않아서 "가을 7월에 파군의 요상한 무당 장수가 반란을 일으켜 군현을 침범하였다"라고 한 뒤 유애劉艾의 글을 인용하여 주석하 기를, "이때에 파군巴郡의 무당 장수가 병을 치료하였는데, 병이 나은 사람들이 치료비로 쌀 다섯 말을 내어 놓자 오두미사라고 불렀다"라고 적고 있다.

『전략』과 『후한서』「영제기」의 기록은 매우 중요하다. 두 기록은 장수가 파군에서 오두미도의 수령이 되었음을 설명하고 있어서 태평도 가 일으킨 무장봉기의 일과도 합치된다. 기본적으로 장수가 영도한 오두미도와 태평도는 서로 동일하다.

장수가 어느 때에 사망하였는지는 역사적 기록에 분명하지 않지만,

『후한서』「유언전」에 따르면 장로와 장수가 소고를 공격한 시점은 대략 익주의 마상馬相(스스로 黃巾이라 불렀다)이 봉기한 중평 5년(188)에서 초평 2년(191) 사이 즉 영제와 환제의 시대에 해당한다. 이로 볼 때 장수는 중평 원년(184)에 파군에서 봉기했다가 당시 독립을 선언한 익주 목사 유언劉焉에게 의탁하여 별부사마別部司馬가 되었으며, 환제 말기에 장로와 연합하여 무리를 이끌고 한중을 공격해서 수중에 넣었던 것이다. 그러나 불행히도 장수는 장로에게 살해당하고 말았고, 오두미도의 교권 은 장로의 손에 떨어졌다.

장로

장로張魯는 장릉의 손자이자 장형의 아들이다. 그러나 그가 한중의 오두미도의 수령 지위를 획득한 것은 그의 조부 및 부친과 직접적인 관계가 없고, 도리어 그의 모친과 밀접한 관계가 있다.『삼국지』「장로전」 과 『후한서』「유언전」에 서술된 내용에 근거하면, 무녀巫女인 장로의 모친은 외모가 뛰어났고 술법을 부릴 줄 알았으며 중년의 나이에도 여전히 미모를 간직하여 유언에게 깊은 총애를 받고 있었다. 그러므로 장로가 장성하여 청년이 되고 난 이후에도 그의 모친은 항상 익주목부를 드나들 수 있었다. 그리고 장로는 모친의 영향력에 힘입어 독의사마督義司 馬의 직책을 맡고 일정한 군권을 장악할 수 있었다. 이것이 장로가 집안을 일으키는 관건이 된 첫걸음이다. 또한 이러한 사실은 장형이 이미 이 세상에 살아 있지 않음을 증명해 주고 있다. 그러나 어떤 사람은, 장로에게는 교권도 없었고 부친을 계승하여 천사의 자리에 오른 것도 아니며 그 모친과 지방세력가의 야합에 의지해서 흥기한 것도 아니라고 주장한다.

어쨌든 한중에 이른 장로는 집안과 교권의 관계가 인정된 뒤 무교巫敎

가 민심을 농락하기도 하고 안정되게 할 수도 있다는 사실을 깨닫는다. 그래서 먼저 장수를 습격하여 죽이고 교권을 빼앗은 뒤, 장수가 세운 초기 오두미도를 보충·발전시켜서 좀 더 발전한 단계로 접어들게 하였다. 장로는 한중에서 독립을 외치며 유약한 익주목사 유장劉璋(유언의 아들)의 구속으로부터 벗어나려 하였다. 이에 유장은 장로의 모친과 동생을 죽인 뒤[38] 군대를 파병하여 장로를 공격하였고, 장로는 익주의 병사들을 패퇴시키고 역습을 가하여 파군을 취했다. 이로부터 장로는 파군과 한중에서 30여 년을 웅거하며 오두미도의 역량에 의존하여 정政·교敎·군軍이 합일된 할거정권을 건립하였다.

　오두미도에 대한 장로의 공헌은 매우 컸다. 그는 초기 오두미도의 전통적인 종교활동을 지속시켜 나가는 것 외에 특별히 의사義舍를 신설하여 유리걸식하는 유민들에게 쌀과 고기를 제공함으로써 그들을 자신의 통치 하에 두었다. 그는 '사군師君'으로 자칭하며 정권과 교권을 자신에게 집중시키고, 자신의 아래에 제주祭酒를 두어 관장官長을 대신하게 하면서 사법권司法權을 부여하였다. 이것은 행정력을 사용하여 종교 교법을 유지하고 또 종교 교법을 사용하여 행정력을 유지하고자 한 것으로, 바로 종교와 정치가 일체화된 관리체계였다. 그는 또 종교의 신도神道를 이용하여 도덕교화를 실행하고자 했다. 저속한 풍속을 제거하여 풍속을 순후하게 하고, 사람들이 서로서로 진실로 믿고 속이지 않게 하며, 범법자에게는 세 차례의 교화 기회를 준 뒤 그래도 바뀌지 않으면 형법을 가했다. 그 결과 전란이 끊이지 않던 한말의 시대상황 속에서도 파군과 한중 일대는 도리어 상대적으로 안정된 사회를 형성했으며 생산력도 안정되어 인민들이 정상적인 생활을 영위할 수 있어서

---

38) 이 또한 장로의 부친 장형이 이미 이 세상 사람이 아님을 드러내는 내용이다.

"백성들이 고르게 즐거워했다"라고 하였으니, 이는 장로와 그의 오두미도가 역사에 끼친 긍정적인 공헌이다.

교권이 장수로부터 장로의 수중으로 넘어간 이후로 오두미도는 다시는 조정에 무장반란을 일으키지 않았다. 장로는 한 지방의 패권자를 자칭하며 조정의 호령도 받지 않았지만, 한나라 정권이 더욱 약해지고 조정의 영향력이 미치지 못해서인지 장로 정권은 장기간 존속하였고 오두미교 역시 금지를 당하지 않았다. 이는 장각 및 태평도가 비참한 파국을 맞이한 것과는 천양지차이다.『진고眞誥』의 도홍경 주석에서는 장로가 사망한 해에 대해 "장계사張系師가 진남鎭南장군이 되었다. 건안 21년에 사망하여 업성鄴城(하남성 안양현)에 장사지냈다"라고 적고 있다. 이때는 바로 장로가 조조에게 항복한 지 2년째 되는 해이다. 조조는 조호이산調號離山의 계책[39]을 써서 장로를 내지로 유인한 뒤 그 빈틈에다 장군 두함頭銜을 주둔케 하여 압박함으로써 장로의 항복을 받아 내었는데, 오래지 않아 장로가 죽자 오두미도는 우두머리 없는 무리가 되어 뿔뿔이 흩어지고 말았다.

2.『노자상이주』

필자는 다음의 두 가지 이유를 근거로『노자상이주老子想爾注』의 작자가 장로일 것이라고 추정한다.

첫째,『경전석문』에서는 비교적 앞부분에서 이 책을 언급하며 지극히 큰 권위를 부여하고 있는데, 육덕명陸德明은 장로와 유표劉表 두 사람을 작자로 나열하긴 하지만 실제적으로는 장로를 작자로 인정하는 경향이

---

39) 역자주:『三十六計』에 나오는 병법 중의 제15계이다. 산속에 있는 호랑이를 꼬드겨서 산을 떠나도록 한 뒤에 사로잡는 것처럼, 견고한 진지 속에 웅크린 적을 유인하여 스스로 유리함을 버리도록 하는 계책을 말한다.

있다. 그리고 유표는 결단코 이와 같이 『노자』를 주석할 수 없었다. 그는 일생을 형주지역에서 활동하여 도가와 도교에 집중할 수 없었으며, 촉이나 한중으로 갔다는 기록도 없다. 『후한서』 「유표전」에는 단지 "학교를 세우고 유학을 널리 구하였다. 기무개綦毋闓, 송충宋忠 등이 『오경』의 장구를 찬술하자[40] 이후에 이를 확정하였다"라고만 적혀 있을 뿐이다. 따라서 그는 절대로 『노자』를 좋아하지 않았을 뿐만 아니라 거친 문자를 사용하여 주석하지도 않았다. 『노자상이주』는 곳곳에서 도교의 일반 교의와 술어를 사용하여 『노자』를 해설하고 있는데, 도교의 신도가 아니라면 이와 같은 주석을 할 수 없다.

둘째, 오두미도는 장수로부터 시작되자마자 바로 『노자』서를 학습하는 전통이 있어 왔으며 장로가 교권을 장악한 30여 년 동안 『노자』에 대한 해석과 설명이 지속적으로 누적되었으니, 그 주석들이 쌓여 책을 이룰 정도가 되었음은 당연한 결과이다. 또한 이미 『노자』는 세상 사람들에게 고본으로 인정되어 사회에서 유행하고 있었다. 『노자상이주』가 내용과 문자 상에서 거칠고 세련되지 못한 것 역시 당시 활동하던 오두미도의 수준과 부합한다. 당연히 이 주석은 장로 단독으로 완성한 것이 아니고, 여러 제주들이 다년간 『노자』 본문을 강해한 것을 장로가 총괄하여 집대성한 것이다. 『노자상이주』는 후대에 일실되어 명대의 『정통도장』에는 실리지 못했고, 현재는 돈황 막고굴에서 출토된 육조시대 필사 잔본이 남아 전하고 있다. 여기에는 『도덕경』 중의 도경道經을 주석한 대부분이 보존되어 있는데, 이것은 오두미도의 교의이론을 진일보하게 해석할 중요한 자료이다.

『노자상이주』는 중국사상사에서 『노자』를 종교적 입장에서 신학적

---

40) 역자주: 형주목사 劉表가 학궁을 세우고 유생을 구할 때, 기무개와 송충이 편찬한 『五經章句』가 채택되었다.

으로 해석한 첫 번째 책이다. 이것은 도교가 도가의 저작을 개조·이용하는 전통을 연 책으로, 노자학과 장생성선설 및 민간도술이 결합된 초기시대의 대표 저작이다. 이 때문에 『노자상이주』는 초기도교발전사에서 특별히 중요한 의미를 지닌다.

우선 살펴볼 것은 이 책이 『노자』의 '도道'를 어떻게 개조했는가 하는 점이다.[41]

『노자』에서는 "이것은 상狀 없는 상狀, 물物 없는 상象"(無狀之狀, 無物之象)이라고 하였는데, 『상이주』는 "도는 지극히 존귀하고 미미하며 형상이 없다. 단지 도계道戒를 통해 알 수 있는 것이지 보아서는 알 수 없는 것"이라고 주석하였다. 이렇게 하여 일종의 형이상학적이고 궁극적인 '도'는 지극히 존귀하고 지극히 권위적인 것으로 바뀌어 반드시 복종해야 할 지상신이 되었다.

『노자』에서는 "혼이 백을 타고 영위하며 백이 하나를 안으니, 능히 서로 떨어지지 않게 할 수 있는가"(載營魄抱一, 能無離)라고 하였는데, 『상이주』는 "일은 형상이 흩어져 기가 되고, 형상이 모여서 태상노군이 되어 항상 곤륜을 다스린다"라고 주석하고 있다. 『노자』의 원의는 형과 신의 조화, 양생과 양성의 긴밀한 결합을 강조하는 것이지만, 『상이주』의 해석을 거치고 나면 일一은 도가 되고 일一을 모을 수 있으면 '태상노군'이라는 유형의 존귀한 신이 된다. 이것은 비교적 초기에 나타난, 노자를 신선으로 형상화하여 부른 호칭으로서 일기一氣가 변화하여 삼청三淸이 된다는 '일기화삼청설一氣化三淸說'의 근원이다.

『노자』의 "큰 덕의 모습은 오직 도만 따른다"(孔德之容, 惟道是從)라는 구절에 대해 『상이주』에서는 "도는 매우 위대하여 공자로 하여금 그것을

---

41) 이 책에서의 『상이주』 해석은 饒宗頤의 『老子想爾注校箋』에 따른다.

알게 하였으나, 후세에는 도문을 믿지 않고 단지 공자의 책만을 최고로 여긴다. 도가 그러한 이유로 스스로 글을 밝혀 후세의 현자들에게 고한 것"이라고 주석한다. '크다'는 의미의 '공孔'자를 '공자孔子'로 풀이함으로써 도를 드러내고 공자를 억누르고 있다.

『노자』의 "도는 저절로 그러함을 본받는다"(道法自然)라는 구절을 『상이주』에서는 "저절로 그러함이란 도와 이름이 같고 체를 달리하는 것으로, 서로서로 본받게 하여 모두가 도를 본받게 하는 것"이라고 주석한다. 『노자』의 원뜻은 도의 무의지·무주재성을 강조하는 것인데, 주석의 글은 도와 자연을 두 가지 존재로 설명하면서 자연이 도를 본받는다고 함으로써 도를 자연의 위에 위치시켰다.

『노자』의 "대상을 잡으니 천하가 와서 귀의한다"(執大象, 天下往)에 대해 『상이주』에서는 "도는 존귀하고 신령스러워 끝내 사람을 용납하지 않는다"라고 하였다. 이러한 주석을 거치면서 본래의 무의지적인 도는 인간과 대립하며 인간 위에 존재하는 존귀한 신으로 바뀌게 된다.

이상을 총괄하면, 『노자』의 도는 형상을 초월하여 추상화된 절대존재이지만 『상이주』에서의 도는 높고 높은 곳에 존재하는 인격화된, 인간을 지배하는 주재자로 있다. 철학과 종교의 구별이 여기에서 분명하게 드러난다.

다음으로, 『노자상이주』는 『노자』 속에 있는 약간의 말들을 드러내거나 빌려서 장생성선설을 밝혔다는 점에 대해 살펴보겠다. 『상이주』의 장생성선설은 도교의 핵심적 신앙이 되는 것이다.

『노자』에서는 "성인은 그 몸을 뒤로하지만 그 몸이 앞선다"(是以聖人後其身而身先)라고 하였는데, 『상이주』는 "신선의 수명을 얻으면 속인들에 앞서 복을 얻게 되니, 이것이 바로 몸이 앞서는 것"이라고 해석한다. 원래는 감히 천하에 앞서려 하지 않지만 세상의 사랑을 얻게 된다는

76

뜻이지만, 주석문은 곡해하여 장생성선의 복을 받아서 세속 사람들보다 높게 된다는 것으로 풀이하고 있다. 이 밖에『상이주』에서는『노자』의 "장생하면 하늘처럼 될 수 있다"(生能天)[42]라는 구절을 "장생을 이루면 하늘에 버금간다"라고 풀이하고,『노자』의 "백성이 모두 내가 저절로 그러하다고 하였다"(百姓謂我自然)라는 구절의 '내가 저절로 그러하다'를 '나는 선사仙士이다'라고 풀이하며,『노자』의 "그 가운데 믿음이 있다"(其中有信)라는 구절을 "옛 선사는 참된 정으로 태어나고 정을 잃으면 죽는다. 이는 크게 믿을 만하다"라고 풀이한다. 또『노자』의 "도에 있어서는"(其在道)이라는 구절에 대해『상이주』는 "신선의 수명과 천복을 바란다면 그 핵심은 도를 믿는 데 있다"라고 풀이하고 있다. 이상의 내용은『노자』원문에 장생성선의 함의가 없음에도 불구하고 주석문에서는 도교적 관점에서 견강부회하여 도를 믿고 정을 보배로 여겨서 신선의 수명을 얻을 수 있다는 뜻으로 재해석해 낸 부분들이다.

  나아가 주석자는 장생불사의 종교적 교지를 드러내기 위해 원문의 글자를 고쳐 해석하는 것도 마다하지 않았다. 가령『노자』의 "도가 크고, 하늘도 크고, 땅도 크고, 왕도 또한 크다. 세상에 네 가지 큰 것이 있으니 왕이 그 중 하나를 차지한다"(道大, 天大, 地大, 王亦大. 域中有四大, 而王居其一焉)라는 원문 속의 두 '왕王'자를 '생生'자로 고쳐서, 주석문에서는 "생은 도의 다른 체이다"라고 풀이하고 있다. 또 "사사로움이 없기 때문에 그 사사로움을 이룰 수 있다"(以其無私邪, 故能成其私)의 두 '사私'자를 '시屍'자로 고쳐서 "장생의 도를 알지 못하면 몸은 모두 시행屍行할 뿐", "그러므로 그 시屍를 이루어 선사가 되게 한다"라고 주석한다. 앞에서 '생生'자를 '도道'로 해석한 것은 도교가 생명을 중시함을 표현한 것이다.

---

42) 역자주: 왕필본에는『노자』16장의 이 구절이 "王能天"으로 되어 있고,『상이주』에는 "生能天"으로 되어 있다.

뒤의 '시'자에는 두 가지 뜻이 있는데, 하나는 보통사람의 몸으로는 장생을 할 수 없다는 뜻이며, 다른 하나는 선사의 몸으로 시해하여 신선이 된다는 뜻이다. 『노자』라는 원래 책 속에는 확실하게 장생에 대한 초기적 사유가 담겨 있다. "그러므로 장생할 수 있다"(故能長生), "장생구시의 도"(長生久視之道)와 같은 것들이 그러한 예이다. 그러나 『노자』의 기본적인 사상은 사람의 몸을 근심과 걱정의 근원으로 여기기 때문에 '무신無身'을 주장하는 것이고, 『노자』 속에서의 '장생'은 장수의 의미였다. 따라서 『상이주』가 『노자』의 글을 빌려 도교의 신앙을 드러내고자 할 때에는 그 내용을 고치지 않을 수 없었다.

끝으로, 인의와 충효를 경시하는 『노자』의 관점을 인의와 충효에 대한 긍정으로 재해석한 부분에 대해 살펴보겠다.

『노자』는 "대도가 폐하면 인의가 있게 되고…… 육친이 화합하지 않으면 효자가 있게 되며, 국가가 혼란하면 충신이 있게 된다"(大道廢, 有仁義.……六親不和, 有孝慈. 國家昏亂, 有忠臣)라고 하였는데, 『상이주』에서는 "상고 시대 도가 쓰일 때에는 사람의 이름을 삼아 모두 인의를 행했다", "도가 쓰일 때에는 집집마다 효도하고 자애했다", "도가 쓰일 때에는 신하가 충성스럽고 자식이 효성스러워 나라가 쉽게 다스려졌다"라고 주석하였다. 원문은 대도가 행해지지 않기 때문에 인의, 효자, 충신이 나타나 폐단을 구한다는 것인데, 주석문의 해석을 거치고 나면 대도가 행해질 때마다 사람들이 모두 인의와 자효와 충신을 행한다는 뜻이 되어 인의와 충효를 긍정하고 있다. 『노자』의 관점과는 정반대의 입장이다. 이렇게 인의충효와 대도를 하나로 봄으로써 장로의 오두미도는 유가의 사상을 흡수하여 설명하는 태도를 취했고, 그리하여 유가적 종법질서와 윤리규범을 근본적으로 유지시켜 갔다.

『노자상이주』 이후 도교는 『노자』나 『장자』, 『회남자』와 같은 도가의 저작들을 주석할 때 대부분 "나의 필요에 따라 쓰는" 방식을 택하여 종교로써 학술을 해석하곤 했다. 물론 도가 학자의 학술적인 주석은 『노자상이주』에 비해 훨씬 더 정치하고 심오하여, 학문적 연구의 관점에서 보자면 수많은 오해와 곤혹스러움을 낳는 『상이주』 같은 해석 방식은 좋은 방법이 아니다. 그러나 도교 내부의 입장에서 보자면 이것은 그들의 신학을 신속하게 건립하고 발전시켜 갈 수 있는 효과적인 방법이어서, 도교 학자들에게는 오히려 즐길 일이지 싫어할 일이 아니었다.

제2장 위진남북조시대: 도교의 성장과 체계화

1. 도교의 일반적 상황과 주요 특징

동한 말기는 도교가 형성된 시기로, 민간도교가 주로 활약을 했다. 장각의 태평도가 진압을 당하고 장로의 오두미도가 권력에 복종하여 사면된 이후 도교의 발전은 잠시 동안 좌절을 겪는다. 통치집단은 도교의 활동을 반란행위로 덮어씌우고 도사들의 활동을 엄격하게 제한하였다. 조조가 감시甘始, 좌자左慈 등의 방술사들을 모아서 구금한 것이나[1] 손책이 강동지방에서 도사 간길幹吉을 주살한 것 등이 그 예이다. 그러나 이러한 상황들이 닥쳐도 도교는 결코 쇠락하지 않았다. 도리어 위진교체기에 더욱 신속하게 발전했고, 남북조시기에는 전국적으로 영향을 미치는 큰 역량을 가진 종교이자 사회사조로 성장하였다. 그리하여 도교는 불교 및 유학과 더불어 나란히 서게 되었고, 이것은 당송시대 도교부흥의 기초가 되었다.

위진시기에는 도교 서적(道書)이 대량으로 생산되었다. 『포박자』에 나열된 서적만도 282종이나 되고, 이후로도 그 수량은 날로 증가하였다. 진국부陳國符의 『도장원류고道藏源流考』에 근거하면 진대에서 수대에 이르는 기간에 저술된 도서의 수는 다음과 같다. 먼저 『포박자』 「하람遐覽」편에는 도서 670권, 부符 5백 수십 권이 기록되어 있고, 육수정의 『삼통경서

---

1) 曹植, 「辯道論」.

목록』에는 도서 1090권, 완효서阮孝緖의 『칠록七錄』2)에는 도서 425종 1138권이 있었다고 기록되어 있다. 또 『현도관경목玄都觀經目』(北周 天和 연간)에는 2040권의 도서가 있었다고 기록되어 있고, 『수서隋書』「경적지經籍志」에는 277부, 1216권으로 기록되어 있다.

남북조시대에 나타난 중요한 도서로는 다음 3부를 들 수 있다. 바로 『상청경上淸經』과 『영보경靈寶經』과 『삼황경三皇經』의 3부이다. 『상청경』과 『영보경』은 모두 유사한 계열의 경서에 대한 총칭으로, 최초에는 수십 권에 불과하였으나 후세의 도사들이 여러 번 증수하고 내용을 거듭 첨가함으로써 각기 수십 종 수십 권의 방대한 경서를 아우르는 명칭이 되었다. 『삼황경』은 달리 『삼황문三皇文』 혹은 『삼황내문三皇內文』으로 불리는데, 남조의 육속陸續이 13권으로 증보 • 편성하여 『태상통신경太上洞神經』본에 넣었다.3) 『삼황경』은 위진시기에 나타났고 『상청경』과 『영보경』은 동진시기에 나타나 남조에서 크게 유행하였는데, 유송시기의 도사 육수정이 이들을 총괄하여 『삼통제경三洞諸經』으로 만든 후 태시泰始 7년에 『삼통경서목록』을 진상하였다. 이 목록은 이후 『도장』에서 삼통 사보三洞四輔를 분류하는 산정의 기준이 되었다.

위진남북조시기의 도교는 다음과 같은 몇 가지 특징이 있다.

첫째, 도사들이 도서를 제작하거나 증수하는 데 열중하였다는 점이다. 그들은 노장에 부회하고 유학과 불교를 끌어들이며 단정과 부록을 혼용하는 등의 방법을 통해 도교를 불교에 맞설 만한 세력으로 건립하고자 노력하였고 또 도교의 교의와 교칙 및 신학체계를 유학과 대등하게 정비하였다.

---

2) 역자주: 완효서는 남조시기 양나라의 목록학자로, 『七錄』 12권을 남겼다. 『칠록』은 經典錄, 紀傳錄, 子兵(子書兵書)錄, 文集錄, 技術錄, 佛錄, 道錄의 분류체계로 되어 있다.
3) 이상은 陳國符의 『道藏源流考』 참조.

둘째, 도교의 주류가 민간종교로부터 점차 관방과 상층계급의 종교로 변화해 갔다는 점이다. 이 시기에는 도교가 지역적인 종교에서 전국적인 종교로 변화하였고 분산되어 있던 종교활동은 점차 중점 지역을 갖춘 활동으로 변화하였는데, 해당 지역과 그 지역 통치자들은 도교에 대한 통제와 관리의 정책에서 벗어나 그것을 이용하고 지지하는 쪽으로 바뀌어 갔다. 그리고 이것은 이후 도교가 신속하게 발전해 갈 수 있었던 중요한 사회적 조건이 되었다.

셋째, 도교의 이론과 실천활동은 화학, 의약학, 양생학, 천문학 등 자연과학의 발전과 밀접한 관계 속에서 이루어졌다는 점이다. 도교는 자연과학의 성과를 신학적으로 해석함으로써 자연과학으로 하여금 신학에 복무하도록 하는 동시에 신학의 형식 아래에서 자연과학을 더욱 풍부하게 만들었다. 이때 저명한 도사 갈홍, 도홍경 등과 유명한 도서 『황정경』 등이 의약과 화학, 위생학 등의 발전에 공헌했다.

넷째, 아직 광대한 사원경제의 성립에까지는 이르지 못했지만, 이 무렵 도교의 종파가 형성되었다는 점이다. 그러나 당시는 전국 곳곳에서 남북으로 대치하고 있는 국면이어서 도교가 전국적으로 통일된 조직체계를 완성할 수는 없었다. 이러한 이유로 도교는 신도의 수가 불교와는 비교할 수도 없었으며, 도교의 사회적 영향력은 세 종교 중에서 가장 미약하였다.

2. 내단수련법의 경전으로서의『황정경』

　『포박자』「하람」편에 최초로 수록된『황정경』은 상청파의 여러 경전 중에 하나로 대략 진晉나라 때 완성되었다. 현전하는 판본의『황정경』은 내편과 외편 두 종류로, 서명은 각각『태상황정내경옥경太上黃庭內景玉經』과『태상황정외경옥경太上黃庭外景玉經』이다.[4] 두 책 모두 내용은 동일하지만 풍격은 구별되며, 성서成書 시기는 비슷하지만 한 사람의 손에 의해 저술된 것은 아니다.

　『황정경』은 도교 내단수련파의 기본 경전으로, 일부 종교사상과 양생 과학이 혼합되어 있는 저작이다. 이 책은 고대의 도서 속에서 인체의 각 장부臟腑에 주된 신神이 있다는 학설을 밝혀내어 고대 의서 속의 장부론을 결합시켜서 7언의 운문 형식으로 기를 축적하고 신체를 건강하게 하는 이론과 방법을 천명한 것이다. 그 기본 내용은 다음의 몇 가지로 정리할 수 있다.

1. 8경24진신설

　『태평경』에는 이미 다섯 장기에 각각 신이 있다는 '오장신五臟神'의

---

4) 역자주:『도장』에는『태상황정중경옥경』도 있는데, 이는 成書 시기가 다소 늦어서 일반적으로『황정경』에 포함시키지 않는다.

관념이 있는데, 『황정경』은 이를 더 발전시켜 인체를 상·중·하 세 부분으로 나누고 각 부분에 8경신景神을 두었다. 『내경경內景經』 「치생장治生章」의 "몸속의 8경신을 모두 행하면 24진신眞神이 저절로 나타난다"라는 말이 그것이다. 『내경경』의 「지도장至道章」과 「심신장心神章」에서는 얼굴 부분에 7신(머리털, 뇌, 눈, 코, 귀, 혀, 이빨)이, 흉부에 6신(심, 폐, 간, 신, 비, 담)이 있다고 설명하고 있는데, 각 신들은 이름과 자호字號 및 복색服色을 갖추고 있고 그 이름이 모두 해당 장기와 상응한다.

> 머리털의 신은 이름이 창화蒼華이고 자는 태원太元이며…… 뇌 속의 신은 이름이 정근精根이고 자는 니환泥丸이며…… 눈의 신은 이름이 명상明上이고 자는 영현英玄이며…… 코의 신은 이름이 옥롱玉壟이고 자는 영견靈堅이며…… 귀의 신은 이름이 공한空閑이고 자는 유전幽田이며……. <지도장>

> 심장의 신은 이름이 단원丹元이고 자는 수영守靈이며…… 폐의 신은 이름이 호화皓華이고 자는 허성虛成이며…… 신장의 신은 이름이 현명玄冥이고 자는 육영育嬰이며……. <심신장>

이들 진신은 각기 자신의 장기에 거처하면서 해당 장기의 기능을 지배한다. 사람이 만약 이들 여러 신을 존사存思할 수 있다면 질병을 제거하고 장부를 건장하게 하며 혼백을 안정시킬 수 있으니, 연정화기煉精化氣하여 신神에 통하고 허虛에 들어가면 장생하여 선계에 오를 수 있다. 『황정경』에는 진신에 대한 언급이 곳곳에서 나타난다. 『내경경』에서는 "집 가운데 진신이 항상 붉은 옷을 입고 있는데, 살펴서 그것을 볼 수 있으면 질병의 근심이 없다"(「天中章」), "거듭 생각을 끊으면 죽었던 신이 다시 살아난다"(「肝部章」), "24진신이 저절로 나타나 높이 무無를 껴안으면 혼백이 안정된다"(「治生章」), "삼광이 환히 자실子室을 비추면 현진玄眞이 간직되어 온갖 일이 다 끝나고 일신의 정과 신을 잃지 않는다"

(「五行章」) 등으로 말하고 있고, 『외경경』에서는 "심장이 장기들을 신중하게 덮으면 정과 신이 귀착되어 늙음이 다시 젊어진다", "한가하게 일삼음이 없어 마음이 태평하면 항상 옥방신玉房神을 간직하여 밝게 통달하고 항상 태창을 생각하여 목마르지 않다", "하늘과 땅에 순종하여 정精을 간직하면 구원九原의 산하가 우뚝하고 그 가운데 진인이 머무르면서 명령을 내리니, 안으로 세 신을 비추어 장생할 수 있다" 등으로 말하고 있다. 여기에서 말하는 정신精神, 신神, 정精 등은 의식활동을 가리키는 것이 아니라 정기精氣나 신기神氣 등을 가리킨다.

2. 황정삼궁과 삼단전의 설

옛날 주석가들은 일반적으로 황黃을 중앙의 색으로, 정㢩은 사방의 가운데로 풀이하였으니, '황정'은 가운데의 빈 곳을 비유하는 말이다. 따라서 황정의 '경景'이란, 도교인들이 내단수련을 할 때 경험하게 되는 텅 빈 곳의 현상이다. 경문으로부터 보더라도 황정은 의심할 필요 없이 가운데 거처한다는 의미이고, 또 상·중·하 삼궁三宮으로 구분해 보면 황정은 인체의 세 부분의 가운데로서 삼단전三丹田과 일치한다. 결국 '황정'이란 도교에서 말하는 몸속 세 단전의 다른 이름이다. 그리고 '삼궁'은 '삼전三田'이나 '삼방三房'으로 불리기도 하니, 『내경경』에서 "삼전 가운데 정기가 미미하다"(「黃庭123章」), "만약 삼궁에서 현단玄丹을 간직한다면"(「若得章」), "항상 삼방이 서로 통달할 것을 생각한다"(「常念章」) 등으로 말한 것이 바로 이것이다.

상황정궁과 상단전은 뇌 속의 부분으로 양 미간에서 세 치 들어간 지점인데, 이를 니환泥丸이라고 부른다. 중황정궁과 중단전은 『내경경』에 두 가지 설이 있다. 하나는 비장을 중궁으로 삼는 설로서 "비장이 중궁에

서니 오장육부의 신이 왕王을 밝게 한다"(「隱藏章」)라는 말이 근거가 되고, 다른 하나는 심장을 중궁으로 삼는 설로서 "심전心典이 일체 오장의 왕"(「心典章」)이라는 말이 근거가 된다. 『외경경』은 심을 중궁으로 삼는데, 심장이 적색이기 때문에 "황정 속의 사람이 붉은색 옷을 입는다", "심장이 나라의 주인이고 오장의 왕이다"라고 말한다. 전통적인 오행 관념에 따르면 토土는 오행의 주가 되고 그 색깔이 황색이며 가운데 거처하는데, 심장 또한 오장의 주인이기 때문에 오장을 오행에 배치할 때 심장을 토에 배치하고 색을 황색으로 하여 가운데 거처하게 하는 것이다. 『여씨춘추』「십이기」와 『예기』「월령」이 이러한 배치를 취하고 있다. 그러나 이러한 배치는 심장의 기능과 실제 색깔이 일치하지 않는 것으로, 심장의 혈이 적색이기 때문에 심장은 화火에 배치되어야 하고 비장은 색이 황색이기 때문에 토土와 상응해야 한다. 『황정경』은 의학적 실천과 해부학적 관찰 결과에 근거해서 도출해 낸 심장의 주요 작용을 승인하여, 『예기』「월령」에서의 오장과 오행의 관계에 나타난 색깔의 불일치를 고친 것이다. 다만 『황정경』은 여전히 토가 중앙이라는 오행의 관념에 영향을 받고 있어서 심장과 비장을 동시에 오장으로 승인하는 절충적인 태도를 취하였는데, 이러한 배열은 원래의 모순을 확실하고 철저하게 해결하지는 못한 것이라 하겠다. 하황정궁과 하단전은 배꼽 아래 세 치에 있으며 관원關元이라고 부르는데, 이는 내경과 외경이 모두 같다.

그렇다면 왜 같은 부위를 '궁宮'이나 '전田'으로 다르게 부르는가? 대체로 전자는 진신眞神이 거처하는 곳이라는 측면에서 '궁'이라고 한 것이고, 후자는 내단수련의 관점에서 '전'이라고 부른 것이다. 『황정경』은 오장·육부·칠규七竅(일곱 구멍)·백절百節(백 마디의 뼈)을 갖춘 인체의 복잡한 생리구조 속에서 뇌, 심장과 비장, 배꼽 아래 세 치 되는 부분을 뽑아내어 인체의 가장 중요한 세 부분으로 보고, 이 세 부분이 생명작용을 일으키는 핵심 역할을 담당한다고 여겼다. 이것은 인체생리학적으로 보았을 때 커다란 진보이다.

『황정경』에 따르면, 인체는 삼궁三宮과 삼전三田이 결합된 구조로서 회로망으로 서로 연결되어 있으며, 혈血과 정精과 기氣가 이 망에 의해 순환운동을 함으로써 생명활동이 일어난다. 혈과 정과 기가 잘 운행하면 생명이 왕성하게 되고, 막히면 질병이 생기게 되는 것이다. 이러한 『황정경』의 관점에 비추어 보면 인체는 동태적인 시스템을 이루고 있다.

3. 정과 기를 쌓고 존신으로 허를 이루는 수련법

정을 쌓는(積精) 것은 내단수련의 기본적인 단계이다. 적극적인 방법으로는 진액津液을 삼켜서 영근靈根을 적시고 기르는 것을 들 수 있고, 소극적인 방법으로는 관문을 닫고 집을 지켜서 정을 굳건히 하고 누설하지 않는 것을 들 수 있다.

먼저 진액을 삼켜서 영근을 기르는 적극적인 방법을 보자.

『황정경』은 진액인 신수腎水를 인체의 정화精華로 삼고서, 그것들이 끊임없이 생성되게 하여 오장과 영근을 윤택하게 길러야 한다고 여긴다. 수도자는 낡은 기를 뱉어내고 새로운 기를 들이마시는 토납吐納의 수련을 하고, 또 간수澗漱의 법을 써서 침이 계속 생기게 한 후 서서히 침을 삼켜야만 한다. 이렇게 하여 입 속의 진액이 오장을 조화롭게 하고 단전에 물을 대어 길러 줌으로써 병을 물리치고 수명을 연장할 수 있다.

이와 관련된 『황정경』의 기록들로는 다음이 있다. 먼저 『내경경』의 기록이다. "입은 옥지玉池 태화궁으로, 신령스러운 액을 삼키니 재앙이 간여하지 못하네. 몸에서 광체가 나니 기의 향기는 난초향과 같고, 온갖 사악함이 없어지니 단련된 옥 같은 얼굴이네. 살펴 수련하면 광한廣寒(달 속의 궁전)에 오를 수 있으리"(「口爲章」), "혀 아래 현응玄膺은 삶과 죽음의 언덕이라, 푸른 것을 내쉬고 검은 것을 들이쉬니 두 기가 빛나네"(「天中章」), "금례金醴를 머금어 양치하고 옥영玉英을 삼키면, 마침내 굶기지 않아도 삼시충三尸蟲이 죽으리"(「脾長章」), "입을 닫고 혀를 구부려 태진胎津을 삼키니, 수련을 다 마치고 나면 하늘을 나는 신선이 되리"(「玄元章」), "현응에서 진액을 취하여 명당明堂에 들여보내니, 후롱喉嚨으로 흘러 내려가 신명이 통하네"(「肝氣章」), "입안에서 침을 서른여섯 번 삼키면 온갖 혈맥이 열려 통하기 시작하니, 얼굴이 금옥처럼 윤택해지고 이가 단단해지며 머리가 검어져서 늙는 것을 모른다."(「肺之章」) 또 『외경경』에서는 "입 속의 진액이 혀 위에 가득하니, 영근이 견고하니 늙어도 쇠퇴하지 않네"라고 하였다. 도교에서는 입을 옥지玉池로, 입 속의 진액을 옥액玉液, 금례, 경장瓊漿, 옥영, 태진 등으로 부르고, 혀 아래 진액이 생기는 구멍을 현응玄膺이라 부르며, 하단전을 영근이라 부른다. 위의 말들 가운데 이른바 "입을 닫고 혀를 말다", "입안의 침을 서른여섯 번 삼킨다" 등이 바로 간수법을 가리킨다.

다음은 관문을 닫아걸고 정을 군건히 하여 누설되지 않게 하는 소극적인 방법이다.

현응은 인체의 진액이 나오는 상부의 근원이고, 신장은 인체의 진액이 나오는 하부의 장소이다. 신장은 또 하단전과 연결되어 함께 정을 간직하는 곳이기도 하다. 정을 지키는 것과 관련된 기록들을 보면, 『내경경』에서는 "신부腎部의 궁은 현궐玄闕로서 둥글며, 가운데에 동자가 있어 상현上玄을 어둡게 한다. 육부를 주관하고 구액九液의 근원이 되니, 밖으로 두 귀에 응하여 모든 진액이 흐른다", "모든 병과 모든 재앙을 당할 때 급히 존상存想하여 보면, 양부兩部의 수왕水王은 생문生門을 마주하는 사람으로 하여금 장생하여 구천에 오르게 한다"(「腎部章」), "양쪽 신장의 신은 수명을 주관한다"(「經歷章」), "태상은 숨어서 칠소七素의 경을 돌리고, 팔맥이 더 흘러내리니 신장은 정을 받네"(「隱藏章」)라고 하였고, 『외경경』에서는 "다섯 장기의 주관인 신은 정이 된다"라고 하였다.

도교에서 가장 중요시하는 것은 태중의 아기 상태처럼 정을 굳건히 지키는 것이다. 신장은 정을 생성하는데 정은 누설해서는 안 되는 것이므로, 남녀 간의 방사를 경계하여 태중의 상태처럼 정을 그쳐야 한다. 만약 욕망을 좇아 무절제하게 되면 정이 고갈되고 기가 쇠진하여 재앙과 병이 번갈아 이른다. 그래서 『내경경』에서는 "정을 맺고 태를 안아 길러서 몸을 낳듯이, 태의 상태에 머물러 정을 그치게 하면 장생할 수 있다"(「呼吸章」), "장생은 방중의 일이 지극히 신중하고 급하니, 무엇 때문에 죽을 짓을 하여 신을 울게 할 것인가"(「瓊室章」), "급하게 정실精室을 지켜 누설하지 않게 하여, 닫아 보물을 지켜야 장생할 수 있다"(「常念章」), "주珠를 맺고 정을 견고히 하는 것이 양신養神의 근본이니, 옥 숟가락과 금 자물쇠를 항상 굳게 지켜라"(「玄元章」)라고 하였고, 『외경경』에서는 "장생의 핵심은 방중이 가장 시급하니, 음욕을 버리고 정을 전일하게 지키면 한 치의 밭과 한 자의 집이라도 사람을 다스릴 수 있다", "정자의 길을 닫으면 장생할 수 있다"라고 하였다. 이러한 『황정경』 속의 표현들은 일반적 도교의 특징이기도 한 것으로, 원양元陽을 지켜서 누설하지 말라는 점을 거듭 강조하고 있다.

기를 쌓고(累氣) 정을 쌓는(積精) 일은 밀접하여 나눌 수 없으며, 항상 동시에 진행되어야 한다. 기를 쌓는 일의 핵심은 호흡을 조절하여 곡식을 끊고 기를 먹는 것으로, 최후에는 태식胎息에 도달하여 신선이 되는 것이다. 『외경경』은, 일반 사람들은 곡식과 오미를 먹고 일반적인 생명을 유지할 뿐이지만 수도자는 태화太和의 음양기를 먹기 때문에 죽지 않고 천지와 함께할 수 있다고 인식한다. 태화의 기를 달리 원기元氣, 태기胎氣, 정기精氣, 현기玄氣라고 부르는데, 이것들은 자연계의 음양기가 융합하여 형성된 맑고 참된 기로서 오곡과 비린내를 꺼린다. 때문에 기를 쌓기 위해서는 점차로 곡식 먹기를 끊어야 한다. 일찍이 『황제내경』과 『회남자』에서는 "곡식을 먹는 자는 지혜롭지만 일찍 죽고, 기를 먹는 자는 신령하고 밝아 장수한다"라고 하였는데, 『황정경』은 이러한 관점을 계승하여 더욱 발전시킨 것이다. 『내경경』에서는 다음과 같이 말하고 있다.

> 온갖 곡식들의 실상은 땅의 찌꺼기이며 다섯 가지 맛의 외적인 아름다움은 사특하고 비릴 뿐이다. 그 냄새를 맡으면 신명神明과 태기胎氣를 어지럽혀 남아 있을 수 없으니, 어떻게 늙음을 되돌려 어린아이가 될 수 있겠는가? (오곡을 먹으면) 삼혼이 흩날리고 백이 스러지게 되니, 어찌 태화의 기와 정을 먹지 않을 것인가? 그러므로 죽지 않고 황정의 도에 들어갈 수 있다.(「百谷章」)

> 폐부의 궁은 화개華蓋와 같다. 아래에 동자가 있어 옥궐玉闕에 모이니, 칠원七元의 아들이 기운을 주관하여 조절하네. 밖으로 중악中嶽에 응하여 콧마루와 나란히 위치하고, 하얀 비단 옷에 노란 구름무늬 띠를 했네. 헐떡이는 호흡을 하면 몸이 불쾌한 것이니, 급히 백원白元과 육기를 존사하면 신선이 되어 늙지 않고 재해가 없다네.(「肺部章」)

폐는 화에 속하고 그 수는 7이다. 그러므로 '칠원의 아들'이라고 한 것이다. '백원'은 폐장의 신 이름이다. 육기는 바람·차가움·더움·습함·건조함·불의 기운을 가리킨다. 위의 두 문장은 기를 쌓기 위해서는 폐와 코 같은 호흡기관의 기능이 제 기능을 발휘해야 함을 말하고 있다. 폐장을 주로 삼고, 덧붙여 비강鼻腔을 배합하면 조식하여 기를

92

보충할 수 있다는 것이다. 이 밖에도 『외경경』에서는 "호흡은 코(廬間)를 통해 단전에 들어가고", "유궐幽闕이 드높으니, 단전 속에 정기가 숨어 있네", "거북이가 기를 끌어오는 것을 본떠서 영근靈根에 이르게 하니", "현기玄氣를 먹어 생명을 이룰 수 있으니"라고 하였다. 코로써 기를 호흡하여 영근에 이르게 하는데, 이때 하단전으로 들어오는 것은 많고 나가는 것은 적게 하여 정기가 단전의 가운데에 맺혀 보존되게 하는 것이다. 이를 오랫동안 지속하면 늙은이가 어린아이로 되돌아가게 된다. 이 때문에 『내경경』「호흡장」에서는 "원기를 호흡하여 신선이 되고자 하네", "정을 맺어 포를 기르고 몸을 낳는다", "세 기가 오른쪽으로 돌아 아홉 길이 밝으니, 정일正一이 화를 머금어 가득하네", "늙은 나의 몸을 어린아이로 되돌리네"라고 말하고 있다.

사람이 일정 정도의 수행에 도달하면 코나 폐를 사용하지 않고 호흡하여 기식氣息이 온몸을 출입하고 유행하게 할 수 있다. 이것이 도교에서 말하는 태식胎息이다. 이때는 마치 어머니 뱃속의 태아와 같은 상태이니, 바로 태식의 신선이 된 것이다. 『황정경』의 "마음을 화합하여 삼단전을 포개니 태선이 춤춘다"(「上淸章」)라는 말은 바로 삼단전이 화통하여 단도丹道가 성취되고 태식을 하는 신선이 되었다는 뜻이다. 장생의 도에 이르기 위해서는 '정을 단련하여 기로 만드는'(鍊精化氣) 것과 '기를 쌓아서 정을 맺는'(累氣結精) 것이 상호 도움을 주어야 한다. 그래서 『내경경』에서는 "신선도사가 되는 데는 따로 신神이 있는 것이 아니니, 정을 쌓고 기를 쌓아 진眞이 되는 것이다"(「神仙章」)라고 하였다.

정을 쌓고 기를 쌓는 수련은 몸을 단련하는 것이고, 신을 간직하고 허를 이루는(存神致虛) 수련은 신을 단련하는 것이다. 신을 간직하기 위한 것 중에 하나가 몸속의 진신眞神을 존상하는 것인데, 이것은 수도자가 생각과 마음을 진신에 집중하는 것이다. 마치 불교 정토종의 염불처럼,

묵묵히 진신의 이름을 생각하여 위험한 상태에서도 그침이 없어야 한다. 몸속의 여러 신들을 존상하는 것은 신도들로 하여금 신령을 공경하고 두려워하는 종교적 심리를 배양하게 하고, 또 잡념을 없애서 입정入定에 수월하게 해 준다.

　존신存神은 일반적으로 외부적인 감각기관을 닫고 내면을 들여다보고, 외부로 달려가는 생각을 몸속으로 되돌려 신을 허적虛寂한 상태로 진입시키는 것이다. 『내경경』에서는 "마음속에 생각을 깊이 감추어 모나지도 둥글지도 않게 들창을 닫아걸고, 삼신(삼단전)이 정을 되돌리니 늙은이가 바야흐로 젊은이가 된다. 혼백이 안으로 지켜져 다투지 않으며, 신이 배(腹) 가운데에서 생겨나 옥당玉堂을 다스린다. 신령이 유궐에 물을 대니 어찌 잃어버리겠는가"(「上睹章」), "담담하게 눈을 감으면 몸속이 스스로 밝고, 사물마다 간여치 않으니 태평하고 평안하다"(「瓊室章」)라고 하였고, 『외경경』에서는 "마음을 삼가 뚜껑 덮듯이 닫으면 정과 신이 늙음으로 가지 않고 젊음으로 되돌아온다", "한가하여 일삼음이 없으면 심사가 태평해져서 옥방의 신명이 통달하여 간직된다"라고 하였다. 이 말들은 정과 신으로 하여금 밖으로 흐르지 않고 내부를 지키게 하는 것이니, 즉 세속의 명예나 이익을 초탈하여 무위의 도를 행하고 담담히 소박한 생활을 편안케 여기는 것이다. 그래서 『내경경』에서는 "안으로 진眞을 굳게 지켜서 담담히 고요한 가운데 생활하면 저절로 신이 이른다"(「紫淸章」)라고 하였고, 『외경경』에서는 "허무자연의 도 때문에 사물들은 저절로 번쇄하지 않고, 팔짱낀 두 팔이 무위하기에 몸은 저절로 편안하다", "성명을 길러 허무를 지키고 담담히 어떤 생각도 하지 않으면 날개가 나서 장생구시하여 날아간다"라고 하였다. 신을 간직하고 허를 이루는 법은 또한 도교에서 항상 강조하는 '일을 지켜 고요함에 드는'(守一入靜) 것으로, 이는 『노자』의 "혼이 백을 타고 영위하며 백이 하나를 안음"(載靈魂抱一) 또는 "허를 이룸을 지극하게 하고 고요함을 지키기를 돈독히 함"(至虛極守靜篤)의 사상에서 유래한 것이다.

4. 오장육부 내외상응의 생리학설

오장五臟은 심장, 간장, 폐장, 비장, 신장을 가리키고 육부六腑는 담, 위, 대장, 소장, 방광, 삼초5)를 가리킨다. 『황정경』에서는 내외상응에는 다음과 같은 두 가지 의미가 있다고 한다.

첫째, 인체의 구조와 생리과정이 밖으로 천지의 도와 상응하는 것이다. 『내경경』에서는 "육부 및 오장의 신과 몸의 정이 모두 마음 속에서 하늘 길을 운행한다"(「心神章」)라고 하였는데, 하늘 길을 운행한다는 것은 자연의 규칙을 따라서 운동한다는 뜻이다. 각각의 기관들은 모두 자연의 현상과 상응하기 때문에 『황정경』에서는 항상 천문지리와 육체 내의 상황을 비유한다. 밖으로 오행, 다섯별이 있고 안으로 오장과 오기, 오화五華가 있는 것이 그 비유이고, 밖으로 삼광이 있고 안으로 삼궁, 삼단전, 삼관이 있는 것이 그 비유이며, 밖으로 일곱 별자리와 일곱별이 있고 안으로 일곱 액과 일곱 근원이 있는 것이 그 비유이다. 밖으로 해와 달이 들고 나듯이 안으로 음과 양이 있어 호흡하는 것 또한 마찬가지이다. 미간을 천정天頂, 코를 중악中嶽, 입을 옥지玉池, 얼굴을 척택尺宅, 눈을 일월日月, 목구멍을 중루重樓, 위를 태창太倉, 심장을 영대靈臺, 폐를 금실金室, 기를 운하雲霞라고 하는 것도 모두 외부 사물의 형상을 본떠 인체에 이름붙인 것이다. 안으로 다섯 장기를 조화하고 밖으로 오행을 합하며 안으로 음양을 조화하고 밖으로 천지를 따르며 정·기·신의

---

5) 三焦는 上焦, 中焦, 下焦를 가리키는데, 주로 몸의 부위에 따라 구분하여 횡격 막 이상을 상초, 횡경막에서 배꼽까지를 중초, 배꼽 이하를 하초라 한다. 중국의학계에서는 이를 두고 많은 논쟁을 벌이고 있다.

운행과 자연의 도가 서로 부합하니, 이처럼 사람의 생명은 자연과 공존하는 것으로 이해된다. 그래서 『외경경』에서는 "오행은 각기 다르지만 뿌리와 마디를 함께하니, 정·기·신과 오행(三五)이 합한 기는 본래 하나이다", "천7·지3이 돌아가며 서로 지키니 오름과 내림, 나아감과 물러남이 합하여 오래다", "천지를 따라 정을 간직하니 구원九原의 산하가 우뚝하다"라고 말한다.

둘째, 내부의 장기기관과 몸에 드러난 기관의 관계가 상응하는 것이다. 가령 폐궁은 외부의 콧구멍과 상응하고, 심궁은 외부의 입 및 혀와 상응하며, 간궁은 외부의 눈과 상응하고, 신궁은 외부의 귀와 상응하며, 비궁은 외부의 얼굴과 상응하는 등이다. 신체기관과 관련된 이와 같은 설명은 현대과학이 목전에 이르도록 그 구조와 세부적인 상황을 분명하게 이해하지 못하는 부분이다. 하지만 다섯 장기와 기색氣色으로 내부기관의 병증을 진단하는 방법은 중국의학에서 줄곧 사용되어 왔으며 지금까지도 여전히 임상적 가치를 지니고 있다.

『황정경』은 종교와 양생의 두 가지 중요한 성격을 지닌 저작이다. 이 책은 도교 내의 인사들과 외부 인사들에게 동시에 환영받았다. 당송 연간에는 황정문학黃廷文學이 매우 성행했는데, 정초鄭樵의 『통지通志』에 수록된 도가류 황정문은 30부 57권에 이른다. 당대에는 양구자梁丘子를 비롯한 많은 사람들이 『황정경』을 주석하였고, 이러한 경향은 송대에 들어서서도 여전하였다. 구양수歐陽脩는 항상 이 책을 완미하였고 『황정외경경』을 산정했으며, 소식蘇軾은 『황정내경경』을 서예로 쓰는가 하면 그 문체를 흉내 내어 찬시를 짓기도 했다. 육유陸遊 또한 "백발이 되어서 생명을 기르는 오묘함을 비로소 깨달았네. 그 이치는 『황정』 두 책에 모두 있다네"라는 찬송의 시구를 지은 바 있다. 청대 건륭 연간에 도사

동덕녕은 『황정경발미黃庭經發微』를 지으면서, "도서 중에 오래된 것은 『도덕경』(상이주), 『주역참동계』, 『황정경』이다"라고 하였다. 이러한 내용들을 통해 『황정경』이 도교사에서 중요한 지위를 지니고 있음을 알 수 있다.

3. 도교신학의 정초를 놓은 갈홍

갈홍葛洪은 외단학과 도교신학의 초석을 놓은 저명한 도교사상가로, 자는 치천稚川이고 호는 포박자抱朴子이다. 서진 무제 태강太康 4년(283)에 태어나 동진 애제 흥녕興寧 원년(363)에 죽었다. 그는 중국 의약학과 화학에도 중요한 공헌을 했고, 중국의 도교사와 철학사, 자연과학사에서 모두 뚜렷한 족적을 남겼다.

갈홍은 강남의 명문가 출신으로 조부와 부친 두 세대가 동오東吳 조정에서 요직을 역임했으나 서진 때부터 집안이 점차로 쇠락해져 갔다. 13세 때 부친을 여읜 후부터 몸소 농사를 지으면서도 성년에 이르기까지 각고의 노력으로 독학하여 경사經史와 제자백가서를 두루 열람하였다. 그의 종조부 갈현葛玄은 좌자左慈에게서 신선의 도를 배워 정은鄭隱(?~302)에게 연단비술을 전하였고, 정은은 이를 갈홍에게 전수했다. 갈홍은 다시 포관鮑靚을 사사하여 도술과 의술을 배웠고, 또 스스로 양성에 관한 책들을 두루 열람하고 구시久視의 법을 수집했는데 펼쳐 본 책이 수천 권에 이르렀다.

갈홍은 여러 책들을 두루 읽었지만 특히 도교의 신선술과 금단술에 정통하였다. 태안(302~303) 연간에 갈홍은 오흥吳興 태수 고비顧秘가 석빙石氷의 난을 평정할 때 장병도위將兵都尉가 되어 종군하였고, 이때의 공적으로 복파장군(伏波將軍)에 천거되었다. 그러나 갈홍은 관직을 버리고 낙향해서 널리 이서(異書)를 구하고 도를 닦아 선(仙)을 공부하기로 마음먹었다. 그러다가 팔왕(八王)의 난[6]을 만나 광주로 피난 가서 저술에 전력하였다. 동진 초기에 조정에서 이전의 공로를 기려 관내후(關內侯)라는 작위를 하사하였다. 성제 때 왕도(王導)에 의해 주(州)의 주부(主簿)가 되었고, 다시 사도연(司徒掾)을 거쳐 자의참군(諮議參軍)이 되었다. 이후 간보(幹寶)의 추천으로 산기상시(散騎常侍)에 선발되어 대저작(大著作)에 임명되었지만 고사하고, 광주에 이르러 나부산(羅浮山)에 머물면서 연단과 저술에 진력하였다. 81세에 죽었다.

갈홍의 도교 관련 저작은『포박자』내편・외편과『신선전』,『은일전(隱逸傳)』등이 있으며, 의학 관련 저술로는『금궤약방(金匱藥方)』,『주후요급방(肘後要急方)』이 있다. 그 중『포박자』가 가장 대표적이다. 이 책의「자서(自敍)」에 따르면, 그는 20여 세의 청년 시절에 초고를 완성했으나 전란을 만나 유랑하거나 여기저기로 종군한 까닭에 10여 년 동안 전혀 손을 대지 못했다고 한다. 건무(建武) 연간에 이르러 비로소 책들을 산정하니,「내편」20권과「외편」50권이었다. 내편은 신선과 방약(方藥), 귀계(鬼恠)한 변화, 양생연년(養生延年), 삿된 재앙을 물리치는 일 등을 다루고 있는데, 그 내용은 도교에 속한다. 외편은 인간사의 득실, 세상의 평가 등을 다루고 있는데, 그 내용은 유가에 속한다.『포박자』에서는 특히 내편에 대해 다음과 같이 말하고 있다.

내가 저술한 책들 가운데 이것이 따로 한 부가 되니 내편이라고 이름한다. 대개 20권으로, 외편과 더불어 각기 차서를 일으켰다.(「序」)

---

6) 역자주: 서진시기에 왕위계승 문제를 두고 여덟 종친왕들 사이의 벌어졌던 일련의 내란을 말한다. 이 난으로 통치체제가 붕괴되어 서진은 멸망의 길로 접어든다.

내가 만약 후세 사람들에게 찬사를 받으려 했다면 이 책의 외편 및 잡문 2백여 권만으로도 족히 후대에 뜻을 의탁할 수 있었을 것이다. 다시 내편을 지을 필요가 없었다.(「金丹」)

이상의 기술을 통해 다음과 같은 내용을 확정할 수 있다. 『포박자』라는 책은 약관에 초고를 작성한 뒤 10여 년이 지나서야 착수하였다고 했으니 40세 이전에 개정한 것이다. 또 『외편』을 먼저 쓰고 나서 『내편』을 쓰고, 최종적으로 원고를 산정하면서 내외편이라는 이름을 확정한 것이다. 전체적으로 책을 산정한 이후에 총괄적으로 「서」와 「자서」를 작성했음도 알 수 있다. 갈홍은 유가와 도가를 종합하면서도 특히 내편을 중시하였는데, 이 내용은 신선과 양생학으로 『포박자』 전체의 중심이 된다. 『포박자』의 주요사상을 살펴보면 다음과 같다.

1. 현도와 수일

도교는 도가의 '도道'와 '현玄' 두 개념을 신화화하는 데 힘썼다. 갈홍 역시 이 두 개념을 결합하여 도교의 수일守一학설에 삽입함으로써 자신의 도교철학을 건립하였다.

갈홍이 서술한 '현'의 성질은 두 가지이다. 첫째, '현'은 우주발생의 총괄적인 근원으로, 이른바 '자연의 시조'이다. 그러므로 현은 원일元一을 태에 감싸고 음양 양의를 만든다. 둘째, '현'은 만물 운동의 총괄적인 규율이자 내재한 동력으로, 이른바 '온갖 존재자의 으뜸'이다. '현'은 온갖 존재자와 온갖 변화를 지배하면서도 그 자체는 형상도 없고 생성되지도 소멸하지도 않는다. 일월성신도 이것에 따라 운행하고 천지의 바람과 비도 이것에 따라 이루어진다.

갈현이 말한 '현'의 성질에 근거하면 '도'와 '현'은 동등한 개념이다.

'도' 또한 천지만물을 포함해 감싸고 있는 동시에 천지만물 속에서 그 만물이 존재하고 변화하게 하는 내재적 근거가 되기 때문이다. '도'와 '현'은 모두 우주의 본원 및 본체로서의 성질을 갖추고 있으며, 우주 최고의 보편적 운동법칙을 드러낸다. 갈홍은 이 둘을 합쳐서 '현도玄道'라고 부른다. 갈홍은 '도'를 최초이자 유일한 존재로 인식했기 때문에 '일'이라는 글자를 사용하여 표현했다.『포박자』에서 '현玄', '도道', '일一'에 대해 설명한 것과『회남자』「원도훈原道訓」의 설명은 매우 비슷하다. 이는 본원론과 본체론의 이중 의미를 갖추고 있는 것으로서 한대 도가이론을 계승한 것인데, 내용적으로는 위진현학의 수준보다 더 낮다.

갈홍이 도가와 서로 다른 점은 이러한 몇 개의 기본 개념을 신학화해 내었다는 점이다.

우선, 갈홍은 '현도'를 사물의 성장과 존재, 인간과 만물의 장생과 연계시켰다.「창현暢玄」에서는 다음과 같이 말하고 있다. "현이 존재하는 곳에는 즐거움이 끝이 없지만, 현이 떠나 버리면 형체가 피폐해지고 신이 떠나간다", "오직 현도만이 더불어 영원할 수 있다", "현도란 안에서 얻어 밖에서 지키는 것이니, 그것을 쓰는 것은 신이요 잃어버리는 것은 형체이다. 이것이 현도를 생각할 때 핵심이 되는 말이다." 그렇다면 현도를 얻은 자는 어떠한가? "운단雲端에서 일월의 정화(九華)를 삼키고, 단하丹霞에서 천지의 신령한 기(六氣)를 마신다. 무궁한 곳에서 소요하고, 도의 세계를 날며, 무지개다리를 밟고 우주를 걷는다." 이 내용은 곧 도를 얻고 신선을 이루어 천상에서 소요하는 것이다.

다음으로, 갈홍은 '일一'을 인격신으로 삼아 '수일守一'의 법을 제창했다.「지진地眞」에서는 다음과 같이 말한다.

선경仙經에서 말하였다. "그대가 장생하고자 한다면 수일법에 대해 마땅히 밝아야 한다. 일一을 존사하면 그대가 굶주릴 때 일이 식량을 주고, 일을 존사하면 그대가 목마를 때 일이 물을 준다. 일은 이름자와 복색을 갖추었으며 남자는 키가 아홉 푼이고 여자는 키가 여섯 푼인데, 배꼽 아래 두 치 네 푼인 하단전 가운데 있기도 하고 심장 아래 강궁금궐인 중단전에 있기도 하며 양미간에서 한 치 들어간 명당이나 두 치 들어간 통방通房, 세치 들어간 상단전에 있기도 하다." 이것이 바로 도가가 중요하게 여겨 대대로 맹세하면서 구전口傳한 그 이름자이다.

오장신과 수일의 학설은 도교만이 지닌 종교적 특색으로, 갈홍 역시 여기에서 벗어나지 않았다. 갈홍의 삼단전설은 『황정경』에 비해 더욱 명백하다. 갈홍은 수일학설을 새롭게 해석하여, 수일을 나누어서 '수진일守眞一'과 '수현일守玄一'로 구분하였다. 수진일은 신체를 건강하게 하고 장수하기 위해 재해를 제거하는 것이고, 수현일은 구결을 외워 형체를 나누고 귀신을 부리는 것이다. 「지진」에서는 말하기를, "장생하는 신선의 수법은 오직 금단金丹에 있다. 형체를 지켜 악을 물리치면 진일이 있게 된다", "현일의 도 또한 핵심적인 법이다. 피하지 못할 바가 없기에 진일과 공효가 같다", "수현일은 수일보다 더욱 쉽다"라고 하였다. 여기에서 진일이 현일보다 높음을 알 수 있다. 진일의 중요성은 금단과 같다.

2. 장생설에 대한 체계적 논증

갈홍 이전에는 도교의 장생설에 이론성이 결핍되어 있었는데, 『포박자』는 최초로 장생성선의 가능성과 현실성을 진지하게 체계적으로 논증하였다. 그 결론은 터무니없지만, 그 속에서 도교신학자의 사유와 논리를 찾아볼 수 있으며 그의 사유와 경험, 교훈을 총괄할 수 있다. 논증의 과정 속에는 또한 많은 의미 있는 추론들이 있는데, 이는 사람들의 흥미를 불러일으킨다. 장생설의 중심 논제는 신선은 반드시 있으며 장생은 이룰 수 있다는 것이다. 주된 이유는 다음과 같다.

첫째, 신선의 존재를 직접 듣고 본 것은 아니지만, 그것에 대해 전해 오는 설이 이미 오래 전부터 있었고 여러 책에 많이 기록되어 있으므로 빈말이 아니라는 것이다. 「논선論仙」에서는 "신선의 반열에 오른 사람이 죽간과 비단에 가득하게 기록되어 있다"라고 하였고, 「대속對俗」에서는 "앞선 철인들이 기록한 바의 신선은 일천 명에 가까운데, 모두 성명姓名과 자호字號가 있고 그 행적의 본말이 있으므로 빈말이 아니다"라고 하였다. 「논선」에는 또 이런 말도 있다.

> 유향劉向은 두루 배워서 미묘한 것까지 탐구하고 깊고 먼 곳까지 다루었으니, 그 사상을 보면 진위를 분명하게 하고 유와 무를 중점적으로 연구하였다. 그가 편찬한 『열선전列仙傳』에는 신선이 칠십 여명이 기록되어 있다.…… 아주 옛날 일을 어떻게 친히 볼 수 있겠는가? 여러 책들에 기록된 것과 전해들은 것에 의존할 수밖에 없다. 『열선전』은 신선이 반드시 있었음을 분명하게 드러내고 있다.

과거에 있었던 사실들의 진위를 어떻게 판별할 수 있는가? 이에 대해 갈홍은, 지나간 일들은 몸소 들을 수 없으며, 지난 일들을 파악하는 것은 전문가의 기록에 의존하지 않으면 어떻게 할 수 없다는 것이다. 갈홍은 학문을 좋아하고 깊이 생각하는 선비가 역사를 함부로 날조하지는 않았을 것이라고 깊이 믿으면서도, 똑같은 호학하고 생각 깊은 선비인데 어찌하여 어떤 이는 신선을 믿고 어떤 이는 믿지 않는가 하는 질문에 대해서는 답변을 회피하고 있다.

둘째, 세상에 존재하는 것들은 대부분 생겨났다가 사라져 가지만, 어떤 소수의 것들은 오랫동안 존재해도 결코 사라지지 않는데 그 속에는 신선도 포함된다는 것이다. 「논선」에서는 어떤 사람이 제기한 "처음이 있으면 반드시 끝이 있고, 존재하는 것이 있으면 반드시 사라지는 것이 있다"라는 논단論斷에 대해 다음과 같이 대답하고 있다.

> 존재함과 사라짐, 끝과 처음은 실로 큰 핵심이지만 그 다름과 같음은 제각각이어서 혹은 그렇기도 하고 혹은 그렇지 않기도 하니, 변화가 수만 가지이고 기이하기가 일정하지 않아서 사물의 시비와 본말과 동이를 하나로 할 수 없다. 처음을 말하는 자는 반드시 끝이 있다고 말하는 경우가 많은데, 뒤섞어서 하나로 만드는 것은 이치에 통하는 것이 아니다. 여름에는 반드시 자라난다고 하지만, 보리처럼 말라 썩는 것도 있다. 겨울에는 반드시 시든다고 하지만, 대나무와 잣나무는 무성하다. 처음이 있으면 반드시 끝이 있다고 하지만, 천지는 끝이 없다. 태어나면 반드시 죽는다고 하지만, 거북과 학은 오랫동안 살아 있다.

따라서 온갖 종류의 것을 하나로 단정 지을 수 없다는 것이다. 고대인들은 경험적인 귀납의 토대 위에 추측을 더하여 '사물에는 이루어짐이 있으면 반드시 허물어짐이 있다'는 과학적 견해를 제출했다. 이 생각은 매우 뛰어난 것이었지만 과학적 엄밀성은 결핍되어 있었다. 그래서 갈홍은 일부 특수한 사물의 항구성을 가지고서 만물생멸의 보편성과 절대성을 부정함으로써 변증법과 자연과학에 난제를 제출했다. 소나무가 오랫동안 푸른 것은 일반적인 식물과는 다르고, 거북과 학이 장수하는 것은 사람에 비교할 수 없는 것이다. 천지의 존재는 인류의 역사를 훨씬 뛰어넘는 것이어서 당시 사람들의 지식으로는 합리적으로 해석하기 어려운 것이었다.

셋째, 가공을 거치고 합리적으로 관리하면 원래 쉽게 소멸하고 빨리 썩는 것이라도 오랫동안 손상되지 않을 수 있듯이, 인간의 신체 또한 적절히 조절하고 보양해 주면 정해진 수명을 벗어나 장생구시에 도달할 수 있다는 것이다. 「지리至理」에서는 다음과 같이 말한다.

진흙은 쉽게 사라지는 것이지만 구워서 기와를 만들면 천지와 나란할 정도로 오래갈 수 있고, 떡갈나무는 쉽게 섞는 것이지만 불태워 재를 만들면 일억 년이 되어도 썩지 않을 수 있다. 수레를 끄는 곁마라도 잘 기르면 늦게 죽지만 좋은 말이라도 험한 곳을 오르내리면 일찍 죽고, 겨울을 못 나는 벌레도 기후가 맞으면 자기 수명의 배를 산다. 남쪽 숲의 나무는 따뜻한 곳에 처하여 무성하게 자라나는데, 살기煞氣를 만나면 서리에 말라 시들었다가 따뜻한 볕을 만나면 빽빽하게 열매 맺고 가지가 자라난다. 같은 종류의 사물이라도 무성하기도 하고 시들기도 하니, 가을에는 언제까지 거두고 겨울에는 언제까지 저장한다는 것이 정해져 있겠는가? 사람이 명을 받아 죽고 사는 기한은 겨울을 지내는 초목과는 같지 않으니, 양생연년의 이치와 질병을 치료하는 방술은 한낱 초목에게 기후의 온난함이 얕거나 깊은 것 정도에 그치는 것이 아니다. 구시의 효과가 어찌 그렇지 않겠는가?

갈홍은 물성物性이 불변한다는 것과 타고난 수명이 정해져 있다는 것을 반대하고, 물체의 유약성은 견고하게 변화시켜 오래가게 할 수 있다고 생각했다. 사람이 후천적으로 양생을 통해 수명을 연장한다는 것은 과학적 이치에 맞다. 다만 그가 착각한 것은, 오랫동안 지속될 수 있다는 것을 영원함으로 과장해서 이해하여, 장수함이 발전해서 장생불멸로 이어진다고 여긴 것이다. 이는 유한성으로부터 무한성에로의 직접적인 초월로서, 논리적으로도 성립할 수 없고 실천적으로도 충분한 근거가 없는 것이다.

넷째, 의술이 병을 치료해서 죽어 가는 사람을 살릴 수 있다면 신선술은 사람을 장생하게 해 준다는 것이다. 갈홍에 따르면 사람이 죽는 원인은 여섯 가지 해害 때문인데, 이 여섯 가지 해를 제거하면 오랫동안 존재할 수 있다고 한다. 「논선」에서는 이렇게 말하고 있다.

대체로 신선은 약물로 몸을 기르고 술수로 수명을 연장하여, 안으로는 질병이 생기지 않고 밖으로는 근심이 들어오지 않는다. 구시의 술수로 죽지 않으니, 옛 몸을 바꾸지 않더라도 도가 있으면 어려울 것이 없다.

또 「지리至理」에서는 의술로 두개골을 가르고 배를 갈라 죽음 직전의 사람을 다시 살려내듯이 신선의 도로써 죽음의 원인을 제거해 버린다면 영원히 죽지 않을 수 있을 것이라고 하면서 다음과 같이 말한다.

사람이 죽는 것은 여러 욕망에 의해 소모되기 때문이다. 늙어지면 온갖 병이 해쳐 들고 독한 악이 가운데에 자리하며 삿된 기가 스며들고 풍과 냉기가 침범한다. 그런데 지금 도인술과 행기行氣를 하여 환정보뇌하고, 먹고 마시고 거처하는 데에 절도가 있게 하며, 약물을 복용하고 신을 생각하고 수일법을 행하고 금기와 계율을 지키고 삿된 잡귀를 물리치는 부적을 차서, 생명을 해치는 것들을 일체 멀리하라. 이렇게 하면 통달하여 이 여섯 가지 해를 면할 수 있다.

갈홍의 추론은 논리적으로 타당하다고 할 수 있다. 대부분의 죽음은 외부의 근심이나 몸 안의 질병에 의해 몸이 손상되었기 때문이다. 질병 없이 죽는 사람은 드물다. 만일 일체의 사인死因을 모두 제거할 수 있다면 사람은 장생하지 않겠는가? 그러나 의사는 병을 치료하거나 예방할 수는 있어도 사람을 죽지 않게 할 수는 없으며, 질환이 없는 사람이라도 수명에는 한계가 있는 법이다. 과학이 지금처럼 발전한 상태라도 여전히 늙고 병들고 죽는 일체의 일들은 미궁 속에 있다. 물론 그렇다고 해서 우리가 갈홍을 비난할 수는 없다. 오히려 장수의 도를 탐구하고 만들어 내려고 한 그의 노력을 긍정해야 할 것이다.

다섯째, 금단대약 자체가 불사르는 것을 견뎌 내고 견고하여 썩지 않으므로, 사람이 그것을 먹음으로써 금단의 성질을 빌려 신체를 강하고 견고하게 해서 자신의 몸을 썩지 않게 한다는 것이다. 「금단」에서는 다음과 같이 말하고 있다.

금단이라는 것은 불사를수록 더욱 오래가고 변화할수록 더욱 오묘하며, 황금은 불 속에 던져져도 백 번을 살라질지언정 소멸하지 않고 땅에 묻혀도 하늘이 끝날 때까지 썩지 않는다. 금단과 황금 두 물건을 복용하면 신체를 단련할 수 있기 때문에 사람이 늙지도 죽지도 않을 수 있다. 이것은 대체로 외부의 물건을 빌려서 스스로를 건고하게 하는 것이다.

「대속」에서는 또 다음과 같이 말하였다.

금과 옥이 사람의 아홉 구멍에 있으면 죽은 사람도 썩지 않는다. 소금을 거죽에 저며서 포를 뜨면 문드러지지 않으니, 하물며 몸을 이롭게 하고 수명을 연장하는 물건을 자기에게 들이는 것에랴. 어찌 사람을 장생하게 하는 것이 괴이하겠는가?

갈홍은 소금이 육류의 부패를 방지하는 것을 보고서 금단이 인체를 보호하여 기르고 썩지 않게 해 줄 수 있다고 추론했다. 그러나 그는 금과 옥은 무생물이고 인체는 고등생물인 것을 알지 못했다. 금과 옥의 성질은 갈홍이 생각한 것처럼 직접적으로 변화하여 인체의 속성이 되는 것이 불가능하다.

여섯째, 사람이 알거나 볼 수 있는 것은 매우 적은 데 반해 알지도 보지도 못하는 것은 매우 많으므로 범인이 관찰하기 어렵다고 해서 신선의 존재를 간단하게 부정해서는 안 된다는 것이다. 「논선」에서는 이렇게 말하고 있다.

견해가 얕은 무리들은 세속의 견해에 얽매여 모두 "세상에서 신선을 볼 수 없으므로 곧 천하에 이런 일은 없다" 하고 단정한다. 그러나 눈에 보이는 것만 어찌 말할 수 있겠는가? 천지의 사이에는 끝도 없이 큰 것도 있고 그 가운데에는 특이한 것도 있으니, 어찌 한정지을 수 있겠는가? 죽을 때까지 하늘을 이고 있지만 하늘의 위는 알 수 없고, 죽을 때까지 땅을 밟고 있지만 땅의 아래는 알 수 없다. 몸뚱이는 자기가 스스로 지녔지만 그 심지心志가 있어 그러함을 알지 못하고, 수명은 나에게 달려 있지만 짧은 것을 가꾸어 늘릴 수 있음을 알지 못한다. 하물며 신선의 아득한 이치와 도덕의 현묘한 이치에 대해서랴. 짧고 얕은 이목에 의지해서 신선이 있다 없다 판단하니, 어찌 슬프지 않으리오.

갈홍은 사람의 인식 수준이 매우 낮아서 눈앞에 사물도 인식되지 않는 것이 많다는 것을 지적하면서 "보이는 것만 있다 하고 보이지 않는 것은 없다 하지만 천하에 보이지 않는 것 또한 많고", "눈에 보이는 것이 적으면 신기한 것이 많아지는 것이 세상 사람들의 상식이다"(「論仙」)라고 말한다. 그리하여 그는 사람들이 스스로 믿는 바를 넘어서기 어렵기 때문에 부단히 미지의 영역을 탐색해야 한다고 지적한다. 이는 이치에 합당한 말이라고 할 수 있다. 그러나 이미 신선의 유무에 대한 쟁론이 있는데도 그 존재를 확신하는 것은 독단이다.

일곱째, 천하의 일에는 별의별 기이한 것이 다 있어 방술은 증험할 수 있고 귀신은 신령함이 있으므로 신선의 도 역시 믿지 않을 수 없다는 것이다. 「논선」에서는 다음과 같이 말한다.

방술은 귀신으로 하여금 그 모습을 드러내게 하니, 또한 본래 보이지 않는 귀신을 보이게 하는 것이다. 이것을 미루어 말한다면 그 나머지 것도 없다고 할 수 있겠는가? 귀신의 수는 인간이 형형색색으로 기이하게 만든 것으로, 경전에 실려 있고 귀신의 증거도 많다.

또 「대속」에서는 환화幻化의 술수를 미루어 보면 우화羽化(신선이 됨)의 일도 믿을 수 있다고 추론하고 있다. 그 내용은 다음과 같다.

그대는 도술을 배울 수 없다고 하는데, 형체를 바꾸고 칼을 삼키며 불을 뿜고 순식간에 종적을 감추며 구름과 안개를 일으키고 벌레와 뱀을 불러오며 물고기와 자라를 모으고 서른여섯 개의 돌을 물로 변화시키며 옥석을 삭여 조청을 만들고 금속을 녹여 물을 만들며 연못에 들어가도 젖지 않고 칼을 밟아도 다치지 않는, 이러한 환화의 일은 구백 가지가 넘는다. 살펴서 행하면 그 공효가 아닌 것이 없다. 그런데도 무엇 때문에 유독 신선이 될 수 있다는 것을 믿지 않으려고 하는가?

그러나 이는 일반적이지 않은 예로, 어떤 것은 마술에 속하고 어떤 것은 과학에 속한다. 그는 범주가 다른 두 가지를 뒤섞어 버린 것이다.

여덟째, 신선술을 구하기가 쉽지 않고 구해도 증험할 수 없는 것은 신선으로 되는 것이 불가능해서가 아니라 신선 되는 법을 얻지 못해서라는 것이다. 「논선」에서는 이렇게 말하였다.

> 세상 사람들이 신선술은 배울 수 없고 수명은 연장할 수 있는 것이 아니라고 생각하는 것은, 바로 진시황과 한무제가 구하였으나 얻지 못하였고 이소군李少君과 난대欒大가 행하였으나 징험이 없었기 때문이다.…… 저 두 황제와 두 신하는 스스로 신선을 구할 수 있었음에도 구하지 못한 것이니, 어떤 이는 처음에는 근면하다가 끝에는 나태해졌고 어떤 이는 밝은 스승을 만나지 못했기 때문이다. 장생을 구하고 지극한 도를 닦는 일은 비법이 뜻에 있지 부귀에 있지 않다.

지위가 높고 재물이 많은 사람은 욕망을 제거하여 담박한 상태에 도달하기 어렵기 때문에 신선을 배우는 일에 도리어 방해가 된다. 도를 배우는 것은 얕은 곳에서 깊은 곳으로, 쉬운 것에서 어려운 것으로 이르는데, 뜻을 참되게 하고 몸을 갖춘 뒤에 밝은 스승을 모시고서 간난을 겪고 나서야 비로소 마루에 올라 방에 들어갈 수 있는 것이다. 그래서 「극언」에서는 "장생이 어려운 것이 아니라 도를 듣는 것이 어렵고, 도를 듣는 것이 어려운 것이 아니라 도를 행하는 것이 어려우며, 도를 행하는 것이 어려운 것이 아니라 도를 마치는 것이 어렵다"라고 하면서, 이러한 이유로 "도를 실천하는 자는 소털처럼 많지만 도를 얻은 자는 기린의 뿔처럼 적다"라고 말한다. 갈홍은 과거의 도사나 신선을 구하는 자들 가운데 죽지 않은 사람이 하나도 없다는 냉혹한 사실에 대해서는, 단지 신선이 되거나 도를 얻기 어렵기 때문에 이 책 저 책에 가끔씩 그런 사실이 나타날 뿐이라고 스스로를 합리화하면서 엄연히 죽은 자들에 대해서는 시해선屍解仙이 된 것이라고 하였다. 「논선」

에도 역시 이러한 말이 있다.

이상 여덟 개의 사항은 다음의 세 가지 논점으로 귀납된다. 첫째, 사물의 객관적인 성질에는 항상된 이치가 있지만 예외도 있으니, 태어남이 있으면 죽음이 있는 것은 항상된 이치이고 장생불사는 예외이다. 둘째, 세상의 일은 알지 못하는 것이 많으므로 얕은 지식으로 신선의 존재를 부정하는 것은 충분치 않다. 셋째, 사물의 성질은 변할 수 있고 사람의 수명은 연장할 수 있다. 이 세 가지 논거들 속에는 지극히 중요한 내용이 있다. 그가 세계의 다양성과 물성의 가변성을 긍정하고서 대담하게 특수상황과 반대현상을 탐색해 나가, 양생의 가능성을 굳게 믿고 진지하게 건강과 장수의 도를 추구해 나갔다는 점이 바로 그것이다. 이것은 과학자가 마땅히 갖추어야 할 소중한 품성이다. 갈홍이 화학과 의학에서 이룬 성취는 그의 노력과 정진, 용감한 실험정신과 불가분의 관계에 있다.

그러나 갈홍의 논증에는 몇 가지 오류가 있다. 첫째는 구시대 도서의 영향으로 종교적 편견을 앞세운 다음에 장생의 논거를 뽑아냄으로써 견강부회하였다는 점이다. 둘째는 시대의 제약으로 과학적 지식이 결핍되어 인체의 신비를 알지 못했다는 점이다. 셋째는 경험론적 제한을 받아 전해진 기록들을 가벼이 믿었다는 점이다. 넷째는 잘못된 사유방식의 영향으로 유비추리를 남용함으로써 정확한 전제를 사용하고서도 잘못된 결론을 추론해 내었다는 점이다.

3. 신선이 되는 수련방법에 대한 논의

갈홍의 도교신학은 연단하여 신선이 되는 것을 주로 하지만, 각종 술수에 의지하여 장생을 이루는 것 또한 그의 선도의 두드러진 내용이며 전체적인 체계이다. 장생을 위한 갈홍의 수도 방법에는 대략 여섯 단계가 있으며, 이 단계들을 모두 거쳐야만 성선成仙이 가능하다.

첫째, 선善을 쌓아 공을 이루는 것이다. 이것은 『태평경』, 『노자상이주』 이래 도교의 전통적인 종교적 계율인데, 『포박자』에서 봉건 예교가 수도성선修道成仙의 과정에서 주요한 작용을 한다고 하여 재차 강조한 것이다. 「미지微旨」에서는 "도의 계율을 살펴보니, 장생을 구하는 자들은 반드시 선을 쌓고 공을 세우며 다른 사물을 사랑하는 마음을 가지라고 말하지 않은 것이 없다"라고 하였고, 「대속」에서는 또 다음과 같이 말한다.

> 어떤 사람이 물었다. "도를 행하는 자는 마땅히 먼저 공덕을 세워야 한다고 하는데, 그런 내용을 찾을 수 있습니까?" 포박자가 답하였다. "그런 내용이 있다. 『옥령경玉鈴經』 중편中篇에서 말하기를, '공을 세우는 것이 최상이고 잘못을 없애는 것이 다음이다'라고 하였다. 도를 행하는 사람이 다른 사람을 위기로부터 구하여 화를 면하게 해 주고 다른 사람이 질병을 앓고 있을 때 그로 하여금 갑작스런 죽음을 하지 않게 해 주는 것은 바로 최고의 공덕이다. 신선을 구하려는 자는 마땅히 충·효·화·순·인·신을 근본으로 삼아야 한다. 만일 덕행을 닦지 않고 다만 방술에만 힘쓴다면 장생하기 어렵다."

그러나 선을 쌓아 공을 이루는 것은 신선이 되는 충분조건이지 필요조건이 아니다. 그렇게 한다고 해서 반드시 신선이 되는 것은 아니며, 하지 않는다고 해서 절대 신선이 될 수 없는 것도 아니다.

둘째, 신을 존사하고(思神) 일一을 지키는(守一) 것이다. 「지진」에서는 "수일守一하고 진眞을 간직하면 곧 신神에 통한다"라고 하였다. '일'은 몸속의 진신으로 삼단전 속에 있으니, 사람은 끊임없이 그것을 존사하고 지켜서 잃지 않아야 한다. 「지진」에서는 이어서 이 사신수일思神守一의 공효에 대해 다음과 같이 말하고 있다.

사람이 일一을 지킬 수 있으면, 일도 또한 사람을 지킨다. 그래서 시퍼런 칼날도 그 날카로움을 꺾지 않음이 없고 온갖 해로움도 그 흉함을 들이지 못하니, 패하는 곳에 거처해도 성공하며 위태로운 곳에서도 홀로 편안하다.

신을 존사하고 일을 지키면 악을 물리치고 몸을 보호할 수 있다. 이것이 장생의 공이다. 그러나 이것이 수명을 연장하게 할 수는 있어도 이것만으로 신선을 이룰 수는 없다.

셋째, 초목과 약이藥餌이다. 「잡응雜應」에서는 "옛날에 처음 도를 행한 사람들은 의술을 겸하여 닦아서 비근한 재앙을 구제했다"라고 하였고, 「미지微至」에서는 "소약少藥(인위적인 각종 단약)을 복용하여 수명을 연장한다"라고 하였으며, 「극언極言」에서는 "우선 초목을 복용하여 이지러짐을 구한다"라고 하였고, 「선약仙藥」에서는 "중간 정도의 약은 본성을 길러 주고 하급의 약은 병을 제거한다"라고 하였다. 갈홍은 의약으로써 병을 제거하고 신체를 건강하게 할 수 있으므로 병약한 사람은 마땅히 먼저 신체를 치료하여 강건하게 만든 이후에야 비로소 이 기초 위에서 진일보한 공부를 시행해 나갈 수 있다고 인식했다.

넷째, 굴신屈伸과 도인술導引術이다. 「잡응」에서는 "아침저녁으로 도인술을 행하여 혈기가 잘 돌게 하고 막힘이 없게 하라"라고 하였고, 「극언」에서는 "근육과 뼈를 이롭게 조절하는 방법에는 엎드리거나 우러러보는 방법이 있다"라고 하였으며, 「대속」에서는 "진인은 도인술을 가르쳐서 수명을 연장하게 하였다"라고 하였다. 이것들은 모두 신체를 건강하게 하는 술수이다.

다섯째, 정을 아끼고 기를 운행하는 것이다. 이는 내단수련가들에서 줄곧 중시되어 왔던 것인데, 갈홍은 비록 외단을 중시하였지만 정을 쌓고 기를 운행하는 것 또한 결코 홀시하지 않았다. 그래서 「미지」에서는

"정기를 아끼는 것이 가장 급하다"라고 하였고, 「석채釋滯」에서는 "신선이 되려면 마땅히 그 핵심을 얻어야 하니, 핵심은 정을 간직하고 기를 운행하는 데 있다. 대약을 복용하면 곧 가득 차게 되니, 다시 많은 것이 필요치 않다"라고 하였다. 정을 아끼고 기를 운행하는 것은 금단대약의 복용을 돕는 주요한 보조방법인데, 이는 '정을 아끼는' 것과 '기를 운행하는' 것의 두 가지로 따로 구분해서 살펴볼 수 있다.

정을 아끼는 것은 청정한 마음과 욕심 줄이기를 필요로 한다. 이는 외부 사물의 유혹 때문에 정이 손상되거나 소모되지 않도록 하는 것이다. "양생은 손상되지 않음을 근본으로 삼는다"(「극언」), "방중술을 마땅히 알아야 하니, 그대가 음양의 술을 알지 못하여 거듭 피로하게 손상되면 기를 운행하여도 힘을 얻기가 어렵다."(「지리」) 방중의 법은 "다만 환정보뇌하는 일에 있을 뿐"(「석채」)이니, 방사는 금할 수도 없지만 자주해서도 안 된다. 그래서 「석채」에서는 다음과 같이 말하고 있다.

> 사람이 모든 방사를 끊을 수 없다. 남녀가 성교하지 않으면 쉽게 막히는 병을 얻으니, 양문陽門을 막으면 원망이 생겨 병을 많이 얻고 장수하지 못한다. 그러나 욕정에 맡겨 마음대로 하면 또한 수명을 손상한다. 그러므로 오직 절도와 마땅함을 얻어야만 손상되지 않는다.

「석채」의 이 말은 비교적 실제 이치에 맞다.

기를 운행하는 것은 방중에 비해 더욱 중요하다. 「지리」편에서는 기를 만물 존재의 기초이자 생명력의 원천으로 인식하고 있다.

> 사람은 기 속에 있고, 기는 사람 속에 있다. 천지로부터 만물에 이르기까지 기로부터 생겨나지 않은 것이 없다. 기를 잘 운행하는 자는 안으로 몸을 기르고 밖으로 악을 물리친다.

> 몸이 피로하면 신이 흩어지고, 기가 고갈되면 수명이 끝난다. 뿌리가 고갈되고

가지가 무성하면 푸름이 나무를 떠나가고, 기가 피로하고 욕망이 성성하면 정령이 몸을 떠나간다.

기를 운행하는 법에 대해서는 「석체」에 구체적으로 설명되어 있다.

실제로 기를 운행하는 것을 배워 보자. 콧속으로 기를 끌어와 닫고, 마음속으로 수를 헤아려 일백이십에 이르면 입으로 미미하게 그것을 토해 내고, 다시 기를 끌어온다. 이때는 모두 기가 출입하는 소리를 자신의 귀가 듣지 못하게 하며, 들어오는 기는 많게 하고 나가는 기는 적게 하라. 기러기 털을 코와 입 위에 대고 뱉어 내는 기에 기러기 털이 움직이지 않는 것을 징후로 삼으라.

「석체」에 따르면 기 운행의 최후 목표는 태식에 도달하는 것이니, "태식을 얻은 자는 태중에 있는 것처럼 코와 입으로 호흡하지 않을 수 있다. 곧 도를 이룬 것이다"라고 말하고 있다.

여섯째, 금단을 복용하는 것이다. 『포박자』라는 책은 최상의 약인 금단을 제련하여 복용하는 것을 장생성선의 첩경으로 삼는다. 『포박자』의 외단학적인 특색이 바로 여기에 있다. 「선약仙藥」에서는 "선약의 최상은 단사丹砂이고, 다음은 황금이며, 그 다음은 백은이다"라고 하였다. 단사는 곧 주사(硫化水銀)이니, 수은(汞)을 황화하면 주사가 되지만 주사 또한 환원시키면 수은이 된다. 그러므로 주사를 환단還丹이라 부르고, 아홉 번 단련하여 이루어진 단을 구단九丹 또는 신단神丹이라 부른다. 금액과 신단을 합하여 '금단'이라고 하는데, 금단은 또 '신약神藥', '상약上藥', '대약大藥' 등으로도 불린다. 「금단」편에서는 금단을 제련해서 복용하는 것이 장생의 요체라고 거듭해서 밝히고 있다.

(도교의 책은) 모두 환단과 금액을 큰 핵심으로 삼는다. 그런즉 이 두 가지 일은 선도의 지극한 것이다. 이것을 복용하고도 신선이 되지 못한다면, 고래로부터 신선은 없는 것이다.

신선이 되어 하늘에 오르는 것의 핵심은 신단에 있다.

신단을 복용하면 사람의 수명을 무궁하게 하여 천지와 더불어 살게 되니, 구름을 타고 용을 부리며 태청궁을 오르내린다.

환단과 금액을 이루면 온 집안이 모두 신선이 될 수 있으니, 한 사람에 그치는 것이 아니다.

갈홍의 설명에 따르면, 합단合丹의 비방은 황제로부터 세상에 전해져서 대대로 현자가 전수받았다. 연단에 필요한 황금과 단사는 가치가 매우 귀했기 때문에 먼저 세속의 일에 종사하여 자금을 모을 필요가 있었고, 또 선골仙骨이 있는 사람이 비방을 얻었다 하더라도 밝은 스승을 모시고 제자가 되어야만 했다. 그리하여 함께 맹약을 하고 산에 들어가서 목욕재계하고 각종의 금기를 지킨 이후에야 비로소 비방을 살펴 합쳐서 단이 이루어지게 할 수 있었던 것이다. 이와 동시에 덕행, 정신, 형체 등에서 수양이 일정 정도에 도달해야만 금단을 복용하여 수명이 무궁해질 수 있다고 한다.

도교는 장생을 추구하면서 양생과 의약을 연구하였다. 도교는 유학이나 불교에 비해 생리와 보건을 중시했기 때문에 의학과 신체학의 방면에 많은 공적을 남겼다. 갈홍은 양생을 하고 신체를 건강하게 하는 것을 수행의 초급 방법으로 여기고, 금단을 복용하여 성선成仙에 이르는 것을 지극한 도이자 최고로 가치로 보았다. 그가 후세에 물려준 정신적 자산은 실로 풍부하다. 그러나 그 가치는 결코 성선의 도에 있는 것이 아니다. 그것은 바로 그가 행한 각종 실험의 정신과 자료에 있다.

4. 위나라 천사도의 개창자 구겸지

구겸지寇謙之는 북위 천사도의 창시자이다. 갈홍을 도교의 이론 건립에 종사한 도교신학자로 규정한다면 구겸지는 도교의 실천가였다고 할 수 있다. 그는 상층도교의 신조信條와 교규敎規, 조직계통을 건립함으로써 도교가 적극적으로 정치현실에 간여하게 하고 위에서부터 아래로 이르는 체계적인 개혁을 가능하게 한 인물이다.

동진시기에 오두미도는 사회 상층부에 스며들었지만 여전히 분산된 활동을 하고 있었다. 그들은 권문세가의 종법질서에 의탁하고 있어서 사회의 공인된 독립 교권을 인정받지 못하였다. 통일된 교단에 의한 통제·관리라는 사회적 역량도 형성되지 않은 상태였고, 전국적인 상층 도교에 마땅히 있어야 할 규모와 새로운 면모도 결핍되어 있었다. 그런 가운데 도교는 사회 속으로 저절로 스며들어 갔다. 그러나 중앙정부는 이를 직접적으로 통제할 수 없었고, 문벌사족계급에 대한 통치는 이미 정부의 깊은 근심이 되어 있었다. 이때에 새로이 도교 영수가 된 구겸지는 구舊천사도를 혁신·정리하고 정규화된 신新천사도의 역사를 건립하는 것을 임무로 삼았다.

북위의 여러 황제들은 불교와 도교를 동시에 숭배하였는데, 태무제太武帝의 때에 이르러 도교에 편중되기 시작했다. 이는 상층도교를 받아들인 한인 사족士族들과 탁발씨拓拔氏[7]정권의 연계와 관련이 있다. 한인 사족들은 탁발씨정권에 의탁하여 자신들의 사회적 지위를 보호·유지할 필요가 있었고, 탁발씨정권은 명문대가의 힘을 빌려 한인들에 대한 통치를 공고히 할 필요가 있었기 때문이다. 『위서魏書』「구찬전寇贊傳」에 의하면, 구씨는 대성大姓가문으로 탁발씨정권에 협력하여 위세를 떨쳤다. 구겸지의 부친 구수지寇修之는 일찍이 후진後秦에서 동래태수東萊太守를 지냈고, 구겸지의 형 구찬寇贊은 요홍姚泓.땅을 멸한 뒤 진옹秦雍의 천여 호를 이끌고 위나라에 귀의하였는데 후에 몰려든 자들이 만여 호에 이르렀다. 북위 조정은 구찬을 자사刺史·하남공河南公에 봉하여 옹주군을 다스리게 한 뒤 아울러 낙주와 예주의 교군僑郡[8]을 설치하여 멀리서 귀순해 온 유민들을 위로하게 하였다. 태무제는 권신 최호崔浩에게 크게 의지했는데, 그는 북방의 가장 왕성한 문벌인 최씨 대족 출신이었다. 최호는 도교를 신실하게 믿었고 구겸지를 사사하였다. 이것이 태무제의 신앙에 중대한 영향을 미친다. 『위서』「석노지釋老志」에는 최호가 상서하여 도교와 구겸지를 극구 찬양하자 태무제가 "천사를 숭상하여 받들고 신법을 선양하여 천하에 선포하니 도교의 일이 크게 행해졌다"라고 적고 있다. 「석노지」에는 또 다음과 같은 기록이 있다.

최호는 구겸지의 도를 받들고 불교를 믿지 않았다. 황제와 말하면서 거듭 불교를 비방하고 공격하면서, 항상 불교가 허탄하며 세상의 재물을 낭비하고 백성을 해친다고 하였다. 황제가 이 일을 두루 변론하며 그를 매우 신뢰하였다.

태무제는 불교를 훼멸하였는데, 이는 대부분 최호의 뜻에서 나온

---

7) 역자주: 鮮卑族의 한 부족이다. 拓拔이라는 복성을 사용했으며, 2~3세기에 산서성 북방에 자리하여 살다가 4세기 말경에 중국으로 침입하여 北魏를 세웠다.
8) 역자주: 비상시에 임시로 郡의 지명을 옮긴 곳으로, 명예직 태수가 다스린다.

것이었다. 당시 태자가 정륜궁靜輪宮의 조성을 그만두게 간하였을 때 태무제는 그 말을 깊이 새겼으나, 최호가 찬성한 일이기 때문에 그만둘 수 없다고 하였다. 분명한 것은, 태무제는 신천사도가 치국에 도움이 된다고 보아 도교를 육성하였으며, 청정무위淸淨無爲로써 신선이 되는 것을 증험할 수 있다고 여겨 그 술수를 믿고 행했다는 점이다. 동시에 그는 북방의 대성가문인 최씨나 구씨 등의 집안을 취함으로써 한인 대가들의 완전한 지지를 이끌어 내었다.

구겸지는 신천사도를 창립하면서 몇 가지 중요한 절차를 채택했다. 첫째, 종교신화를 만들어 태상노군을 높이 받들고 자신을 황제의 스승이자 신천사도 수령의 지위로 확립하였다.

『위서』「석노지」에는 선인 성공흥成公興이 구겸지를 제자로 받아들여 7년 동안 가르쳤다는 고사가 실려 있는데, 이에 따르면 성공흥은 아직 신선의 세계로 날아가지 않고 세간에 머물러 있는 신선으로서 '정치로는 제왕의 스승이 될 수 있었다'고 한다. 「석노지」에서는 또 구겸지가 신서神瑞 2년에 태상노군太上老君을 만나 천사의 지위를 받았다고 했으니 이는 곧 장릉 이후 오랫동안 끊어졌던 천사의 직위를 이은 것이며, 또 『운중음송신과지계雲中音誦新科之誡』9)를 하사받았다고 했으니 '도교의 정리'를 부촉받은 것이다. 이처럼 구겸지는 종교신화를 퍼뜨리고 천신의 이름에 가탁하여 천사의 지위가 장씨 아닌 다른 성씨로 전해지는 것을 교도들이 받아들이게 함으로써 천사도에 대한 합법적 영도권을 취득했다. 그는 또한 신의 뜻을 내세워 새로운 도규道規를 선포하고 천사도의 개혁에 착수했다. 구겸지는 『노군음송계경老君音誦戒經』을 유행

---

9) 陳國符의 『道藏源流考』와 湯用彬의 『康復札記』의 고증에 따르면, 『정통도장』에 수록된 『노군음송계경』과 『정일법문천사교계과경』, 『여청귀율』의 세 책은 구겸지의 저작으로 보인다. 『운중음송신과지계』에서 나온 것이기 때문이다.

시키면서 노군의 말에 가탁한 다음의 내용들을 퍼뜨렸다.

나는 한나라 안원 연간에 도를 장릉에게 주어 천사의 지위를 잇고 나라의 운명을 돕게 하였다.…… 장릉이 신선이 된 이래로 관직이 비어 오랫동안 천사의 지위가 이어지지 못했다.…… 구겸지 너에게 천사의 바른 지위를 잇게 하노라.

당초에 장로는 오두미도를 이끌 때 조부 장릉, 부친 장형의 교권을 계승하는 것을 표방하였고, 사람들은 그들을 계사系師라고 불렀다. 그러나 구겸지는 교권의 세습에 반대하면서 자신이 천사의 지위를 계승하는 것을 합법화하였다. 『노군음송계경』에서는 이렇게 읊고 있다.

천도는 친밀함이 없으니, 오직 현명한 이가 교권을 이어받을 뿐이다.

아비가 죽으면 자식이 제주의 직위를 이어받으면서 도는 더욱 혼탁하게 되었다. 계戒에서 말하기를, "도와 덕은 존귀하니 오직 현명한 이가 이를 받는다" 하였다. 자손이 불초한데 어찌 선대의 일을 계승하여 제주의 직에 오를 수 있겠는가.

원래 '삼장三張'의 계보는 확정적인 것이 아니었다. 전하는 설에는 장로의 아들 장성張盛이 강서 용호산에 거처하면서 도를 전했다고 하지만, 실제로는 장로가 죽은 후 장씨의 계보는 없어져 세상에 드러나지 않았고 대신 구겸지가 천사가 된 것이다. 그러므로 수당시대에까지 이르도록 천사도에는 확정된 전도傳道의 계보가 없다.[10]

둘째, 민간에 분산되어 있던 각종 계통의 천사도를 총괄하여 주로 황제의 권력에 복무하는 관방의 천사도로 변화되게 하였다.

구겸지는 신천사도가 "예로써 구제함을 우선으로 한다"라고 선언하

---

10) 역자주: 강서 용호산의 장씨 교파는 북송대 진종시기에 조정으로부터 봉호를 받은 이후 원·명·청의 각 조정을 거치면서 지위의 세습을 승인받고 국가로부터 봉록을 받았다. 민국 성립 이후에 張恩溥가 63대 장천사가 되었다.

면서 강상명교綱常名教의 준수를 첫 번째 신조로 삼았다. 『정일법문천사교계과경正一法文天師教戒科經』에서는 "위씨魏氏가 하늘을 이어 오랑캐를 몰아낸 것은 운명이 그렇게 되도록 정한 것이니, 하도河圖와 낙서洛書에 실려 있고 천상天象에 드러나 있다"라고 찬양하였고, 『여청귀율女青鬼律』에서는 스승을 배반하거나 존비를 구별하지 않는 것, 상하의 도리가 어긋나는 것을 반대하고 도적떼가 횡횡하는 일이 있어서는 안 된다고 하였다. 구겸지는 태상노군의 현손 이보문李譜文이라는 가상의 인물을 설정한 후, 이보문의 입을 빌려 북방태평진군北方太平眞君을 보좌하는 역을 자임하였다. 최호의 협조 아래 태무제에게 중용된 그는 국사國師의 지위에 올라 군사와 국정의 큰일에 자문으로 참여하였다. 그는 태무제로 하여금 친히 도단道壇에 이르러 부록簿錄을 받게 하였으며, 이후 황제들이 즉위할 때마다 매번 그와 같이 부록을 받았다.

태무제의 지원 아래 천사도는 크게 성행하여 마침내 천사도의 도량이 경성京城의 동남쪽에 세워졌다. 도량은 단을 쌓아 5층으로 하였고 새로운 경전의 제도를 따랐는데, 도사 백이십 명이 거주하며 경건하게 기도하였다. 매일 여섯 시면 예배를 드렸으며, 달마다 날을 정해 수천 명 분의 음식을 마련하여 사람들에게 대접하였다. 당시에 위문수韋文秀, 기천祁纁, 염평선閻平仙, 나숭지羅崇之, 왕도익王道翼 등의 도사가 이름을 떨쳤는데, 이들은 모두 조정으로부터 총애를 받았다. 그리하여 경성 교외에 단을 쌓고 예배를 드리는 것이 법제로 정해져서 낙양에서부터 시골에 이르기까지 널리 전파되었다. 이후 경성 교외의 도교 제단은 북방 천사도 활동의 중심지가 되었다.

셋째, 교의와 계율을 개혁하였다.

도교 각 파의 교의를 종합한 구겸지는 불교의 신학과 활동방식을 흡수하여 새로운 계율과 조직체계를 건립하였다. 그가 오두미도의 옛

제도를 개혁하면서 주요하게 진행한 것은 '삼장三張의 거짓된 법'과 '쌀과 돈을 걷는 행위' 및 '방중술'을 제거하는 것이었다.

신도들에게 쌀과 돈을 걷는 것은 본래 오두미도의 경제적 기반이었다. 그러나 신천사도에 대한 문벌사족의 지원이 있은 이래로 상층 도사의 생활은 이미 보장되어 있었고, 여기에 더해 북위 정권의 지지를 얻고 난 후부터 신천사도의 종교활동은 국가 재력에 의해 후원되었다. 예를 들면, 정륜궁靜輪宮을 건립할 때 1만 명의 인부를 동원하고도 해를 넘기도록 완공을 보지 못했는데, 이 공사비의 대부분이 국고에서 충당되었다. 신도들이 봉헌하는 오두미도였다면 이 정도의 대공정은 일으킬 수 없었을 것이다. 이러한 정황은 지방 규모의 민간도교가 전국 규모의 관방도교로 발전하면서 겪는 필연적인 변화이다.

방중술은 원래 장로 시기에는 선양하지 않았다. 『노자상이주』에는 "정을 보배로 여겨 함부로 소비하지 말라", "남녀의 일은 삼가지 않을 수 없다" 등의 계율이 있었고, 절욕을 주장했다. 그러나 후대에 채음보양采陰補陽 · 환정보뇌還精補腦 등 한 꿰미의 내용이 증가됨에 따라 음탕하고 덕을 어지럽히는 유폐가 나타나게 되면서 이 도는 세상 사람들에게 더러운 병폐로 인식되었고, 이것은 도교의 명예를 심각하게 훼손시켰다. 그래서 『노군음송계경』에서는 "망녕되이 전하는 것은 자신을 욕보이면서 전하는 것이다. 황적방중黃赤房中의 술術을 다른 부부에게 전하면 음란한 풍습이 크게 유행하게 되니, 이는 도교를 욕보이는 것이다"라고 하였다. 천사도의 위신을 회복하고자 했기 때문에 구겸지는 결연하게 황적방술을 버리면서, "대도는 청정하고 허무하니 어찌 이런 일이 있겠는가"라고 하였다. 구겸지의 도교혁신은 남방의 갈홍 일파와 비교할 때 더욱 철저했다. 갈홍 역시 『포박자』에서 방중을 주장하지는 않았지만, 그는 여전히 방중술을 보조적인 수련방법으로 보아 완전히 폐기하지는 않았던 것이다. 신천사도는 부록符錄과 과계科戒를 위주로 하면서 방중술을 버리는 대신 내외연양內外煉養의 설을 포함시켰다. "복식과 폐기수련 또한 복기도인구결服氣導引口訣의 법이다", "드디어 벽곡을 얻으니 기가 왕성하고 몸이 가벼우며 안색이 수려하다", "금단金丹, 운영雲英, 팔석八石, 옥장玉漿을 제련하는 법을 배운다" 등의 말이 그 예이다.

구겸지는 교계와 의규儀規를 정비하고 다스리는 데 힘을 쏟았다. 이는 갈홍과 다른 점이다. 「석노지」의 기록 중에 다음과 같은 내용이 있다. 목토상사牧土上司 이보문이 스스로 목토궁의 주인이 되어 36토土의 인귀人鬼를 다스렸는데, 구겸지에게 숭악嵩嶽이 통치하는 사방 일만 리의 광한평토廣漢平土를 내리면서 이렇게 권계하였다는 것이다.[11]

지금 너를 내궁으로 옮기게 하여, 태진태보구주진사太眞太寶九州眞師·치귀사治鬼師·치민사治民師·계천사繼天師의 사록四錄을 하사한다. 수련을 근면히 하여 게으르지 않으면 다시 옮겨 가게 될 것이다. 너에게 『천중삼진태문록天中三眞太文錄』을 하사하니, 이에 온갖 신을 불러 제자에게 주어라. 『천중삼진태문록』에는 다섯 등급이 있다. 첫째는 음양태관陰陽太官이고, 둘째는 정부진관正府眞官이고, 셋째는 정방진군正房眞官이고, 넷째는 숙궁산관宿宮散官이고, 다섯째는 병진록주幷進錄主이다. 제단의 자리, 예배, 의관의식에 각기 차등이 있으니, 이를 정리한 것이 대개 60여 권으로 『녹도진경錄圖眞經』이라고 부른다. 너에게 봉지를 맡기니, 북방태평진군을 보좌하여 천궁정륜天宮靜輪의 법을 내어라. 사업을 조성하여 잘 이룰 수 있다면 진선眞仙을 일으킬 것이다. 장차 세상 사람들에게 말세가 이른다면 그 속에서 가르침을 행하는 것은 매우 어려울 것이다. 그러니 남녀로 하여금 제단과 사당을 세워 아침저녁으로 예배하게 하되, 집안마다 엄한 부모가 있듯이 하게 하고 정성이 조상에게 이르듯이 하게 하라. 그 속에서 몸을 단련하고 약을 단련하며 장생의 술수를 배우면 진군을 위한 충성스러운 신도가 될 것이다.

---

11) 역자주: 이것은 신천사도에서 생각하는 청상계의 모습이다. 천상의 세계는 36궁으로 나뉘는데 각각의 궁마다 주인이 있다. 이보문은 목토궁의 궁주이며, 그가 구겸지에게 광한평토 즉 중국을 다스리게 했다는 것이다.

이것은 실제로 구겸지가 신천사도를 위해 설계한 조직활동의 방안이다. 이로부터 천사天師와 진사眞師의 계급이 천하의 도교를 통치하였는데, 귀도鬼道도 다스리고 민사民事도 다스렸다. 각종 등급의 도관과 궁관과 도량을 설치해서 때에 맞추어 예배하고 초제와 기도를 하였다. 민간의 신도들은 자신들이 거처하는 곳에 제단과 사당을 지어 아침저녁으로 예배하고 수신修身・연약煉藥・장생長生의 술을 학습하였다. 신천사도는 천상의 36궁의 궁주를 숭봉하였는데, 최고의 신은 무극지존無極至尊이고, 다음은 대지진존大至眞尊이며, 다음은 천복지재음양진존天覆地載陰陽眞尊이고, 다음은 홍정진존趙道隱이다. 부처는 32천연진궁天延眞宮의 주인이고, 노군의 지위는 천신의 전령과 비슷하다. 신천사도는 계송을 외우고 경전을 염하는 것을 중시하였으며, 『노자』 오천문을 학습하였다. 『노군음송계경』 속에는 「태상노군낙음송계령太上老君樂音誦誡令」이 있는데, 이 글에서는 "수련하여 장생을 배우고자 하는 사람은 함께 여러 계율을 찾아 외고 공을 세우고 향을 피워 수련해야 한다. 공이 이루어져 감통한 이후에야 장생을 이룰 수 있다", "생명의 도를 구하려면 먼저 오천문을 읽는 것이 가장 긴요하다"라고 하였다. 이러한 도는 『포박자』에서는 밝히지 못한 것이다. 『노군음송계경』에서는 또 "만약 장차 교를 펼쳐 계율과 율법으로 사람을 다스리고자 한다면 반드시 제주가 살펴서 행하라", "부록을 다스리는 계(治錄戒)를 받은 사람에게는 제자가 조회하여 절을 올리니, 예생禮生의 관직에 대한 예법과 같다. 삼가 봉행하되 율령처럼 하라"라고 말하고 있다. 이를 통해서 신천사도는 장로의 교내 등급제를 계승하였고, 단지 교계敎誡와 과율科律의 측면에서 발전을 보였을 뿐이라는 것을 알 수 있다.

구겸지의 신천사도가 어떻게 효과적으로 사회 상층조직을 관리했는지는 『위서』에 분명하게 기록되어 있지 않다. 다만 구겸지는 불교와 유학도 함께 공부하였다. 그는 부처를 진신眞神으로 받아들였고, 그가 주관한 도교 활동은 경을 외우고 계율을 지키며 예배를 올리고 기도를 드리는 등의 일에서 불교의 방식을 적지 않게 흡수하였다. 또한 그는 유학을 존중하여, 일찍이 최호에게 "나는 도를 행하며 은거하여 세상의 일을 경영하지 않았다. 그런데 홀연히 신의 비결을 받았으니, 유학의 가르침을 아울러 닦아서 태평진군을 보조하여 천년 동안 끊어진 계통을 이으라고 하였다"라고 하면서 자신을 위해 여러 왕들의 치전治典을 편찬해 달라고 하였다. 최호는 이 때문에 20여 편의 치전을 지었다. 최호는 유림의 수령이자 황제의 총신이었고, 구겸지는 도교의 우두머리였다. 유학과 도교가 서로 돕고 정치와 종교가 서로 배합됨으로써 북위 정권의 주요한 정신적 지주가 굳건히 형성되었던 것이다. 이후에 구겸지는 병으로 죽고 최호는 주살을 당하지만, 천사도는 이미 북방에 깊숙이 뿌리내리고 있었다. 일반적 정황으로 보아 도교는 왕들의 우대를 받았고, 이 전통은 줄곧 지속되어 북주에 이르렀다.

5. 남조의 양대 도사 육수정과 도홍경

1. 육수정

　남북조시대 전기를 대표하는 인물은 육수정陸修靜(406~477)이다. 그는 사족 출신으로, 그의 활동은 주로 유송劉宋왕조에서 행해졌다. 원가元嘉 말기(444~452)에 그는 경사에 이르러 단약을 팔던 중에 송 문제文帝의 부름을 받고 가서 그를 위해 밤낮으로 도법을 강론하였다. 뒤에 명제明帝가 원찬袁粲에게 명하여 유불도 삼가의 변론을 조직하게 했는데, 육수정은 정연한 이치와 요약된 말로써 도교의 명성과 위세를 크게 떨쳤다. 이에 명제는 경성 북쪽 근교에 숭허관崇虛館을 짓고 육수정으로 하여금 그곳에 거처하며 도경을 강론하게 하였다. 육수정은 여기서『상청上淸』, 『영보靈寶』, 『삼황三皇』 등 각종 도서를 수집·정리하여『삼통三洞』[12]으로 총괄하였다. 그는 마침내 도교의 일대종사가 되었고, 이로부터 도교는 남조에서 성행하게 된다. 태시泰始 7년(471)에『삼통경서목록三洞經書目錄』을 진상하였다. 후폐제後廢帝 원미元徽 5년(477)에 죽으니, 간적선생簡寂先生이라는 시호가 내려졌다. 제자 중에서는 손유악孫遊嶽과 이과지李果之가 유명한데, 손유악은 바로 도홍경의 스승이다.

---

12) 역자주: 삼통의 분류방식은 후대 도교 경전 분류의 기준이 되는 방식인데, 육수정의 분류가 그 최초이다.

육수정은 평생 동안 30여 종에 달하는 저술을 남겼다. 그 중에는 『삼통경서목록三洞經書目錄』, 『영보경목서靈寶經目序』 등과 같이 경전들의 목록을 기록한 것이 있고, 또 『명법론明法論』, 『육선생문답도의陸先生問答道義』 등과 같은 강론이 있으며, 『금록제의金籙齋儀』, 『삼원제의三元齋儀』 등의 제초의례祭醮儀禮도 있다. 그러나 그의 책들은 대부분 사라지고 『육선생도문과략陸先生道門科略』, 『통현영보오감문洞玄靈寶五感文』, 『태상통현영보수도의太上洞玄靈寶授度儀』 등의 몇 편만이 『정통도장』 속에 남아 전한다.

당대 승려 도선道宣은 『광홍명집廣弘明集』의 「서제고조폐도법사敍齊高祖廢道法事」라는 글에서 육수정이 천보天保 6년(555)에 남량南梁을 배반하고 북제北齊로 들어갔으며 이해에 어전에서 승려들과 도법을 겨루었다가 패배하기도 했다고 기록하고 있다.[13] 그러나 사료가 매우 부정확하며, 불교를 높이고 도교를 깎으려는 의도가 짙다. 다만 도선이 육수정의 일생 활동에 대해 개괄한 것은 다소 정확한 측면도 있다.

> 옛날에 금릉 도사 육수정은 도문에서 우러러 보았는데, 송과 제 두 조정에서 세 장천사의 종지를 조술하고 두 갈진인의 학설을 두루 풀이했다. 그리하여 치장郗張의 선비들에 의해 문호가 봉해지고 부록을 받게 되었다. 드디어 망녕되이 견강부회하여 제초의 의례를 널리 규제하였는데, 지나치게 비용을 들이고 번잡함이 극에 달했다. 그 의도는 왕에게 높임을 받고자 함이었다.

분명한 것은, 육수정은 오두미도와 갈홍을 계승하여 발전시켰으며 특히 제초의례를 내실 있게 수정함으로써 남조 천사도 발전의 초석을 다졌다는 점이다. 육수정은 후세 도사들에게도 존숭되어, 송대 휘종 때에 단원진인丹元眞人으로 추봉되었다.

---

13) 陳國符의 『道藏源流考』와 湯用彬의 『漢魏兩晉南北朝佛教史』에서 이 기록의 허망함을 고증한 바 있다.

2. 도홍경

도홍경陶弘景은 자가 통명通明이고 단양 예릉 사람으로 남조 제량齊梁시기의 유명한 도교사상가이자 의학자이다. 유송 효무제孝武帝 효건孝建 3년(456)에 태어나 소량蕭梁 무제 대동大同 2년(536)에 죽었고, 시호는 정백선생貞白先生이다.

그는 사족 출신으로, 열 살 때 갈홍의 『신선전』을 읽고 장생에 뜻을 세웠다. 온갖 책을 두루 읽었고 다재다능하여 약관이 되기 전에 송나라 여러 황제들을 모시고 책을 읽었으며, 공경대부들로부터 매우 존경받았다. 제나라 무제 영명 2년(484) 이후, 손유악孫遊嶽을 따라 도교 부도경법符圖經法을 배웠으나 끝내 만족하지 못하였다. 다시 모산茅山에 유학하여 양희楊羲, 허밀許謐, 허홰許翽의 필적을 얻었다. 이후 동쪽 절월浙越로 가서 도사 누혜명婁慧明, 두경산杜京産, 법사 종의산鍾義山과 제승표諸僧摽를 예방하고 진인의 유적 10여 권을 얻었다. 본성이 산수를 좋아하여, 영명 10년(492)에 구곡산句曲山(모산)에 돌아와 관을 세워서 도를 닦으며 화양도은거華陽陶隱居라고 자호하였다. 가숭賈嵩의 『화양도은거전』에서는 그가 '은거'라는 말을 취해 자호한 이유와 은거를 택한 취지를 다음과 같이 설명하고 있다.

> 공자는 "은거하여 그 뜻을 구하고 의를 행하여 그 도를 통달한다고 하는데, 나는 그런 말을 들어보긴 했어도 아직 그런 사람을 보지는 못했다"라고 하였다. 나는 지금 의를 행하여 통달하고자 해도 그 방법이 없으니, 모쪼록 뜻을 구하는 일에 종사하리라.…… 진시황과 한고조, 초의 관우와 오의 손책은 기세가 바다 밖에까지 미치고 영웅다움이 쌓여 하늘까지 채웠지만, 재주와 기상이 이어지지 못해 그저 언덕 위의 흙무더기만 남았을 뿐이다. 하물며 그대들 두세 사람이랴. 높은 고개에 살며 참된 도의 세계를 찾으니, 바로 이것뿐이라네.

이로써 도홍경의 수도修道가 갈홍과 마찬가지로 인생의 무상함을 느끼고 개인의 생명을 무한히 연장하려 한 것임을 알 수 있다.

도홍경은 모산에서 저술과 풍경 감상으로 오락을 삼고 혼천상渾天象을 만들며 장량張良을 흠모하였다. 그는 결코 세상일에 관여하지 않았지만, 소연蕭衍(남조梁의 武帝)과는 오랜 친구로 지냈다. 소연이 군대를 일으켰다는 소식을 듣고 그는 제자를 통해 지나가는 길에 편지를 바쳤다. 제나라 말기에 소연이 황제를 칭하게 되자, 도홍경은 도참을 이용하여 「수축목水丑木」이라는 동요를 만들었다. 이 '수축목水丑木'은 '양梁'자를 파자한 것으로 운세에 부응하는 부적이었기에, 마침내 '양梁'으로써 국호를 삼았다. 양나라 무제는 도홍경을 매우 우대하여 거듭 예로써 초빙하였으나, 도홍경은 모두 완곡하게 거절하였다. 그러나 국가에 길흉이나 정벌과 같은 큰일이 있을 때면 홀연히 먼저 와서 자문하였다. 그래서 사람들은 그를 '산중재상'이라 불렀다.

도홍경은 일찍이 연단하여 금단을 만들었는데, 일곱 차례나 솥을 열었으나 완성하지 못하였다. 벽곡도인법에도 뛰어났다. 꿈에서 부처로부터 보리기菩提記를 받은 후 자신의 이름을 승력보살勝力菩薩[14]로 하고, 무현鄮縣의 아육왕탑阿育王塔으로 가서 다섯 가지 계율을 지킬 것을 맹세하였다. 죽기 전에 유언을 남겼으니, 죽은 다음 모자는 황관黃冠(도사의 관)으로 하고 옷은 가사袈裟(승복)로 하되 큰 가사로 머리에서 발끝까지 덮어 입관하고 도인과 도사들이 좌우에서 영혼을 지키라고 하였다. 제자들은 유언을 따라 행하였다.

도홍경은 심오한 도교사상가였을 뿐만 아니라 엄청난 저작을 남긴 저술가이기도 했다. 그는 개인적인 수련을 중시하고 초제醮祭와 과의科儀

---

14) 역자주: 승력은 일반적으로 '중생을 태워 깨달음의 피안으로 옮기는 것' 혹은 '부처님의 가르침의 힘'을 말한다. 여기서는 전자의 의미이다.

를 경시하였으니 종교조직의 활동가는 아니었다. 그러나 그의 지위는 대략 북조의 구겸지에 해당한다. 그는 도리어 육수정을 뛰어넘어 남조 도교에 가장 중대한 영향을 끼쳤다. 이는 그가 정치적 모략을 깨달았고 유불도 삼교를 두루 통할 수 있었으며 양 무제의 필요와 기호에 맞출 줄 알았기 때문이다. 또한 박학다재하여 명사들과 사귀며 서로 칭찬하면서 선양하였기 때문이다. 도교 내부적으로 볼 때 그는 내·외단을 융합하고 여러 학설을 두루 수집하여 수련을 위한 이론을 정리하였고, 도교 외부적으로는 유불도 삼교의 회통을 주장함으로써 도교의 발전을 이끌어 내는 동시에 교외의 인사들로부터도 호평을 받았다. 그의 저술은 다양하다. 유학 관련 저술로는 『효경』, 『논어집주』, 『삼례서三禮序』 등이 있고, 도교 관련 저술로는 『포박자집주』, 『합단법식合丹法式』, 『등진은결登眞隱訣』, 『진고眞誥』 등이 있으며, 의약학 관련 저술로는 『본초집주本草集注』, 『주후백일방肘後百一方』 등이 있다. 그 밖의 잡저로는 『제대연력帝代年歷』, 『고금주군기古今州郡記』, 『찬태공손오서약주撰太公孫吳書略注』, 『화양도은거집』 등이 있다. 『정통도장』에는 『진고』, 『진령위업도眞靈位業圖』, 『양성연명록養性延命錄』, 『등진은결』, 『화양도은거집』 등이 수록되어 있는데, 이들은 도홍경 사상을 연구하는 주요 자료이다.

　도홍경의 학문은 한대 고문경학과 자연과학의 전통을 계승하여 명물훈고와 사실변고, 실천경험을 중시하고 공담명리를 경시하였다. 이는 당시 유행하던 남조의 현풍과는 전연 합치하지 않는 것이었다. 그가 추구한 것은, 지식은 많을수록 좋고 내용은 참되기를 힘쓴다는 것이었다. 그에 대해 『남사南史』 「도홍경전」에서는 "만 권의 책을 읽어 하나라도 모르는 것이 있으면 매우 부끄러워했다"라고 하였고, 『화양은거선생본기록華陽隱居先生本起錄』에서는 "옛일을 잘 헤아렸으며, 7경을 훈고하여 큰 뜻을 갖추어 해석하였으나 학설을 세우길 좋아하지 않았으니 선유들과 다른 점이다"라고 하였다. 실제로 그의 경학 저작은 대부분 주석이거나 집주이고, 도교 저작 또한 앞선 사람들의 성과를 수집·정리하여 펴낸 책들이 대부분이다. 『양성연명록』의 서문에서도 이 책은 전언錢彦, 장담張湛, 도림道林, 적평翟平, 황산黃山 등의 양생이론에서 핵심 내용을 채집하여 정리한 책이라고 분명하게 밝히고 있다. 『진고』라는 책 또한 진인이 입으로 전수한 것과 삼군(楊羲, 許謐, 許翽)이 손수 쓴 책을 조목에 따라 교감하고 주석한 것이라고 하는데, 사이사이에 자신의 뜻을 밝히고 있기 때문에 특히 중요하다. 진국부의 『도장원류고』에서는 이 책에 대해, 권1에서 18까지는 진대 사람이 저술한 것이고 권19와 20은 도홍경이 쓴 것이며 주석은 도홍경에 의해 첨가되었다고 한다. 도홍경은 기존의 도서들을 가볍게 믿지 않고 그 자신이 20년간 일곱 차례에 걸쳐 연단을 실험하였다. 또 비록 연단에 성공하지는 못했지만 실험의 과정을 충실하게 기록해 두었다. 이런 태도는 그가 연단법에 대해 진지하게 접근하였음을 보여 준다. 연단을 빌려 부귀를 취하려 한 강호의 일반 술사들과는 결코 같지 않다. 한편, 그는 도서와 표본을 참고하여 『신농본초神農本草』를 정정·보충한 『본초집주本草集注』를 펴내고 민간에서 행해지던 처방을 수집하여 『주후백일방肘後百一方』으로 엮어 내었는데, 이는 중국의 의학과 약학에 매우 중대한 공헌을 하였다.

  양나라 조정은 수십 년을 거치면서 정치적으로 안정되어 예악이 융성하고 문화가 번창하였다. 그런 가운데 사족들 사이에서는 화려한 수식이 유행하고 세상일에 힘쓰는 것을 무가치하게 바라보는 풍조가 나타나, 수많은 사람들이 고담준론을 일삼으며 헛된 명예에 치중하였다. 그리하여 세상을 다스리고 변화에 응하는 실질적인 공을 이룰 수 없었고, 유약함을 숭상하고 강함을 잃어버려 편안함만 추구하고 위기를 망각함으로써 국가는 점차 전란의 위기로 빠져들게 되었다. 도홍경은 이러한 상태를 매우 우려하여 「제소거벽題所居壁」이라는 시를 남겼는데, 그 시에서는 "이보夷甫는 광탄하게 이리저리 옮겨 붙고, 평숙平叔은 앉아서 공리공담을 일삼네. 어찌 깨닫지 못하는가, 소양전昭陽殿을. 마침내 궁에 홀로 남았네"[15)]라고 읊고 있다. 이는 양나라의 운명이 장차 끝을 맞이하게 될 것임을 예언한 것이다. 필자는 도홍경의 사상이 삼교를 아울러 닦고 실제에 힘써 널리 구함을 특징으로 한다고 이해하였는데, 이것은 그의 도교사상을 이해하는 데 도움이 되는 요소이다.

도홍경은 손유악을 스승으로 섬겼으나 부록符籙과 과의科儀에 만족하지 못하여 다양한 방면으로 스승을 구하였다. 이러한 과정은 그를 영보파靈寶派와는 다른 길로 이끌었다. 그에게 최대로 영향을 미친 것은 당연히 『상청경上淸經』이다. 『진고』의 「서敍」에는 자신이 『상청경』을 전수받게 된 본말이 기록되어 있고, 『진고』 전체에는 "상청 상품은 최고로 높고 참된 것을 일삼는다"[16)]라는 말과 같은 『상청경』과 상청파 도사에 대한 칭송이 가득하다. 도홍경을 대표로 하는 도교 상청파의 사상은 다음과 같은 특색을 갖는다.

첫째, 복약, 방중, 도인, 신단 등의 여러 수련법을 긍정하는 동시에 도경道經을 암송하여 발생하는 신기한 작용을 내세운다.

『진고』 「견명수甄命授」 제1에서는 "초목의 약을 먹더라도 방중의 법과 행기도인법을 모르면 무익하다"라고 하여 각종 수련법을 긍정하면서도 "만약 방중과 도인행기를 행할 뿐이고 신단의 법을 알지 못한다면 또한 신선이 될 수 없다"라고 하여 신단을 중시하였다. 상청파는 신단과 진경 읽는 것을 동등하게 취급했다. 그래서 이 글에서는 또 "금단의 도를 행하면 다른 술수가 필요 없이 바로 신선이 될 수 있다. 대통진경(『상

---

15) 『南史』, 「陶弘景傳」.
16) 『眞誥』, 「翼眞檢」.

청경』)을 얻은 자는 금단의 도가 아니더라도 그것을 만 번 끝까지 읽는다면 신선이 될 수 있다"라고 말한다. 『진고』「협창기協昌期」 제1에서도 "태극진인이 말하기를 『도덕경』 오천문을 만 번 읽으면 구름을 타고 와서 영접한다", "사찰에서 멀리 맹선생孟先生의 법을 받아 저녁에 누워서 먼저 『황정내경경』을 한 번 읽고 자면 사람의 혼백을 자제하게 하니, 항상 이를 행하여 수련하기를 21년 동안 하면 또한 신선이 된다"라고 말하고 있다. 맹선생의 법이란, 경전을 읽을 때는 단순히 암기하는 것에 그치지 않고 깨달아 몸소 행하며, 이를 오래고 오래도록 실행하여 저절로 도에 합치할 수 있도록 하는 것이다.

둘째, 양신養神과 양형養形을 병행하는 것으로, 이는 수련의 핵심을 중화中和에 두는 것이다.

『양성연명록』 서문에서는 다음과 같이 말하였다.

생生이란 신神의 근본이며, 형形이란 신의 도구이다. 신은 크게 쓰면 고갈되고, 형은 크게 피로하면 죽는다. 만약 마음을 허정한 곳에 노닐게 하고 호흡과 생각을 무위하게 하며, 자시子時 이후에 원기를 마시고 때마다 조용한 방에서 도인을 행하며, 더럽지 않은 것을 취해서 먹고 좋은 약을 먹을 수 있다면, 백세의 장수를 누구나 누리게 될 것이다.

각종의 보양의 도는 모두가 치우치지 않은 정신을 관통하니 "중화할 수 있는 사람은 반드시 오랜 수명을 유지한다." 이때 중화는 안팎으로 공히 요구된다. 안에서의 중화는 내심內心의 평정·자족한 상태를 유지하는 것으로, "사람과 사물에 뜻을 얽매이지 않고 관직의 일을 닦지 않으며 담연히 무위하여 신과 기가 저절로 가득하게 하는" 것이고 "사려를 줄이고 기쁨과 성냄을 버리는" 것이다. 밖에서의 중화는 일상생활에서 도를 넘어서는 일을 피하는 것으로, 구체적인 내용으로는 "오래

걷지 않고 오래 앉지 않으며 오래 눕지 않고 오래 보지 않으며 오래 듣지 않을 것", "몸은 항상 노동하되 지나치지 않고, 음식을 항상 적게 먹되 몸속을 비우지 않으며, 기름지거나 걸쭉한 것을 버리고, 소금과 식초를 알맞게 할 것", "밖으로 나다니지 않고 방안에 삼가며 거처할 것" 등이 있다.[17]

셋째, 유학과 불교를 끌어와서 삼교회통三敎會通에 힘썼다.

『진고』「견명수」제1에는 도에 관해 논한 대목이 있는데, 여기에서는 다음과 같이 말하고 있다.

> 도는 혼연하니 이것이 원기를 낳고, 원기가 이루어진 이후에 태극이 있게 된다. 태극은 천지의 부모이자 도의 오묘함이다.…… 드러남으로 말하면 오묘하다고 하고 이루어짐으로 말하면 도라고 하며 쓰임으로 말하면 본성이라고 한다. 본성은 도의 체와 함께하니, 체가 장차 도에 이르려 하는 것은 도가 그렇게 시킨 것이다.

이는 기본적으로 도가의 전통적인 설법이다. 이러한 도와 본성의 관계에 대해 도홍경은 다음과 같은 주를 보탠다.

> 이 설은 사람이 자연을 체득하여 도기와 합하였기 때문에 천명을 성이라 하고 성을 마름질하는 것을 도라 하며 도를 체현하는 것을 교敎라 한다는 뜻이다. 그런데 도교는 본성으로 하여금 진眞을 이루게 하니, 도에서 합치한다.

주에서 도홍경은 『중용』의 성명설性命說을 빌려 해설하고 있다. 그는 천도와 인성은 합하여 일체가 될 수 있는 것이라고 인식했다.

또 『진고』에서는 수도를 함에 반드시 봉건적 종법도덕을 준수해야 한다고 강조하고, 이것이 성선의 주요한 경로가 된다고 보았다. 예를 들어 「천유미闡幽微」제2에서는 "지극히 충성스럽고 효도한 이는 수명을

---

17) 이상 『養性延命錄』.

다 마치면 모두 천서를 받아 지하의 주인이 된다. 일백사십 년이 되면 하선下仙의 가르침을 얻어 대도를 전수받는다. 이로부터 조금씩 나아가 선관을 돕게 된다"라고 하면서, 지극한 효자는 귀신을 감격시킬 수 있다고 말한다.

도홍경은 또한 도교와 불교의 회통에 힘썼는데, 『진고』의 내용에서 이를 확인할 수 있다. 이에 대해 『사고전서총목四庫全書總目』에서는 다음과 같이 지적한다.

『주자어록』에서 말하기를, "『진고』「견명편」은 불교의 『사십이장경四十二章經』을 훔쳐서 만든 것이다. 지옥의 설이나 영혼이 윤회한다는 황당한 설들은 모두 불교의 지극히 비루한 설을 훔쳐다가 만든 것이다"라고 하였다. 황백사黃伯思는 『동관여론東觀餘論』에서 "『진고』의 '중령교계조衆靈敎戒條', '후방원제조後方圓諸條'는 모두 불교의 『사십이경장』과 같다. 후대 사람들이 갖다 붙인 것이다"라고 하였다.

주희와 황백사의 지적은 확실히 근거가 있다. 그러나 그것을 '훔쳤다'고 말할 필요는 없다. 당시는 삼교가 모두 서로의 이론을 흡수하여 확대해 가는 분위기였기 때문에, 황백사가 말했듯이 하나하나 시비를 구별할 필요가 없고 낱낱이 진위를 가릴 필요가 없다. 불교와의 회통은 다음과 같은 『진고』의 내용들을 통해 증명할 수 있다.

마땅히 뜻을 지켜 도를 행함에 마치 옥을 갈고 거울을 닦아 때를 제거하고 밝음을 간직하면 저절로 모습을 드러내듯이 육정六情을 제거하고 청정함을 지키면 도의 참됨이 드러난다.…… 탐욕과 성냄과 어리석음의 독이 사람의 몸에 깃들어 있으니, 도로써 재빨리 그 화를 제거하지 않으면 반드시 위태로움이 있다.(「甄命授」 제2)

신神은 몸을 구제하는 배로, 피안에 다다르면 떠나간다. 몸은 신이 항상 거처하는 집이 아니고 신은 몸이 항상 싣고 있는 것이 아니니, 고심하고 머뭇거리며 생사의 수레바퀴를 배회한다.(「運象篇」 제3)

위의 내용들 가운데 정을 제거하고 본성을 간직한다거나 삼독三毒을 제거한다는 것, 생사윤회 등의 설법은 모두 불교의 핵심 이론이다. 도홍경은 만년에 불교의 오대계율을 받고 또 도인(화상)과 도사의 제자가 되었는데, 이러한 일은 결코 드문 현상이 아니었다. 「계신추稽神樞」제3에는 "배진인裴眞人에게 서른네 명의 제자가 있었는데, 그 중 열여덟 사람은 불교를 배웠고 나머지는 선도를 배웠다. 주진인周眞人에게는 열다섯 명의 제자가 있었는데, 네 사람은 불법을 통달했다. 동백桐柏에게 스물다섯 명의 제자가 있었는데, 여덟 사람은 불교를 배웠다"라는 내용이 있다. 이를 통해 당시에 도사의 신분으로 불교를 배우는 일이 유행하고 있었음을 알 수 있다. 도홍경의 도불쌍수는 전혀 이상한 일이 아니었던 것이다. 남조시기에는 승려들을 '도인'이라 불렀고 도교도들을 '도사'라고 불렀는데, 불교나 도교의 인사들은 도교와 불교가 서로 다르지 않다고 생각했다.

도홍경은 유불도 삼교의 학설이 모두 빼어남을 주장했다. 그는 「모산장사관비茅山長沙館碑」를 지으면서 "삼라만상은 음양의 기를 벗어나지 못하고, 온갖 법이 어지러이 뒤섞여도 삼교의 경계를 넘어서지 못한다"라고 하였고, 또 제자 육경유陸敬遊에게 준 「십재문十齎文」에서는 "가르침을 잘 숭상하기만 한다면 법에 치우쳐 집착할 것이 없다"라고 하였다. 『화양도은거집』에는 「답조사방선불양법체상서答朝士訪仙佛兩法體相書」라는 글이 실려 있는데, 여기에는 삼교를 형形과 신神의 관계에 의거해서 분석한 내용이 있다.

질과 형상의 결합은 형과 신을 벗어나지 않는다. 형과 신이 합하면 사람이 되고 사물이 된다. 형과 신이 떨어지면 영혼이 되고 귀신이 된다. 떨어진 것도 아니고 합한 것도 아닌 것은 불법이 아우르는 바이고, 떨어지기도 하고 합하기도 하는 것은 선도가 의지하는 바이다.

그는 형신이원론을 사용하여 삼교의 신학을 해설하였다. 형과 신이 서로 합해 있는 것은 현실적인 생명이 되고, 형과 신이 서로 떨어진 것은 신령숭배를 형성하는 것이 된다. 형과 신이 떨어진 것도 아니요 합해 있는 것도 아닌 것은 곧 사람도 아니고 귀신도 아닌 것이니, 이로부터 이른바 불성설佛性說이 있게 된다. 형과 신이 떨어져 있으면서 동시에 서로 합해져 있는 것으로부터 천선과 시해선의 도법이 있게 된다. 도홍경은 도교의 인물로서 결코 불교의 본질을 제대로 꿰뚫지는 못했다. 그는 '떨어진 것도 합한 것도 아닌'(非離非合)이라는 용어로 불교의 형신관을 개괄하였는데, 이는 분명히 적절한 것이 아니다. 하지만 그는 삼교의 공통적인 기초 이론을 찾아내고자 노력하였고, 도교의 연형煉形과 불교의 징신澄神, 유가의 양덕養德을 용해하여 하나로 만들고자 했다. 「답조사 방선불양법체상서」에서 그는 또 이렇게 말한다.

> 만약 선仙을 배우는 자라면 약석藥石으로써 그 몸을 단련하고 정령精靈으로써 그 신을 보배롭게 하며 화기和氣로써 그 형질을 씻어내고 선덕善德으로써 그 얽매임을 풀어내어야 한다. 이와 같이 한다면 여러 법에 공히 통하여 장애도 없고 막힘도 없을 것이다.

이것은 대략 그가 일생 동안 추구한 목표이기도 했다. 『광홍명집』 권5에는 심약沈約의 「균성론均聖論」과 이를 비판한 도홍경의 「난균성론難均聖論」이 실려 있는데, 도홍경은 심약의 글을 논박할 때에도 결코 심약의 삼교균성설에 대해서는 반대를 표시하지 않았다. 단지 심약이 마음대로 불법을 과장한 것에 찬성하지 않았을 뿐이다. 심약은 수인씨燧人氏가 음식을 익혀먹게 한 것은 불교가 중국을 홍하게 할 조짐이었다고 하고 또 신농씨神農氏가 쌀밥을 먹게 하고 주공과 공자가 자애롭고 어짊을 가르친 것은 모두 불교의 오계가 실제로 행해진 것이라고 하였는데,

이런 허망한 논리를 펴면서 유학과 불교를 서툴게 부회한 것에 도홍경은 찬성할 수 없었던 것이다. 역사적 사실을 고찰하여 분별하는 것을 매우 중시했던 그는 "석가가 나타난 시기는 장왕莊王(漢明帝 劉莊)의 때와 가깝다. 어떻게 당우와 하은의 시대에 석가가 있었단 말인가"라고 지적한다. 이는 중국 고대에는 천축의 불교가 없었고 후대에 비로소 있게 된 것으로, "비유하자면 때가 이르러 저절로 통하거나 막히는 것이지 자물쇠를 여닫아 억지로 일으키거나 억누르는 것이 아니다." 이러한 도홍경의 입장은 역사가의 태도에 가깝다.

넷째, 새로운 신선계보를 만들어 내었다.

상청파 도사는 노군을 존칭하여 태극진인太極眞人이라고 한다. 그러나 노군은 최고신이 아니다. 노군의 위에는 다시 태상太上이 있다. 『진고』 「견명편甄命篇」 제1에는 "태상이란 도의 자손으로, 도를 살피는 근본이자 도를 꿰뚫는 뿌리이다. 이 때문에 상청진인이 되고 노군의 스승이 된다", "노군이란 태상의 제자로 일곱 살에 장생의 핵심을 알았으니, 이 때문에 태극진인이 되었다"라고 하였다. 『진령위업도眞靈位業圖』에서 도홍경은 원시천존을 최고의 존신으로 위치시켜서 신선의 등급을 일곱 층위로 구분한 다음 매 층위에 하나의 주신을 세웠으며, 다시 좌신과 우신을 보태고 또 여진위女眞位와 산위散位, 지선산위地仙散位 등의 지위를 덧보태었다. 그런 다음 도교 신화전설 속의 여러 신선 및 다수의 역사인물(대략 4~5백 인)을 층위에 따라 배당하고 있다. 『진령위업도』의 서문에서 도홍경은 "비록 동일하게 진인이라고 부르지만 진인의 품계에는 몇 가지 급수가 있다. 선인에도 조목이 있는데, 선인 역시 등급이 천억 가지이다"라고 말한다. 그는 또 『등진은결』에서 선계의 삼청구궁三淸九宮의 구조를 다음과 같이 제시하고 있다.

삼청구궁에는 아울러 관료가 배속되어 있는데, 왼쪽의 관료가 오른쪽보다 높다. 그 가장 높고 총괄하는 지위를 도군道君이라고 하고, 다음을 진인眞人・진공眞公・진경眞卿이라고 한다. 중간 층위에는 어사禦史・옥랑玉郎 등 각종 소호小號와 관직이 매우 많다. 여진女眞의 경우는 원군元君이나 부인夫人으로 칭하는데, 선부인의 이름은 남편인 선공에 견주어 정해지고 또한 선공의 신분에 따라 호칭이 작고 크다. 남녀 모두 다스리는 곳으로써 관청의 이름으로 삼고, 아울러 좌우의 관리를 두었다. 태상이라고 칭해지는 것은 모두 한 궁에서 가장 높은 자이다.

이러한 신선의 품계는 분명히 봉건종법등급제를 참조하여 만들어 낸 것이다. 종교의 환상세계는 현실세계를 왜곡하여 반영한 것에 지나지 않으며 종교가의 상상력이 아무리 풍부하더라도 사회와 시대가 제공하는 범위를 벗어나지 못한다는 사실이 다시 한 번 증명된다. 그렇더라도, 지식을 추구하고 검증을 중시하는 도홍경의 실사구시의 태도는 의약학, 천문학, 박물학 등의 분야에서 비범한 성취를 이루어 내었다.

제3장 수·당대: 도교의 융성과 변천

1. 황실의 도교추존

수당시기에 도교는 왕성한 발전의 추세를 보여 준다. 도교 자체가 장기적으로 지속되어 오면서 그 누적된 내용들이 질적 비약을 거두었다는 내부적 요소 외에도, 통치자의 후원이라는 외부적 사회환경 또한 도교를 발전시킨 중요한 요소이다.

수나라 문제 양견楊堅은 처음에는 도교를 존중하였다. 그가 제위에 오르기 전 도사 장빈張賓이 그의 뜻을 헤아려 교체의 징조를 많이 말하고 또 양견의 풍채가 신하의 상이 아니라고 칭송했기 때문에, 양견은 즉위한 뒤에 장빈을 화주자사華州刺史에 임명하고 도사 초자순焦子順과 동자화董子華 등을 중용하였다. 수의 건국연호인 '개황開皇' 또한 도교 경전에서 취한 것이었다. 개황 20년에 문제는 불상과 천존상을 보호하고 누관樓官과 궁우宮宇를 중수하라는 칙령을 내리기도 했다. 그러나 문제는 다시 태도를 바꾸어, 불법을 중시하고 도관을 억압하였다.[1]

문제를 이어 즉위한 양제는 도사 왕원지王遠知에게 제자의 예를 갖춘 뒤 옥청현단玉淸玄壇을 설치하여 그가 머무를 수 있게 하였다. 양제가 도교를 숭상한 것은 주로 장생이라는 개인적인 욕구를 위한 것이었기 때문에, 그는 벽곡술에 뛰어난 서칙徐則과 송옥천宋玉泉, 공도무孔道茂

---

[1] 『集古今佛道論衡』, 卷乙.

등을 총애하였다. 대업大業 8년(612)에 숭산의 도사 반탄潘誕이 금단을 만들어 바치겠다고 하자 양제는 그를 위해 숭양관嵩陽觀을 짓게 하였다. 여기에는 수백 칸의 화려한 방이 딸렸고 동남동녀 각 20인에게 3품의 지위를 주어 급사를 맡게 하였는데, 수천 명이 상시로 부역했으며 들어간 비용만도 수만 냥이었다고 한다. 금단을 제련하기 위해 석담石膽과 석수石髓를 찾아야 한다고 하여, 석공으로 하여금 백 자 깊이로 돌을 파게 한 곳이 무려 수십 군데였다. 6년이 지나서도 금단이 완성되지 않자 반탄은 다시 어린 남녀의 쓸개와 골수 3곡 6되로 대신할 수 있다고 주장하였다. 이에 양제는 속은 것을 알고 그를 죽였다.

당나라 때에는 황제들이 3교 중에서도 특히 도교를 존숭하였기 때문에 도교가 크게 성행하였다. 당의 황실은 노자의 성을 이씨李氏로, 이름을 이耳로 확정하면서 그를 동성시조로 추존하였다. 자신들은 노군의 후예로서 그 내력이 결코 평범하지 않음을 주장함으로써 황족을 신격화시키고 이씨 가문의 천하를 공고히 하고자 했던 것이다.

일찍이 수당교체기에 사회에서는 각종 도교신화가 유행하였는데, 이들 신화에 의탁하여 당나라 이씨왕조가 옛것을 혁파하고 새것을 만들 것이라는 여론이 만들어졌다. 『혼원성기混元聖紀』에는 "대업 13년 정축에 노군이 종남산에 내려와 산인 이순풍李淳風에게 '당공唐公이 천명을 받아 마땅하다'라고 말하니, 순풍이 당에 귀의했다"라는 기록이 있다. 또 『당회요唐會要』 권15에는 다음과 같은 기록이 있다.

무덕武德 3년 5월에 진주 사람 길선행吉善行이 양각산羊角山에서 한 노인을 만났는데, 붉은 갈기를 한 백마를 탔으며 의용이 매우 위엄 있었다. 노인이 길선행에게 말하기를, "너는 가서 당의 천자에게 고하라. 나는 그의 조상이니, 올해에 도적들을 평탄하고 나면 자손 대대로 천년왕국을 누리게 될 것이다"라고 하였다. 고조가 이 말을 전해 듣고 기이하게 여겨서 그 자리에 사당을 세웠다.

무덕 7년에 당 고조는 종남산으로 가서 노자의 사당을 알현하였고, 무덕 8년에는 종남산에 태화궁太和宮을 지었다. 무덕 9년에는 불교와 도교를 억제하는 칙령을 내렸는데, 주된 목적은 단지 불교를 억누르는 데 있었다. 당시 칙령에서는 "노씨의 교화는 본래 충허沖虛를 귀히 여기고 무위로써 뜻을 기르며 외물을 버려 참됨을 온전히 하고 하나를 지키니, 이것을 현문玄門이라고 한다"라고 말하였으니, 실상은 매우 찬양한 것이 었다. 도교를 억눌렀다는 것은 다만 도사들이 '세상일을 쫓아다니는 행태'를 금지한 것일 뿐이다. 그러나 이 고조의 칙령은 현무문玄武門의 변고[2]에 휘말려 끝내 실행되지 못하였다.

당 태종 이세민이 진왕秦王이었을 때, 도사 왕원지王遠知는 부명符命으로 그가 천자가 될 것이라고 축원하였다.『구당서』「왕원지전」에서는 이에 대해 다음과 같이 적고 있다.

> 무덕 연간에, 태종이 아직 진왕이었던 시절에 방현령房玄齡과 함께 미복 차림으로 왕원지를 찾아가니 왕원지가 환영하며 말하기를 "이들(왕자들) 가운데 성인이 있다면 진왕이 아닐까?" 하였다. 이에 태종이 자신이 진왕임을 고백하자 왕원지가 말하기를, "바야흐로 태평세상을 일으킬 천자가 되실 것이니, 삼가 스스로를 아끼소서"라고 하였다.

당시 승려 법림法琳은 태자 건성建成을 지지하고 있었고, 이 때문에 태종은 즉위한 뒤로 늘 도교를 높이고 불교를 억눌렀다. 정관 12년에 칙령을 내렸는데, 여기서는 도교와 불교에 모두 교화의 기능이 있으나 양쪽을 비교하면 도교가 훨씬 더 중요하다고 강조하면서, 불교가 전래되어 그 세가 커진 이래로 점차 도교가 위축되어 가고 있는 상황을 개선시킬 것을 명하고 있다. 칙령의 내용은 다음과 같다.

---

2) 역자주: 李世民이 황태자 李建成을 죽이고 태종에 즉위한 사건을 말한다.

황제께서 기준을 제시하였으니 뜻은 청허에 있고, 석가께서 원칙을 남기셨으니 이치는 인과에 들어 있다. 그 가르침을 찾아보면 끌어당긴 자취가 갈라지지만 그 종지를 알아보면 널리 이롭게 하는 기풍은 한가지로다.…… 위대한 도가 일어난 것은 아득히 오래 전부터 비롯되었고 근원은 이름 없는 시원에서 나왔으니, 유형의 세계 바깥에서 천지를 지나 운행하며 만물을 포괄하여 길러 주는 지고의 존재를 섬긴다. 그러므로 능히 국가를 경영하여 치세를 이루고 순박함으로 돌아갈 수 있었다.…… (그러나 뒤에 불교가 들어와서 신도들이 점차 많아지자) 세속에 빠진 자들은 현묘한 종지를 듣고는 오히려 크게 비웃고, 기이한 것을 좋아하는 자들은 진제眞諦를 우러르며 앞다투어 귀의하였다. 처음에는 한두 고을에서나 끓어오르더니 끝내 조정에까지 풍미하였다.…… 이제 나라가 안정되어 능히 번창할 수 있고 이미 상덕의 경사에 의지하여 천하가 크게 안정되었으니, 또한 무위의 효과에 힘입어 마땅히 풀어 주고 베푸는 바를 두어 이러한 현묘한 교화를 천명해야 할 것이다.…… 지금 이후로는 제사를 드리거나 행하고 세울 적에는 호칭을 지극하게 하고 도사와 여관으로 하여금 승려에 앞서게 하여 그 풍속이 두터이 근본으로 돌아갈 수 있도록 하라.[3]

정관 15년에 태종은 홍복사 주지 도의道懿에게 "이제 이씨 가문이 국권을 차지했으니 이씨인 노자는 앞에 있는 것이요, 부처의 다스림과 교화 같은 것을 보면 곧 불교는 위에 있는 것이오"라고 말하였다. 이 말의 뜻은 매우 분명하다. 분명 불교의 가르침 또한 육성하겠다는 것이지만, 도교는 황족과 근본이 연결되어 있기 때문에 정치적인 지위가 한층 더 높다는 것이다.

당 고종은 건봉乾封 원년(666)에 친히 호주亳州로 가서 노군의 사당에 참배하고 '태상현원황제太上玄元皇帝'라는 존호를 추가했으며, 상원上元 원년(674)에는 무후武后의 청에 따라 왕·공과 모든 신하들에게 『노자』를 학습하게 하고 다음해에 따로 『효경』과 『논어』를 승인하여 관리들에게

---

3) 『廣弘明集』, 권28.

시험을 보게 하였다.[4] 고종은 작고한 도사 왕원지에게 '승진선생升眞先生'이라는 시호를 내리고 '태중대부太中大夫'의 직을 추증하였다. 도사 반사정潘師正을 두 차례 불러들여서 정사원精思院에 머물게 하였으며 수십 편의 시를 하사하였다. 반사정이 죽자 '체원선생體元先生'이라는 시호를 내리고 역시 '태중대부太中大夫'의 직을 추증하였다.

무측천은 스스로 제위에 오른 뒤 불교를 존숭하고 도교를 억누르는 정책을 펴서, 노자의 호칭에서 '태상현원황제'라는 부분을 삭제함으로써 이씨 가문의 종교적 권위를 감소시켰다. 물론 국호도 대주大周로 바꾸었다. 그러나 무측천에 이어 제위에 오른 중종은 당의 국호를 회복하는 한편으로 고종의 전례를 따라 노군을 다시 '현원황제'라고 불렀으며 관리로 천거된 사람에게는 『노자』를 학습하게 했다.

당 현종 이융기李隆基는 도교를 매우 숭상했기 때문에 그의 치세에서 도교는 당나라 전 시기 중에서도 가장 융성한 발전을 이룩할 수 있었다. 현종은 여러 가지로 도교를 숭상하였는데, 그 가운데 대표적인 것 몇 가지를 꼽아 보면 다음과 같다.

첫째, 묘廟와 관觀을 두루 세웠다. 개원開元 10년(722)에 현종은 칙령을 내려 양경兩京(장안과 낙양) 및 각 주들에 노군의 사당을 하나씩 설치하였고, 19년에는 5악의 각각에 노군의 사당을 설치하였다. 29년 여름에는 다시 양경 및 각 주들에 노군의 사당을 설치하여 그 상을 그리게 하는 한편 고조·태종·고종·중종·예종 등 다섯 황제의 신위를 배사하였으며, 아울러 숭현학崇玄學을 설치하여 도가의 서책을 배우게 했다. 『당육전唐六典』에 근거하면, 개원 연간에는 천하의 도관이 모두 1,687개소에 이르렀다고 한다.

---

4) 『舊唐書』, 「高宗紀」.

둘째, 노군의 존호를 추가하였다. 천보天寶 원년에 현원황제는 최고의 성인 반열로 격상되었다. 천보 2년에는 노군의 호칭에 '대성조원황제大聖祖元皇帝'가 추가되었으며, 숭현학은 숭현관이 되었다. 천보 3년에는 금동으로 현원천존과 부처상을 각각 하나씩 주조하였다. 천보 8년에 노군을 '성조대도현원황제聖祖大道玄元皇帝'로 책봉하였으며, 천보 13년에는 '대성조고상대도금궐현원천황대제大聖祖高上大道金闕玄元天皇大帝'라는 최고의 존호를 지어 올렸다.

셋째, 진인眞人과 진경眞經을 추가로 책봉하였다. 천보 원년(747)에 숭현묘를 설치하고 장자에게 남화진인南華眞人, 문자에게 통현진인通玄眞人, 열자에게 충허진인沖虛眞人, 경상자庚桑子[5]에게 통허진인洞虛眞人이라는 존호를 올렸으며, 이 네 진인의 저서를 각기 『남화진경』, 『통현진경』, 『충허진경』, 『통허진경』으로 개칭하였다. 장안과 낙양의 숭현학에 박사와 조교 각 1명과 학생 100명을 두었다.

넷째, 도교도들을 예우하였다. 개원 9년에 사신을 보내어 모산 도사 사마승정司馬承禎의 입경을 돕게 하였고, 그로부터 도교의 법록을 친히 받았다. 개원 25년에는 도사와 여관을 종친으로 대우하여 종정시宗正寺에서 그 보첩譜牒을 맡아 보게 하였고, 도사 윤음尹愔을 '간의대부'와 '집현학사 겸 지사관사'로 삼았다. 천보 연간에는 도사 오균吳筠을 입경토록 하여 대조한림待詔翰林에 봉했다.

다섯째, 『도덕경』을 존숭하고 도장을 편찬하였다. 현종은 자신이 직접 『도덕경』을 주석하고 반포하여 천하의 백성 모두가 그것을 학습하여 노자의 도로써 몸을 닦게 하였다. 「당명황재조하태상노군관唐明皇在詔下太上老君觀」에는 다음과 같이 기록되어 있다.

---

5) 『莊子』「庚桑楚」편에 나오는 庚桑楚를 가리킨다.

도덕은 백가의 우두머리요 청정은 온갖 변화의 근원이니, 근본에 힘씀은 표준을 세우는 요체가 되고 무위는 태화의 문이 된다.…… 천하의 만백성으로 하여금 순박한 덕을 마시며 태화를 먹고 갈고 닦아서 마음을 돌려 도로 향하게 하는 일은 어찌 과인만이 이룰 수 있는 것이겠는가?…… 작년 각 가정에 『도덕경』을 갖추도록 하라는 영을 반포한 것은 덕이 세워져서 풍속이 그리로 쏠리고 도가 있게 되어 그것을 사용하기를 바란 것인즉, 짐이 선조의 대업을 펼치고 가문의 책을 숭상한 것은 그것들이 궁문을 나서서 남들도 같이할 수 있게 되고자 함이니 천하에 한 점의 부끄러움도 없다.

이처럼 현종은 단순한 정치적 고려에 그치지 않고 본인 스스로 도가와 도교의 영향을 깊이 받아 마음속에 경건한 신앙을 지니고 있었다. 그는 개원 연간에 도경을 조사하여 『삼통경강三洞瓊綱』을 짓게 하였으니, 모두 3,744권이다.[6]

여섯째, 공주와 비빈들이 도교에 입적하였다. 현종의 치세에는 예종의 두 딸이 여관이 되어 금선金仙과 옥진玉眞에 봉해졌으며, 현종이 총애한 비 양옥환楊玉環은 태진궁의 여도사가 되어 '양태진楊太眞'으로 불렸다. 그러자 대신들 중에서도 현종을 흉내 내어 여자 식솔들을 출가시키는 자들이 생겨났다.

현종 이후로도 당의 여러 황제들은 대부분 도교를 믿고 숭상하였는데, 그 가운데에서도 가장 열광적인 이는 무종이었다. 현종의 도교 숭상이 도교 문화의 선양에 중점을 두고 있었다고 한다면, 무종은 개인적인 장생 추구를 위해 도교를 숭상하였다. 따라서 그는 법록과 연단에 심취해 있었다. 무종은 개성開成 5년(840)에 도사 조귀진趙歸眞(?~846) 등 81명을 초빙하여 삼전三殿에 금록도량金籙道場을 베풀고 직접 법록을 받았다.

---

6) 역자주: 일설에는 5,700권이라고 한다. 『開元道藏』으로도 불리는데, 중국 도교사에서의 첫 번째 道書총서이다.

회창會昌 원년에는 형산 도사 유현정劉玄靖을 '은청광록대부銀靑光祿大夫'로 삼아 숭현관 학사를 맡기고 '광성선생廣成先生'이라는 호를 하사하였으며, 도사 조귀진과 함께 궁중에서 법록을 수련토록 하였다. 망선관望仙觀과 망선대望仙臺와 강진대降眞臺와 망선루望仙樓를 지었는데, 모두 지극히 사치스럽고 화려했다. 회창 4년에는 조귀진을 '좌우가도문교수선생左右街道文敎授先生'으로 삼고 스승의 예로써 대우하며 신선장생의 법술을 배웠다. 도사 조귀진, 등현기鄧玄起, 유현정 등의 부추김에 의해 회창 5년에 불교배척령을 내려 불교의 사원을 훼철하고 승려를 환속시켰다. 회창 6년에 무종은 금단에 중독되어 죽었고, 선종이 즉위하여 조귀진 등을 주살하였다. 무종이 총애한 도사들은 법술을 바쳐서 부귀를 취하는 데에만 뜻이 있었기 때문에 문화계에 아무런 자취도 남기지 못했으며, 도교의 발전에도 전혀 공헌하지 못하였다.

오대십국의 황제들 또한 많은 이들이 도교를 숭상하였다. 후진後晉의 고조는 도교와 불교를 함께 신봉하였는데, 후주後周의 세종은 도교만을 숭상하고 불교를 배척하였으며 화산 도사 진단陳搏을 불러들여 비승황백飛昇黃白의 법술에 대해 묻기도 했다. 민주閩主 왕연균王延鈞(惠宗)은 신선술을 좋아했으며, 남당주南唐主 이변李昪(烈祖)은 신선방약을 좋아하여 도사의 신단을 복용하다가 병들어 죽었다.

2. 청수파의 도불융합

　　당대에는 문화적 소양이 높은 일군의 도교 학자들이 나타났는데, 그들은 조귀진 무리처럼 적극적으로 정치에 참여하여 권세를 얻고자 하는 생각이 없었으며, 세상일에 관심을 끊고 산속에 은거하여 개인의 수양과 깨달음에만 매진하고자 하는 것도 아니었다. 그들은 도교 학술의 연구에 힘쓰고 도교 의리의 탐구를 진행하여, 책을 쓰고 학설을 세워 도교사상을 전파해 갔다. 이러한 도교 학자들 가운데 많은 수가 모산종 출신이었다. 도홍경의 초기 학풍을 계승한 이들은 노장의 학문을 추숭하고 불교철학과 유학을 흡수하여 3교를 융합하였으며, 청수淸修에 치중하고 부록과 주술은 경시하였다. 이들은 양생의 도에 뛰어나 도교이론의 발전에 중대한 공헌을 하였다.

　　손사막孫思邈은 당대의 빼어난 도교 학자요 의학자로, 섬서 사람이다. 『구당서』 「손사막전」에서는 그를 일컬어, 약관의 나이에 노장과 백가의 학설에 밝았고 불교 경전을 함께 익혔으며 늙지 않는 방법을 지녔다고 하였다. 당 태종과 고종이 작위와 관직을 수여하였으나 사양하고 종남산에 은거하였다. "학문과 술수를 두루 겸했으며, 고매한 담론은 바르고 한결같았다"라는 평을 받았으며, 의술이 고명하고 남을 구제하는 일에 헌신하여 후인들로부터 약왕藥王으로 존경받았다. 주요 저작으로 『천금방『千金方』, 『복록론福祿論』, 『섭생진록攝生眞錄』, 『침중소서枕中素書』, 『회삼교론會三敎論』, 「보생명保生銘」, 「존신연기명存神煉氣銘」 등이 있다. 그의 의학이론은 음양오행과 천인일체설에 바탕을 둔 것이었다. 그는 하늘에는 사시와 오행이 있고 사람에게는 사지와 오장이 있으니 "양이 형形을 쓰고 음이 정精을 쓰는 것은 하늘과 사람이 같다"라고 하였고, 또 "좋은 의사는 약석으로 인도하고 침과 뜸으로 구제하며, 성인은 지극한 덕으로 조화하고 인사로써 돕는다. 그러므로 몸에서는 질병이 나을 수 있고 천지에서는 재앙이 사라질 수 있다"라고 하였다. 그는 욕심을 절제하고 행위를 적절하게 하여 덕으로써 양생을 이루어야 함을 강조하면서, 이러한 양생술이 상식에 부합하는 것이라고 하였다. 그는 결코 금단을 통한 비승황백의 술을 믿지 않았고, 다만 연단은 약을 만드는 수단일 뿐이라고 여겼다.

성현영成玄英은 당나라 초기의 도교 학자로서 섬주 사람이다. 저서로는 『노자주』 2권, 『개제서결의소開題序訣義疏』 7권이 있었다고 하는데 망실되었고, 『장자주』 30권, 『장자소』 12권이 전한다. 그의 저술 중 『장자주소』는 후세에 미친 영향이 지대하다. 성현영은 노자의 학문에 의거해서 '중현重玄의 도'를 제기하여, 도는 세계의 본체로서 현상에서 보면 무無인 듯하나 무가 아니고 본체에서 보면 유有인 듯하나 유가 아니어서 생각할 수도 없고 말로 표현할 수도 없는 것이라고 보았다. 그러므로 도를 터득한 사람은 '유에 머물고' '무에 머무는' 세속의 견해를 버려야 할 뿐만 아니라 머묾에도 머물지 않고 또 머물지 않음에도 머물지 않아야 한다. 이러한 '버리고 또 버리는' '현묘하고 또 현묘한' 도를 그는 '중현의 도'라고 부른다. 이것은 양쪽을 다 버리는 불교의 방식을 채용하여 도를 묘사한 것이다. 그가 이해한 장생불사의 방법은 금단이나 법록이 아니라 정신의 해탈이었다. 곧 감정을 잊는 단계를 거쳐 "저 삼라만상이 모두 헛된 환영임"을 깨달아, "밖으로 욕구할 대상이 없고 안으로 욕구할 마음이 없는" 허정한 상태에 도달해서 '도'와 하나가 되어 생사를 반복하지 않는 것이다. 성현영으로부터 도교는 육체적 탈각을 통한 신선 추구라는 전통적인 방법에서 전환하여 심성수련에 치중하기 시작함으로써 급격하게 불교 쪽으로 접근하게 된다.

왕현람王玄覽은 광한 면죽綿竹 사람으로 홍원선생洪元先生이라 불렸으며 무측천 때 세상을 떠났다. 주요 저술로 『현주록玄珠錄』이 있다. 그의 학설은 도교의 입장 위에 불교의 설을 수용한 것이었다. 그는 도를 '가도可道'와 '상도常道'로 나누어, '가도'가 만물을 낳으니 만물에는 생사가 있으며 '상도'가 천지를 낳으니 천지는 장구하다고 하였다. 그렇지만 '가도'와 '상도'는 또한 통일되어 나눌 수 없으므로 도는 결국 가假이면서 진眞이다. 그는 "도 가운데 중생이 있고, 중생 가운데 도가 있다"라고 말하였으니, 모든 중생에게는 도성道性이 있기 때문에 사람은 도가 아니더라도 도를 터득할 수 있다. 도를 터득하는 방법은 오직 심식心識을 수련하는 데 달려 있다. 『현주록』에서는 말하기를 "마음이 생겨나면 제법諸法이 생겨나고, 마음이 소멸하면 제법이 소멸한다. 마음을 없애어 안정되게 한다면 생겨나는 것이 없으니 또한 소멸하는 것도 없을 것이다"라고 하였다. 이는 법상종法相宗의 "온갖 법은 오직 식識일 따름이다"라는 이론을 빌려 세계와 인간을 해석한 것이다. 마음의 식은 식체識體와 식용識用으로 나뉘는데, "식체는 상常이고 청정이며 식용은 변變이고 중생"이다. 따라서 도를 닦는다는 것은 곧 "변화하는 것을 닦아 불변하는 것을 구하고 작용하는 것을 닦아 본체로 돌아가는" 것이니, 결국 불사청정不死淸淨의 참된 본체를 터득하는 것이다. 왕현람의 생각은 성현영과 유사하면서도 불교적 색채가 더욱 강하다.

사마승정司馬承禎은 하내 온현溫縣 사람으로 법호는 도온道穩이고 자호는 백운자白雲子이다. 반사정을 스승으로 삼아 위로 모산종 도홍경을 계승하였다. 많은 도서를 지었는데, 그 가운데 『좌망론坐忘論』과 『천은자天隱子』가 특히 중요하다. 무후 때부터 현종 때 사이에 몇 차례 조회하고 초청받았지만 술수로써 부귀를 취하는 일이 없었다. 한번은 예종이 음양술수의 일을 물은 적이 있었는데, 사마승정은 다음과 같이 말하면서 무위의 도로써 나라를 다스릴 것을 강조하였다.

도경의 종지는 "도를 행함은 날마다 덜어내는 것이니, 덜어내고 또 덜어내어 무위에 이르러야 한다"라는 말에 있습니다. 마음과 눈이 보는 것을 그때마다 덜어낸다 하더라도 오히려 그칠 수 없거늘, 어찌 다시 이단을 공부하여 지식과 사려를 더하려 하십니까?[7]

죽은 뒤에 '정일선생貞一先生'이라는 시호가 내려졌다.

사마승정은 노장의 토대 위에 불교의 지관학설止觀學說과 유가의 정심성의正心誠意의 학문을 흡수하여 '주정主靜'과 '좌망坐忘'의 양생수진養生修眞이론을 천명하였다. 그에 따르면, 사람의 마음은 원래 도를 근본으로 삼지만 심신이 오염되면 어리석음과 가림이 점차 깊어져서 어지러이 떠돌아다닌 끝에 마침내 도와 떨어지게 된다. 그러므로 도를 닦아서 마음의 때를 깨끗이 제거하여 "도와 생이 서로 지키고 생과 도가 서로 보호하여 양자가 서로 떨어지지 않게 한 다음에야" 장구할 수 있다. 또한 참됨을 닦는 최초의 요체는 "편안히 앉아서 마음을 거두어들여 어떠한 사물에도 머물거나 집착하지 않는" 데 있으니, 이와 같이 한다면 저절로 허무로 들어가 마음이 도와 합하게 된다고 말한다. 이것이 곧 '좌망坐忘'이다. "좌망이란 무엇을 잊는 것인가? 안으로 내 한 몸을 느끼지 못하고 밖으로 우주를 알지 못하여 도와 그윽하게 하나가 되니, 온갖

___
7) 『舊唐書』, 「士馬承禎傳」.

근심이 모두 사라진다."[8]

사마승정은 『천은자』에서도 "저와 나 둘 다를 잊어버리는" 사상을 발휘하였다. 여기서는 또 재계齋戒→안처安處→존사存思→좌망坐忘→신해神解로 이어지는 수도의 순서를 제기하여 "신선의 도는 다섯 가지가 하나의 문으로 돌아간다"라고 총괄하고, 아울러 경신敬信(공경히 믿음)·단연斷緣(인연을 끊음)·수심收心(마음을 거두어들임)·간사簡事(일을 간략히 함)·진관眞觀(참되게 관함)·태정泰定(화평하게 입정함)·득도得道(도를 얻음)의 일곱 조목을 수도의 단계로 삼음으로써 비교적 완비된 수련이론을 형성하였다. 그는 이러한 다섯 가지 점문漸門의 법과 일곱 단계의 수련법을 '삼계三戒'로 개괄하였다. 하나는 간연簡緣(인연을 줄임)이고 둘은 무욕無欲(욕망을 없앰)이고 셋은 정심正心(마음을 바르게 함)이니, 이 삼계三戒를 조심해서 실천하면 도가 장차 저절로 찾아온다고 한다.

위와 같은 정심좌망靜心坐忘의 이론은 도가학설이 도교의 이론과 실천에서 견고한 지위를 차지하고 있음을 보여 준다. 후세의 청수파淸修派는 도불이 결합된 이 사마승정의 이론을 굳게 따랐다.

오균吳筠은 화주 화양華陽 사람으로, 일찍이 숭산嵩山에 들어가서 반사정의 도움으로 도사가 되어 상청경법上淸經法을 전해 받았으며, 현종에게 초빙되기도 했으나 이후에 모산으로 돌아갔다. 중원에 큰 변란이 있자 동쪽으로 가서 회계 일대를 유랑하다가 섬중剡中에서 은거하였다. 시인 이백李白과는 시문으로 왕래한 적도 있다. 현종이 그를 '대조한림待詔翰林'이라는 관직에 임명하고 도법을 물은 적이 있었는데, 오균은 "도법의 정수는 5천언만한 것이 없으니, 그 나머지 곁가지 말과 학설들은 헛되이 종이만 낭비할 따름입니다"라고 답하였다. 또 신선수련의 일을 묻자

---

8) 이상은 『坐忘論』.

답하기를, "이것은 야인의 일로서 시간을 들이고 기술을 연마해 가며 추구해야 하니, 임금된 사람이 마땅히 뜻을 둘 바가 아닙니다"라고 하였다.[9] 그는 풍격이 사마승정과 비슷하면서도 한층 더 도가의 선비 같았다. 「현강론玄綱論」, 「신선가학론神仙可學論」 등을 지어 신선신앙과 노장학의 결합에 힘썼는데, 「현강론」에 다음과 같은 말이 있다.

> 혹자가 묻기를 "도의 큰 뜻으로는 노장보다 앞선 것이 없되 노장의 말은 신선의 도를 숭상하지 않거늘, 선생께서는 어찌 유독 신선을 귀하게 여기십니까?" 하였다. 나는 이렇게 답하였다. "어찌 숭상하지 않았다고 말하는가?······ 노자는 말하기를 '뿌리를 깊이 박고 꽃받침을 건고하게 하는 것이 길게 살고 오래 활동하는 방법이다', '계곡의 신은 죽지 않는다'라고 하였고, 또 장자는 말하기를 '천년을 살다가 세상이 싫증나면 죽어서 위로 올라가 신선이 되어 저 흰 구름을 타고서 상제가 계신 곳에 이를 것이다', '그러므로 나는 몸을 수련하여 천이백 살이 되도록 아직 몸이 쇠하지 않았다', '남들은 죽지만 나만 유독 살아 있다', '정신이 형체를 지킬 수 있다면 형체는 장생한다'라고 하였다. 이것은 곧 노장이 장생불사의 신선을 말한 것이 분명하거늘, 어찌 그런 적이 없다고 하는가!'

노장의 사상에는 확실히 신선사상이 있으므로 오균이 말한 것은 틀리지 않았다. 하지만 노장은 신선을 주로 하지 않았는데도 오균은 도리어 노장의 신선사상을 확대하여 그것으로써 신선수련의 가능성과 합리성을 논증하였으니, 이것이 바로 도교의 본모습이다. 오균은 정신만을 중시하고 형체를 경시하는 불교의 이론에 반대하며 형체와 정신을 모두 지킬 것을 주장하였다. 그는 형체의 단련에서 시작하여 기의 단련으로 나아가가 이로부터 신의 단련으로 나아가서, "담박함으로 본성을 기쁘게 하고 토고납신吐故納新으로 신을 조화롭게 하며 텅 빔을 높이고 보호하여 안정시키고 좋은 약물로 널리 도와서" 몸과 도를 합일하게

---

9) 『舊唐書』, 「吳筠傳」.

할 수 있다면 장생구시하리라고 보았다. 이러한 견해는 뒷날 등장할 내단학이론의 통로를 개척한 것이었다.

두광정杜光庭은 당말오대의 도사로서 광성선생廣成先生이란 호를 하사 받았고 전진천사傳眞天師를 지냈다. 학문이 깊고 넓었으며, 도경과 역사, 의례의 준칙에 대해 논술한 것이 많다. 『도문과범대전집道門科範大全集』을 저술하여 역대 도교의 재초의식을 집대성하였으며, 유가를 수용한 『도덕진경광성의道德眞經廣聖義』를 지어 "인을 실천하고 의를 갖추며 도를 껴안고 겸謙을 지키며 임금에게 충성하고 어버이에게 효도하며 형제끼리 우애 있고 동생 노릇 잘하는 것이 곧 아름다운 행실이다"라고 하였다. 그는 삼교의 융합을 주장하였다. 수련방법에 있어서는 도불을 결합시킨 양상을 보였으니, 먼저 삼독三毒의 멸절 즉 '호화로움과 사치를 끊고' '맛난 것을 멀리하며' '음욕을 없앨' 것과 상원이환뇌궁上元泥丸腦宮・중원 심부강궁中元心府絳宮・하원기해신궁下元氣海腎宮의 삼원三元을 지킬 것을 요구하였으며, 한 걸음 더 나아가 "음을 단련하여 양이 되고 범인을 단련하여 성인이 될" 것을 요구하였다.[10] 두광정과 오균의 설은 모두 청수파에서 내단파로 넘어가는 과도기의 이론에 해당한다.

이 밖에도, 당대에는 도사 장과張果, 이전李筌 등이 『음부경陰符經』을 주석하였으며 오대에는 도사 담초譚峭가 『화서化書』를 짓고 도사 팽효彭曉 가 『주역참동계분장통진의周易參同契分章通眞義』를 지었는데, 이들 저술은 모두 비교적 영향력이 있었다.

---

10) 『說常淸淨經注』 참조.

3. 외단에서 내단으로의 이행

1. 외단학의 황금시대

수당시기는 제왕과 귀족들의 제창 하에 황백술黃白術이 매우 성행하였다. 금단을 제련하여 장생을 구하는 것은 통치자에게는 부귀와 신선을 추구하는 방편이었고 도사들에게는 현실적인 신앙과 참된 도를 증명하는 길이었는데, 어떤 사람들은 이것을 빌려 영화를 얻고 재물을 취하고자 하기도 했다. 여하튼 이전 시대에 누적된 토대를 기초로 외단外丹 황백술은 수당대에 이르러 새로운 발전을 맞이하게 되었다.

수나라 때에 내단內丹을 창도한 소원랑蘇元朗(蕭玄郎)은 외단 또한 재련하였는데, 그가 저술한 『보장론寶藏論』에서는 당시의 외단사들이 파악한 약금藥金과 약은藥銀이 대략 30종에 이른다고 기록하고 있다. 이를 통해 황백술이 수대에 이미 매우 성행하고 있었음을 알 수 있다.

당대는 외단도가 가장 성행하고 발전한 시기로, '도교 외단의 황금시대'라고 불려진다. 이 말의 의미는 다음과 같다.

첫째, 당대가 단도이론이 가장 발전한 시기였음을 표현한 것이다. 이때는 "천지조화의 공능을 빼앗고 사시생성의 일을 훔치는" 단도사상이 재차 성숙해진 시기로, 『주역참동계』가 매우 중시되었다. 이러한 가운데 '자연환단설自然還丹說', '용약상류설用藥相類說', '화후직부설火候直符說' 등의 이론이 발휘되어 나왔다.

자연환단설이란, 상선이 복용하는 단은 천화天火가 만든 것인데, 사람 또한 연단화로 속에서 농축하여 저절로 단이 이루어지는 과정을 재현할 수 있다는 설이다. 이 과정에서 이루어지는 단이 바로 금단이다. 화로와 솥은 작은 우주와 같아서, 솥의 세 발은 천·지·인 삼재에 응하고, 솥의 상하 두 부분은 음양에 응하고, 솥의 발 높이가 네 치인 것은 사시四時에 응하고, 숯의 분량이 24근인 것은 24절기에 응하고, 수水와 화火가 서로 사귀는 것은 음양 두 기의 교감을 상징한다. 그러므로 자연이 단을 이루는 것을 모방하여 환단할 수 있다는 것이다.

용약상류설이란, 단약을 취할 때는 반드시 상류상보相類相補의 원칙에 근거해야 한다는 설이다. 『주역참동계』에서는 "류類로써 자연을 도우면 물이 이루어져 쉽게 도야된다"라고 하였는데, 이에 대해 『태고토태경太古土兌經』에서는 "짝이 되는 부류를 논한다는 것은 음양이 화합함을 말하니, 곧 그 변화가 '마땅함'을 따르는 것이다"라고 하였다. 또 『장진인금석영사론張眞人金石靈砂論』에서는 음양의 분류를 적용시켜 "양약陽藥은 종류가 7가지인데 금이 둘이고 석이 다섯이니, 황금黃金·백은白銀·웅황雄黃·자황雌黃·비황砒黃·증청曾靑·석류황石硫黃이 모두 양약에 속한다. 음약陰藥은 종류가 7가지인데 금이 셋이고 석이 넷이니, 수은水銀·흑연黑鉛·초석硝石·박초朴硝 등이 모두 음약에 속한다"라고 하고, 이어서 용약의 원칙은 짝이 되는 부류의 약으로 음양이 서로 보완되게 함으로써 새로운 물질을 생성하는 것이라 하여 "양약은 음을 억누르고 음약은 양을 억누른다"라고 말한다. 또 『음진군금석오상류陰眞君金石五相類』에서는 말하기를, "짝이 되는 부류의 물질이 합하여 자雌·웅雄 혹은 연鉛·홍汞의 두 이름을 이룬다. 용호가 서로 얻고 감리가 서로 떨어지지 않으니, 짝이 되는

부류가 한 물질이 되어 이루어지지 않음이 없다", "짝이 되는 부류가
아니라면 일이 이루어지지 않으니, 만물이 모두 그러하다"라고 하였다.
여기에는 중국의학의 '군신좌사君臣佐使' 이론이 채용되어 있다. 예를
들자면 수은이 군君이 되고 유황이 신臣이 되는 경우이다.

화후직부설이란, 화후를 장악하는 것은 음양소장陰陽消長이라는 자연
의 흐름과 부합해야 한다는 설이다. 『주역참동계』에서는 "성인은 헛되
이 태어나지 않았으니, 위를 살피어 천부天符를 드러내셨다. 천부에는
나아감과 물러남이 있으니, 굽히거나 펴서 그 때에 응한다"라고 하였다.
여기서 천부는 해와 달의 운행법칙 등을 말한다. 이에 따르면, 대개
한 달은 6후로 나뉘고 1년 12개월은 12소식괘消息卦와 통하는데, 화후를
다룰 때는 음양의 소장에 따라 어떤 때는 문화文火를 쓰고 어떤 때는
무화武火를 쓰며 또 어떤 때는 양후陽候를 나아가게 하고 어떤 때는
음부陰符를 물리는 것이다.

둘째, 당대에 연단 유파가 두드러지게 많아졌다는 의미이다. 이 시기
에 들어 외단도는 사용하는 약과 이론에 따라 다양한 유파를 형성하였다.
이 다양한 유파들 중에 주요한 파는 금사파金砂派와 연홍파鉛汞派와 유홍파
硫汞派의 셋이다. '금사파'는 황금과 단사를 중시하였으며, 대표적인 인물
로는 손사막, 맹선 등이 있다. 이들은 갈홍을 계승하여, 황금을 빌려
스스로를 견고하게 하고 단사를 빌려 변화를 이루려고 한다. 이때 금이니
은이니 불린 것은 실은 대부분이 금속화합물로, 겉보기에 금·은과
비슷했기 때문에 그렇게 불렸던 것이다. '연홍파'는 주로 연과 홍을
사용하고 기타 여러 약물들은 배척하였으니, 『대환심경大還心境』에서는
"연홍의 오묘함과 용호의 참됨을 논할 때에는 사황四黃의 잘못됨을
제거하고 팔석八石의 뒤섞임을 덜어낼 뿐이다"라고 하였다. 대표적인
인물로는 곽허주郭虛舟, 맹요보孟要甫, 유지고劉知古, 유필柳泌 등이 있다.

'유홍파'는 주로 유황과 수은을 혼합하여 단을 제련하였으니, 『태청옥비자太淸玉碑子』에서는 "유황은 태양의 정수이고 수은은 태음의 정수이다. 일음과 일양이 합하여 천지가 된다"라고 하였다. 이들 학파는 상대의 이론을 공격하기도 하고 또 상대의 제련법을 흡수하기도 하면서 발전을 이루어 갔는데, 대체로 유홍파의 성취가 가장 두드러졌다. 그러나 광물로부터 합성된 약들은 독성물질을 포함하고 있었으며, 이것은 각종 물질을 뒤섞어도 깨끗하게 제거되지 않았다. 때문에 광물약은 오히려 인체에 유해하게 작용하는 경우가 많았다. 그리하여 당대 후기부터는 연단을 할 때 점차로 동식물이 광물질을 대신하게 되었다.

셋째, 용약의 범위가 이 시기에 크게 확대되었음을 나타낸다. 당대에 연단에 사용한 약들의 종류는 앞선 시대의 지식들을 기초로 하여 끊임없이 확대되어 갔다. 『태고토태경太古土兌經』에서는 대표적으로 '오금사황팔석설五金四黃八石說'을 언급하고 있다. 오금은 금金·은銀·동銅·철鐵·석錫이고, 사황은 자황雌黃·웅황雄黃·유황硫黃·비황砒黃이며, 팔석은 주석朱石·홍석汞石·붕석鵬石·수석袖石·초석硝石·염석鹽石·반석礬石·담석膽石이다. 당대에 이루어진 『진원묘도요략眞元妙道要略』의 기록에 따르면 이들 오금사황팔석 이외에도 납·석영石英·운모雲母·자석赭石 등이 또 있다. 매표梅彪의 『석약이아石藥爾雅』에는 연단의 약물 150여 종이 기록되어 있는데, 숨겨진 이름이나 별명들이 적지 않다. 가령 수은의 다른 이름은 21종에 달하기도 한다.

이 밖에도 당대에는 연단에 관련된 서적이 많이 나왔고 연단을 위한 기물의 설치도 새로워졌으며 연단법의 정밀도에서도 특기할 만한 발전을 이루었다. 또한 이 시기에는 연단의 사회적 영향이 그 어느 시대보다도 두드러졌다. 실로 당대는 유례없는 연단의 황금시대였다.

2. 내단이론의 등장

그러나 외단도는 현세적 실현만을 기대하는 것이어서, 불교의 삼세설 三世說과 같은 인과율에 따른 후세의 보답이나 사후세계의 존재 등을 말하지 않았다. 또한 외단을 복용한다고 해서 신선이 되는 것도 아니었다. 사람들이 모두 목격했듯이 외단의 복용은 자연스럽게 실패로 귀결되었다. 간혹 단을 복용하여 병이 낫거나 신체가 건강해진 예가 있기는 했지만 그마저도 소수에 불과했고, 그들 또한 장생은 할 수 없었다. 도리어 대부분의 사람들은 장생은커녕 일찍 죽고 말았다. 당의 태종·헌종·목종·경종·무종·선종이 모두 단약에 중독되어 죽었고, 이도고李道古·이포진李抱眞 등의 여러 신하들도 역시 마찬가지였다. 후량의 태조, 남당의 열조 역시 같은 이유로 죽었다.

방사 유필은 금단약을 제조하여 당의 목종을 중독사시켰다. 또 무종은 단약을 복용한 이후에 희노의 감정을 엇갈리게 드러내고 말도 제대로 하지 못하다가 얼마 지나지 않아 죽었다. 이러한 심각한 사실을 두고 방사들은 '시해尸解'라고 주장하였지만, 결국 회의와 부정의 시각이 조야로 널리 퍼져 지식인들은 외단술을 공격하기 시작했다. 『수서』「경적지」에서는 "금단옥액과 장생의 일들은 역대로 너무나 많아 이루 기록할 수 없을 지경이지만, 끝내 효과는 없었다"라고 기록하고 있다. 또 헌종이 단을 복용하려 할 때 배린裴潾이라는 대신은, 금석은 독성이 강해 불로 단련하더라도 그 독을 제압하기 어렵다고 간곡하게 만류하기도 했다. 남당주 이변李昪(烈祖)은 약을 먹고 중독되어 임종할 때 제왕齊王 이경李璟에게 "수명을 연장하기 위해 금석을 먹은 것이 도리어 생명을 잃게 만들었으니, 그대는 마땅히 경계하라"라고 하였으니,[11] 남당주는

---

11) 『資治通鑑』, 권283.

죽음에 이르러서야 비로소 깨달았던 것이다. 이러한 참극은 주위의 사람들로 하여금 경계하지 않을 수 없게 만들었다. 이와 더불어 방사들이 외단의 이름을 빌려 재산을 불리고 이름을 얻는 데만 급급해했던 것도 역시 외단술의 명예를 심각하게 훼손시켰다. 이러한 상황들은 당말오대에 외단술이 급격히 쇠락하게 된 원인으로 작용하였다.

이제 도교에서는 필연적으로 다른 방식의 장생술을 모색할 수밖에 없었고, 많은 도사들은 내양內養의 술에 침잠하게 되었다. 이것은 내단학의 신속한 발전을 촉진시켰다. 이미 도교에는 도인·태식·행기와 같은 내단을 위한 방법론이 있어 왔는데, 수당시기에 이르러서 내단학은 이론과 실천 두 방면에서 모두 풍부한 성과를 축적하게 되는 것이다. 특히 청수무위파淸修無爲派 학자들은 황백술에 열중하고 있던 도교 내부의 분위기를 일찍부터 바꾸어 외단에서 내단으로 전환시킴으로써 이론 방면에서 내단학의 길을 우뚝하게 열었다.

멀리 진나라 때의 『황정경』과 『포박자』에서부터 인체상의 상·중·하 삼단전의 이론이 나타나는 것을 볼 때 내단도의 발생은 매우 이른 시기의 일이었다고 할 수 있지만, 역사학자들은 일반적으로 수나라 때의 도사 소원랑을 내단도의 정식적인 창시자로 간주한다. 『나부산지羅浮山志』에는 다음과 같은 내용이 실려 있다.

소원랑이 청하곡靑霞谷에 거주하고 있었는데, 그 제자가 말하기를 영지를 복용하면 신선이 될 수 있다고 하자 소원랑이 웃으면서 말하였다. "천지가 크고 오래니, 성인이 그것을 본떴다. 그 정화精華가 일월에 있으니, 나아가고 물러나서 수화水火를 운행한다. 이런 까닭에 성과 명이 함께 닦이고 안과 밖이 하나의 도가 된다." 그러고는 외단술의 용어를 빌려 내단을 비유하기를, "몸은 화로와 솥이고 심은 신실이며 진액津液은 화지華池이다"라고 하였다. 이어서 납(天鉛·嬰兒)을 '몸속의

160

감坎'에 비유하고 수은(砂汞·姹女)을 '몸속의 리離'에 비유하며 황파黃婆를 '심중의 의意'에, 황아黃芽를 '몸속의 비장'에 비유하여, "형체 속의 신神으로부터 신 속의 성性으로 들어가니, 이를 귀근복명歸根復命이라고 한다"라고 하였다. 바로 이것이 환단의 과정이다.

당대의 내단이론은 종리권鐘離權과 여동빈呂洞賓에 가탁하는 경우가 대부분이었다. 종리권과 여동빈에 관한 민간의 전설은 매우 많은데, 그 진위를 구별하기 어렵다. 이양정李養正의 『도교개론道敎槪論』에 의하면, 종리권은 당말·오대시기의 인물로 여동빈의 스승이며, 여동빈은 호가 순양자純陽子로 흔히 여조呂祖 혹은 순양조사純陽祖師로 불렸다. 오대 때의 도사 시견오施肩吾는 호가 화양진인華陽眞人인데, 종리권과 여동빈에 가탁하여 『종려전도집鐘呂傳道集』을 지었다. 내단학의 입장에서 『주역참동계』를 밝힌 이 책은 이 시기 내단이론의 수준을 대표하는 저술로, 천인합일 사상을 이론적 기초로 하고 음양오행학설을 수련의 근거로 삼아 비교적 완비된 내단도의 체계를 형성하고 있다. 『전도집』에 나타나 있는 내단도의 체계를 일부 살펴보면 다음과 같다.

"음만 있고 양이 없는 것은 '귀신'이고, 양만 있고 음이 없는 것은 '신선'이며, 음과 양이 뒤섞여 있는 것은 '사람'이다." 사람이 도를 닦지 않으면 죽어서 귀신이 되고, 도를 닦아 순양의 체를 얻으면 신선이 된다. 수도의 방법은 자연의 천도를 본받는 것이다. "천도는 건乾을 체로 삼고 양을 용으로 삼아 위에서 기氣를 쌓는 것이고, 지도는 곤坤을 체로 삼고 음을 용으로 삼아 아래에서 수水를 쌓는 것이다." 건과 곤이 사귀어 만물을 생성하니, 천지의 승강과 교합은 그 운행이 그침이 없기 때문에 오래도록 견고하다. 사람이 이것을 본받아 신수腎水와 심화心火로 하여금 승강하고 교합하게 하여, 상하로 왕복함에 조금의 덜어냄도 없으면 저절로 수명을 연장하게 된다. 심장(心)은 곧 리離이니 양호陽虎라 부르고 또 주사朱砂라 부르며, 신장腎은 곧 감坎이니 음룡陰龍이라 부르고 또 연鉛이라 부른다. 심신心腎이 교합하고 용호가 교구交媾하면 변화하여 황아黃芽가 생겨나고 이에 금단대약을 얻으니, 이를 보호하여 황정黃庭(비장과 위장의 아래, 방광의 위)으로 보내는 것이 채약採藥이다. 또 불 때기를 배합(신을 조절하고 기를 다스려 단전으로 되돌림)하여 연鉛을 뽑아 내고 홍汞을 보태니, 이는 신장 속의 양을 뽑아 심장 속의 음을 보충하는 것이다. 이렇게 해서 태선胎仙을 길러 내어 '진기眞氣가 두루 주행'(河車搬運)하게 하는데, 이를 삼단전에서 반복적으로 진행한다. "금정옥액이 환단한 이후에 형形을 단련하고, 형을 단련한 이후에 기氣를 단련하며, 기를 단련한 이후에 신神을 단련한다. 신을 단련하여 도道에 합하면 바야흐로 도가 이루어졌다고 할 것이다." 이 밖에, 존상存想하고 내관內觀하는 가운데서도 항상 밖으로 덕행을 베푸는 것이 중요하다. "만약 밖으로 행동이 갖추어지지 못했다면 원학元鶴으로 변화한다 해도 헛되어 인연을 얻지 못한다."

이상을 통해 알 수 있는 것은, 소원랑이 이미 '성명쌍수性命雙修'의 원칙을 제시하였고 『종려전도집』에서 다시 심신교구心腎交媾·추연첨홍抽鉛添汞의 원리와 연형煉形·연기煉氣·연신煉神의 기본적인 과정을 정식화하고 있어서, 내단학이 여기에서 근본적으로 형성되었다는 점이다. 이후 오대시기 및 송대 초기에 이르면 내단학은 다시 계통화되어 점차 도교의 주류로 자리 잡고, 도교 인사들은 이를 최고의 오묘한 신선수련법으로 인식하게 된다.

4. 도교의 문화적 기능

도교가 수당시기의 문화에 끼친 영향은 다음의 세 가지 측면으로 개괄할 수 있다.

첫째, 당 황실의 정신적 지주 역할을 하고 전국을 교화하는 사상적 수단을 제공함으로써 대당제국의 정권을 견고히 하는 데 복무하였다는 점이다. 당대 이전이든 이후든 도교가 집권자의 도움을 받은 예는 많았지만, 그것은 당나라가 도교를 직접적인 황실의 종교로 삼은 것과는 달랐다. 도교와 황권이 긴밀하게 결합한 당대에는 황제의 친척과 대신, 문사들이 분분히 도를 숭상하여 도교에 입교하였고 도교 서적들이 과거시험의 필수과목이 되기도 하였다. 그리하여 무종 때에는 도교가 국교로 지정되기에 이르렀다. 노자의 지위는 더 이상 오를 데가 없이 높아졌고, 도관과 사묘가 전국으로 펴져 나갔다. 이러한 상황은 두 가지 효과를 낳았다. 하나는 종교를 이용하여 강제로 인민의 사상을 제압하고 우롱한 것인데, 이것은 부정적인 측면이라 할 수 있다. 다른 하나는 종교를 이용하여 사회적 안정을 이루어 낸 것인데, 강제적인 안정이었지만 이것은 성당시대를 이끌어 낸 동인이 되었다는 점에서 긍정적인 의미를 지닌다.

둘째, 도교의 허망한 점들이 사회의 발전과 인간의 신체건강에 위험한 요소가 되었다는 점이다. 이것은 도교의 부정적인 영향이다. 도교 궁관의 건립, 신상의 조성, 금단제련 등에 소요되는 막대한 비용은 사회적 물질과 재화를 소모하고 백성들의 노역 부담을 가중시켰다. 아울러 도교가 민간신앙으로 심화되어 가면서 수많은 재능 있는 사람들이 귀중한 시간을 헛되이 낭비하면서 영원히 도달할 수 없는 신선에의 꿈을 꾸었다. 실제로 시인 이백과 백거이도 몸소 단약의 제련을 시도한 적이 있었다. 당나라 때에는 독성을 지닌 단약을 복용하여 죽은 사람이 가장 많았는데, 참으로 어리석고 슬픈 일이었다.

셋째, 중국문화 다방면의 발전을 이끌어 내고 다양한 문화 간의 융합을 가능케 했다는 점이다. 이것은 도교의 긍정적인 영향이다. 도교 문화는 성당盛唐문화의 성립에 기여하여 후대에까지 커다란 영향을 끼쳤다. 다음과 같이 도교는 의약학, 화학, 야금술, 신체학, 철학, 문학 등 여러 방면에서 무시할 수 없는 공헌을 하였다.

의학: 손사막은 도사이면서 의학자이다. 그의 『천금방千金方』은 당나라 이전의 의학을 집대성한 것으로, 장부론, 침예법針艾法, 맥증변脈證辨, 음식치료법, 영아의 질병, 칠규의 병증, 오석의 독, 비상처치 등의 의료처방에서부터 도인, 안마 등의 양생법에 이르기까지 갖추지 않은 것이 없어서 중국의학의 경전 반열에 올라 있다. 그가 제련한 '태을신정단太乙神精丹'은 객오客忤(아이가 갑자기 놀라서 경기하는 병증)와 곽란霍亂(토하고 설사하는 병증), 시주屍疰(죽은 사람 넋으로 생긴다는 병), 악풍惡風(중풍처럼 신체가 마비되는 병증), 전광癲狂(정신이상의 병증), 귀어鬼語(귀신이 하는 말처럼 요상한 말을 하는 병증), 고독蠱毒(독이 있는 벌레가 물어 생긴 병), 요매妖魅(신들림 병), 온학溫瘧(오한과 역이 동시에 나는 학질의 병증) 등 광범위한 영역을 다스린다. 또 약물학과 관련된 것으로, 도홍경이 주석한 『신농본초경』은 원래 7권이었지만 육속陸續이 증보하여 53권이 되었는데, 세상 사람들은 이 책을 『당신본초唐新本草』라

고 부르면서 애독하였다. 한편 도사 맹선孟詵은 『식료본초食療本草』를 지어 약학의 발전을 이끌어 내었다.

화학 : 외단이 추구한 불사의 단약은 비록 성공하지는 못했지만 축적된 연단의 지식은 고대화학의 발전에 크게 기여하였다. 외단술사들은 납이나 수은 등의 원소와 그 화합물에 대한 지식을 축적하였는데, 그 중에서도 특히 유황과 수은의 분해 및 화합, 순수한 수은의 추출 등에 대한 지식은 당시 최고 수준에 도달하였다. 또 이전 시기에 이미 화약이 발명되어 있기는 했지만, 당대에 나온 『진원묘도요략眞元妙道要略』이라는 책에는 화약의 제조에 관한 가장 명확한 설명이 기재되어 있다. 이 책에서는 "유황·웅황을 초석과 합하여 밀봉하고 불에 태우면, 불꽃이 일어나서 재산을 태우고 가옥을 태운다"라고 적고 있다. 화약은 중국의 4대발명품 중의 하나로, 세계문명사의 전개에 헤아리지 못할 중대한 영향을 끼쳤다.

야금술 : 연단의 종류 중에는 물의 사용에 따른 반응(水法)으로 나타나는 것도 있는데, 야금冶金의 측면에서 중요한 것은 불의 사용에 따른 반응(火法)으로 나타나는 것 즉 증류蒸溜·승화昇華·화합化合·복화伏化 등의 방법이다. 이것은 밀봉된 용기에 든 약간의 금속에다 고온을 가해 용해시켜서 합금의 형성을 촉진시키는 것이다. 이때 형성된 약금藥金이나 약은藥銀은 진짜 금 진짜 은이 아닌 금속의 화합물 혹은 혼합물이다. 이른바 "철을 다루어 쇠를 얻는다"(點鐵成金)거나 "구리를 다루어 쇠를 얻는다"(點銅成金)는 말들은 모두 철이나 구리를 제조하여 합금을 만드는 방법이다. 한편, 수법水法을 통해 구리를 단련하는 방식도 당대에 이미 채택되기는 했지만 그것은 소규모에 불과했고, '수법'이 체계와 규모를 갖추게 된 것은 송대에 이르러서이다.

신체학 : 종려내단도가 흥기함에 따라 연형煉形과 연기煉氣와 연신煉神

의 법이 결합하여 체계화되면서 정밀화된 내단수련법이 완성된다. 이 속에는 수많은 종교적 신비 요소들이 포함되어 있지만 이와 더불어 후세에 기공의 합리적 요소라고 불리는 내용들도 포함되어 있어서, 병을 물리치고 신체를 건강하게 하는 측면이 있는 것은 분명하다. 연기와 연신의 과정에서는 인간의 잠재능력이 조절되어 여러 특이한 능력들이 발생하는데, 이로부터 인체 심층부의 심오함이 드러나게 된다. 내단도는 인체생리학에 특별한 공헌을 했다. 내단수련을 통해 수많은 도사들이 장수를 누렸는데, 『당서』에 근거하면 손사막은 100세를 누렸고 맹선은 93세에 죽었으며 도사 섭법선葉法善은 107세를 살았다. 이들의 수명은 당시로서는 일반인들이 도달하기 힘든 것이었다.

철학: 당대 청수무위파의 도사들은 대부분 철학자였다. 도가철학의 심화를 이끌어 낸 그들의 논저들은 당대 철학의 주요 내용이 되었다. 그들은 모두 유불도 삼교의 융합을 위한 이론과 실천을 선보였는데, 이러한 그들의 노력으로 인해 삼교융합의 사조가 일어났다. 주로 심성수련의 방면에서 불성론佛性論12)과 도성론道性論13)을 결합해 낸 것은 불교를 끌어와서 도교에 결합시킨 경우인데, 이는 당대에 형성된 새로운 철학사조인 동시에 후대 송명유학의 등장을 위한 개척의 과정이기도 했다. 또한 그들은 음양오행론으로써 인체의 생리를 관찰하고 천인합일론으로써 내단수련의 근거를 마련했는데, 이는 내단수련을 위한 실천의

---

12) 역자주: 부처가 될 가능성을 불성이라 한다. 대승불교에서는 모든 인간, 모든 존재에 불성이 갖추어져 있다고 본다. 진정한 인간성을 의미한다.
13) 역자주: 도성이란 불교의 불성 개념과 대비되는 개념으로, 우주만물과 생명에 잠재된 도를 말한다. 도성의 개념은 초기도가의 철학에 그 싹이 보이고, 구체적인 개념으로 형성된 것은 수당시기 이후의 道性說을 통해서이다. 法性 개념이 道性 개념으로 전환하여 일체 만물이 모두 도를 내재하고 있다고 함으로써 이것은 수당시기 重玄學의 핵심 개념 중의 하나가 된다. 수련자들이 도를 깨달아 成仙할 수 있는 근거가 되는 개념이며, 송대 성리학의 탄생에도 지대한 영향을 미쳤다.

166

방면에서 풍부한 천인일체론을 생성하여 인간과 자연의 관계 및 인체 내부에 대한 지식을 심오하게 해 주었다.

문학 : 당대 이전에 이미 도교의 신선설화에 토대를 둔 민간고사가 형성되어 있었고 전기傳奇류 문학도 성립되어 있었다. 이를 바탕으로 당대와 오대시기에는 종리권, 여동빈, 장과張果 등이 문학의 소재로 자주 다루어졌다. 이것은 송대에 완성된 '팔선'의 전설로 이어져, 팔선을 둘러싼 수많은 문학예술작품들의 서막이 되었다. 당대에는 또 지괴志怪류[4], 신마神魔류[5] 등 도교의 의식을 강렬하게 표출하고 있는 문학장르들이 성행하였으니, 『유선굴遊仙窟』, 『침중기枕中記』, 『남가태수전南柯太守傳』, 『유의전柳毅傳』 같은 빼어난 작품들이 등장하여 후세에 희곡으로 재해석 되기도 했다. 도교의 선경과 신선에 대한 묘사는 사람들의 상상력을 매우 자극하였다. 아무런 구속도 받지 않는 기발한 생각들이 도처에서 펼쳐져 새로운 경지의 낭만주의문학이 등장하였고, 수많은 대가와 최고 수준의 작품들이 탄생하였다. 당대의 시문들은 신선의 일들을 노래하거나 신선을 중요한 모티브로 삼은 독특한 예술구조를 만들어 내었다. 대시인 이백李白은 도교를 믿었는데, 신선이 되지 못하자 취중선醉中仙이 되었다. 그는 시의 의경이 고아하고 미묘하다 하여 시선詩仙이라는 칭호를 받았다. 시성詩聖으로 일컬어진 두보杜甫 역시 현실주의 시인이면서도 유선시遊仙詩를 남겼다. 그 밖에 백거이白居易는 「장한가長恨歌」를 남겼는

14) 역자주: 漢末(3세기)에서 육조시대 南朝(4~5세기)까지 성행한, 기괴한 일들을 적은 짧은 이야기를 지괴소설이라 한다. 소설의 원류를 이룬다. 당시에는 불교의 포교와 도교의 흥성으로 사람들의 상상력이 자극받아 기괴하고 기이한 일들이 입에 오르내 리고, 문인들은 그러한 괴담류를 기록하였다. 『搜神記』, 『神異記』, 『拾遺記』, 『宣驗記』, 『冥祥記』 등이 대표적이다.
15) 역자주: 고전소설의 한 부류로, '神'과 '魔'를 주된 소재로 다루는 소설을 일컫는다. 위진시대의 지괴소설에서 나온 것으로, 명대에 이르러서는 소설의 주된 부류가 되 어 장편 대작이 출현하게 되었다. 대표적인 작품으로 『西遊記』, 『大唐西域記』, 『大慈恩 三藏法師傳』, 『大唐三藏取經詩話』, 『封神演義』 등이 있다.

데, 도교적 상상력을 빌려 당 현종과 양귀비의 애정고사를 아름답게 묘사함으로써 후세에까지 많은 사랑을 받았다.

회화: 이 시기에는 도교 소재 그림을 그린 화가들도 많이 등장하였다. 당대에는 「십이진군상十二眞君像」을 그린 염입본閻立本, 『팔십칠신선권八十七神仙卷』・「송자천왕도送子天王圖」를 그린 오도자吳道子, 「용호도龍虎圖」를 그린 장소경張素卿 등이 등장하였고 오대에는 「낭원여선도閬苑女仙圖」를 그린 완고阮郜 등이 등장하였는데, 이들은 중국회화사에서 높은 위치를 점하고 있다.

그 밖에 도교건축과 조상, 음악 등의 방면에서도 성취가 있었다. 음악을 예로 들면, 현종 때 사마승정이 지은 「현진도곡玄眞道曲」이나 모산 도사 이회원李會元의 「대중천곡大羅天曲」, 하지장賀知章의 「자청상청도곡紫淸上聖道曲」 등은 모두 청아하고 속기가 없어 세속의 음악과는 달랐다.

제4장 송·금대: 도교의 전개와 창신

송대 도교는 당대 후기의 도교를 계승하면서도 도교사에서 새로운 발전을 이룩해 내었다. 이 시기에는 진단과 장백단을 거치면서 내단학이 내용적으로 더욱 심화되고 체계화되어 도교철학이 급속하게 성숙해지고, 도교 내의 교파들이 분화되어 적지 않은 새로운 교파가 출현하게 된다. 이 시기의 사회적 배경을 보면, 북송대에는 국력이 미약하여 판도가 크게 축소되었고, 남송대에는 더욱 위축되어 강남지역으로 편중된 가운데 밖으로는 이민족이 강하게 위협하고 안으로는 농민들의 봉기가 빈번하였다. 이 때문에 통치자들은 도교를 더욱 높임으로써 그 힘을 빌려 황권을 강화하고 민심을 안정시키면서 다른 나라들을 포섭하려 했고, 민중들 역시 화하민족의 본래 색채를 가진 도교의 위무를 받아 심신을 안정시키고자 했다. 그리하여 도교는 송대에 들어 대발전을 이루었고 지위는 한층 더 높아졌다. 이후 금대에 이르면 새로운 도교가 모습을 드러내는데, 이것은 도교사에서 특별한 의미를 지닌다.

1. 송 진종과 휘종의 도교 숭상

송 태조는 도교를 좋아하여 일찍이 도사 소징은蘇澄隱을 불러 매우 후한 상을 내리기도 했는데, 태종 역시 도교를 매우 좋아하는 황제였다. 그는 태평흥국太平興國 연간에 두 차례나 화산 도사 진단陳摶을 접견하여 후하게 대접한 뒤 재상들에게 이렇게 찬미하였다.

진단은 홀로 그 몸을 선하게 하여 세상의 이익에 간여하지 않으니 이른바 방외의 선비라 할 만하다. 진단은 화산에 거처한 지 이미 40여 년이 지났고 나이는 100세에 가깝다. 스스로 말하기를 "오대의 환란이 지나고 다행히 천하가 태평하게 되었기에 조정에 와서 알현하였다" 하였는데, 더불어 말을 주고받아 보니 매우 들을 만하였다.

이어 태종은 진단에게 희이선생希夷先生이라는 호를 내리고 자색 도복을 하사하였으며 많은 시문을 주고받았다. 단공端拱 연간에 태종은 스스로 자신의 존호를 '법천숭도황제法天崇道皇帝'라고 하였다. 순화淳化 연간에는 종남산의 은사 충방種放을 불렀으나 오지 않았다. 널리 도교 서적을 구해서 서현徐鉉과 왕우칭王禹偁에게 교정을 보게 하니, 3,727권의 도교 서적을 얻게 되었다. 이처럼 태종은 청수파淸修派 도사들을 존중하여 그들이 주장하는 청정무위의 정신을 중시했으면서도 자신의 양신養身과 치국治國을 위해 황로술을 받아들이고자 했으니, 그가 가장 관심을 두었

던 것은 황권천수설皇權天授說을 논증하고 기복양재祈福禳災를 가능하게
해 준다고 생각된 도법파道法派 도교였던 것이다. 그의 이러한 경향은
진종에게로 이어졌다.

　　태종은 급사한 형(태조)을 이어 새로운 황제가 되었는데, 당시 태조의
급사를 두고 '촉영부성燭影斧聲'1)의 설이 나돌았다. 이에 태종은 '익성강세
현령翊聖降世顯靈'의 고사를 만들어 유언비어를 불식시키고자 했다. 이
고사는, 옥제玉帝를 보좌하는 익성翊聖이 송나라 조정을 도우라는 명을
받고 종남산 도사 장수진張守眞의 집에 강림하였으며, 그가 임종을 앞둔
태조에게 "진왕晉王(태종)은 어진 마음이 있다. 진왕은 어진 마음이 있다"
라는 말을 들려주었다는 것이다. 이것이 의미하는 바는 분명하다. 진왕
이 황제에 즉위하는 것이 마땅하다는 뜻이다. 이는 인심을 안정시키기
위해 만든 신화가 분명하지만, 어쨌든 익성은 이로부터 송대 황실의
존귀한 신이 되었다. 태종은 익성을 '익성장군'으로 추봉하였고, 진종은
'익성보덕진군翊聖輔德眞君'으로 호를 더하였으며, 여기에 휘종은 다시
호를 더하여 '익성응감제광보덕진군翊聖應感諸廣保德眞君'으로 봉하였다.
진종은 대중상부大中祥符 9년(1016)에 총신 왕흠약王欽若에게 『익성보덕진
군전翊聖保德眞君傳』을 지어 전국에 배포하게 함으로써 송이 하늘로부터
명을 받은 왕조임을 선양하였다. 이때 왕흠약은 삼교를 아우르되 도교를
위주로 하여 '검법劍法'(요괴와 사악함을 물리치는 법)과 '결단법結壇法'(복을 빌고
재앙을 물리치는 법)을 서술하였으며, 이는 도교의 의례법을 확대하는 데

---

1) 역자주: 송 태조 조광윤이 죽던 날 밤 동생 조광의가 그와 둘이서 이야기를 나누었는
　데, 밖에서 보니 누군가가 도끼를 바닥에 찍으면서 "그렇게 하라"라고 외치는 광경
　이 그림자로 비치고 있었다. 곧이어 조광의가 나와서 "형님이 강제로 나를 황제로
　삼았다"라고 주장하며 제위에 올랐다. 그러나 일부 신하들은 실은 태종이 도끼를
　들고 형을 위협하다 죽이고 제위를 찬탈한 것이라고 믿었고, 이 음모론을 믿은 태조
　의 장남 조덕소는 제위를 노리다가 발각되어 태종의 손에 죽임을 당했다. 이 고사를
　'燭影斧聲'(촛불 그림자와 도끼 소리)이라고 한다.

커다란 영향을 미쳤다.

북송 황제들 대부분이 도교를 존숭하였지만, 진종과 휘종은 그 중에서도 특히 열성적이었다. 진종의 경우는 전연澶淵 땅에서 거란과 굴욕적인 맹약을 맺은 뒤로부터 체면을 만회하고 정권을 안정시킬 필요가 있었다. 이에 왕흠약이 태산에서 봉선을 거행하여 "천하를 진압해 복종시킬 수 있음을 다른 나라에 과시할" 것을 건의하면서, 봉선에는 당연히 하늘의 상서로움이 있어야 하는데 하늘의 상서로움은 사람의 힘으로 만들 수 있다고 하였다. 이후 왕흠약은 신도설교神道設敎의 이유로 왕단王旦과 한통속이 되어 천서天書와 부서符瑞를 만들고 천신강림 등의 신령스러운 행적을 지어 내었으며, 이로써 전통적인 천신숭배와 도교의 신앙이 결합된, 상당히 독특한 양태의 궁중종교가 등장하게 되었다. 대중상부 원년(1008) 정월에 진종은 신하들에게 "지난해 겨울밤에 신인이 내려와 '정전正殿에 황록도량黃籙道場을 세워 천서의 강림을 영접하라' 하였다" 라고 말하였는데, 말을 마치자마자 곧바로 황색비단에 쓰인 천서가 궁전 서까래 위에 나타났다. 왕단이 절하며 천서를 바치니, 비단에는 "조씨가 명을 받아 송에서 흥기하니, 항상됨에 합치하고 그 기물을 안치하며 바름을 지키면 700년 동안 오래오래 안정되리라"[2]라고 적혀 있었다. 그러자 신하들이 입조하여 하례하였고, 관리를 보내어 천지와 종묘사직에 고하니 한순간에 소문이 파다하였다. 이어서 4월에는 궁궐 내에, 6월에는 태산에 다시 천서가 강림하였다. 이에 각종의 전례를 더하여 이를 축하하고 금록도량金籙道場을 세워 천서를 읽는 예를 행하였는데, 이때 옥황상제의 상을 세우고 공경히 '옥황대천제玉皇大天帝'라는 성스러운 이름을 덧붙였다. 옥황대제는 본래 도교의 천신인데, 이러한

---

2) "趙受命, 興於宋, 付於恒, 居其器, 守於正, 世七百, 九九定."

과정을 거치면서 전통적 천신인 호천상제昊天上帝와 합쳐져 하나가 되었다. 이것이 송대 천신숭배의 큰 특징이다.

대중상부 5년(1012)에 진종은 또 신하들에게 신인이 옥황상제의 명령을 자신에게 전해 주었다는 이야기를 들려주었다. 신인이 진종에게 "앞서 너의 조상 조 아무개로 하여금 너에게 천서를 전하게 하였는데, 이제 다시 너를 만났으니 너는 마땅히 당나라 황실이 현원황제玄元皇帝를 받들 듯이 나를 대하라"라고 말했다는 것이다. 또 진종은 꿈에 영선의위천존靈仙儀衛天尊이 강림하여 이렇게 말했다고 한다.

> 나는 인황人皇 아홉 사람 중에 한 사람으로 조씨의 시조이며, 다시 강림하였으니 헌원황제軒轅皇帝이다. 세상 사람들은 황제를 소전少典의 자식으로 알고 있지만 이는 틀렸다. 나는 모친이 우레를 느끼어 천인을 꿈꾼 뒤 수구壽丘에서 태어났다. 후당시기에 옥제의 명을 받들어 7월 1일에 하강한 이래로 아래 세상을 두루 다스리고 조씨 종족을 주관하였으니, 이제 백 년이 되었다.

이에 진종은 그 조상신을 '성조상영고도구천사명보생천존대제聖祖上靈高道九天司命保生天尊大帝'로 봉하고, 조상신의 모친을 '원천대성후元天大聖後'로 봉했다. 이로 인해 도교의 신들 중에 조씨 성을 지닌 보생천존保生天尊이 탄생하였고, 이 신은 마침내 조씨 종실의 가족신이 되었다. 진종은 옥제의 지위도 올려 대중상부 8년에 '태상개천집부어력함진체도옥황대천제太上開天執符禦曆含眞體道玉皇大天帝'로 봉했으며, 대중상부 9년에는 조씨의 존신을 '성조천존대제聖祖天尊大帝'로 올려 봉하고 다음해에는 모신母神을 '성조모원천대성후聖祖母元天大聖後'에 봉했다. 또한 태상노군을 공경하여 '태상노군혼원상덕황제太上老君混元上德皇帝'로 추봉하였다.[3]

진종은 천경관天慶觀·성조전聖祖殿 같은 전국의 도교 궁관을 대대적으

---

3) 이상은 『宋史』「禮志」 권7 참조.

로 수리하게 하였고, 경성에는 옥청소응궁玉淸昭應宮을 건립하게 하였는데 모두 2,610칸에 달했다. 또 곳곳에 옥황상, 성조상, 진종어상 등을 주조하게 하고, 경사에는 경령궁景靈宮을 건립하여 조씨의 조상신인 성조聖祖를 받들게 하였다. 진종은 또 도사들로 하여금 도교 경전들을 교정보고 가려 묶게 하였다. 왕흠약이 이를 총괄하여 『보문총록寶文總錄』을 펴냈고, 장군방張君房이 다시 증편하여 『천궁보장天宮寶藏』 4,565권을 완성하였다. 장군방은 이 중에서 핵심이 되는 책들만 모아 『운급칠첨雲笈七籤』을 편찬하였는데, 이 책은 '작은 도장'이라는 칭호를 받았다. 진종은 기복양재祈福禳災를 위주로 하는 정일파 도사들을 매우 중시하였다. 그래서 용호산 정일도 제24대 천사 장정수張正隨를 불러 '진정선생眞靜先生'이라는 호를 내렸으며, 수록원受籙院·상청궁上淸宮을 건립하게 하고 여기에 전조田租를 하사하였다. 봉호封號 또한 세습하게 하였으니, 이를 계기로 천사天師는 황실로부터 '선생'이라는 호를 받게 되었다. 진종은 일찍이 "짐은 희이를 받들어 가르침을 삼고 청정을 본받아 백성에게 임한다"[4]라고 하여 황로의 도로써 세상을 평화롭게 하고자 함을 밝혔다. 그러나 그는 말만 많고 행사가 번잡한 탓에 도리어 백성들을 더욱 곤궁하게 만들고 말았다.

휘종의 도교 숭배는 진종보다 더했다. 『송사』 「휘종기」에 따르면, 그는 숭녕崇寧 4년(1105)에 구성궁九成宮에서 구정九鼎을 제사지냈고, 대관大觀 2년(1108)에 『금록영보도량의범金錄靈寶道場儀範』을 세상에 배포하였으며, 정화政和 5년(1115)에는 숭산 도사 왕자석王仔昔에게 '충은처사冲隱處士'라는 호를 내렸다. 정화 6년에는 상청보록궁上淸寶籙宮에 도사들을 모이게 하고 옥청화양궁玉淸和陽宮을 예방하여 '태상개천집부어력함진체도호

---

4) 『宋史』, 「方技列傳」.

천옥황상제太上開天執符御歷含眞體昊天玉皇上帝'라는 휘호와 보책寶冊을 바쳤다. 이는 호천상제와 옥황상제의 이름을 연결하여 하나로 만든 것이다. 정화 7년에는 도사 2,000여 명을 상청보록궁에 모아 놓고 통진선생通眞先生 임영소林靈素로 하여금 제군帝君이 강림한 일들을 강론하고 도경을 강의하게 하였다. 이어서 도록원道錄院에 지시하여 자신을 '교주도군황제敎主道君皇帝'로 책봉하게 하였다. 중화重和 원년(1118) 4월에 태상혼원상덕황제太上混元上德皇帝(노자)의 생일을 2월 15일로 확정하고 정원절貞元節로 삼았다. 5월에는 임영소를 '통진달령원묘선생通眞達靈元妙先生'으로 삼고 장허백張虛白을 '통원충묘선생通元沖妙先生'으로 삼았으며, 청화제군靑華帝君의 생일을 8월 9일로 확정하고 원성절元成節로 삼았다. 8월에 황제 자신이 주석한 『어주도덕경禦注道德經』을 배포하였다. 9월에는 태학太學과 벽옹辟雍에 각각 『내경』・『도덕경』・『장자』・『열자』를 설치하고 박사 두 명을 두도록 칙령을 내렸고, 도교와 관련된 고금의 일들을 기록하게 하여 이를 『도사道史』라고 명명했으며, 조서를 내려 시중대부祝中大夫 임영소와 시중봉대부祝中奉大夫 장허백을 특별히 본품本品의 진관眞官에 제수하였다. 선화宣和 원년(1119) 춘정월春正月에 도교를 높이고 불교를 배척하는 교지를 내렸다. 그 내용은 "부처를 대각금선大覺金仙으로 개칭하고 보살・조사 등을 선인仙人・대부大夫로 칭할 것, 승려를 덕사德士로 고치고 그 복식을 바꾸며 성씨를 부를 것, 절을 궁宮으로, 원院을 관觀으로 바꿀 것" 등이었는데, 이때 여관女冠(여자 도사)은 여도女道로, 비구니는 여덕女德으로 개칭되었다. 이것은 도교에다 불교를 융합시키려 한 것이었다. 3월에 조서를 내려 천하의 지궁관知宮觀 도사들에게 감사와 군현의 관리를 손님의 예로 상견토록 하였고, 5월에는 조서를 내려 덕사들이 도교를 배울 수 있도록 허락하였으며, 6월에는 장자를 '미묘원통진군微妙元通眞君'으로, 열자를 '지허관묘진군至虛觀妙眞君'으로 봉하여 이들을 혼원황제와 함께 배향하게 하였다.

휘종은 재위기간 내내 도교 숭배로 일관하였다. 재위 초기에는 모산 제25대 종사 유혼강劉混康을 총애하여 '보진관묘충화선생葆眞觀妙沖和先生'이라는 호를 내렸고, 또 용호산 30대 천사 장계선張繼先과 태주泰州 도사 서수신徐守信을 총애하였다. 정화 연간에는 도사 왕노지王老志와 왕자석王仔昔이 연이어 휘종의 사랑을 받았다. 휘종은 꿈에 노자를 만나 "나의 가르침을 흥기하는 것이 너의 숙명"이라는 신령한 계시를 받았으며 이른바 '천신강림'의 일도 일어났다고 스스로 말하였다.

휘종의 도교 숭상에 가장 큰 영향을 미친 사람은 도사 임영소이다. 임영소는 허황하고 과장된 말을 즐겨 하였는데, 일찍이 휘종에게 다음과 같이 말하였다.

> 하늘에는 구소九霄가 있는데, 신소神霄가 가장 높습니다. 신소의 옥청왕玉淸王은 상제의 장자로 장생대제長生大帝라 불립니다. 바로 폐하이시니, 남방을 주관합니다. 동방을 주관하는 청화제군靑華帝君은 폐하의 아우이십니다.…… 폐하의 대신인 채경蔡京은 좌원선백左元仙伯이고, 왕보王黼는 문화리文華吏이며, 성장盛章·왕혁王革은 원원보화리園苑寶華吏입니다. 귀비貴妃 유씨劉氏는 구화옥진안비九華玉眞安妃입니다.

휘종이 이를 듣고 좋아하여 호를 내리고 후하게 포상하였다. 임영소는 오뢰법五雷法에 관한 지식이 조금 있었는데, 이에 근거하여 기우제를 지내자 작은 징험이 있었다. 임영소의 꼬드김에 휘종은 상청보록궁·신소만수궁神霄萬壽宮을 건립하고 청화단靑華坛을 조성하여 관리와 백성들로 하여금 궁에서 신소비록神霄秘錄을 받게 하였다. 매번 천도회千道會라 불리는 큰 초제를 열어 재화를 낭비하였는데, 임영소가 높이 올라 정좌하고 황제가 그 곁에서 그의 말을 듣는 꼴이었다. 임영소의 무리는 2만 명이 넘는 교세로 조정을 압도하였다. 임영소는 이후 응도군절도사應道軍

節度使가 되어 '원묘선생元妙先生', '금문습객金門習客', '충화전시신沖和殿侍晨'
이라는 호를 더하게 되니, 경사에 머무르는 4년 동안 더욱 방자해져서
태자와 여러 왕들까지도 업신여길 정도였다.

임영소가 만들어 낸 신화에 빠진 휘종은 스스로를 호천상제의 원자로
서 태소제군太霄帝君이었다가 세상에 강림한 교주도군황제敎主道君皇帝라
고 생각하였다. 그리하여 휘종은 중국역사상 유일무이하게 천신이자
교주인 동시에 군주인 삼위일체의 황제가 되었다. 신권神權과 군권君權이
하나가 된 것이다. 그러나 이런 천박하고 한심한 형태의 도교 숭상으로는
결코 북송의 쇠퇴를 막을 수 없었다. 이것은 도리어 정권의 멸망을
가속화시켜 휘종 자신과 흠종이 함께 금나라의 인질이 되어 이국땅에서
죽음을 맞이하게 만들었다. 휘종의 행위는 오히려 자신이 숭상한 도교의
허황성과 부정성을 가장 잘 증명한 꼴이 되었다. 『송사』「휘종본기」에서
는 그가 나라를 잃어버린 이유에 대해, 작은 지혜를 믿고 마음씀이
한곳에 치우쳐서 바른 선비를 배척하고 간사한 이들을 가까이했으며
또 허무에 탐닉하고 도관의 꾸밈에만 치중하여 백성의 힘을 고갈시킴으
로써 국정에 태만하고 날마다 경계하지 않았기 때문이라고 지적하고
있다. 휘종이 도교를 숭상하여 이룬 유일한 긍정적인 성과로는 5,481권
에 달하는 『만수도장萬壽道藏』(『政和道藏』)의 편수를 들 수 있는데, 이것은
최초의 목판인쇄본 도장이다.

북송의 멸망에 따라 부록을 통해 복을 빌고 재앙을 물리치는(符籙祈禳)
등의 도법을 위주로 하던 도교가 몰락하고 남송시대에는 연양煉養과
권선勸善을 위주로 하는 새로운 도교가 흥기하여 대전환이 일어난다.
남송의 황제들도 대부분 도교를 지지하였지만, 그 중에서도 이종理宗은
그러한 경향이 좀 더 강했다. 그는 가희 3년(1239)에 정일도 35대 천사
장가대張可大를 불러 '삼산부록파三山符籙派5)'를 이끌게 하고 '관묘선생觀妙

先生'이라는 호를 내리는 등, 정일도에 각별한 관심을 보임으로써 남방 여러 도파의 수령이 되게 하였다. 특히 이종은 도교 서적인 『태상감응편 太上感應篇』을 추천하면서 친히 "모든 악을 짓지 말고 모든 선함을 받들어 행하라"(諸惡莫作, 衆善奉行)라는 제사題辭를 지었는데, 이때 유학자 진덕수眞德 秀가 서문과 발문을 썼고 재상 정청지鄭淸之가 찬문을 지었으며 태을궁 도사 호영미胡瑩微가 간행을 담당하였다. 이에 유가와 도교의 융합이 가속화되었고, 이 책이 광범하게 보급됨으로써 종법성으로서의 도덕이 선양되고 도교의 종교적 방식이 민간에 보급되었다.

---

5) 역자주: 龍虎山의 正一派, 茅山의 上淸派, 閣皀山의 靈寶派를 가리킨다.

2. 내단학 이론의 체계화

송대 내단학에 최대의 공헌을 한 학자는 송초의 진단과 뒤이어 등장한 장백단張伯端이다. 진단은 오대 말기와 북송 초기를 걸쳐 살았고, 장백단은 북송대에 태어나 전진도 남종파의 시조가 되었다. 진단과 장백단의 내단학과 도교철학은 모두 당말・오대시기의 종려학鐘呂學[6]에 연원을 두고 있다. 이들은 내단학과 선학을 결합시켜 성명쌍수를 주장하였으며, 노장의 학문을 우선시하는 가운데 그 속에 유학을 끌어들임으로써 세상의 이익에는 간여하지 않으면서도 도덕을 높여 세상의 풍속의 격려하고자 했다. 이 때문에 그들은 사람들로부터 깊은 공경과 추앙을 받았으니, 임영소의 무리와는 결코 같지 않았다.

1. 진단

『송사』「진단전」에서는 진단에 대해 다음과 같이 적고 있다. 진단(871~989)은 자가 도남圖南으로 호주亳州 진원眞源 사람이며, 경전과 역사, 백가의 말에 두루 통달하였다. 외단과 재초齋醮를 멀리하고 화산에 숨어 살며 복기服氣와 벽곡辟穀의 술을 행했다. 오대시기에 주周 세종이 황백술을

---

6) 역자주: 종리권과 여동빈의 내단이론을 말한다.

좋아하여 일찍이 진단을 불러 자문을 구하자, 진단이 대답하기를 "폐하는 온 세상의 주인으로서 마땅히 국가의 안녕과 평화를 생각해야 하거늘, 어찌하여 황백술 같은 데 마음을 두십니까"라고 하였다. 관직을 하사했으나 받지 않고 물러났다. 송이 들어서서 나라가 안정되고 융성해지자 진단은 송 태종의 초청에 응하여 조회하였는데, 재상 송기宋琪가 현묵수양玄默修養의 도에 대해 묻자 이렇게 답하였다.

> 저는 산야에 깃들어 사는 사람으로 시대에 쓸모도 없고, 또 신선황백神仙黃白의 일들과 토납양신吐納養身의 이치도 알지 못합니다. 게다가 전할 만한 방술도 있지 않습니다. 백일승천白日昇天의 일이 또한 세상에 무슨 도움이 있겠습니까? 지금 성상의 용안이 빼어나서 천인天人의 사표가 있으며 고금을 두루 통달하고 치란을 깊이 탐구하였으니, 참으로 어질고 성스러운 주인이라고 할 만합니다. 임금과 신하가 마음을 합하고 덕을 하나로 하여 교화를 일으키고 국가를 편안하게 다스릴 뿐이니, 부지런히 수련修煉에 힘쓴다는 것은 여기에서 나올 일이 없습니다.

이에 태종은 진단에게 희이선생希夷先生이란 호를 내려주었다. 분명히 진단은 당시에는 위정자들이 단지 치국에만 힘쓸 뿐이지 수련에 신경 쓸 여유는 없다고 인식하고 있었다. 그러므로 그는 황제와 신하들에게 내단학에 관해 들려주지 않았고 우화등선한 신선의 일로 인도하기도 원하지 않았다. 오직 치국의 바른 법도를 권할 뿐이었다. 후대의 도교 청수파 사람들은 대부분 이와 같았다.

진단은 자호를 부요자扶搖子라 하였고 『역』을 좋아하였으며 『지현론指玄論』 등을 지어 내단을 논했는데, 후대에 가장 영향을 미친 것은 당연히 그의 「무극도無極圖」와 「선천도先天圖」이다. 이 두 도圖가 어떤 사람에게서 나와 어떻게 전승되었는지에 대해서는 『송사』 「주진전朱震傳」과 『송원학안宋元學案』에서 모두 설명하고 있지만, 진단 이전은 고찰하기 어렵고 진단 이후부터가 역사적 사실에 부합하고 있다.

「무극도」는 일찍이 화산에 새겨져 있던 것으로, 도교와 성리학에 모두 대단히 큰 영향을 미쳤다. 이 그림이 등장함으로써 도식을 통해 역의 이치를 해석하는 새로운 사조가 나타나게 되었다. 명말청초의 황종염黃宗炎은 『도학변혹道學辨惑』의 「태극도설변太極圖說辨」에서 이 그림에 대해 다음과 같이 설명하고 있다.

그림의 가장 아래 단계는 '현빈지문玄牝之門'에 해당하니, 사람의 두 신장 사이에 있는 명문을 가리킨다. 기가 이로 말미암아 생겨나기 때문에 '조기祖氣'라고 부른다. 두 번째 단계는, 조기가 상승하는 연정화기煉精化氣와, 이것이 다시 상승하는 연기화신煉氣化神의 단계이다. 이 연정화기·연기화신의 단계는 곧 "유형의 정精을 단련하여 미세하고 아득한 기氣로 변화시키고" "기를 호흡하고 단련하여 유有와 무無를 넘나드는 신神으로 변화시키는" 단계이다. 세 번째 단계는 그렇게 해서 얻어진 신神이 오장육부를 관통하는 오기조원五氣朝元의 단계이다. 오기조원을 이루어 수화水火가 교구交媾하면 다시 상승하여 취감전리取坎塡離의 단계에 이르니, 바로 여기에서 성태聖胎를 이룬다. 이렇게 하여 시원始元으로 되돌리면 최상의 단계에 이르니, 이를 일러 '연신

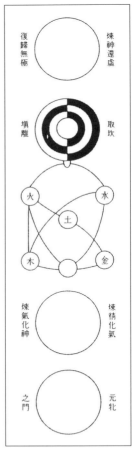

진단의 「무극도」

182

환허煉神還虛하여 무극으로 복귀하는' 단계라 한다. 이것이 선진仙眞의 장생 비술이다. 내단의 교의는 여기에서 기본이 확정된다. 이러한 내단 수련의 다섯 단계는 각기 '득규得竅'(玄牝之門), '연기煉己'(煉精化氣·煉氣化神), '화합和合'(五氣朝元), '득약得藥'(取坎塡離), '탈태脫胎'(煉神還虛·復歸無極)라는 이름으로 불리기도 한다.

진단의 「무극도」에 대한 해석 방법에는 두 가지가 있다. 하나는 위에서 아래로 내려오는 순방향의 해석으로, 우주의 생성과 변화의 과정을 통해 인간의 탄생을 그리고 있다는 해석이다. 다른 하나는 아래에서 위로 올라가는 역방향의 해석으로, 위로 거슬러 올라가면서 단의 형성을 나타냄으로써 내단수련의 과정을 그리고 있다는 해석이다.

「무극도」는 역의 이치와 「노자」를 결합한 『주역참동계』로부터 나왔다. 그래서 비교적 철학적 색채가 강한데, 단법 상으로는 선성후명先性後命의 수련법을 택하고 있다. 진단은 여기에다 불교의 선법禪法을 흡수하여 사람들로 하여금 관심觀心의 도로써 다섯 종류의 공의空義를 세우게 하였다. 그 중 '진공의眞空義'는 다음과 같다.

> 색色이 색이 아님을 알고 공空이 공이 아님을 알면, 이에 진공眞空이 일변—變하여 진도眞道를 낳고 진도가 일변하여 진신眞神을 낳으며 진신이 일변하여 사물마다 갖추어지지 않음이 없으니, 이것이 신선이다.

불교와 도교가 결합된 내단철학이라 할 수 있을 것이다.

진단은 세상 사람들의 눈에는 신선으로 비쳐졌다. 그래서 도교도들은 그를 '진단노조陳摶老祖'라고 부르면서 후대에 이르기까지 깊은 공경과 사랑을 보냈고, 화산은 이 때문에 더욱 빛을 발하였다. 진단의 제자로는 장무몽張無夢, 유해섬劉海蟾, 충방種放 등이 있다.

2. 장백단

장백단(987~1082)은 천태天台 사람으로 북송시기에 태어났다. 『역세진 선체도통감歷世眞仙體道通鑑』「장용성전張用誠傳」에 따르면, 장백단은 송나라 신종 희녕熙寧 2년(1069)에 유해섬을 만나 금액환단화후결金液還丹火候訣을 받은 뒤 이름을 용성用誠으로 바꾸고 자를 평숙平叔, 호를 자양紫陽으로 하였으며, 수련의 공을 이루고 나서 『오진편悟眞篇』을 지었는데 세상에 널리 유행하였다고 한다. 이 기록에 의거할 때 장백단은 진단의 재전제자가 되는 셈이다.

『오진편』은 도교 내단학 경전 가운데 특히 빼어나 『주역참동계』와 이름을 나란히 한다. 『오진편』은 『음부경』, 『도덕경』을 조경祖經으로 삼아 '삼재상도三才相盜'(천지인이 서로 훔침)와 '허심실복虛心實腹'(마음을 비우고 배를 채움)의 관념을 흡수하고, 거기에다 유학과 선학禪學을 융합시켜서 독특한 선명후성先命後性의 단도이론을 형성하였다. 『오진편』에 드러난 수련법 상의 특징으로는 다음과 같은 것들이 있다.

첫째, 삼교가 성명의 학문에 공통적으로 귀일함을 주장함으로써 '삼교귀일三敎歸一'을 높이 제창하였다. 『오진편』의 서문에는 "불교는 공적空寂을 종지로 삼고" "노자는 수련修煉을 참됨으로 삼는다"라는 말이 있는데, 이것은 어느 정도 합당한 말이기는 하지만 핵심을 제대로 지적하지는 못하고 있다. 또 유가에 대한 발언으로서 "『주역』에는 이치를 궁구하여 성을 다하고 명에 이른다는 말이 있고 『논어』에는 무의毋意·무필毋必·무고毋固·무아毋我의 설이 있다"라는 말이 있는데, 이 말 역시도 언급이 너무 간략하여 상세하지 못하다. 여하튼 이 책의 핵심은 "교는 비록 셋이지만 도는 하나에 귀착한다"라는 말에 있으니, 곧 성을 닦고 명을 닦는 도에 귀착한다는 것이다. 결국 『오진편』은 내단학의 입장에서 삼교를 관통한 책이라고 할 수 있다.

　둘째, 천인합일의 원리에 의거하되 거꾸로 신체를 단련하여 우주의 근원에 귀착해 가는 역방향의 수련방법을 제출하였다. 『오진편』에서는 몸속의 진음과 진양이 '참된 연홍'이 되어 채약採藥·봉고封固·화후火候·목욕沐浴 등의 과정을 거치고 나면 '금단이 이루어지고'(金丹煉成), 이것이 '도와 합쳐져서'(與道合一) '생사를 초월'(超出生死)하게 된다고 보았다. 그래서 시에서는 "한 알의 신령스러운 단을 삼켜 뱃속에 들어가니, 비로소 내 목숨이 하늘에 매이지 않음을 알겠네"라고 읊고 있다.

　셋째, 마찬가지로 성명쌍수를 강조하되, 명을 성보다 먼저 닦는 선명후성先命後性의 수련을 강조하였다. 책에서는 "명이 있지 않은데 성이 어디에 있겠는가", "먼저 명을 닦는 방법으로써 그 하고자 하는 바를 따르고, 점차로 그것을 도에 이끌어라"라고 말하였다. 명을 닦는 요체는 금단에 있다. 선천의 정기를 약으로 삼고 원신元神에서 비롯된 진의眞意를 화후로 삼아 정과 기를 단련하면 환골탈태의 경지에 도달한다. 그런 뒤에 명으로부터 성에 들어가니, 이는 명으로써 성을 안정시키는 것이다. 선종禪宗과 장자를 본받아 본원진각本源眞覺의 성을 구하고 다시 태어남이 없는(無生) 공적의 세계에 이르니, 바로 신통묘용神通妙用의 경지이다. 이렇게 성·명의 원만함을 이루면 도道와 함께하고 진眞에 합치하여 변화불측의 신선이 된다.

　이 밖에도 내재적인 수련을 돕는, 선을 행하고 덕을 쌓는 등의 외적 행위가 필요함을 역설하였다. 『오진편』에서는 "덕행을 닦음이 팔백 번을 넘고 은밀히 공을 행하고 덕을 쌓음이 삼천에 이르면, 남과 나, 친인과 원수가 고루 같아져서 비로소 신선이 되고자 하는 본원本愿에 합치할 수 있다"라고 말하고 있다.

　비록 장백단은 생전에 교단을 세우지 않았으나 사후에 금단 남종파南宗

派가 형성되어 그를 종파의 시조로 삼았다. 남종파의 계보에 따르면, 장백단은 도를 석태石泰에게 전했고 석태는 다시 설도광薛道光에게 전했으며 설도광은 진남陳楠에게, 진남은 백옥섬白玉蟾에게 각기 도를 전했다고 한다. 그래서 장백단, 석태, 설도광, 진남, 백옥섬은 전진도 남종파의 남오조南五祖로 받들어진다.

장백단의 도를 이은 석태는 『환원편還源篇』을 지어 『오진편』의 종지를 펼쳐 내었고, 도를 설도광에게 전했다. 설도광은 『환단복명편還丹復命篇』을 지어 응신입기凝神入炁를 입수처로 삼았으며, 도를 진남에게 전했다. 진남의 도는 다시 백옥섬으로 이어지는데, 백옥섬의 때에 이르러서야 비로소 남종파에는 교단과 정암靖庵(일종의 도관)이 있게 되고 내단과 뇌법雷法을 병행하는 수련법이 확립되었다. 백옥섬은 경주瓊州 사람으로 일찍이 남송 영종寧宗을 알현한 뒤 양소진인養素眞人이라는 호를 받았다. 백옥섬은 선법禪法을 중시하였으며, 도에 합치하는 마음이 곧 금단이라고 하였다. "심이 바로 도", "단丹이 곧 심心이요 심이 곧 신神이다" 등의 말이 그것이니, 이로써 "신은 주인이요 정기는 객이다"라고 말하게 된다. 또한 그는 연단의 과정으로 연형煉形, 연기煉氣, 연신煉神의 삼관三關을 말한다. 그러나 비록 삼관의 단계를 말하였다고 하더라도, 실제로 그의 내단학에서는 연신의 과정이 전 과정을 관통한다. 연형은 초관初關으로서 망형양기忘形養氣를 목표로 하고, 연기는 중관中關으로서 망기양신忘氣養神을 목표로 하며, 연신은 상관上關으로서 망신양허忘神養虛를 목표로 한다. 이것은 지극히 성의 공부를 중시하는 면모를 보이지만, 그의 내단학의 핵심은 어디까지나 성의 공부와 명의 공부가 하나로 합치하도록 하는 데 있다.

3. 부록파 도교의 새로운 변화

도교 부록파符籙派는 부수符水로써 병을 치료하고 복을 빌며 재앙을 물리치는 것을 직무로 하여, 한말 이래로 쇠퇴한 적이 없었다. 비록 때때로 황당하고 혼란스러운 모습을 보이기도 했지만, 그 실용성으로 인해 통치자들의 환대와 민간에서의 신봉을 받았다. 송대의 부록도교에는 전대를 이어 계속 발전해 온 정일正一·상청上淸·영보靈寶의 삼대 교파가 있고 또 신소神霄·청미淸微·정명淨明 등 새로 등장한 교파도 있다. 이 새로운 시대의 특징은 불교 및 유학을 융합하였고 내단학을 흡수하였으며 각종 뇌법雷法이 흥기하였다는 점이다.

정일도正一道는 북송시기 진종眞宗 때부터 대대로 조정의 중시를 받았다. 진종은 24대 천사 장정수張正隨에게 '진정선생眞靜先生'이라는 칭호를 하사하고 녹원錄院을 세워 주었는데, 이를 계기로 남송 말기 35대 천사 장가대張可大에 이르기까지 송대의 역대 천사들은 대대로 '선생'이라는 칭호를 하사받았다. 또한 장가대는 '삼산부록파三山符籙派'의 영수가 되어 남방 도교를 이끌게 되었다. 역대 천사들 가운데 제30대 천사 장계선張繼先은 송 휘종의 총애를 받아 여러 차례 황제를 알현하고 상을 하사받았다. 그는 박학다식하고 문장에 능하였으며, '본래진성本來眞性'을 신선이 되는 근본으로 삼았다. 교도들에게 '휴헐休歇'(일체의 생각을 내려놓음)을 통해 해탈에 이르라 했고, 부록파의 도교철학을 정비하였다. 또한 신소뇌법神霄雷法을 배웠는데, '뇌雷'는 '선천의 기가 변화하여 이루어진 것'으로서 이 '한 점 신령스러운 빛'의 영험함으로 인해 하늘과 통하고 신과 감응하며 귀신을 부릴 수 있다고 생각하였다. 뇌법을 써서 비와 청명함을 기구할 수 있는 것은, 한 점의 신령스런 빛이 자기 몸속의 음양을 주재하여 자연계의 음양과 교감함으로써 귀신을 움직이게 하고 바람과 비와 천둥과 번개를 일으키게 되기 때문이다. 장계선 이후에 정일도 도사 유용광留用光이 오뢰법五雷法[7]을 행하여 비를 내리게 함으로써 명성을 얻은 바 있다.

상청파上淸派는 모산을 거점으로 삼았으며, 송대에 종사宗師의 직을 조정으로부터 하사받았다. 제23대 종사 주자영朱自英(976~1029)은 진종을 위해 법을 행하여 자손을 얻게 함으로써 '국사國師'의 칭호를 하사받았고, 25대 종사 유혼강劉混康은 철종과 휘종 양대에 걸쳐 총애를 받았다.

영보파靈寶派는 재초齋醮와 제련祭煉에 뛰어났으며 민간에서 많은 활동을 하였다. 북송 말 남송 초에 '동화파東華派'가 분화되어 나왔는데, 이 파를 창시한 영전진寧全眞(1101~1181)은 남송 조정에 상주하며 제초행사를 주재하였고 '찬화선생贊化先生'에 봉해졌다.

송대에 들어 새롭게 등장한 교파들 가운데 주요한 종파로는 신소神霄와 청미淸微의 두 파를 들 수 있다.

신소파神霄派의 창시자인 왕문경王文卿은 북송 말기의 도사로, 자신의 부법符法이 '고상신소옥청진왕高上神霄玉淸眞王'으로부터 나왔다고 하면서 신소神霄로 자칭하였다. 왕문경은 송 휘종의 총애를 받아 '금문우객金門羽

---

7) 역자주: 符籙으로 雷將을 불러내어 자신의 오장의 기와 천지오행의 기가 감응하게 함으로써 바람을 일으키거나 비를 내리게 하는 것이다. 뇌법을 이용하는 도교 교파는, 내단술을 체로 삼고 부록을 용으로 삼는 파이다.

客'에 제수되고 '충허통묘선생沖虛通妙先生'이라는 호를 하사받았다. 휘종의 후원 아래 신소뇌법이 크게 행해져서 그 영향이 전진도 남종파에까지 미쳤고, 왕문경 또한 남종파의 내단학을 이용하여 뇌법의 이론적 기초를 세웠다. 왕문경은 "도를 체로 삼고 법을 용으로 삼을" 것을 주장하였는데, 그의 뇌법 가운데 뇌신雷神과 우리雨吏를 부르는 것이 있다. 이것은 사실상 몸속의 정기신과 오장의 기를 외부화하는 것이다. 신소파는 수련으로 단을 이루어 몸속에 있는 음양과 오기의 교감을 주재할 수 있으면 또한 외부의 음양오기와도 감응하고 소통할 수 있으며, 이로 인해 비와 청명함을 기구하고 재앙을 없애며 병을 치료하는 목적에 도달할 수 있다고 생각했다. 이는 분명히 인체의 기능을 확장시킨 것이라고 할 수 있다.

청미파淸微派는 그 법이 '청미천원시천존淸微天元始天尊'으로부터 나왔다고 하여 스스로 이름을 그렇게 정하였다. 이 종파의 대표 인물인 황순신黃舜申(1224~?)이 청미법을 집대성하였는데, 그 뇌법은 명목이 매우 번잡하다. 법의 종지는 신소파와 가까웠고, 다만 부록을 쓰는 바가 다를 뿐이었다.

4. 송대 성리학에 미친 도교의 영향

　　도교 내단학의 성숙은 전통적 천인지학天人之學을 심화시켰고 소우주인 인체와 대우주 사이의 내재적 관계를 밝혀내었다. 이것은 성리학적 사유의 계발을 촉진시켰을 뿐만 아니라 북송 성리학의 형성에 직접적인 영향을 끼쳤다. 북송 성리학의 선구자들인 주돈이周敦頤(1017~1073)와 소옹邵雍(1011~1077)은 모두 도교 내단학에 매우 밀접한 연원을 두고 있다. 원대 초기의 장우張雨는 『현품록玄品錄』에서 "진단은 목수穆修에게 『역』을 전하였고, 이를 목수는 이지재李之才에게, 이지재는 소옹에게 전하였다. 진단은 또한 충방種放에게 「태극도」를 전하였는데, 충방이 이를 목수에게 전하고 목수는 주돈이에게 전하였다"라고 기록하고 있다. 또『송원학안宋元學案』에는 다음과 같은 기록이 있다.

　　하상공河上公의 본래 그림은 이름이 「무극도」였는데, 위백양이 이를 얻어 『주역참동계』를 지었다. 종리권이 이를 얻어 여동빈에 전하였고, 여동빈은 이를 화산에서 진단에게 전해 주었다. 진단은 또한 마의도자麻衣道者에게서 「선천도」를 얻어 모두 충방에게 전해 주었고, 충방은 목수와 승려 수애壽涯에게 이를 전하였다. 목수는 「선천도」를 이지재에게 전하였고, 이지재는 이를 소천수邵天叟에게 전했으며, 소천수는 아들 요부(소옹)에게 이를 전하였다. 목수는 「무극도」를 주돈이에게 전하였는데, 주돈이는 또 선천지先天地의 계송을 승려 수애에게서 얻었다. 하상공, 위백양, 종리권, 여동빈이 전수한 그림은 세상에 행방이 묘연하여 살펴보기 어렵게 되었고,

가탁자가 극히 많다. 그러나 진단 이후의 전수관계는 매우 상세하여 근거가 없을 수 없다. 주돈이의 「태극도」는 바로 진단이 전한 「무극도」를 얻어 이루어진 것으로, 단지 그 순서를 뒤집어 해설을 거듭하고 명칭을 바꾼 것일 뿐이다.

앞에서 기술했듯이 도교의 「무극도」는 "역으로 거슬러 가서 수련을 통해 단을 이룸"에 그 뜻이 있는 데 비해, 주돈이의 「태극도」는 "순행하여 인간의 탄생에 이름"에 그 뜻이 있다. 주돈이는 위에서 아래로의 생성과 정을 논함으로써 우주의 생성과 변화에 대한 유가의 학설을 이루어 낸 것이다. 주돈이의 「태극도설」은 최상단의 '무극이태극無極而太極'으로 부터 논의를 시작한다.

무극이면서 태극이다. 태극이 움직여서 양을 낳는다. 움직임이 지극하면 고요하게 되니, 고요함이 음을 낳는다. 고요함이 지극하면 다시 움직인다. 하나의 움직임과 하나의 고요함이 서로 뿌리가 되니, 음으로 나뉘고 양으로 나뉘어 양의兩儀가 세워진다. 양이 변하고 음이 합하여 수·화·목·금·토의 오행이 생겨나고, 오행의 기운이 순조롭게 펼쳐져서 춘·하·추·동의 사계절이 운행된다.…… 하늘의 도는 남성을 이루고 땅의 도는 여성을 이루니, 두 가지 기가 서로 감응하여 만물을 화생시킨다. 만물은 태어나고 또 태어나 변화가 무궁한데, 오직 사람만이 그 빼어남을 얻어 가장 영특하다.

이렇게 주돈이는 도가의 우주생성론을 취하고 이를 『역전』의 우주론과 결합시킴으로써 유가의 전통적인 우주론을 만들어 내었다. 주돈이는 또 "성인이 중정中正과 인의仁義를 바르게 정하여, 고요함을 주로 해서 인극人極(사람으로서의 지극함)을 세우셨도다"라고 하였는데, 이러한 주정主靜의 학설 또한 도교에 그 근원을 두고 있다.

소옹이 주창한 선천상수학先天象數學[8]의 구조는 도교의 「선천도」에

---

8) 역자주: 소옹의 상수역학을 말한다. 하도와 낙서, 선천도 등의 도식을 사용하여 우주

연원을 둔 것으로, 64괘 간의 상생과 연결을 통해 일 년 사계절의 변화를 설명하고 또 태극·음양의 변화를 통해 천지만물의 변화를 설명한다. 그는 '선천先天'과 '후천後天'을 구별하여 형이상학과 형이하학의 철학 범주를 심화시킴으로써 성리학 체계의 형성에 중요한 역할을 하였다.

성리학자들이 도교로부터 영향을 받은 예들은 이 외에도 많다. 소식蘇軾(1036~1101)은 내단학에 대한 연구가 상당한 수준에 도달해 있었다. 그는 "오행전도술五行顚倒術에서는 용龍이 화火 속에서 나오니, 오행이 순행하지 않으면 호虎가 수水 속에서 생겨나게 된다"[9]라고 하였으니, 내단학에 대한 그의 지적 수준의 정도를 잘 알 수 있다. 주희는 일생 동안 내단학에 꾸준한 관심을 보였으며 『주역참동계고이周易參同契考異』를 지었는데, 이 책에서 그는 "매번 배우고자 했으나 그 전해 온 바를 얻지 못하였고 손댈 곳조차 없어서 감히 가볍게 논의할 수 없었다"라고 하여 『주역참동계』의 심오함을 깊이 인정하였다. 또한 초기 성리학자들에게는 모두 주정主靜의 수련공부에 관한 논의가 있었으니, 아직은 내단학의 훈도薰陶와 무관한 것으로부터 시작하는 경우는 없었다. 세상 사람들은 대부분 성리학을 도학道學이라고 칭하였는데, 그 까닭은 성리학이 도가와 도교에서 많은 것을 취하여 형이상학적인 도의 추구를 중시하였기 때문이다.

만물의 생성과 변화, 역사의 변천을 설명하는 역학이다. 소옹의 선천상수학은 주희에 의해 수용되어 송대 상수역학으로 자리를 잡는다.

9) 『東坡雜記』.

5. 전진도·태일교·대도교

　정강靖康의 변 이후 송나라는 동남지역에 안주하는 데 만족해했고, 중원과 북방의 대부분 지역은 금나라의 영토가 되었다. 이민족의 다스림을 받게 된 북방의 한족 지식인들은 관직에 나아가기를 원하지 않았고 또 나아갈 길도 없었다. 유가의 치세이념은 바랄 수도 없었고, 불교 또한 기대할 수 있는 바가 아니었다. 그래서 지식인들은 도가와 도교의 영역으로 들어와 안신입명安身立命할 곳을 찾았다. 그들은 인심을 사로잡고 질서를 안정시키며 그들 자신 또한 고통으로부터 벗어나기 위해 도교의 혁신을 통한 종교의 길을 모색했다.

　이 무렵 금나라에는 통일된 관방종교가 없었고 유학 또한 번성하지 못했기에 귀족들이 의지할 만한 새로운 정신적 힘이 급하게 요구되었다. 또한 금나라 조정은 전쟁의 고통에 빠진 수많은 한족 백성들을 위무할 필요가 있었다. 북방의 민중들은 끊임없이 계속된 전쟁의 참화를 견뎌온 데다 민족적 차별과 계급적 불평등이라는 이중 압박 속에서 살아야만 했기에 더욱 더 정신적으로 기댈 만한 결사조직이 필요했다. 그래서 이에 응하여 새로운 도교 교파들이 생겨났다. 기존의 교파들은 당시의 문화적 다원주의와 융합의 추세에 맞추어 교의를 크게 혁신함으로써 심오한 철학적 이치와 신선의 경지에 대해 논의하고 또 쉽고 명백한 수련의 방법과 규범을 제시하였는데, 이와 더불어 일부 빼어난 인사들에 의해 창도된 새로운 종파들이 큰 매력을 발산하며 일세를 풍미함으로써 중국 도교사의 새 단계를 열게 된 것이다. 이때 흥기하고 발전한 대표적인 종파가 바로 전진도全眞道, 진대도교眞大道敎, 태일교太一敎이다. 종파가 창단된 시점은 진대도교와 태일교가 좀 더 빨랐지만 영향력이 가장 컸고 도교사에서의 지위가 높은 것은 전진도였기에, 먼저 전진도에 대해 기술하기로 한다.

1. 전진도

전진도의 계보에 따르면, 그 도의 원류는 동화제군東華帝君[10]으로 소급해 올라가서 아래로 종리권과 여동빈, 유해섬, 왕철王喆로 이어지고 있다. 그래서 이들은 전진의 북오조北五祖로 칭해지는데, 사실상 전진도의 진정한 창시자는 왕철이다.

왕철은 함양 사람으로 본명이 중부中孚요 자가 윤경允卿이었는데, 후에 무과에 응시하면서 이름을 덕위德威로, 자를 세웅世雄으로 바꾸었으며, 입도 후에 다시 철喆로 개명하고 자를 지명知明, 호를 중양자重陽子로 하였다. 송 정화政和 2년(1112)에 태어나서 금 세종 대정大定 10년(1170)에 죽었다. 호족 출신으로 문무를 겸비했으나 관직에 나아가지 못하다가 문득 느낀 바가 있어 도교에 입교하였다. 종남산 남시촌南時村에 '활사인묘活死人墓'라고 명명한 땅굴을 파고 단도丹道를 수련하였는데, 평소 미치광이 행세를 하여 '왕해풍王害風'(왕 미치광이)으로 불렸다. 스스로 말하기를

---

10) 역자주: 東王公, 木公, 東王父, 扶桑大帝 등으로도 불린다. 원래는 고대신화 속의 남자 신이었다. 『神異經』에서는 "동황산 속 큰 석실에 동왕공이 거처한다. 키가 한 장이고 머리는 하얀데, 사람의 모습에 새의 얼굴을 하고 호랑이 꼬리를 가졌다"라고 하였는데, 후대 도교가 관장하는 남자신선 명부에는 신선의 우두머리로 기록되어 있다.

정륭正隆 연간(1156~1160)에 지인至人을 만나 득도했다고 한다.

대정 3년(1163)에 종남산 남쪽 유장촌劉蔣村에 초막을 짓고 백옥섬, 영양이공靈陽李公과 함께 거처하면서 관중지역에서 창도했다. 수년간 받아들인 교도들의 수가 헤아릴 수 없이 많았다. 대정 7년(1167)에 거처를 불태우고 동쪽으로 떠돌다가 영해寧海(산동성 膠東半島 소재)의 이로정怡老亭에 이르러 마옥馬鈺을 만났다. 마옥·손불이孫不二 부부, 담처단譚處端(1123~1185), 유처현劉處玄(1147~1203), 구처기丘處機(1148~1227), 왕처일王處一(1142~1217), 학대통郝大通(1140~1212) 등 칠대제자를 받아들였다. 과거 제나라 땅이었던 교동膠東은 선학仙學의 유풍을 간직하고 있었기 때문에 많은 방사와 도사를 배출해 내었다. 칠대제자 또한 모두 이 지역의 부유하고 권세 있는 집안 출신으로서 문사에도 능했고 습속의 영향으로 도 닦는 것을 즐겼는데, 왕철을 따른 이후에 전진도의 골간을 이루는 인물들이 되었다. 대정 8년과 9년에 문등文登·영해·복산福山·내주萊州 일대에 '삼교칠보회三敎七寶會', '삼교금련회三敎金蓮會', '삼교삼광회三敎三光會', '삼교옥화회三敎玉華會', '삼교평등회三敎平等會' 등 다섯 개의 교단동맹이 세워짐으로써 금단도의 조직체계가 정식으로 만들어졌다. 대정 9년(1170) 왕철은 구처기, 유처현, 담처단, 마옥의 4대 제자와 함께 관중으로 돌아가 변경汴京(하남성 개봉)에서 죽었다. 왕철의 칠대제자는 관중·하북·하남·산동 일대에서 도를 닦고 전도를 하였는데, 이들은 청렴과 절개, 고행으로 세상을 놀라게 하면서 커다란 반향을 불러일으켰다.

이 시기에 도교 외단술은 수백 년을 검증 없이 유행하다 쇠락하였고 부록파는 도사 임영소 등의 난행으로 북송 정권이 무너짐으로써 민심을 잃게 되었는데, 이에 비해 종려내단학은 북송대 진단과 장백단의 노력을 거치면서 진일보한 발전을 이룩하고 있었다. 또한 도교 외적으로는, 통합과 회통의 사조가 주류로 부상하면서 사회기능상의 융합을 거쳐

철학이론상의 융합 즉 삼교회통이 시도되었고, 이에 따라 불교와 도교를 흡수한 신유학(성리학)과, 유교와 도교를 받아들인 신불학(선불교)이 모습을 드러내고 있었다. 단지 도교만이 삼교회통의 신도교를 탄생시키지 못한 상태였다. 바로 이러한 때에 왕철은 문화와 종교의 소양을 갖춘 사상가로서 신도교의 창건에 착수하였던 것이다.

왕철이 창립한 전진도는 부록과 외단을 버리고 종려내단학의 기초 위에서 불교와 유학을 융합해 내었다. 때문에 '삼교원융'·'삼교평등'의 도라고 불리기도 한다. 전진도는 심성수련을 주요 내용으로 삼고, 담박하고도 뼈를 깎는 수행으로 고난에 처한 사람들을 구제할 것을 행위의 준칙으로 삼았다. 또한 유교와 불교를 도교에 융합하는 역사적 임무를 완수하는 것으로부터 더 나아가, 득도하여 신선이 된다는 도교의 기본 종지를 위배하지 않는 전제 아래 도교를 도가의 학문으로 회귀하도록 하였다. 아래에서는 이러한 세 측면, 즉 삼교합일과 심성수련, 도가로의 회귀라는 측면에 대해 살펴보겠다.

먼저 삼교합일의 측면이다. 왕철은 전진교 창립의 초기에 특히 삼교합일을 더욱 표방하였다. 「종남산중양조사선적기終南山重陽祖師仙跡記」에는 다음과 같이 적혀 있다.

> 무릇 사람과 접촉하는 초기에는 반드시 먼저 『효경』과 『도덕경』을 읽도록 하였으며, 또한 효를 가르쳐 삼가 순일토록 권면하였다. 설을 세울 때에는 육경을 많이 인용하여 증거로 삼았다. 문등, 영해, 복산, 내주에서 그 무리를 이끌고 법회를 연 것이 다섯 차례인데, 모두 정심正心·성의誠意의 이치와 사사로움을 줄이고 사욕을 없애는 이치를 밝혔다. 하나의 상相에 머물지 않았고, 하나의 교에 얽매이지 않았다.

또 「전진교조비全眞教祖碑」에도 이와 유사하게 "선생은 사람들에게

『도덕경』, 『청정경』, 『반야심경』, 『효경』을 독송하도록 권하고, 이로써 수증修證할 수 있다고 하였다"라는 기록이 있다. 왕철은『금관옥쇄이십사결金關玉鎖二十四訣』(『금관옥쇄결』)에서 "태상(노자)을 조祖로 삼고, 석가를 종宗으로 삼으며, 부자(공자)를 목표로 삼는다"라고 하였으니, 이것은 삼교의 조종을 모두 믿었다는 분명한 표지가 된다. 그는 또 "삼교는 참된 도를 떠나지 않는다. 비유하여 말하면 마치 한 뿌리의 나무로부터 생겨난 세 가지와 같다", "삼교가 한 집안인 것을 찾으라", "불가와 도가는 본래 한 집안이다", "삼교는 본래 한 조상의 가르침이다" 등의 말을 남겼다. 근본적인 원리에서는 삼교가 상통한다고 생각했던 것이다. 그래서 왕철은 불교의『심경心經』을 인용하여 내단을 논증하였고, 유가의 오상五常을 인용하여 내단결內丹訣을 논증하였다. 천하의 궁극적인 진리는 오직 하나로 통한다고 여겼기에 그는 "천하에는 두 가지 도가 없고, 성인은 두 마음이 없다"라고 하였다. 다만 구체적인 표현방식에서 다를 뿐이라는 것이다. 이처럼 왕철은 유불도가 같은 근원을 갖는다는 삼교동원설三敎同源說을 주장하였지만, 비록 상통하는 바가 있다 하더라도 유불도 삼가의 이론은 실질적으로 차이가 있다. 삼교동원설은 단지 그의 삼교회통의 강렬한 바람을 표현한 것일 뿐이다. 왕철은 현실적으로 유교와 불교의 세가 도교에 비해 월등함을 고려하여 삼교평등설을 제창하였던 것이다.『금관옥쇄결』에서는 "삼교는 솥의 세 다리와 같다"라고 하였는데, 이는 하나라도 결핍되어서는 안 된다는 의미이다. 왕철의 의도는 분명히 도교의 지위를 높여서 유교 및 불교와 대등한 위치로 끌어올리고자 한 것이었다.

다음은 심성수련의 측면이다. 왕철은 전진도의 교의에서 심성의 수련을 강조하여, 청정함을 으뜸으로 삼고 식심견성識心見性을 우선시하였다. 이는 중국철학이 당시에 강조하던 보편적인 심성학의 추세와도 일치한다. 왕철은 신도교를 전진全眞이라 이름지었다. 전진의 뜻에 대해서는, 희지진姫志眞은 "근본을 온전히(全) 하여 허물이 없고 본원을 참되게 (眞) 하여 허망하지 않은 것"이라고 해석하였고, 이도순李道純은 "그 본래의 참됨(眞)을 온전하게(全) 하는 것"이라고 해석하였으며, 「전진교조비」에서는 "마음을 알고 본성을 알아서 홀로 그 참됨(眞)을 온전히(全) 하는 것"이라고 하였다. 총괄하면, 참된 본성을 온전히 보전하여 가장 원만하고 진실된 삶을 성취한다는 뜻이 된다.

끝으로 도가로의 회귀라는 측면이다. 전통 도교의 교의에 따르면 신선이 된다는 것은 정신적으로 한계를 넘어서는 것일 뿐 아니라 육체적으로도 영생을 이루는 것이다. 모든 도술의 궁극적인 목적은 개체 생명이 오래도록 흥성하고 쇠하지 않는 것, 즉 범인이 환골탈태를 통해 신선이 되어서 영원한 생명을 누리는 것이다. 왕철은 내단학의 기초 위에서 한 걸음 더 나아가되 방향을 전환시켜서, 영원히 장생하고 신선이 되어 선계에 오르는 설을 힘써 배척하고 참된 본성의 초월과 정신의 초탈을 적극적으로 선전하였다. 이것은 신선도교로부터 멀어져 선불교에 접근한 것이라 할 수 있다. 그는 "영원토록 죽지 않으려고 세속을 떠나는 자는 크게 어리석어 도의 이치에 이를 수 없다"[11]라고 하면서, "참된 본성이 어지럽지 않고 온갖 인연이 얽히지도 않으며 가지도 않고 오지도 않는 것, 이것이 바로 장생불사"[12]라고 하였다. 따라서 단을 연마하는 수도자는 마땅히 마음을 밝게 하여야 하는데, 마음을 밝게 하는 요체는 '청정함'에 있다. 안으로 청정하다는 것은 마음에 잡념이 일어나지 않는 것이고 밖으로 청정하다는 것은 온갖 속세의 것에 물들지 않는 것이니,[13] 구체적으로는 "주색잡기와 재물에 대한 욕심을 끊고 애정과

---

11) 『立敎十五論』.
12) 『金關玉鎖二十四訣』.

근심, 생각을 끊는"[14] 것이며 더 나아가서는 생각을 잊고 외부 환경을 잊으며 헛된 견해에 집착하지 않는 것이다. 이것은 선종의 '견성성불見性成佛'(본성을 알아 부처를 이룸)이나 '무념무주無念無住'(사념도 없고 얽매임도 없음)의 설과 유사하고, 또 초기도가의 청정무위설淸淨無爲說과도 일치한다. 그래서 후대 학자들은 왕철이 창설한 전진도는 부록이나 신선도교의 궤도에서 벗어나 도가의 청정수도학으로 되돌아갔다고 평한다. 왕운王惲은 「봉성주영창관비奉聖州永昌觀碑」에서 다음과 같이 말하였다.

후세에서 도가의 부류라고 일컫는 것은 대개 옛날의 은일청정한 선비들을 가리킨 말이다.…… 한대 이후로부터 처사들이 은밀한 것을 찾고 방사들이 허망한 소리를 하여 비승연화飛升煉化의 술과 제초양금祭醮禳禁의 과의를 행한 것이 모두 도가에 속하게 되었다.…… 폐단이 극에 달하면 변하게 되니, 이에 전진교가 흥하게 되었다. 전진교는 연못과 같은 고요함으로 뜻을 밝히고, 덕을 닦고 도를 행하였다.…… 허망한 소리로 미혹되게 하는 말들을 알지 못하여 순수하고 소박하였으니, 옛날의 은일하던 사람들의 유풍이 있게 되었다.

또한 서염徐琰은 「학종사도행비郝宗師道行碑」에서 이렇게 말하였다.

도가의 부류는 노장에서 나왔는데, 후세 사람들이 그 본래의 종지를 잃고 갈라져 나와서 방술을 행하고 부록을 행하며 연단을 행하고 제초를 행하였다. 파가 나뉠수록 미혹됨이 더욱 멀리까지 가 버렸으니, 이러한 사태가 오랫동안 내려왔다. 이에 중양진군(왕철)이 사우師友에 얽매임이 없이 한 번 깨달아 속세의 인연을 끊으니, 거의 하늘의 뜻을 받은 듯하였다. 종남산에서 일어나 곤륜산에까지 이르도록 같은 무리를 불러 모아, 그들을 개도하고 단련시켜서 일가의 교단을 세우니 이름을 '전진全眞'이라 하였다. 그 수양법은 대략 '마음을 알고 성性을 알 것', '정情을 없애고 욕망을 버릴 것', '욕됨을 알고 남의 허물을 감싸 줄 것', '자신은 고행하고 남을 이롭게 할 것'을 으뜸으로 삼았다. 노자가 말한 "수컷을 알고 암컷을 지키며,

---

13) 『金關玉鎖二十四訣』.
14) 『重陽敎化集』.

백白을 알고 흑黑을 지키며, 영화로움을 알고 욕됨을 지킨다", "도를 행하는 것은 날로 덜어내는 것이니, 덜어내고 또 덜어내어 무위에 이른다"라는 바, 또 장자가 말한 "담담한 곳에서 마음을 노닐고, 아득한 곳에서 기를 합한다", "순수하고 한결같으니 광인처럼 천진하다", "천지를 벗어나고 만물을 버려둔다", "깊숙이 뿌리박고 궁극의 경지에 머문다", "재주가 온전하지만 덕이 밖으로 드러나지 않는 자"라는 바가 '전진'에 갖추어져 있다. 노장의 도가 여기에서 비로소 합한다. 왕중양이 창도하고 마옥·담처단·유처현·구처기·왕처일·학대통의 여섯 제자가 화답함에 천하의 도가 근원으로 흘러가게 되었다. 이들을 칠진七眞이라 하니, 일一을 스승으로 삼았다.

서염徐琰은 도가의 입장에서 부록과 연단에 미혹된 잘못을 꾸짖었는데, 사실상 도가에서 분화되어 나온 도교 또한 문화사의 정상적인 현상이므로 특별히 폄하하고 억누를 필요는 없다. 다만, 전진도와 노장학이 서로 합치된다고 한 그의 견해는 탁월하다고 할 수 있다.

그러나 전진도를 건립한 왕철이 결코 단순하게 노장의 도가로 회귀한 것은 아니다. 그는 첫째, 삼교합일을 창도하여 도가에 회귀하는 동시에 선종에 가까이 다가섰고 유가와도 손을 잡았으니, 새로운 시대사조의 특색을 갖추고 있었다. 둘째, 여전히 도교의 신선설을 주장하여 도교의 본색을 잃지 않았다. 물론 육체가 직접적으로 신선이 되어 비승한다고 본 것은 아니고, 그는 내단의 '양신陽神'을 단련하여 썩지 않는 순양의 몸을 이루면 육체를 이탈하고 생사를 초월하여 천계에 오를 수 있다고 주장하였다.[15] 셋째, 신도를 받아들여 모임을 만들고 가르침을 전하여 세상을 구제하였으니, 속세에서 벗어나 한가하게 은둔하는 노장의 유풍을 따르지 않고 종교인의 길을 걸었다.

왕철은 유교와 불교의 정신을 이용하여 도교를 향상시켰고, 또한

---

15) 『금관옥쇄결』에 그 내용이 보인다.

도교의 정신을 이용하여 도가를 개조하였다. 이것은 일종의 혼합형 심성학이라 할 수 있겠는데, 그는 이것을 단순한 수도방법론이나 교단제도의 차원을 넘어 실제로 조작할 수 있고 행위를 구속할 수 있는 것으로 변화시켜서 민중의 사회생활에 직접적으로 간여하는 교화체계를 만들어 내었다. 왕철의 『중양입교십오론重陽入敎十五論』에서는 전진도의 기본 교의와 교규를 다음과 같이 규정하고 있다.

① 모든 출가자는 반드시 먼저 암자에 들어가 몸을 의탁하고 마음을 안정시키며 심기를 부드럽게 해야 한다.

② 좋은 스승을 찾고, 성명性命을 찾는다.

③ 책을 볼 때에는 문자에 눈이 어지럽혀져서는 안 되고, 마땅히 뜻과 마음을 취하여 풀어야 한다.

④ 정밀하게 약물을 궁구하여 사람을 살리고 명命을 살린다.

⑤ 수련할 띠풀 암자는 해와 달빛을 막고 잡다하게 꾸미지 말며 크고 높게 짓지 말며 지맥을 끊지 말아야 한다.

⑥ 도인은 고명한 이를 가려 도반으로 삼되 총림叢林을 자신의 근본으로 삼아야 한다.

⑦ 정좌하는 사람의 마음은 태산 같아서, 움직이거나 동요되어서는 안 되고 티끌만한 생각을 일으켜서도 안 된다.

⑧ 생각을 끊어내고 정심定心을 구한다.

⑨ 몸속의 오행과 정기精氣를 조화시켜 이를 오기五氣에 짝하게 한다.

⑩ 편안한 가운데 본성을 다스리는 수련을 한다.

⑪ 성과 명을 수련한다.

⑫ 성인의 도에 들어가는 것은 여러 해 그 뜻에 힘써서 공덕과 행업이 쌓여야 한다.

⑬ 욕계, 색계, 무색계를 초탈한다.

⑭ 양신의 법은 도를 얻고 수양을 많이 하는 데 있다.

⑮ 마음자리를 벗어나 인간세상을 초월한다.

이 밖에도 전진도에는 아내를 두지 않으며 매운 채소와 고기를 먹지 않는다는 등의 계율이 있었다.

이상의 교의와 교규는 마음을 고요히 함으로써 본성을 닦고, 몸을 길러 명을 닦고, 출가하여 도에 귀의하고, 고행을 통해 성인의 경지에 들어가며, 선을 쌓아 덕을 이룬다는 내용으로 귀결된다. 이렇게 해서 성명쌍수性命雙修, 공행쌍전功行雙全하는 전진도 수련공부의 기반이 다져지게 된 것이다.

왕철의 칠대제자들은 모두 스승의 가르침을 따라 삼교합일과 성명쌍수, 진공진행眞功眞行의 교의를 천명하며 교세를 확장해 나갔다. 왕철 사후에는 마옥이 교단을 장악하고, 마옥 이후 교권은 담처단, 유처현, 구처기 등으로 이어진다. 이들은 처음에는 관섬關陝(섬서)과 산동반도를 중심으로 활동하다가 이윽고 하북과 하남에까지 이르러 갔다. 구처기의 중대한 사회활동은 원대에 이루어졌으므로 생략하고, 여기서는 왕철의 다른 제자들에 관해 살펴보기로 하겠다.

마옥(丹陽眞人)은 시를 지어 불교와 도교의 화합을 권면하고, 이어서 "비록 유생이라 하더라도 또한 도움이 되는 벗이니, 삼교가 모이지 않으면 원만할 수 없다"[16]라고 하였다. 왕이용王利用의 「마단양도행비馬丹陽道行碑」에 따르면, 마옥이 제남을 지날 때 그 도를 흠모하는 자가 수도의 종지를 물었는데, 마옥은 이렇게 답하였다.

무릇 도는 무심無心을 체로 삼고 망언忘言을 용으로 삼으며 유약함을 근본으로 삼고 청정함을 기초로 해야 한다. 먹고 마시는 것을 절제하고, 사려함을 끊고,

---

16) 『洞玄全玉集』.

202

고요히 앉아 호흡을 조절하고, 편안히 누워 기를 기르고, 마음을 내달리지 않게
하여 성을 안정시키고, 몸을 수고롭게 하지 않아 정을 온전하게 하고, 정신이
근심하지 않아 단을 잘 맺게 한다. 그러한 후에 허의 경지에서 감정을 없애고
지극한 경지에서 정신을 편안하게 한다. 그리하면 집밖으로 나가지 않아도 오묘한
도를 얻게 된다.

이 말은 노자의 청정무위의 요지에 근본하여 고요함으로써 성을
안정시키고 아낌으로써 몸을 기르며 기로써 명을 닦는 것을 강조한
것으로, 부록이나 제초의 일을 완전히 배제하고 있다. 마옥은 수도의
참된 공부는 단련하는 데 있다고 하여, "분노를 제거하니 성이 길러지고,
더럽고 욕되고 낮은 곳에 처하니 덕이 길러진다"[17]라고 하였다.

유처현(長生眞人) 또한 "삼교는 하나로 돌아가니, 도道와 선禪을 논하지
말라"[18]라고 말하였다. 그는 불교의 윤회설을 흡수하여, 인생이라는
고통의 바다를 벗어나려면 도를 배워 신선이 되어야 한다고 하였다.
또한 "양친을 사모하고 은애하지만 은애함은 해침을 낳으니 죽음을
피하기 어렵다. 기가 오지 않으면 몸이 들판에 누워 육신만 바꾸며
수천 번 윤회한다. 세상의 영화는 영원하지 않아 전광석화와 같으니,
불타는 집에서 빠져나오기 어렵다"[19]라고 하였다. 가족에 대한 정과
영화로움을 모두 단념해야만 하며, 그렇지 못할 경우 액운을 벗어나기
어렵다는 뜻이다. 그는 "형체는 백년이 지나면 죽은 몸이 되지만 성性은
죽지 않는다"[20]라고 생각하였다.

담처단(長眞眞人)은 수도의 요체는 심성 상의 공부에 있다고 여겼다.
그는 「술회述懷」라는 시에서 "아침저녁으로 게으르게 향화를 피우지만,

섭이시진 내내 다만 예심禮心뿐이네"라고 하였다. 예심은 구체적으로
일체의 사심과 잡념, 정감, 욕망을 없앨 것을 요구한다. 그래서 담처단은
이렇게 말한다. "어떻게 자성自性을 본다고 하는가? 하루 종일 생각이
청정하면 일체의 허환이나 지난날 애착하던 경계가 진원眞源을 흐리게
하는 일을 당하지 않으니, 항상 공空에 처하여 자유롭게 소요한다."
중요한 것은 생각을 일으키지 않는 데 있다. "한 생각도 생겨나지 않으면
생사를 벗어난 것이다."[21]

왕처일(玉陽眞人)은 불교적인 색채를 한층 더하여 '진공眞空'과 '진행眞行'
이 결합된 '견성'의 공부를 강조하였다. 그는 견성의 공부에는 두 층차가
있다고 하여, 먼저 "온갖 것이 환상임을 깨닫고 오직 나의 본성만이
참됨을 알며", 이로부터 나아가 "알면 바로 행해야 하니, 행함의 지극함
이 바로 견성"[22]이라고 하였다. 전진도에서 말하는 '행'은 곧 욕됨을
알고 남의 허물을 감싸 주는 것, 자신은 힘써 고행하고 남을 이롭게
하는 것, 충효와 인의 등을 말한다. 전진도는 민중의 실생활 속으로
파고들어 교의상의 근거를 수립했던 것이다.

전진도가 북방에서 빠른 속도로 전파되어 나갈 수 있었던 중요한
원인 중의 하나는 왕철과 칠대제자 모두가 사족 중에서도 빼어난 일류의
인재들이었기 때문이다. 그들은 저술을 하고 쉽게 다른 사인들과 교류하
면서 서로를 끌어 주고 밀어 주었다. 하지만 이에 못지않게 중요한
또 다른 원인이 있다. 그들은 고생을 감내하였고 수많은 기행과 이적을
남겼다. 재물을 가벼이 보고 의義를 받들었으며 사람들을 구제하는
것을 급하게 여겼다. 그런 까닭에 민중들은 그들을 칭찬하며 탄복하였
고, 감화를 받아 입교하는 자가 점차 많아지게 되었다. 마옥의 경우는

---

21) 이상 『水雲集』.
22) 『北遊語錄』.

매일 한 사발의 면만을 걸식하면서 죽을 때까지 맨발로 생활하였는데, 여름에도 시원한 물을 마시지 않고 겨울에도 불을 쬐지 않을 것을 맹세하였다. 왕처일은 무릎뼈가 문드러질 정도로 모래땅과 자갈밭에 무릎을 꿇고 기도하였으며, 맨발로 거친 돌길과 가시밭길을 왕래하여 세인들로부터 철각鐵脚이라고 불렸다. 구처기는 반계磻溪에서 굴을 파고 거처하며 하루에 한 끼만 걸식하여 먹었고 6년 동안 주야로 잠을 자지 않았으며, 이후 농주隴州(현재의 감숙성)의 용문산龍門山으로 가서 7년을 한결같이 반계에 있을 때와 같은 수행을 하였다. 학대통은 조주趙州의 다리 아래서 6년간 가부좌를 틀고 앉아 묵언수행을 지속하였는데, 비바람이 불거나 더위와 추위가 이르러도 장소를 바꾸지 않았다. 이러한 행동들은 모두 스승의 가르침으로부터 비롯된 것이었다. 원래 왕철은 교단을 세운 초기에 출가자들로 하여금 누추한 집에서 수행하고 떠돌면서 걸식하도록 하였고, 교단이 확대된 이후로는 스스로 황무지를 개간하여 밭을 가는 등 직접 노동하며 생활하였던 것이다. 사람들은 전진도사들의 이러한 근로생활과 검소한 기풍을 찬양하였고, 이로 인해 전진도의 교세는 더욱 활발하게 뻗어 나갔다. 우집虞集과 왕운, 신경지辛敬之는 전진도사들의 기풍을 다음과 같이 찬미하였다.

> 곡식谷食을 먹고 마시며 온갖 고통과 추위와 더위를 감내한다. 사람들이 감당하지 못할 바를 굳게 견디고, 사람들이 지키지 못할 바를 힘써 행한다. 이로써 스스로 도에 이르니, 세간에는 이들에 관한 기록이 자못 많다. ─우집, 『유실지幽室志』

> 통달한 자들은 마을에서 그 이름을 숨긴 채 스스로 밭 갈고 우물 파서 자신의 힘으로 먹으며, 다른 사람과 사물을 자애롭게 대하면서 좋은 풍속이 이루어지기를 바랐다. ─왕운, 「봉성주영창관비奉聖州永昌觀碑」

> 겸손하기는 마치 유학자 같고, 힘써 일하는 것은 묵가와 같으며, 자애롭기는 불가와

같다. 질박함을 지키기를 지극하게 하고 담박하여 아무런 영위함이 없으니, 또한 혼돈을 닦는 무리이다. ―신경지, 「섬주영허관기陝州靈虛觀記」

전진도인들은 기복양재祈福禳災의 기존 도교를 대신하는 새로운 길을 제시함으로써 사회에 참신한 풍조를 불러일으켰다. 도사들이 솔선수범하자 민간의 장정들과 부녀자들이 한마음 한뜻으로 그들을 따랐다. 그리하여 전진도는 오래지 않아 강대한 사회적 역량을 갖추게 되었다. 원호문元好問의 「자미관기紫微觀記」에서는 당시 전지도의 판세에 대해 이렇게 적고 있다.

남으로는 회수淮水에 이르고 북으로는 사막지역에까지 이르며 서로는 진땅을 향하고 동으로는 바다를 향하였다. 산속과 도시 모두에서 집집마다 서로 바라보며 열 명씩 백 명씩 짝을 이루어 차례대로 도를 주고받으니, 감옥에 가두어도 그 기세를 깨뜨릴 수 없었다.

전진도는 이미 무시할 수 없는 정신적 힘과 사회적 세력을 형성하여 금왕조의 통치자들을 놀라게 하였다. 전진도는 원래 정치를 직적접인 목적으로 삼는 종교 교파가 아니었음에도 통치자들의 지지를 이끌어 내어, 그들로 하여금 통치를 위해 교단을 이용하도록 하는 정책을 취하게끔 만들었다. 금왕조는 이러한 정책을 통해 황하유역의 넓은 한족 지역에 대한 사상통치를 강화할 수 있게 되었다.

왕철 사후 교권을 장악한 마옥은 여전히 무위를 위주로 하며 관부와 관련을 맺으려 하지 않았다. 그런데 마옥이 죽은 후 금나라 조정은 전진도의 힘을 얻고자 했고, 이에 전진도 또한 조정의 승인을 받아 진일보한 발전을 이루고자 시도하였다. 대정 27년 금의 세종은 왕처일을 수도 연경으로 불러들여 양생과 치국의 도에 대하여 물었고, 왕처일은

"정을 간직하는 것으로 신을 기르고, 자신을 삼가서 무위하라"라고 하여 세종의 찬사를 받았다. 다음해에 세종은 또 구처기를 연경으로 불러들여 여러 차례 접견하였다. 세종이 보안保安의 도에 대해 묻자 구처기는 감정을 억누르고 욕망을 줄일 것과 기를 기르고 정신을 수양할 것을 논하였고, 세종은 이에 크게 기뻐하며 존중을 표하였다. 왕처일과 구처기는 모두 도가의 청정무위의 종지를 이용하여 세종에게 영향을 끼치고자 했던 것이다. 이는 세종의 과도한 색욕을 겨냥한 설법인 동시에 그의 정치적 포학성에 대한 견제이기도 했다. 그들은 이를 통해 사회의 모순이 완화되고 사회생활이 개선되기를 기대했다. 대정 28년에 세종은 왕처일을 다시 불렀지만, 다음해 왕처일이 수도에 도착했을 때는 세종이 이미 죽은 뒤였다. 이에 뒤를 이은 장종이 왕처일을 궁에 체류시켜서 제초를 행하고 세종의 명복을 빌게끔 하였다.

그러나 전진도는 민간에서 일어났기 때문에 다른 민간종교와 마찬가지로 민중성을 지니고 있었고, 그런 만큼 민중봉기와 같은 사회의 안정에 불리한 일들을 쉽게 일으킬 수 있었다. 그래서 통치자들은 항상 경계심을 가지고 전진도를 주시하였다. 명창明昌 원년(1190) 조정은 '민중을 미혹하고 백성을 혼란케 한다'는 이유로 전진도 신봉을 금하였다.[23] 경사에 와 있던 구처기는 다음해에 서하棲霞의 용문산으로 돌아갔고 전진도는 좌절하고 말았다. 「자미관기紫微觀記」에서는 이에 대해, 전진도가 널리 전파되자 "지배자들은 장각의 변란이 되풀이될까 무서워 명을 내려서 금하고자 했다"라고 적고 있다. 그러나 전진도는 이미 민간의 수준을 넘어 관료들과도 밀접한 관계를 맺고 있었고, 금지령이 내린 지 얼마 되지 않은 시점에서 벌써 대신들 가운데 전진도를 용납할 것을 주장하는

---

23) 『金史』, 「章宗紀」.

자들이 생겨났다. 이미 끊어진 듯하던 전진도의 명맥이 물밑에서 이어져 오다가 조금씩 다시 불타오르기 시작한 것이다.

장종은 그래서 태도를 바꾸어 차라리 전진도를 활용하고자 생각했고, 승안承安 2년(1197)에 왕처일을 불러들여 '체현대사體玄大師'라는 봉호를 내리고 또 유처현도 불러들여 천장관天長觀 대조待詔에 임명하였다. 이후 전진도는 금나라 조정의 양해 아래 합법적인 종교로 변하여 안정적인 발전기에 들어서게 되었다. 장종 태화泰和 원년(1201)과 3년(1203)에, 왕처일 은 호주亳州 태청궁의 보천대초普天大醮에 두 번 참석하여 장종을 위한 기도문을 썼다. 선종 정우貞祐 2년에 산동에서 반란이 일어나자 부마도위 駙馬都尉 복산안정僕散安貞이 구처기에게 진압해 줄 것을 청하니, 구처기가 이끄는 전진교도들이 가서 두 개의 주를 안정시켰다.[24] 정우 연간 이후 몽고가 일어나고 금왕조는 쇠퇴하였는데, 전진도는 혼란 속에서도 급속 한 발전을 이루었다. 「자미관기」에서는 당시의 교세에 대해 "하삭河朔(하 북) 사람들 중 열에 둘 정도가 전진도에 빠져들었다", "사람마다 공경하고 집안마다 섬겼다"라고 적고 있다. 몽고·금·남송의 삼조는 강대한 전진도의 세력을 통해 중원 민중들을 얻고자 앞다투어 구처기를 청하였 는데, 구처기는 금과 송에 응하지 않고 칭기즈칸을 받아들임으로써 전진도의 전성기를 위한 미래의 사회·정치적 여건을 마련하였다. 이에 대해서는 다음 장에서 자세히 서술하기로 한다.

2. 태일교

『원사』「석노전」에서는 태일교에 대해 "태일교는 금나라 천권天眷 연간에 도사 소포진蕭抱珍에게서 비롯되었다. 태일삼원太一三元의 부록을

---

24) 「長春眞人本行碑」.

전했기 때문에 그 교의 이름을 태일이라 했다"라고 적고 있다. 태일교는 북방의 새로운 삼대 도교 교파 중 유일하게 액막이기도와 부록술을 숭상한다. 교풍은 남방의 정일도와 가까워서, 노자의 학으로써 수신하고 무축巫祝의 푸닥거리로 천하를 다스린다.

소포진은 하남 급군汲郡 사람으로 태일삼원법太一三元法으로 세상에서 교화를 행했는데, 천권 연간 초에 이 법이 크게 흥하였다. 처음에는 자신의 집을 중심으로 전도해 나갔으나, 신도들이 점점 늘어나자 위주衛州 동쪽에 있는 삼청원三淸院의 옛터에 초가집을 짓고 살았다. 제자 후징侯澄은 조주趙州와 진정眞定 일대에 거처하면서 태일당을 건립하여 향화를 봉행하고 부적과 약으로 사람을 구제하였다. 대정 2년, 돈을 지불하여 관액觀額을 얻고 조주에 태청관太淸觀을, 진정에 영상관迎祥觀을 세웠다. 매년 부록을 전수받고 제자가 된 사람이 수천 명이었다. '태일太一'이라는 명칭은 "원기元氣는 혼륜하고(太), 태극이 나뉘면 지극한 리理는 순일(一)하다"라는 뜻에서 취했다고 한다.[25] 그런데 태일은 원래 한나라 무제 때부터 숭배되기 시작되어 역대로 천신으로 봉사되어 왔으므로, 태일교를 전통종교에서 분리된 민간도교로 볼 수도 있다. '삼원三元'은 곧 천天・지地・수水의 삼관三官으로, 삼관대제三官大帝가 중생의 명부命簿를 나누어 관장하였다고 한다. 이는 천사도가 높이 받들던 사상이다. 이로 미루어 태일교가 천사도에도 근원을 두고 있음을 알 수 있다. 황통皇統 8년(1148) 희종은 소포진을 불러들여 상을 내리고 그의 거처를 '태일만수太一萬壽'로 이름한다는 칙령을 내렸는데, 이는 금나라 조정이 태일교를 정식으로 인정한다는 표지이다. 세종 대정 6년(1166), 소포진은 급군의 만수관萬壽觀에서 생을 마감한다.

---

25) 王若虛, 「一悟眞人傳」.

2대 조사 소도희蕭道希의 본래 성은 한韓이었는데, 교조의 성을 따라 '소'로 바꾸었다. 대정 9년(1169)에 세종이 소도희의 본관에 '만수萬壽'라는 액비를 세우게 명하니, 이후 태일교의 교세가 크게 뻗어나가 동해에까지 이르렀고 문도가 수만을 헤아렸다. 대정 22년(1182), 세종이 소도희를 내전으로 불러들여 양생에 대해 묻자, "운기運氣와 수허守虛는 야인들의 일이니 전하께서는 중도를 잡아 스스로를 삼가고 무위를 행하소서"[26]라고 답했다고 한다. 대정 26년(1186), 소도희는 물러나 은둔하면서 소지충蕭志沖을 3대 조사로 세웠다.

소지충의 본래 성씨는 왕王씨로, 조부와 부친이 진인의 법록法錄을 받았다. 소지충은 법통을 이은 뒤 조정의 임명을 받고 중도中都의 천장관에 머물렀다가 위주로 돌아갔는데, 가르침을 구하는 자들의 발길이 끊이질 않아 매년 수천 명에게 전교하였다. 태화 초에 호주亳州 태청궁의 보천대초에 참가하였고, 또 경성에 머물며 중도 태극궁太極宮(천장관에서 개칭)의 경전 암송에 참여하였다. 소보도蕭輔道를 4대 조사로 천거하고 정우貞祐 4년에 생을 마감했다.

소보도는 소포진의 재종손으로 자는 공필公弼이요 호는 동영자東瀛子이다. 「조주태청관의지비趙州太淸觀懿旨碑」에서는 그에 대해 이렇게 서술하고 있다.

재주와 덕이 아울러 융숭하였고 명실이 서로 부합하였으며, 맑고 관용이 있으며 빛나되 드러내지 않았다. 문학이 풍성하였고 중후한 기가 절도가 있었다. 언행을 삼갔고 막힘과 통함을 알았다. 법사法事를 드러내어 밝혔고 종풍宗風을 받아 서술함으로써 도를 돕고 국가를 도왔다.

이것은 소보도가 태일교를 빛낸 주요 인물임을 말한 것이다. 금원교체

---

26) 王惲, 『秋澗集』.

기라는 혼란한 시절을 당하여 산하가 부서지고 사람들이 마구 죽어 나갈 때, 소보도는 무고한 죽음을 맞이한 이들을 가엾게 여겼다. 몽고 군대가 금을 무찌르고 위주를 함락시키자 그는 시신을 수습하여 한데 묻었는데, 사람들은 이를 '퇴금총堆金塚'이라고 불렀다. 또한 그는 몽고군에게 사정하여 성을 향한 재공격을 취소시킴으로써 수만 가구를 살렸다. 이러한 일들로 그의 명성은 자못 높아졌다. 당시 원 세조는 아직 세자로 있었는데, 그가 소보도의 명성을 듣고 화림和林으로 불러들여 다스림의 방법을 묻자 소보도는 백성을 사랑하고 제도를 세워서 국가의 대업을 장식하고 지극한 효를 펼치라고 대답하였다. 이에 큰 상을 내렸으나 받지 않으니, 세조는 그에게 '중화인정진인中和仁靖眞人'이라는 호를 내리고 존경의 예를 더하였다. 소보도는 천하의 선비들을 널리 사귀어 선비들로부터 높임을 받고 '일세의 위인'으로 일컬어졌다.

5대 조사는 이거수李居壽로, 도호는 순연자淳然子이다. 5대 조사가 된 후 성을 '소'로 바꾸었고, 원 세조로부터 '정상대사貞常大師'라는 호를 하사받았다. 지원至元 11년에 세조는 서경에 태일궁을 세워 이거수를 거처하게 했으며, 13년에는 '태일장교종사太一掌敎宗師'라는 인印을 내렸다. 지원 16년 세조가 초제를 치렀는데, 이거수는 하늘에 적장赤章[27]을 태워 아뢰고 5일 밤낮으로 제를 지낸 뒤에 세조에게 "황태자가 나이가 장성하니 마땅히 국정에 참여시키라"라는 건의를 올렸고, 세조는 이를 흔쾌히 받아들였다. 이로 미루어 볼 때 세조를 비롯한 원 황실과 이거수의 관계는 밀접하였고 태일교에 대한 원나라 조정의 총애가 매우 깊었음을 짐작할 수 있다.

6대 조사 이전우李全佑는 태일궁의 제사를 이어 받들었는데, 십여

---

27) 역자주: 초제 등의 의식을 치를 때 병이나 재앙을 물리쳐 달라는 내용을 기록한 붉은색의 종이를 태우면서 하늘에 기원하는데, 이 붉은색의 종이를 말한다.

년간 궁관에 사람이 많아져서 비용이 부족하게 되자 원나라 조정은 둔전 4,000여 묘畝를 하사하여 항상된 소출을 얻을 수 있게 하였다. 그 후 다시 밤나무 5,000그루를 하사하였고, 태일집선관太一集仙觀을 세워 조석으로 향화하며 하늘에 영생을 기원하게 했다.

7대 조사 채천우蔡天佑는 연우延祐 2년에 대도의 장춘궁長春宮에서 정일대사 장유손張留孫, 전진대사 유덕욱劉德彧과 함께 금록보천대초를 행하였고, 또 태정泰定 원년에는 정일도의 오전절吳全節, 유상평劉尙平 등 저명한 도사들과 함께 대도의 숭진만수궁崇眞萬壽宮에서 금록주천대초金錄周天大醮를 거행하여 '태일숭현체소연도진인太一崇玄體素演道眞人'이라는 호를 하사받았다. 이러한 정황은 원대의 태일교가 전진도, 정일도 등의 교파와 지위가 대등하였음을 말해 준다. 태일교는 이처럼 원나라 황실의 중시를 받았으나 원대 말기에 이르러 급격히 쇠망하여 더 이상 사료를 남기지 못하였다. 7대 조사 이후로는 고증할 사료가 없다.

태일교는 비록 재초의 행사에 심혈을 기울이긴 했지만, 이와 더불어 내련內鍊 즉 심령을 맑고 고요하게 하고 충정沖靜과 현허玄虛를 숭상하며 품덕을 굳고 정결하게 하는 것을 수도의 요체로 삼았다. 그들은 내련을 부록의 보조수단으로 삼아서, 그와 같은 내련을 액막이기도나 제사와 병행하는 것에 잘못됨이 없다고 보았다. 2대 조사 소도희의 경우는 신선의 도는 오직 '약爵'자 하나에 있을 뿐이라고 강조한 바 있고, 3대 조사 소지충은 스스로 "정좌 가운데 얻은 바가 있었으니 언어로 형용할 수 있는 것이 아니다"[28]라고 하여 내단수련의 종지를 말하기도 했으며, 4대 조사 소보도 또한 "하나의 이치를 체현하여 치우치지 않으며, 뭇 기틀에 응하되 얽매이지 않는다"[29]라고 말한 바 있다. 5대 조사 이거수는

---

28) 「太一三祖墓表」.
29) 「趙州太淸觀懿旨碑」.

충신효자忠信孝慈를 행동의 근본으로 삼아 일찍이 분향하는 가운데 여습을 드러내지 않았으니, 그 덕량이 넓고 커서 결코 저속한 도류가 아니었다. 이러한 점으로 인해 태일교는 사림에도 응하여, 위로는 황제의 총애를 얻고 아래로는 백성에게 인정받음으로써 눈에 띄는 발전을 이룰 수 있었다. 그러나 태일교는 전진도에 비해 도사들의 문화적 소양과 종교적 학식이 상대적으로 낮았고, 이 때문에 도교의 주류로 자리 잡지 못하여 중국 문화에 끼친 영향에는 한계가 있다.

3. 진대도교(대도교)

『원사』「석노전」에서는 진대도교에 관해 이렇게 적고 있다.

> 진대도교眞大道敎는 금나라 말기에 도사 유덕인劉德仁에 의해 시작되었다. 그 교파는 고절위행苦節危行을 핵심으로 삼아, 남을 속이지 않고 자신을 꾸미지 않았다. 5대 조사 역희성酈希誠에 이르러 연성燕城의 천보궁天寶宮에 거처하면서 헌종憲宗을 알현하니, 이때부터 교의 명칭을 진대도라 하였다. 헌종은 역희성을 '태현진인太玄眞人'에 제수하여 교사敎事를 다스리게 하고 관복冠服을 내려주었다. 또 자의紫衣 삼십 벌을 내리고 시종들을 하사하였다.

유덕인은 금 천보 6년(1122)에 태어나 대정 20년(1180)에 죽었으니, 그가 활동한 시기는 금나라 초기와 중기에 해당한다. 그러므로 위의 "금나라 말기에 시작되었다"라는 기록은 잘못된 것이다. 진원陳垣의 고증에 따르면, 대도교라는 이름이 일찍부터 있었다가 원 헌종 때에 이르러 진대도교로 불리게 되었다고 한다. 대도교의 창립 배경은 전진, 태일과 다소 유사하다. 『도원학고록道園學古錄』에는 당시의 사회적 정황이 다음과 같이 기록되어 있다.

금나라 때에 호걸과 지사들이 세상에 얽매임을 싫어하여 난리를 피해 풀옷을 입고 초근목피를 먹으며 홀로 미치광이처럼 노닐다가, 각자 이름을 세워 산택의 사이에서 은일하였다. 당시에는 사우의 도가 사라지고 성현의 학문도 다하여, 오직 도가를 행하는 자만이 세상의 풍속과 달라서 악을 제거하고 선을 회복하는 설로써 사람들을 권면하였다. 그래서 순식간에 큰 도성의 사람이나 산간마을의 사람들이 모두 따랐다. 그 교계를 받은 자들이 바람이 불고 물이 흐르듯 군현으로 흩어져서 모두 힘써 경작하고 여막을 지어, 나무를 심는 것으로 표시를 삼아 연락하면서 서로 지키고 보호하니, 오래도록 변하지 않았다.

유덕인의 창교는 바로 이러한 데서 연유한다. 그는 재물과 벼슬을 원치 않았고 송금 간의 싸움에도 끼고 싶지 않았다. 다만 종교를 통해 마음의 위안을 얻으면서 교단과 연락하여 자신을 보호하고 자기만의 세상을 개척하고자 한 것이었다.

유덕인은 창주滄州 사람으로 호는 무우자無憂子이다. 어린 시절 집을 떠나 산동 치주淄州에서 떠돌다가 금 황통 2년(1142) 청년 시절에 대도교를 창립했다. 기록에 의하면 이때에 어느 신인에게 『도덕경』의 핵심에 대한 가르침을 받았다고 하는데, 혹자는 현묘한 도결을 전수받았다고도 한다. 이로부터 현학을 깊이 깨달으니 따르는 자들이 수없이 많아졌다. 가깝고 먼 곳을 두루 다시면서 병을 고치니, 가르침을 구하는 자들이 더욱 많아져서 교문이 성행을 이루었다. 대정 7년에 '동악진인東嶽眞人'이라는 호를 받았다. 제자들이 그의 일을 이어받아 대도의 천보궁을 정비하고 정식으로 금나라 조정의 인가를 이끌어 내었다. 군현마다 도관道官 한 사람씩을 두어 교인들을 통솔하게 하니 그 위상이 전진교, 정일교와 대등하였다.

송경렴宋景濂의 「서유진인사書劉眞人事」에 의하면, 대도교의 교의와 교칙에는 다음과 같은 아홉 가지가 있다고 한다.

첫째, 사물을 보기를 자기 자신을 보듯이 하여 해치거나 미워하는 마음을 일으키지 않는다.
둘째, 임금에게 충성하고 부모에게 효도하며 사람들에게 성실하게 하고 말을 꾸미지 않으며 나쁜 소리를 내지 않는다.
셋째, 음란한 일을 없애고 청정함을 지킨다.
넷째, 권력을 멀리하고 빈천함을 편안히 하며 힘써 밭 갈아 필요한 만큼만 쓴다.
다섯째, 바둑과 장기를 두지 않고 도적질을 하지 않는다.
여섯째, 술과 향신료를 먹지 않으며 의식이 충족되면 더 이상 구하지 않는다.
일곱째, 마음을 비우고 뜻을 약하게 하며 빼어남을 감추고 세속과 함께한다.
여덟째, 힘이 강한 것을 믿지 말고 자신을 낮춘다.
아홉째, 만족함을 알아 욕됨에 이르지 않고 그칠 줄을 알아서 위태로움이 이르지 않게 한다.

이 아홉 가지 조항의 핵심은 결국 청정하게 수련하여 욕심을 없애고 검소하여 스스로를 봉양하며 안분지족하는 데 있다. 이는 모두 노자의 뜻으로, 불의에 맞서는 영웅이 되지도 않고 파렴치한 방조자가 되지도 않는 것이다. 이러한 교의는 당시 민중들의 정서에 맞아 상당한 감화력을 지녔다. 한편 두성관杜成寬의 「대도교비大道敎碑」에서는 이 교의 가르침에 대해 "본바탕을 드러내고 소박함을 품으며(見素抱朴), 생각을 줄이고 욕망을 없애며(少思寡欲), 마음을 비우고 배를 채우며(虛心實腹), 기를 지키고 신을 기른다(守氣養神). 그리하여 덕이 성하고 공이 이루어지면 중생을 구제하고 생사를 벗어나게 되니, 무위無爲로써 성명을 바르게 하고 무상無相으로써 귀신을 몰아낸다"라고 하였다. 이것은 「서유진인사」에서 말한 아홉 가지 조항과 유사한 내용인데, 다만 세상을 구제하고 마귀를 쫓아낸다는 두 항목을 추가하여 대도교의 교의를 더욱 상술하고 있다. 조청림趙淸琳의 「대도연상관비大道延祥觀碑」에 적힌 내용 또한 비슷하다.

그 가르침은 무위와 청정을 종지로 하고 항상 자애와 검소함을 보배로 삼았다. 그 계율을 보면, 색을 끊고 욕망을 없애며 죽임을 금하고 술과 향신료를 먹지 않으며 인仁을 마음으로 삼아서 고난 받는 사람을 긍휼히 여기고 분쟁을 제거하며 사사로움과 삿됨을 없애고 본분을 지키며 인연을 짓지 않는다. 일상의 입고 먹고 마시는 일에 있어서는 자신의 힘으로 농사짓고 누에쳐서 충족한다.

「대도연상관비」에서는 이 밖에도 묵도默禱를 통해 악을 쫓고 병을 치유하며 연단과 성선成仙의 일을 말하지 않으며 향을 살라 아침저녁으로 천지에 기도하는 등의 내용을 적고 있다. 또 전박田璞은 「중수융양궁비重修隆陽宮碑」에서 대도교에 대해 "화려한 것을 숭상하지 않았고" "미미한 것이라도 사람들에게 구걸하지 않았다"라고 찬미했다.

유덕인이 교문을 설립할 당시 화북지역은 전쟁의 참화를 겪을 대로 겪어서 민생이 피폐하고 식량이 궁핍하며 사상적으로도 어지러운 상황이었다. 따라서 안정을 찾는 일이 무엇보다도 시급했다. 이때 등장한 대도교는 농업생산성의 회복과 발전, 인심의 안정과 사회 분위기의 개선이라는 요구를 충분히 만족시켰고, 더욱이 그 교풍이 질박하고 실용적이어서 민중들 사이에서 급속도로 퍼져 나갔다. 금나라 조정 또한 대도교가 사회를 안정시키는 역할을 대신 수행해 주었기 때문에 이 교를 중시하고 우대하였다.

유덕인은 38년 동안 교문을 다스렸고, 그가 죽은 후 교권은 진사정陳師正에게로 이어졌다. 송경렴의 「서유진인사書劉眞人事」에 의하면, 2대 조사 진사정은 호가 대통大通인데 어릴 때 강에서 어부 일을 하다가 유덕인의 손에 이끌려 입교했다고 한다. 15년 동안 교문을 다스렸으며, 금 명창明昌 5년(1194)에 생을 마감했다.

3대 조사 장신진張信眞은 호가 충허沖虛이다. 저술로는 『현진집玄眞集』이 있는데, 여기에 시문 수백 편이 수록되어 세상에 전해졌다. 25년 동안 교문을 다스렸으며, 금 흥정興定 2년(1218)에 생을 마감했다.

4대 조사 모희종毛希琮은 호가 체현體玄으로, 금원교체기의 급격한 사회변동 속에서도 대도교가 보존될 수 있게 하였다. 병란의 와중에서 대도교는 민간에 숨어들어 명맥을 유지해 갔다. 모희종은 5년 동안 교문을 다스리고 금 원광元光 2년(1223)에 생을 마감했다.

5대 조사 역희성酈希誠은 호가 태현太玄으로, 원나라 헌종 때에 교문을 다스렸다. 이때에 대도교는 황실의 총애를 받으며 교세를 크게 떨쳤으니, 대도교를 진대도교로 고쳐 부르게 한 이도 헌종이었다. 역희성은 규천嬀川 수욕水峪 사람으로 원나라 초에 교문을 바로잡고 산동에서 가르침을 열었다. 그가 교리를 정돈한 뒤부터 교풍이 크게 진작되어 도관과 암자가 도처에 세워졌다.[30] 전설에 따르면, 그는 가뭄이 극심한 태안에서 묵도하여 큰비를 내리게 한 일이 있었는데, 이때 그는 사람들에게 "어찌 천도가 반드시 응할 줄을 알았겠는가. 내가 정성으로 기도하자 하늘이 응한 것일 뿐이다. 이는 장차 교문의 번창함을 허락한 것이 아니겠는가"라고 말했다고 한다. 후에 봉선현奉先縣 회옥향懷玉鄕에 궁관을 세우고 거처하니, 원의 세도아왕勢都兒王이 융양궁隆陽宮 편액을 하사하였다. 역희성은 36년 동안 교문을 다스리고 원나라 헌종 9년(1259)에 생을 마감했다.

6대 조사 손덕복孫德福은 호가 통현通玄이다. 지원至元 5년에 원 세조는 손덕복으로 하여금 진대도교를 통솔할 것을 명하고 동으로 된 인장을 내리니, 이로써 진대도교는 황제가 인정한 종교의 영수가 되었다. 손덕복은 15년 동안 교문을 다스리고 지원 10년(1273)에 생을 마감했다.

7대 조사 이덕화李德和는 호가 이진頤眞이다.『원사』「세조기」에 따르면,

---

30) 田璞,「重修隆陽宮碑」.

지원 12년에 사악독후토祀嶽瀆后土(산, 강, 토지에 제사를 지내는 관직)를 맡았고, 지원 14년에 사제독祀濟瀆(도랑과 시내에 제사지내는 관직)까지 겸했다. 12년 동안 교문을 다스리고 지원 21년(1284)에 생을 마감했다.

8대 조사 악덕문嶽德文은 호가 숭현崇玄이고 탁주涿州 출신이다. 16세 때 융양궁에 들어 5대 조사 역희성에게서 가르침을 받았고, 지원 21년에 7대 조사를 이어 장교掌敎로서 교사를 총괄하며 진대도교의 전성기를 이끌어 내니 황제가 새서璽書를 하사하여 기렸다. 재상 안동安童이 병에 걸렸을 때 그 병을 낫게 하여 사람들에게 신인으로 받들어졌고, 이에 여러 왕들이 친분을 맺고자 앞다투어 예물을 보내 왔다. 그 중에서도 세도아왕은 악덕문을 위해 창고와 궁우宮宇를 지어 주고 밭과 재물을 내렸으며 의관을 구비하여 금은보화로 치장하게 하는 등 특히 각별하였다. 성종 원정元貞 원년(1295)에는 선대 조사들의 봉직을 더하고 하사품을 더욱 두터이 하였으며, 대내의 연춘각延春閣을 수리하게 하여 각지의 교도들이 머물게 하였다. 우집虞集(1272~1348)의 「악조비嶽祖碑」에서는 당시 진대도교의 성세에 대해 이렇게 적고 있다.

서쪽으로는 관롱關隴을 벗어나 촉에 이르고, 동쪽으로는 제와 노를 바라보며 바닷가에 이르고, 남으로는 장강과 회수의 끝에 이르기까지, 교계敎戒를 거행하는 자들이 모두 힘써 노력하여 엄숙하게 제사하고 향을 사르며 삭망이 되면 아침저녁으로 예배하였으며, 진인을 스승으로 모시기를 마치 신명을 대하는 듯하였다. 참으로 도를 행하는 복덕 있는 자가 아니라면 그 임무를 감당하지 못했을 것이다. 진인은 때때로 사람을 시켜 강남으로 행하게 했는데, 그 교를 받드는 사람이 이미 삼천여 명에 이르렀고 암자와 도관이 사백 개가 넘었으니 그 나머지를 알 만하다.

악덕문의 성세에는 진대도교가 하북뿐만 아니라 강남지방에서도 널리 유행하였음을 알 수 있다.

9대 조사 장청지張淸志[31]는 호가 현응玄膺으로 건주乾州 봉천현奉天縣 출신이다. 16세에 천보궁에 들어가서 이덕화를 스승으로 삼아 도를 배웠고, 이덕화가 죽은 뒤 다시 악덕문을 사사하고 장교掌教의 직을 계승하였다. 19년 동안 교문을 다스리며 날로 교풍을 떨치니, 조정에서는 그를 '연교대종사演教大宗師', '응신충묘현응진인凝神沖妙玄膺眞人'에 제수하였다. 장청지는 효성이 깊었고 고행을 기꺼이 감내하였으며 행동이 엄준하였다. 임분臨汾에 거처할 때 지진을 겪게 되었는데, 많은 생명을 구해 내었다. 조정에서 다시 장교에 임명했으나 장청지는 경사의 깊은 곳에 숨어 검소히 지내면서 권세를 멀리하고 도덕 높은 진신선생縉紳先生들과 벗하기를 즐겼다. 세상 사람들이 그 풍격을 높이 사서 그를 그림으로 그려 서로 전했다.[32] 우집의 「오장고풍도서吳張高風圖序」에는, 장청지와 오징吳澄이 도덕으로 연을 맺었는데 장청지가 오징을 찾아가서는 땅에다 막대기로 '성誠'자를 써 놓고는 떠나갔다고 하는 일화가 기록되어 있다. 그런데 진대도교 9대 조사 이후의 계보에 대해서는 이설이 있다. 오징의 「천보비天寶碑」에 의하면, 8대 조사 악덕문이 임종하면서 장청지에게 후사를 맡겼는데 장청지는 장례를 마치고는 잠적하여 화산에 은둔해 버렸다고 한다. 그래서 이조일정二趙一鄭[33]이 차례로 교문을 맡았으나, 5년 만에 세 명 모두가 잇따라 운명하고 말았다. 이조일정의 마지막인 정진원鄭進元은 임종 때 제자에게 다시 장청지를 찾아 교문을 맡길 것을 당부하였는데, 화산에서 그를 찾을 수 있었다고 한다. 때문에 장청지를 12대 조사로 보기도 한다.

장청지 이후 이 교문의 전승과 활동에 대해서는 고증할 길이 없는데,

---

31) 『元史』「釋老傳」에서는 '志淸'으로 오기되었으나 『新元史』에서 '淸志'로 수정되었다.
32) 『元史』, 「釋老傳」.
33) 역자주: 앞의 趙眞人은 이름을 알 수 없다. 다른 한 명의 趙眞人은 趙德松이고, 鄭眞人은 鄭進元을 가리킨다.

대략 원대 말기에 사라진 것으로 알려져 있다. 진대도교의 유명한 궁관으로는 대도 남성의 천보天寶·옥허玉虛, 평곡平谷의 연상延祥, 방산房山의 융양隆陽, 구산緱山의 선천先天, 허주許州의 천보 등이 있다.

제5장 원대: 도교의 분파와 융합

1. 구처기와 용문파 문도

전진도는 금나라 때 일어나 원나라 때 흥하였다. 왕철이 죽은 뒤 그의 칠대제자들은 전진칠자全眞七者로 일컬어지며 스승의 교의를 전파하여 도문道門을 빛나게 하였다. 이후 전진교를 계승한 인재들이 끊임없이 배출되어 여러 교파들이 형성되었고, 이들은 전진도의 번영을 이끌었다. 전진칠자 가운데 마옥馬鈺은 우선파遇仙派를 세웠고, 유처현劉處玄은 수산파隨山派를 세웠으며, 구처기는 용문파龍門派를, 담처단譚處端은 남무파南無派를, 왕처일王處一은 유산파崳山派를, 손불이孫不二는 청정파淸靜派를, 학대통郝大通은 화산파華山派를 각각 세웠다. 그 중 구처기가 창립한 용문파가 전진도 발전에 가장 공헌이 컸고 영향력 또한 컸으며, 후대에까지도 소멸되지 않고 대대로 전승되었다.

구처기는 전진칠자 중에서 가장 명망 높은 도인이다. 금이 남쪽으로 천도할 때 전진도는 이미 막대한 세를 지닌 교파가 되어 있었고, 몽고와 금, 남송 세 왕조는 앞다투어 전진도의 세를 얻고자 접촉해 왔다. 1219년, 금과 남송이 잇따라 산동 서하棲霞로 사람을 보내어 구처기를 불러들였으나 구처기는 응하지 않았다. 같은 해에, 멀리 서쪽을 정벌하던 칭기즈칸이 그 명성을 듣고 자파르(札八兒)와 유중록劉仲祿을 파견하여 구처기로 하여금 알현해 오도록 요청하였다. 몽고의 흥함을 예견한 구처기는 칭기즈칸에게 가서 전진교에 힘을 실어 주면 전진교의를 널리 전파하여 빠른 시일 안에 전쟁을 멈추게 하겠다고 진언하였고, 칭기즈칸은 흔쾌히 응낙하였다. 다음해에 구처기는 73세의 고령으로 조도견趙道堅, 송도안宋道安, 윤지평尹志平, 이지상李志常(또는 李眞常) 등 18명의 제자들과 함께 북상하여 선덕宣德으로 가서 칭기즈칸의 서행 요청에 응하였다. 그는 연경의 도우道友에게 시를 써서 보냈는데, 다음과 같다.

> 십년 동안의 병화에 만백성이 시름하니,
> 천만의 사람 중에 한두 사람도 남지 않았네.
> 지난해 다행히 자비로운 부름을 받아서
> 올 봄에 함께 차가움을 무릅쓰고 여행하려네.
> 영북嶺北 삼천리를 마다치는 않으나,
> 여전히 산동 이백 주를 걱정한다네.
> 주살은 면했지만 숨만 붙어 있으니,
> 목숨이 사라질까 걱정이네.

이 시에는 교화를 위해서가 아닌, 민생을 위한 그의 염원이 담겨 있다. 그는 백성이 하루 빨리 태평성대를 누리길 바랐다. 산북에 머물다가 바삐 달려가 칭기즈칸에게 감사를 표하며 살육을 멈출 것을 부탁하고, 무주를 출발해서 10여 개 나라를 경유하여 만릿길을 떠났다. 피로 물든 전장을 지나기도 하고 오랑캐를 피해 황량한 곳을 머물기도 하며 사막에서 식량이 떨어지기도 하면서, 곤륜에서 출발하여 4년 후에 설산(오늘날 아프가니스탄의 힌두쿠시산)에 이르렀다. 도중에 구처기는 시를 써서 "촉에서 서쪽으로 여행하던 날 함곡관을 떠날 때, 여러 오랑캐들이 모두 머리를 조아리니 대도大道의 터전이 열렸다"라고 하였다. 이는 서부지역에 도를 널리 퍼뜨리겠다는 염원을 표현한 것이다. 또 "나의 황제가 황하에 임한 것은, 전쟁을 멈추고 태평을 이루려 함이네"라고 하여, 전쟁을

멈추어 민생을 구원하고자 하는 의지를 드러내고 있다.[1]

칭기즈칸은 정치적으로 전진도를 신임하는 동시에 개인적으로도 장수하고 양생하는 도를 알고자 하였기에 구처기를 크게 예우하였다. 당시 칭기즈칸은 서쪽을 정벌하는 일에만 바빠 매일 전쟁을 도모하는 중이었는데, 구처기는 다음과 같은 말로써 그를 설득하였다.

> 천하를 통일하고자 하는 자는 반드시 살인을 좋아하지 않습니다. 나라를 다스리는 방법을 묻는다면 경천애민을 근본으로 한다고 답할 것이요, 장생구시의 도를 묻는다면 마음을 청정하게 하고 욕심을 없애라고 답할 것입니다.[2]

칭기즈칸은 큰 정치가였다. 그는 구처기의 건의를 마음에 들어하며, "하늘이 선옹仙翁을 내리어 나의 심지를 열게 하고 '살육하지 말라'는 포고문을 선포하게 하였다"라고 선언하였다. 그리고 구처기의 말을 기록하여 후손들을 가르치게 했으며, 존경을 표하여 구처기를 '신선'이라 칭하면서 호부虎符[3]와 새서璽書를 하사하였다. 하루는 번개가 치자 칭기즈칸이 자문을 구하였는데, 구처기가 "불효는 하늘의 뜻을 거스르는 것이기에 하늘에서 번개를 내려 경고하는 것입니다. 나라 안에 불효자가 많다는 소리를 들었으니, 폐하께서는 하늘의 위엄을 들어 민중들을 훈계해야 합니다"라고 대답하자 칭기즈칸이 그 말을 따랐다. 또 한 번은 칭기즈칸이 동산에서 사냥을 하다가 말에서 떨어졌는데, 구처기가 권계하기를 "하늘의 도는 생명을 사랑합니다. 폐하께서는 연세도 많으니, 빈번히 사냥을 나가는 것은 좋지 않습니다"라고 하니 칭기즈칸은 그 후 오랫동안 사냥을 그만두었다. 연경으로 돌아온 이후에도 구처기는

---

1) 이상 『長春眞人西遊記』 참조.
2) 『元史』, 「釋老傳」.
3) 역자주: 황제가 신하나 장군에게 하사하는 호랑이 모형의 동으로 만든 신물이다. 신하에게는 황제의 신임을, 장군에게는 군대를 이끌 권한을 의미한다.

칭기즈칸의 위력과 신임을 빌려 많은 생명을 구하고 가난한 사람을 도왔으며 각종 자선사업을 행했다. 『원사』 「석노전」에서는 이에 대해 다음과 같이 기록하고 있다.

> 이때에 나라의 군대가 중원을 짓밟았는데, 하남북은 더욱 심했다. 백성들은 도륙당하는 것이 두려워도 도망쳐 목숨을 유지할 곳이 없었다. 이에 구처기가 연경으로 돌아와서 교도들로 하여금 첩牒을 지니게 하고서 전쟁에서 남은 사람들을 불러모았다. 이로 인해 다른 사람의 노예였다가 다시 양민이 된 자와 죽을 지경이었다가 다시 생명을 얻은 자가 무려 이삼만 명에 이르렀다.

칭기즈칸은 구처기의 거처인 천장관天長觀에 장춘궁長春宮이라는 이름을 하사하고 사절을 파견하여 위로하기를, "짐이 자주 신선(구처기)을 그리워하니, 신선도 짐을 잊지 마라"라고 하였다. 구처기는 80세 나이로 세상을 하직하고 장춘궁 처순당處順堂(오늘날의 북경 白雲觀)에 묻혔다. 구처기의 교파는 그가 과거 용문산에서 은거하며 7년 동안 수련한 적이 있었다고 하여 용문파로 불렸다.

전진도는 구처기가 살아 있을 당시에 극도로 성행하였다. 원 태조 칭기즈칸은 구처기에게 천하의 도교를 이끌 것을 명하고 모든 도교 사원과 도인에게 부여된 세금과 부역을 면제하니, 연경에 '평등平等', '장춘長春', '영보靈寶' 등의 회會가 잇달아 건립되고 각지에 궁관이 세워지면서 교문의 위세가 크게 떨쳐졌다. 구처기가 한 제자에게 "도문이 열린 지 천년 이래에 오늘날 같은 흥성함은 없었다"[4]라고 말할 정도였다. 당시 전진도의 흥성에 대해 원대 송자진宋子眞의 「통진관비通眞觀碑」에서는 "전진교를 종지로 삼아서, 한 명이 백 명을 교화하고 백 명이 천 명을 교화하며 천 명이 만 명을 교화한다. 열 가구 백 가구에 불과한

---

4) 『北遊語錄』, 권1.

작은 마을에서도 서로 현학으로써 가르치지 않음이 없으니, 큰 도시에 이르러서는 어떠하겠는가"라고 하였으며, 원호문의 「수무청진관기修武清眞觀記」에서는 설산여행을 마치고 귀환하는 구처기의 환영 인파에 대해 "도교의 무리들이 천하의 2할이나 되니, 위세가 융성하여 바다와 산악을 울리네"라고 적고 있다. 교문의 성세가 하늘을 찌를 정도였다. 또 고명高鳴의 「청허궁중현자반진비명淸虛宮重顯子返眞碑銘」에서는 전진교가 정륭正隆 이래 백여 년에 걸쳐 흥했다고 하면서, 원 세조가 집정하던 당시의 흥성함에 대해 이렇게 적고 있다. "동쪽으로는 바다에 이르고 남쪽으로는 한수와 회수에 이르며 서북으로는 광활한 사막을 지나니, 열 가구의 향읍일지라도 향을 살라 제사를 지낸다." 이로써 "대도가 범람하여 왼쪽으로 달리고 오른쪽으로 달린다"라는 말처럼 원나라 초에 전진도가 널리 퍼졌음을 알 수 있다.

구처기의 사상은 왕철과 마옥을 계승하여 한층 더 발전시킨 것이었다. 그는 "유불도는 삼교의 시조에 근원하지만 천성으로 보자면 고금이 같다"[5]라고 하여 삼교합일을 강하게 주장하였다. 특히 그는 불교의 "모든 중생이 불성을 갖추고 있다"는 설을 본받아 일체의 유정물有情物이 도성道性을 갖추고 있음을 널리 선양하여, "칠규七竅를 갖고 있는 자, 모두 도를 이룰 수 있다", "짐승과 아귀도 모두 부처가 될 수 있다"라고 하였다. 또한 그는 초월설로써 장생설을 대체하여, "우리 교가 장생을 말하지 않는 것은, 장생을 할 수 없기 때문이 아니라 그것을 초월하기 때문이다"라고 하였다. 그리고 생사를 초월하는 것은 수련에 달려 있는데, 특히 성性의 공부가 중요하다. 때문에 그는 "우리 교는 견성見性을 높이니, 수화水火의 배합은 그 다음이다"라고 하고, 또 단丹의 공부에

---

5) 『磻溪集』, 권1.

226

대해서는 "열에 셋이 명命의 공부요, 열에 일곱이 성性의 공부이다"라고 말한다.[6] 이는 먼저 성을 수련하고 후에 명을 수련한다는(先性後命) 주장을 분명히 한 것이다. 성 공부의 핵심은 마음을 청정하게 하고 욕심을 없애는 데 있으니 "성색을 제거하여 청정을 즐거움으로 삼고 맛난 음식을 버려 담담함을 아름다움으로 삼아야" 하며,[7] 수도자는 출가해서 속세의 연을 완전히 끊어야 하니 "한 생각도 일어나지 않는 것이 자유"이고 "마음속에 어떤 대상도 없는 것이 신선과 부처"이다. 명의 공부는 하단전을 의념으로 지키는 것에서부터 시작하여 신장 속의 진기眞炁를 끌어내어 심장 속의 목액木液과 상호 교류하게 하는데, 이것이 용호교구이다. 계속해서 금액환단, 태양연형太陽鍊形 등으로 이어진다. 그러나 명의 공부는 명을 넘어 성의 공부로 들어가는 것이 중요하다. 그리하여 직접적으로 육근六根의 청정을 수련하고 마음(方寸)을 맑고 깨끗하게 해야 한다. 이것이 참된 단법이다.

구처기는 속세를 가엾게 여기고 민중에 연민을 느끼는 도인이었다. 왕철이 교문을 세웠던 초기와 달리 구처기의 가르침은 세상을 구제하고 도를 행하는 데 그 핵심이 있었다. 제자 윤지평은 『윤청화어록尹淸和語錄』에서 스승의 가르침을 다음과 같이 정의한 바 있다.

단양사부(마옥)는 무위의 옛 도를 온전히 행하였는데, 장춘사부(구처기)에 이르러서는 오직 사람들에게 공행을 쌓기를 가르쳤다. 이것은 무위의 도를 간직한 채 유위의 행을 하도록 한 것이니, 옛 도를 잡아서 도기道紀로 삼되 베풂이 없어서는 아니 되었기 때문이다. 사부는 일찍이 말하기를 "오늘날 나의 이 작은 도기道氣는 무위정좌로 얻은 것이 아니라 열심히 복을 지어 크게 일어난 것으로, 성현이 부여한 바이다. 도를 얻은 사람이 모두 이 공행에 이른다면 성현이 저절로 도를 부여해 줄 것이다"라고 하였다.

---

6) 『長春祖師語錄』.
7) 『玄品慶會錄』.

구처기는 군대가 지나간 후 도탄에 빠진 민중을 보고는 제자들에게 백성들이 묵을 곳을 만들라고 명하는 등, 세상을 구제하는 것을 급선무로 삼았다. 세상과 민생에 대한 이러한 구제력은 구처기의 전진도가 널리 칭송받고 유행할 수 있었던 근본적 이유가 되었고, 이로 말미암아 전진도는 난민들이 의지할 수 있는 사회조직으로 자리매김하게 된다. 후대에 청의 건륭제는 북경 백운관의 구조사전丘祖師殿에 대련을 남겼는데, 여기서는 "만고의 장생을 위한 선도수련은 비결을 구한 것이 아니었구나. 살인을 그치라는 한마디 말에 세상을 구제하는 기이한 공이 있음을 알겠네"라고 읊고 있다. 구처기의 일생에 대한 가장 간결하고 정확한 평가라고 하겠다. 구처기의 주요 저서로는 『대단직지大丹直指』, 『섭생소식론攝生消息論』, 『반계집磻溪集』 등이 있다.

구처기 이후 전진도의 장교 직은 윤지평, 이지상, 장지경張志敬, 왕지탄王志坦, 기지성祁志誠, 손덕욱孫德彧 등으로 이어진다. 이들이 모두 원나라 황실로부터 '진인'의 칭호를 하사받는 등 전진도는 현교玄敎의 대종사를 다수 배출함으로써 그 명성이 태일교와 진대도교를 뛰어넘게 되었다. 전진도 장교의 직을 역임한 구처기의 제자들에 대해 간략하게 살펴보면 다음과 같다.

윤지평이 장교가 되자 사방에서 배우려는 자들이 끊임없이 몰려들어 귀의할 방법을 물어보았다. 이때 윤지평은 다음과 같은 가르침을 주었다고 한다.

수행하는 데 있어서의 해로움은 식욕, 수면욕, 색욕 세 가지 욕망이 가장 크다. 많이 먹으면 많이 졸리고 많이 졸리면 이로 말미암아 정욕이 생겨나는데, 사람들이 이를 전혀 알지 못하여 행하는 자가 적다. 반드시 그것을 제어하려면 먼저 수면욕을 줄여야 하니, 이로부터 일취월장하여 몸이 청명해지고 혼탁한 기가 생겨나지 않게 된다. 더 높은 단계에 도달하는 자들도 대체로 여기에서부터 출발한다. 사람들은 헛되이 이 마음을 좇아서 쾌락으로 여길 줄만 알고, 이 마음을 제어하면 무궁한 참된 쾌락이 있음을 깨닫지 못한다.

윤지평의 교의는 적게 자는 것으로부터 시작해서 욕심을 없애고 마음을 고요하게 하는 것이 특징이다.[8]

이지상은 원래 유학을 배웠다가 나중에 도교에 입도한 인물이다. 그는 장교를 맡은 기간 동안 연경에 머물며 사대부들을 만나 그들을 도적道籍에 올려 주었으며, 또 수십 명의 사람들을 초청하여 재당齋堂에서 음식을 대접함으로써 사대부들의 칭송을 받았다. 일찍이 즉묵卽墨에 있을 때 사람들이 도적떼를 피해 동산東山의 토굴 속에 숨어 있었는데, 그 또한 그곳으로 가다가 도적떼에게 사로잡히고 말았다. 모진 고문에도 끝내 토굴의 위치를 발설하지 않으니 도적떼는 어쩔 수 없이 물러갈 수밖에 없었고, 이후 수백 명의 피난민들이 눈물로 감사를 표하며 앞다투어 그를 보살피려 했다.[9]

장지경張志敬은 어려서부터 이지상을 스승으로 모시고 시서를 배웠다. 장교를 맡아 현지玄指를 널리 선양하게 되면서 그는, 참학參學에 의지하지 않고 문자에 얽매이지 않는 전진교의 전통을 고쳐서 경전을 강론하고 의리를 탐구하는 것으로 바꾸었다. 그가 죽자 경사의 사대부나 타향의 도속 등 수많은 사람들이 몰려들어 몇 달 동안이나 향을 피우며 존경을 표하였다.[10]

구처기의 네 번째 후계자 기지성祁志誠 또한 명성이 매우 높았다. 재상 안동安童이 그를 방문하여 정치에 대해 물었을 때, 기지성은 수신이 곧 치세의 요체라고 하였다. 안동은 청정함과 충후함을 주로 하여 원

---

8) 『秋澗集』, 「尹志平道行碑」.
9) 王鄂, 「眞常眞人李志常道行碑」.
10) 王磐, 「誠明眞人道行碑」.

세조를 보좌하였는데, 이는 바로 기지성의 영향을 받은 것이었다. 이후 안동은 관직에서 물러나 안빈낙도하며 살았다.[11]

전진도는 북방에서 일어나서 원나라 때 강남으로 전해졌고, 무당산을 활동의 중심지로 삼았다. 그리하여 이 시기에는 예전에 장백단 계열이었던 내단파의 후학들이 전진도 문하에 뒤섞여 들어가서 전진 남종을 이루었다. 전진 남종의 빼어난 학자로는 이도순李道純, 이월계李月溪, 김지양金志楊, 목상조牧常晁, 이옥李鈺, 조우흠趙友欽, 진치허陳致虛 등이 있는데, 그 가운데서도 이도순이 가장 유명하다. 이도순은 뛰어난 내단 대가로, 저서로는 『전진집현비요全眞集玄秘要』, 『중화집中和集』 등이 있다. 이도순은 삼교귀일을 강력히 주장하여, 『중화집』에서는 "선종과 리학과 전진, 가르침이 삼문으로 세워져 후인들을 이끌었으나…… 만수귀일萬殊歸一을 얻음이 지극해지면 즐거운 누대는 안팎으로 모두 봄이라네"라고 하였고, 『삼천역수三天易隨』에서는 더욱 분명하게 "유교와 불교의 이치를 이끌어서 도교를 증명함으로써 학자들로 하여금 삼교가 본래 하나임을 알게 한다"라고 하였다. 그는 유교의 태극, 불교의 원각, 도교의 금단이 비록 이름은 셋이지만 그 실질은 하나라고 보았고, 수도에 있어서는 고요함과 안정됨을 숭상하였다. 그는 내단수련의 요점을 다음과 같이 말하고 있다.

> 태허는 솥이 되고, 태극은 화로가 되며, 청정은 단의 토대가 되고, 무위는 단전이 되며, 성명은 연홍이 되고, 정혜는 수화가 된다. 욕심을 막고 성냄을 억누르는 것은 수화水火가 교제하는 것이고, 성과 정을 합일시키는 것은 금목金木이 병합하는 것이다. 마음을 정갈하게 하고 사려를 일으키지 않는 것은 목욕이 되고, 성誠을 보존하고 의意를 안정되게 하는 것은 고제固濟가 되고, 계정혜戒定慧는 삼요가 된다.[12]

---

11) 『元史』, 「釋老傳」.
12) 李道純, 『中和集』.

이로써 그의 내단학이 확실히 유불도를 하나로 녹여 내어 전진도의 종지를 충분히 드러내었음을 알 수 있다.

전진도의 역사 편찬에 있어서는 이도겸李道謙의 공헌이 가장 크다. 그는 궁관의 비각과 전傳과 찬贊을 대량 수집하여 『조정내전祖庭內傳』, 『칠진연보七眞年譜』, 『감수선원록甘水仙源錄』 등을 편찬하였는데, 이것은 전진교 역사 연구에 도움이 될 만한 체계적인 자료를 제공했다. 이도겸은 변량汴梁 사람으로, 금나라에서 태어나 원나라에서 성장하였다. 박학다식하여 처음에 제점중양궁사提點重陽宮事가 되었다가 지원至元 2년에 경조도문제점京兆道門提點에 올랐다. 지원 14년에는 제점섬서로서촉사천도교提點陝西路西蜀四川道教가 되어 중양만수궁사重陽萬壽宮事를 겸했다. 세상을 떠났을 때 장례를 치른 사람이 수만 명에 이르렀다.

도교 경전의 간행에는 송피운宋披雲이 많은 힘을 썼다. 송피운은 구처기의 제자로, 내주萊州 액성掖城 사람이다. 구처기가 설산서행을 떠날 때 시종했으며, 구처기는 그에게 장경藏經의 대사를 맡겼다. 구처기가 세상을 떠난 후 송피운은 제자 진지안秦志安(通眞子)에게 평양平陽 현도관玄都觀에서 장경 편집에 관한 일을 총괄하라고 명하고, 그 자신은 직접 수만 리를 다니면서 있는 힘을 다해 남겨진 전적들을 수집하였다. 마침내 『도장』을 재간행하는 큰 사업을 완성하여 『현도보장玄都寶藏』이라 명했는데, 모두 7,800여 권에 달했다. 본래 전진도 초기에는 수련을 중시하고 독경을 가벼이 여겨 그 설이 모두 독창적이고 문호의 연원에 얽매이지 않았다. 그러나 세대가 거듭되면서 그 연원을 밝히지 않으면 믿게 할 수 없다는 사실을 알게 되어 교문의 도통을 정리하는 일이 절실해졌고, 송피운의 때에 이르러 전진도의 전후관계에 대한 설을 갖춤으로써 교내외의 중시를 받게 된 것이다. 이리하여 북오조, 북칠진, 남오조 등의 설이 있게 되었고, 『도장』이 재간행될 수 있었다. 송피운은 전진도가 노자로부터 시작된 도교의 정통임을 명확히 하고, 이를 후배 교도들에게 깨닫게 하여 도교의 맥이 쇠퇴하지 않게 하였다.

전진도에도 위기는 있었다. 두 차례에 걸쳐 도경을 불태우는 일이 발생한 것이다. 역사상 불교와 도교는 잦은 마찰이 있었고, 이는 원나라 때에도 마찬가지였다. 원나라 조정은 불교와 도교를 모두 존숭하였으나 그 중에서도 불교를, 특히 밀종을 가장 신임하였다. 이 때문에 도교 측에서 노자화호설老子化胡說(노자가 서방에서 부처가 되어 인도인들을 교화했다는 논리)을 만들어 도교가 불교에 앞선다고 주장하였고 또 도교도들이 황폐한 절터를 점유하는 일이 빈번하게 일어났기에 상호간에 갈등이 잦았다. 갈등이 생길 때마다 조정은 불교를 거듭 신임하였고, 이로 인해 도불논쟁에서는 항상 불교가 이기고 도교는 패배를 겪었다. 원 헌종 8년(1258), 당시 전진도는 장지경이 이끌었고 불교는 복격福格이 수장이었는데, 불교 측에서 「노자팔십일화도老子八十日化圖」를 전진도 교도가 위조했다고 지적함에 따라 승려와 도사 각각 17인씩이 모여 변론을 벌인 일이 있었다. 여기서 승려들이 승리하자 헌종은 도사들에게 머리를 깎고 승려가 될 것과 점유한 절터 200여 곳을 복원할 것, 『노자화호경老子化胡經』 같은 위경들과 그 조판을 소각할 것을 명령했다. 지원 17년(1280)에는 원 세조가 기지성을 불러 『도장』 속의 위조된 경문과 그 조판을 소각할 것을 명한 일이 있었다. 다음해에 세조는 보정保定, 진정眞定, 태원太原, 평양平陽, 하중부河中府, 관서 등에 도장 경판이 여전히 그대로 보관되어 있다는 소식을 듣고, 승록사僧錄司에 등록된 교선敎禪 양종의 승려들과 조정의 문신들을 장춘궁으로 보내어 정일도 천사 장종연張宗演, 전진도 장교 기지성, 대도교 장교 이덕화 등과 함께 진위를 고증하게 했다. 이어 백관을 민충사閔忠寺에 모이게 한 뒤 『도덕경』 계열의 노자 관련서를 제외한 『도장』 속의 위경·잡서를 모두 소각하게 했다. 그리고 지원 21년(1284)에는 한림원으로 하여금 두 차례에 걸친 분경焚經사건의 시말을 기록한 「분훼위도장경비焚毁僞道藏經碑」를 짓게 하고, 또 이를 비석에 새겨 여러 곳에 세워 두게 하였다. 두 번의 경서 소각은 도교에 큰 타격을 입혔으나, 전진도와 그 영도자들이 여전히 조정의 지지를 받고 있었기 때문에 사태가 더 커지지는 않았다.

전진도가 극도로 번성하면서 교도들은 점차 청정과 고행을 숭상하던 초기의 교풍에서 벗어나 화려함을 추구하게 되었다. 도관은 매우 웅장하였고, 도교를 이끄는 수장은 사치와 부패를 일삼으며 부귀권세를 탐하니 세속의 혼탁하고 비천한 무리들과 다를 바가 없었다. 왕반王磐(鹿庵)은 「진상관기眞常觀記」에서 "현재 현교(도교)를 이끄는 자는 경사에 거처하면서 황실의 제사를 맡아 책임지는데, 그 무리가 수백 수천에 달하고 높은 담과 화려한 기둥이 길거리마다 이어져 있다. 고관 사대부와 부호들이 와서 경조사의 일을 물으며 선물하는 것이 물 흐르듯 그치지 않는다"라고 하면서 도관이 소란스러운 사교의 장으로 전락한 사실을 개탄하였다. 우집의 「자허관기」에서도 "지금 도교도들은 궁관의 문과 담을 웅장하고 아름답게 꾸미는 데만 힘쓴다", "무릇 국가를 사치하게 하여 하사하는 재물이 풍성하기만을 바라고 토목이나 보수의 공사에만 힘쓸 뿐이다"라고 지적하고 있다. 후기의 전진도는 겉만 화려하고 속은 쇠락해 있었고, 장지선張志仙, 손덕욱孫德彧, 남도원藍道元, 손이도孫履道, 묘도일苗道一 등의 장교들도 덕망과 위업이 높지 않았다. 남도원의 경우처럼 죄를 저질러 파면당하는 경우도 있었다. 태정泰定 3년(1326)에 장규진張珪秦은 당시 교계의 상황을 다음과 같이 개탄하였다.

근래에 중과 도사들은 왕왕 처자를 부양하니, 일반사람과 다를 것이 없다. 채도태蔡道泰, 반병주班誹主와 같은 무리처럼 다른 사람을 해치고 욕심을 채우거나 교리를 어겨서 형벌을 받은 자가 이루 헤아릴 수 없었다.

당시에는 불교든 도교든 할 것 없이 권력자들의 부패가 사회적 풍조를 이루고 있었던 것이다. 원말에 태일교와 진대도교는 거의 소멸되어 가고 있었고, 전진도는 비록 살아남았으나 교파의 영예가 크게 실추된 상태였다.

2. 남방 정일도의 부각

남방의 정일도正一道는 여러 부록파 도교를 회합하고 이끌어 북방의 전진도와 비견될 정도의 대규모 교단을 이루었고, 원대에도 계속해서 번영하고 활약하는 모습을 보였다. 남송대에는 모산茅山, 영보靈寶, 청미淸微, 신소神霄, 천심天心, 동화東華 등의 교파가 강남에 널리 퍼져 있었지만 정일천사도가 전체 강남 도교를 장악하였다. 그리하여 몽고족이 중원으로 남하하여 서쪽의 여러 나라를 정벌할 때 그들은 전진도와 더불어 정일도에도 상당 부분 의지하였다.

일찍이 송을 멸하기 전에 원 세조는 강서 용호산에 사람을 파견하여 제35대 천사 장가대張可大를 방문한 적이 있었다. 그리고 지원 13년(1273), 세조는 36대 천사 장종연張宗演을 불러 장가대의 "이후 20년 안에 천하는 마땅히 하나로 통일된다"라는 예언을 언급하며, 이제 그 예언이 맞았다고 하면서 관복과 은인銀印을 하사하고 강남 도교를 이끌도록 명하였다. 이후 장종연은 지원 18년과 25년, 두 차례 더 황제를 배알하였다. 세조는 천사들에게 대대로 전해 오는 옥인과 보검을 보고서는 신하들에게, "왕조가 몇 번이나 바뀌었는지 알 수 없지만, 천사의 검과 인은 자손 대대로 전해져 오늘에 이르렀다. 이는 과연 신명의 도움이로다"라고 하였다. 37대 천사는 장여체張與棣에게로 전해졌고, 성종 원정 원년(1301)

에 그의 동생 장여재張輿材가 제38대 천사가 되어 강남 도교를 관장하였다. 대덕 5년(1301)에 성종은 장여재를 도성으로 불러들여 접견하였고, 대덕 8년에는 그를 정일교 교주로 삼아 삼산부록파三山符籙派를 영도하게 했다. 무종은 그를 금자광록대부金紫光祿大夫로 특별히 임명하여 유국공留國公에 봉하고 금인金印을 하사하였으며, 인종은 즉위한 직후 그에게 보관寶冠과 금의金衣를 하사하였다. 연우延祐 3년에 장여재가 죽자 그의 아들 장사성張嗣成이 39대 천사가 되어 삼산부록파의 영수로서 강남 도교를 이끌었다.

정일도의 천사 자리는 장씨 일가의 적자전승을 원칙으로 이어져 왔는데, 천사에 오르지 못했으면서도 원나라 조정으로부터 가장 높은 신임을 받은 도사들이 있었으니 바로 장유손張留孫·오전절吳全節 사제이다. 이들의 영예는 천사들보다 더하였다.

장유손은 자가 사한師漢이고 신주信州 귀계貴溪 사람이다. 어려서 용호산에 들어가 도사가 되었고, 지원 13년에 천사 장종연을 따라 조정에 들어가서 세조의 마음에 들어 궁중에 머물게 되었다. 일찍이 폭풍우를 멈추게 하는 기도를 올렸고, 또 일월산으로 가서 황후의 병을 낫게 하는 기도를 올리기도 했다. 황후를 위해 해몽한 것이 황제와 황후를 기쁘게 하여 천사로 임명되었으나 고사하였다. 이에 황제는 그를 상경上卿이라 칭하면서 상방보검尙方寶劍을 하사하였으며, 양경(연경과 남경)에 숭진궁을 지어 장유손으로 하여금 사당을 관장하게 했다. 지원 15년에 '현교종사玄敎宗師'에 제수하고 은인을 하사하였다. 장유손이 세조에게 치국의 도를 강론할 때, 황로의 치도는 청정을 귀하게 여기고 성인은 천하를 있는 그대로에 맡긴다는 뜻에 대하여 설명함으로써 세조의 마음과 깊이 통하였다. 세조가 완택完澤을 재상에 임명하고자 하여 장유손에게 점을 칠 것을 명했는데, 그는 역易으로 점을 쳐서 길사로 판정하였

다. 대덕 연간에 '현교대종사玄敎大宗師'로 호가 더해지고 '동지집현원도
교사同知集賢院道敎事'가 되었으며, 그의 조상 삼대가 모두 위국공에 봉해지
고 제일의 관품에 올랐다. 무종이 즉위한 후에는 '대진인'에 봉해지고
'지집현원知集賢院'이 되어 대학사보다 높은 지위에 올랐으며 다시 특진이
더해졌고, 장유손은 황제를 위해 『노자』를 강의하면서 겸양의 도를
밝혔다. 인종은 즉위한 후로 늘 장유손의 말을 독송하면서 가까운 신하들
에게 들려주었다. 또 여러 황제를 모신 오래된 공신들이 모두 죽고
장유손 한 사람만 남게 되자, 그를 '개부의동삼사開府儀同三司'에 봉하고
'보성찬화보운현교대종사輔成贊化保運玄敎大宗師'라는 호를 더해 주었으며
'현교대수사玄敎大守師'라고 새긴 옥인玉印을 하사하였다. 사후에는 '도조
신덕진군道祖神德眞君'에 추서되었다.

　장유손의 문하에는 뛰어난 제자들이 매우 많았는데, 그 중에 오전절이
가장 유명하다. 오전절은 자가 성계成季이고 요주饒州 안인安仁 사람이다.
13세에 용호산으로 들어가 도를 배웠으며, 지원 24년에 장유손을 따라
경사로 가서 세조를 만났다. 이후 성종이 즉위하여 오전절을 만난 뒤로
매년 황제의 순행을 따라다니며 시종하게 하였다. 지대至大 원년(1307)에
무종은 그를 '현교사사玄敎嗣師'에 제수하고 은인을 하사하였는데, 품계
가 시이품視二品[13]이었다. 지대 3년에는 칠보금관과 금문을 수놓은 옷을
하사하고 조부와 부친의 고향땅을 봉지로 주었다. 영종英宗 지치 2년에는
상경上卿으로 삼고 현교대종사玄敎大宗師・숭문홍도현덕진인崇文弘道玄德眞
人・지집현원도교사知集玄院道敎事에 제수하여 강회형양江淮荊襄 등지의 도
교를 총섭하게 했으며, 옥인과 은인을 하사하였다. 오전절은 사대부와
두루 교제하여 현명한 인재를 추천하였고, 또 가난하고 급박한 상황에

---

13) 역자주: 국가에 공훈이 있는 황제의 친척들에게 주는 관품이다.

처한 사람을 구휼해 내었다. 일찍이 성종에게 낙양태수 노지盧摯가 겸손하고 무위하여 백성들을 평안케 했다고 추천함으로써 그가 집전학사에 제수될 수 있도록 하였고, 또 한림학사 염복閻復을 보호하여 모함을 받지 않도록 한 일도 있었다. 당시 사람들은 조정에서 대신들의 체면이 서고 능력 있는 자들이 구설수로 다치지 않게 된 것은 오전절이 힘을 쓴 결과라고 생각했다.

장유손과 오전절은 부록과 점술에도 뛰어났지만 임영소의 무리처럼 황제에 영합하여 부귀를 얻고자 노력하지는 않았다. 이들은 학문을 강론하는 데 능했고 적극적으로 유익한 정책을 건의하기도 하여 당시 사대부와 조정 대신들 사이에서도 위엄과 명망이 높았다. 장유손을 1대 조사로 하여 등장한 현교玄敎는 당연히 용호산 정일도의 한 지파인데, 그 교세가 매우 컸다. 오전절이 2대 장교를 지냈고, 3대는 하문영夏文泳이, 4대는 장덕륭張德隆이 맡았다. 5대 장교의 직이 누구에게로 전해졌는지는 당시가 원나라 말기인 만큼 확인할 길이 없는데, 일반적으로는 장덕륭을 마지막 장교로 본다. 현교는 유학을 숭상하여 충효를 실천하는 데 힘썼고 종교 내용에 있어서도 각 파를 잡다하게 배웠는데, 이것은 교파가 다양하게 세워지고 잡박하게 뒤엉켜 있던 원대 강남 도교의 시대적 특색을 보여 준다.

정일도 이외의 강남 도교의 교파들을 살펴보면 다음과 같다. 모산파는 강소의 삼모산三茅山을 중심으로 하는 종파이다. 저명한 도사로는 두도견杜道堅이 있는데, 송대와 원대를 살았고 두 왕조에서 모두 중시되었다. 원 세조를 알현하여 도교를 이끌라는 새서를 받들고 항주 종양궁宗陽宮의 주지를 맡았으며, 성종 대덕 연간에는 항주로도록杭州路道錄·교문고사진인敎門高士眞人에 제수되었다. 인종 황경皇慶 연간에는 융도충진숭정진인隆道沖眞崇正眞人의 칭호를 하사받고 호주湖州의 보덕관報德觀, 통현관通玄

238

觀을 관장하였으며, 『현경원지玄經原旨』 등을 지어 심오한 현리를 드러내었다. 또한 도사 장우張雨는 문장으로 이름을 날려 시詩와 사詞에 뻬어났고 『현품록玄品錄』 등을 지었다. 모산파의 제45대 종사 유대빈劉大彬은 『모산지茅山志』 33권을 지었는데, 이 저작은 모산의 역대 사료를 풍부하게 수록하고 있어 도교사의 명저로 평가받고 있다. 동화파東華派는 각조산 영보파의 지파로, 온주溫州를 중심으로 전교해 나갔다. 신소파는 원대에 이르러 여러 지파로 갈라져서 그 수를 헤아리기 힘들 정도였다. 그 중 가장 저명한 도사는 신소뇌법으로 이름을 떨친 막월정莫月鼎으로, 원 세조도 그를 불러 친견할 정도였고 제자들이 매우 많았다. 청미파는 황순신을 이은 장도귀張道貴, 장수청張守淸 등의 도사가 있었는데, 무당산에서 수도하였으며 전진도에 매우 근접한 모습을 보였다.

3. 유도가 결합된 새로운 도파 정명도

　강남에서 유행한 정명도淨明道는 유도儒道결합의 전형을 보여 주는 도파였다. 정명도는 허손許遜[14]을 교조로 받들었는데, 그 신앙은 당대 이전까지 거슬러 올라간다.

　허손은 서진 때의 도사로, 설에 따르면 오맹吳猛으로부터 도를 얻어 효도를 제창하였고, 예장豫章지역 일대에서 전도하여 30여 년 만에 교단을 이루었다고 한다. 이후 그 맥이 면면히 이어져 끊이질 않았다. 당 고종 때에는 도사 호혜초胡惠超, 장온張蘊, 곽박郭璞이 정명도의 3대 스승으로 받들어졌다. 북송의 역대 황제들은 모두 정명도를 존숭하였다. 진종은 남창 서산의 유유관游帷觀을 옥륭궁으로 승격시켰고, 휘종은 여기에 다시 옥륭만수궁이라는 칭호를 내리면서 궁 근처의 나무를 남벌하지 못하게 하고 조세와 부역을 면해 주었으며 허손을 '신공묘제진군神功妙濟眞君'에 봉하였다. 송 황실이 남쪽으로 천도한 해에 도사 주진공周眞公은 허손 신앙이 가장 농후했던 강서 남창 일대에서 정명도 교의를 선전하였다. 그는 허손 등의 여섯 진인이 유수渝水에 강신하여 정명영보비법淨明靈寶秘法을 전해 주었다고 하면서 충효와 청렴함, 근신의 가르침으로 백성들을 교화했으며, 뒤에 허손이 다시 옥륭만수궁에 강림하여 비선도인경

---

　14) 역자주: 旌陽현령을 지냈기 때문에 '허정양'이라고도 불린다.

飛仙度人經과 정명충효대법淨明忠孝大法을 전수했다고 하면서 진단眞壇을 건립하고 제자 500여 명을 전도하였다. 그런데 주진공 이후의 전승관계는 불분명하여 중도에 끊어진 것으로 보기도 한다.

원나라 초기에 남창 서산에 은거하던 유생 유옥劉玉은 25세 때 당나라 시기의 인물인 서산도사 호혜초를 만나 도를 전해 받았다고 한다. 이때 호혜초가 유옥에게 "정명대교가 장차 흥하여 팔백 제자가 나올 터이니, 네가 그들의 스승이 되어라"[15]라고 이르니, 유옥은 등승도원騰勝道院을 세우고 훌륭한 도로써 사람들을 교화했다는 것이다. 다른 설에 따르면, 유옥은 원 성종 원정 24년에 허손이 내려 준『옥진영보단기玉眞靈寶壇記』를 얻었으며, 이듬해에는 정명감도사淨明監度師 곽박으로부터『옥진입단소玉眞立壇疏』를 얻고 또 정명법사淨明法師 호혜초로부터 삼오비보三五飛步와 정일참사正一斬邪의 도법을 얻었다고 한다. 아울러 허손이『중황대도中黃大道』와『팔극진전八極眞詮』을 거듭 전수해 주면서 유옥 자신을 팔백 제자의 우두머리로 삼았다는 것이다. 여하튼 이렇게 십여 년에 걸쳐서 도경이 갖추어지고 이를 제자들이 받들어 모시게 되면서 정명도 종파가 정식으로 출범하게 되었다.

정명도는 주진공과의 전승관계를 승인하지 않고 허손을 초대 조사로, 유옥을 2대 조사로 삼았다. 그러나 사실상 유옥은 선인의 가르침을 발전시켜 직접 정명도를 일구어 낸 것이기 때문에, 유옥이야말로 처음으로 정명도를 교파의 명칭으로 삼은 정식 창시자라고 말할 수도 있을 것이다. 정명도의 3대 조사는 황원길黃元吉(1271~1325)이고, 4대 조사는 서이徐異(1291~1350)이며, 5대 조사는 조의진趙宜眞이다. 6대 조사는 유연연劉淵然인데, 이때는 이미 명나라 초에 접어들었을 때이며, 유연연 이후의

---

15)『西山隱士玉眞劉先生傳』.

전승 계보는 알 수 없다. 『정명충효전서정와淨明忠孝全書正訛』에 따르면, 명 태조의 열다섯 번째 아들 주권朱權은 정명도법을 학습하여 명 성조에 의해 함허진인涵虛眞人에 봉해졌으며, 세간에서는 주진인이라고 불렀다. 또 장진인張眞人이라는 도사가 있었는데, 계하系河 남기현南杞縣 사람으로 남창의 서산에서 정명도를 수련하여 청 순치順治 18년(1661)에 우화등선하였다고 한다. 『소요산만수궁지逍遙山萬壽宮誌』 권13 「인물지」에 따르면, 전진도 용문파의 제8대 도사 서수성徐守誠이 순치 9년에 남창의 서산에 들어가 정명도를 수련하면서 황폐해진 궁관을 복구하는 데 힘을 썼다고 한다. 서수성은 담태지譚太智, 장태현張太玄, 웅태안熊太岸 등의 제자를 두었고 강희 31년(1692)에 죽었으니, 17세기 말부터 정명도의 법이 전진도로 스며들어 서수성의 제자들에 의해 유지되었음을 알 수 있다. 이후로는 쇠퇴하여 그 전승이 알려지지 않았다.

'정명충효淨明忠孝' 네 글자는 정명도의 종지이다. 유옥은 이를 해석하여 다음과 같이 말하였다.

> 무엇을 정淨이라고 하는가? 외물에 오염되지 않는 것이다. 무엇을 명明이라고 하는가? 외물에 감촉되지 않는 것이다. 오염되지도 감촉되지도 않으니 충효가 저절로 얻어진다.……
> 정명이란 단지 정심성의正心誠意일 뿐이고, 충효란 단지 강상綱常을 받들어 세우는 것일 뿐이다.……
> 본심本心은 정명을 핵심으로 삼고 실천과 제재를 충효에 맡긴다.[16]

'정명' 두 글자는 원래 불교의 "심성은 본디 깨끗하고 밝으니 티끌 하나의 오염됨도 없다"라는 말에서 뜻을 취한 것으로, 수도자는 마땅히 내심의 경지에 도달해야 함을 규정한 것이다. 정명도에서는 사람의

---

16) 『玉眞劉先生語錄』.

본래 마음은 순수하고 깨끗하고 투명하지만 후천적인 물욕과 사사로운 정에 의해 가려져서 깨끗하지도 투명하지도 않게 된다고 여겼다. 유옥은 이렇게 말한다.

> 사람의 본성은 저절로 밝아서 위로는 하늘과 통한다. 그러나 고통이 많이 생겨남에 따라 점차로 훈습되어 마음대로 성내고 욕심내고 도리를 어둡게 하니, 이에 사람의 도를 얻지 못한다.[17]

정명의 도를 닦는다는 것은, 바로 교인들이 마음을 맑게 하여 욕심을 없애고 마음을 바르게 하여 뜻이 성실하게 되도록 하는 것이다. 그리하여 이욕에 움직이지 않고 탐욕과 편협함을 없애며 원망과 분노를 일으키지 않도록 해서 광대하고 청명한 마음을 회복해야 한다. 또한 마음을 닦는 동시에 실천이 뒤따라야만 하는데, 그것은 바로 충효를 다하는 것이다. 그런데 충효를 다한다는 것은 단순히 군주에게 충성하고 부모에게 효도하는 데에 머무는 것이 아니라, 이것을 우주로까지 확충해 나가야 한다. 이를 유옥은 "큰 충이란 한 사물도 속이지 않는 것이고, 큰 효란 모든 것을 사랑하는 것이다"라고 말한다.[18] 유옥은 전력을 다해 종법과 제도를 지키고 유지하려 하였다. 그는 조금의 거리낌도 없이 "충의 가르침이란 강상을 받들어 세우는 것"이라고 강조한다. 세상의 유가들은 이것을 단순한 말뿐인 진부한 설법이라고 무시했지만, 정명도는 관계치 않고 묵묵히 도에 힘쓰고 충효를 실천하였다. 정명도의 공과격功過格 중에 "대중을 구원한다"라는 교법이 있다. 이는 굶주리고 추위에 떠는 백성들을 돕고 연고 없이 떠돌아다니는 시체를 매장해 주며 곳곳을 다니면서 다리를 고치고 길을 보수하여 백성들의 삶을 구제하고 이롭게

---

17) 『淨明忠孝全書』, 권2.
18) 『淨明忠孝全書』, 권3.

해 주는 것으로, 이들의 교리가 알려지면서 원근의 사람들이 몰려들어 따르는 자가 많게 되었다.

충효를 실천하고 선행을 베풀어서 덕을 쌓고자 하는 노력으로 정명도는 원대 지배층의 찬탄과 지지를 받는 동시에 하층 민중들로부터도 광범위한 존숭과 공경을 받게 되었고, 그 결과 일시에 커다란 영향력을 행사하게 되었다. 3대 조사 황원길은 원 영종 지치 3년(1323)에 경성에 들어가서 강학하여 공경대부들로부터 예를 다한 공경을 받았고, 조정으로부터 새서를 하사받고 정일도 도사 장유손이 머물던 숭진만수궁에 거처하게 되었다. 4대 조사 서이 또한 도성에 머물면서 액막이기도를 크게 행하여 조정으로부터 '정명배도격신소효법사淨明配道格神昭效法師'라는 칭호를 받았다. 6대 조사 유연연은 홍무洪武 26년(1393)에 명 태조로부터 '고도高道'라는 호를 받았고, 영락永樂 연간에는 '중앙도록사中央道錄司'의 직무를 맡았다. 정명도는 또한 왕기王畿나 나여방羅汝芳 같은 양명좌파의 학자들로부터도 찬양을 받았다.

정명도 또한 도교인 만큼 결국은 도를 닦아 신선을 이루는 것을 중요하게 생각한다. 그러나 그들은 전통적인 내단과 외단, 벽곡과 토납의 술을 경시하면서, 정명충효의 수양과 실천을 최고의 내단도로 여겼다. 『정명대도설淨明大道說』에서는 다음과 같이 말한다.

그 핵심은 참선하여 도를 묻거나 산속에 들어가서 수련하는 데에 있지 않으니, 충효의 근본을 세워 마음을 맑고 밝게 하는 것이 가장 중요하다. 네 가지 아름다움이 모두 갖추어지면 신이 점차로 영과 통하게 되어 수련修煉을 하지 않더라도 저절로 도가 이루어진다.

유옥 또한 이렇게 말하고 있다.

성냄을 깨뜨리면 심화心火가 하강하고 욕심을 막으면 신수腎水가 상승하며 밝은

244

이치가 어둡지 않으면 원신元神이 날마다 자라나고 복덕이 날마다 더해지니, 수가 상승하고 화가 하강하면 정과 신이 안정되어 그 가운데에서 진토眞土가 주재한다. 오직 이것이 정심수신의 학문이자 참된 충과 지극한 효의 도이다.…… (수련을 오래하면) 반드시 장생하는 것은 아니더라도 장생의 본성이 간직되어 있으니, 죽어도 어둡지 않아 신선의 반열에 오르는 것을 일러 장생이라 한다.[19]

정명도가 추구하는 장생은 육체의 영원한 보존이 아니라 덕성이 사라지지 않음을 이른다. 이는 유가의 성인관과 매우 가깝다. 정명도에서도 부록과 기도를 행하기는 하지만, 그들은 부법符法은 마땅히 내면의 수련을 근본으로 해야 한다고 강조한다. 지성으로 천지를 감동시키고 마음속의 괴물과 귀신을 제거하면 외부의 사기를 자연스럽게 소멸시킬 수 있다는 것이다.

정명도는 유가의 윤리를 직접적으로 구체화시켜서 교의와 계율로 삼았고, 도교의 종교형식 속에 수신제가라는 유가의 인본적 내용을 포함시켰다. 이는 유학을 종교화한 최초의 성공적인 시도였으며, 도교사에 있어서도 처음 선보이는 상당히 독특한 개혁이었다. 그러나 이것은 동시에 도교가 유가 쪽으로 접근해 간 모습으로, 도교 자신의 전통적 특징을 상실한 대가라 하겠다. 황원길, 서이 등이 편집한『淨明忠孝全書』6권은 정명도 교의의 연구를 위한 주요한 사료이다.

---

19)『淨明忠孝全書』, 권2.

제6장 명대: 도교의 세속화와 분화

    명대의 200여 년 동안 도교에는 새로운 변화가 있었다. 금대와 원대를 거치면서 줄곧 융성함을 자랑하던 전진도가 쇠락하여 급기야 몰락을 맞이하게 된 것이다. 전진도 몰락의 이유로는 다음의 셋을 들 수 있다. 첫째, 전진교가 원대 황실과 관계가 긴밀했던 탓에 명 황실로부터 버림을 받았기 때문이다. 둘째, 전진교 후기에 들면서부터 도사들이 세상을 구제하는 것보다 개인적인 성과 진의 수련에만 전념함으로써 사회적 영향력이 축소되었기 때문이다. 셋째, 수명양성修命養性의 내단술은 이해할 수 있는 사람이 드물어 전진도를 따르는 무리들이 쉽게 늘어나지 않았기 때문이다. 이러한 이유들로 인해 전진도는 사회·정치적 무대의 중심에서 이탈하게 되어, 학자처럼 운둔하여 청수清修하는 길로 내달아 갔다. 그리고 그 대신 초제와 부록을 주요 특징으로 하는 정일도가 활발한 활동을 보였다. 정일도는 무엇보다도 명 황실의 총애를 등에 업었고, 이를 토대로 사회·정치생활과 일상생활을 결합시켜 냄으로써 전국의 도교를 지배하는 주도적 세력이 될 수 있었다.
    이 시기에 도교의 이론은 다시 유학 및 불교와 밀접하게 융합하는 양상을 보였다. 또한 도교의 교의와 활동은 더욱 넓어져서 사회의 실제 생활을 관통하였고, 민간으로 확산되어 명대의 사상과 문화 곳곳에서 도교적 색체가 짙어졌다.

1. 황제들의 도교 애호

　명대의 황제들 대다수는 방술을 애호하고 도사를 총애하였는데, 이러한 분위기는 태조 주원장朱元璋으로부터 시작되었다. 주원장이 가까이 지낸 도사로는 주전周顚, 장중張中, 장정상張正常, 유연연劉淵然 등이 있었다. 주전은 괴이한 모습으로 이상한 행동을 하였고 예언을 잘하였다. 그는 벽곡을 잘 행했고 커다란 항아리를 껴안고 불덩이 속에 있어도 탈이 없었다고 하는데, 태조를 위해 태평을 고했으며 항상 태조를 수행하였다. 홍무 연간에 태조가 친히 『주전선전周顚仙傳』을 편찬하여 그의 일들을 기록했다고 한다. 철관자鐵冠子 장중은 술수를 잘하였고, 화복을 예측하면 대부분 적중하였다. 태조가 등유지鄧愈之의 추천으로 그를 불러들였을 때 장중은 예장지역에 유혈사태가 일어나리라는 것과 조정의 대신에게 변괴가 있으리라는 것을 예언했는데, 과연 그의 말과 같았다. 주원장이 파양호鄱陽湖에서 진우량陳友諒과 싸울 때, 장중은 주원장의 군대를 위해 풍제를 지내고 승리를 예언하여 매우 총애를 받았다. 장삼풍張三豊(張三峯)은 이름이 전일全一이다. 의복을 꾸미지 않아서 호를 납탑邋遢이라고 하였다. 여러 달 먹지 않고도 살 수 있고 하루에 천리를 갈 수 있다고 했는데, 태조가 그 명성을 듣고 홍무 24년에 관리를 보내어 찾았으나 끝내 찾지 못하였다. 장정상은 정일도 42대 천사가 되어 귀계의 용호산에 거처하고 있었는데, 태조의 부름으로 조정으로 들어가서 천사라는 호칭을 버리고 '정일사교진인正一嗣教眞人'이라는 호를 하사받았다. 태조는 은인과 시이품視二品의 품계를 내리고 찬교贊教와 장서掌書의 두 관직을 설치하여 그를 보좌하게 했으며, 홍무 5년(1372)에 칙령을 내려 영원히 천하의 도교사道教事를 관장할 것을 명했다. 이에 따라 그의 아들 장우초張宇初는 홍무 13년 '대진인大眞人'에 제수되어 도교사를 관장하였다. 칙령을 받들어 홍무 16년에는 남경 자금산紫金山에서 옥록대재玉錄大齋를 지냈고, 18년에는 기우제를 지냈으며, 23년에는 용호산 대상청궁을 중건했다. 유연연은 어려서 상부궁祥符宮의 도사가 되었는데, 뇌법을 잘했다. 홍무 26년에 태조가 그의 명성을 듣고 불러서 '고도高道'라는 호를 내리고 조천궁朝天宮에 머물게 했다.

태조는 여러 도사들을 두루 친근히 대했지만 정일도사에 대해서는 더욱 호감을 가졌다. 일찍이 「현교입성재초의문玄教立成齋醮儀文」의 어제서御制序에서 다음과 같이 말한 바 있다.

> 선종과 전진은 수신양성에 힘쓰지만 오직 자기 자신만을 위할 뿐이다. 그러나 교종과 정일은 초탈을 주로 하면서도 효자자친孝子慈親의 조목을 두어 인륜을 이롭게 하고 풍속을 두텁게 하니 그 공이 크다.

이로써 태조가 정일도를 높이 신뢰했으며, 그 까닭은 정일도가 사회정치와 윤리생활에서 질서를 유지하는 작용을 한다고 여겼다는 데 있음을 알 수 있다. 그래서 태조는 예부에 칙령을 내려 승려와 도사로 하여금 함께 모여 불교와 도교의 과의와 격식을 규정하고 준수하게 하였으며, 홍무 15년에는 친히 도교의 과의와 음악을 제정하기도 했다. 『명통감明通鑑』에는 태조가 친히 기우초제에 참가했을 때의 기록이 있다. 이에 따르면 태조는 "소복과 가죽신을 착용하고 걸어서 제단에 이르렀는데,

뜨거운 햇볕 아래 볏짚 자리에 앉고 밤에는 맨땅에 누워 지내기를 삼일 동안이나 하였다"라고 한다. 이는 지극히 삼가고 성실한 모습을 표현한 것이다.

그러나 태조가 도교를 마냥 호의적으로만 대한 것은 결코 아니다. 태조는 도교의 활동을 엄격하게 관리하였으며, 도사들이 지위를 남용하지 못하도록 하였다. 홍무 5년에 승려와 도사들에게 도첩을 주게 하고 조서를 내려 말하기를, "천하가 크게 안정되었으니 예의와 풍속이 바르지 않을 수 없다.…… 승려와 도사들이 제초를 행할 때, 남녀가 뒤섞여 방자하게 먹고 마시는 것을 금한다. 어기는 자는 엄격하게 다스리라"[1]라고 하였다. 홍무 6년에는 조서를 내려 "부와 주, 현에 큰 사찰과 도관을 하나씩만 남겨서, 그 무리들을 모아 한곳에 거처하게 하라"[2]라고 하면서 승려와 도사의 출가를 제한하였다. 홍무 15년에는 승록僧錄과 도록道錄을 설치하고 예부禮部에 종속시켜서 승려와 도사의 관리를 강화하였다. 홍무 24년에는 불교와 도교를 정리하여 승려와 도사의 수가 부에는 각각 40인, 주에는 30인, 현에는 20인을 넘지 못하게 하였고, 남자는 40세 이상, 여자는 50세 이상이 아니면 출가할 수 없도록 하였다. 홍무 28년에는 천하의 승려와 도사들에게 명하여 수도로 와서 시험을 치르러 도첩을 받게 하고, 경전에 통달하지 못한 자는 파면하였다. 또 홍무 연간에 있었던 한 조서에서는 모든 화거도사火居道士(처첩을 둔 도사)에게 은 30량, 은자 50정錠만을 제한하여 허락했는데, 이를 넘어서면 따지지 않고 때려죽였다.

태조가 이와 같은 엄혹한 태도를 취하게 된 것은 다음의 세 가지 이유 때문이다. 첫째, 승려와 도사들이 "백성들의 재산을 축내는 좀벌레"

---

1) 『明通鑑』, 권4.
2) 『太祖實錄』, 권86.

처럼 지나치게 사치스러워 국가 재정에 영향을 주었기 때문이다. 둘째, 태조 자신이 민간에서 일어난 인물로서 일찍이 백련교白蓮敎의 반원운동을 이용한 경험이 있었을 정도로 민간종교의 반란 가능성을 깊이 깨닫고 있었기 때문이다. 이런 이유로 그는 건국 후 백련교를 금하고 승려와 도사를 엄격하게 관리하여 백련교를 비롯한 민간종교의 신도들이 승려와 도사로 혼입되지 않도록 하였다. 셋째, 승려와 도사 가운데 "원래의 습속을 따르지 않고 교단을 오염시키며 파행하는" 자들이 많아 국가 법률의 통일에 장애가 되었기 때문이다. 따라서 태조는 시험을 통해 그들을 정돈하고, 승려와 도사들을 각기 따로 거처하도록 하여 백성들과 섞이지 않게 하였다. 홍무 27년(1394), 태조는 예부에 명령을 내려 천하의 사원과 도관을 모두 큰 사원으로 병합하게 하고 대표 도인 일인을 세워 세금을 주관토록 하였다. 큰 도관의 도사들로 하여금 반을 편성하여 연령이 높은 자가 통솔하도록 하고, 그 나머지 승려와 도사들에게는 외출을 금하고 관리들과의 교제를 허락하지 않았으며, 서책을 제소題疏라 칭하게 하고 사람과 재물을 억지로 구하지 못하게 하였다. 심산유곡에서 선정하며 도를 배우려고 모인 자가 한두 사람이면 허가를 하고 서너 사람만 되어도 허가를 하지 않았다.[3] 또한 다음과 같은 명령을 내리기도 했다.

> 승려와 도사 중에 처첩이 있는 자는 사람들이 가서 몰아내게 하고, 손님으로 도와 숨겨 주는 자에게는 죄를 주라. 백련白蓮, 영보靈寶, 화거火居 및 승려와 도사들 중에 오랜 전통을 따르지 않고 망녕되이 의론하거나 명령을 거스르는 자는 모두 중죄로 다스려라.[4]

---

3) 『太祖實錄』, 권184.
4) 『留靑日札摘抄』.

이러한 억제책들은 분명히 조정의 통제력 상실과 변란의 조성을 막기 위한 것이다.

성조 영락제는 대체로 태조의 종교 정책 가운데 애호의 측면을 계승하였다. 43대 정일교 대진인 장우초는 건문제建文帝 때에 불법을 저질러 인장을 박탈당했는데, 성조는 즉위 후 그의 직위를 회복시켜 주고 영락 8년에 장우초가 죽자 그의 동생 장우청張宇淸에게 대진인의 위를 계승하게 했다. 영락 초에 장우초는 정일교 도사 손벽운孫碧雲을 무당산 남암궁南巖宮의 주지로 임명하였고, 영락 11년에 손벽운은 도록사道錄司의 우정일右正一이 되어 무당산 본산파本山派를 성립시키고 현제玄帝의 제사를 받드는 제주가 되었다.

성조는 진무신眞武神을 가장 추앙하였고, 살아 있는 신선으로 칭해지는 전진교 무당파 도사 장삼풍에 심취하였으며, 자기 자신만의 독특한 도교 신앙을 형성하였다.

진무眞武는 본래 '현무玄武'로 북방칠수北方七宿의 별자리 신이었는데, 이것이 사령四靈숭배와 결합하여 거북뱀신으로 바뀌었고, 송대에 이르러 인격신이 되어 송 진종에 의해 '진무영응진군眞武靈應眞君'에 봉해졌다. 이는 성조聖祖 조현랑趙玄朗의 휘를 피하여 '현玄'을 '진眞'으로 고친 것이다. 송 흠종은 여기에 '우성조순진무영응진군佑聖助順眞武靈應眞君'으로 봉호를 더하였다. 이후 원 세조는 대도大都에 대소응궁大昭應宮을 건립하여 진무신에게 제사를 지냈고, 원 성종이 '원성인위현천상제元聖仁威玄天上帝'라는 봉호를 더하여 북방의 최고신이 되었다. 명 성조 주체朱棣는 연왕燕王 시절 정난靖難을 일으키면서 진무현령眞武顯靈을 선전하였고, 황제로 등극한 후에는 진무에 '북극진천진무현천상제北極鎭天眞武玄天上帝'라는 봉호를 더하였다. 또한 이 신의 제사지인 무당산을 크게 정비하도록 하고 '대악태화산大嶽太和山'이라는 명호를 하사했으며, 30만의 일꾼이 7년에 걸쳐 8궁宮, 2관觀, 36암당庵堂, 72암묘巖廟, 39교교橋, 12정亭의 방대한 도교 건축군을 세웠다. 주봉인 천주봉天柱峰의 정상에는 동으로 토대를 만들고 금으로 장식한 금전金殿을 세웠는데, 소요된 비용이 백만을 헤아려 "천하의 금이 거의 다 소진될" 정도였다고 한다. 이러한 성조의 후원으로 무당산은 도교의 성지로 사방에 이름을 드날리게 되었다. 성조는 또 북경에 큰 진무묘를 세웠는데, 이것이 경사의 9묘 가운데 하나가 되어 관방官方의 시절제사를 담당하였다. 또한 어화원御花園에 흠안전欽安殿을 중건하여 진무를 제사지내게 했고, 봉천전奉天殿 양쪽 벽의 아치 사이에 진무신상을 그려 넣게 했으며, 『어제대명현교악장禦制大明玄敎樂章』을 지어 진무제와 이서진군二徐眞君의 제사용으로 삼았다. 성조는 스스로를 과장하여 진무의 화신을 자처하였다.

성조는 명성이 자자한 도사 장삼풍을 매우 추앙하였다. 전설에 따르면 장삼풍은 일찍이 현령이 되었으나 관직을 버리고 출가하여 전진교 도사가 되었고, 종남산에서 화룡진인火龍眞人을 만나 단결을 전수받고 무당산으로 가서 수년 동안 수련하였다고 한다. 영락 5년(1407)에 성조는 급사중給事中 호영胡濴과 내시 주상朱祥으로 하여금 새서와 향폐를 가지고 무당산으로 가서 장삼풍을 찾게 하였으나 끝내 종적이 묘연하였다. 후에 영종이 '통미현화진인通微顯化眞人'이라는 호를 내렸고, 선종이 '도광상지진선韜光尙志眞仙'에 봉하였으며, 세종이 '청허원묘진군淸虛元妙眞君'에 봉하였고, 희종이 '비룡현화광인제세진군飛龍顯化廣仁濟世眞君'이라는 봉호를 더했다. 이로써 장삼풍은 고명한 도사에서 신선으로 상승하게 되었다.

그러나 성조 또한 태조의 가르침에 따라 승려와 도사에게 칙령을 내려 운신의 폭을 제한하였다. 다음은 영락 17년(1419)에 내린 훈령이다.

세상의 중들과 도사들 대부분이 계율을 지키지 않으면서 민간에서 초제를 닦고 경을 외우며, 이익만 계산하고 또 참된 마음도 없다. 심지어 술과 고기를 먹고 마시며 방탕하고 음란하게 놀면서 조금도 거리낌이 없다. 또 무지한 백성 중에서도 망녕되이 도인이라 칭하면서 한결같이 혹세무민한다. 남녀가 뒤섞여 거처하면서 구별도 없고 풍속을 파괴한다. 이에 방을 게시하여 널리 밝히니, 어긴 자는 죽이고 방면하지 말라.[5]

이로써 승려와 도사를 정부의 관리 하에 두어, 계율을 어긴 승려와 도사를 문책하고 중형으로 처벌하였음을 알 수 있다.

명대의 황제들 가운데 도교를 가장 오랫동안 가장 경건하게 받든 황제는 세종이다. 세종은 즉위 초에는 나라를 다스리는 일에 힘을 기울이고 제초에는 냉담하였으나, 중년 이후부터는 장생을 희구하고 재초를 일삼느라 조정을 돌보지 않았으며, 늙어서는 도교에 대한 믿음이 더욱 돈독해졌다.

세종은 처음에는 용호산 상청궁의 정일교 도사 소원절邵元節을 신봉하였다. 소원절은 가정嘉靖 3년에 입경하여 가정 5년에 '진인'에 봉해지고 가정 9년 이후 점차 승진하였다. 칙령으로 성의 서쪽에 진인부眞人府가 세워졌으며, 그 손자 소계남邵啓南은 태상승太常丞이 되었고 증손 소시옹邵時雍은 태상박사가 되었다. 세종은 소원절에게 매년 녹봉 백 석을 내리고 교위 40인으로 하여금 청소일 등을 하게 했으며, 장전莊田을 30경 하사하고 세금을 면해 주었다. 또 가정 15년에는 '예부상서'에 봉하고 일품복一品服을 하사하였다.

세종이 총애한 또 다른 한 명의 도사는 도중문陶仲文이다. 그는 소원절의 추천을 받아 조정에 들어왔는데, 궁중의 화재를 예언하여 신임을 얻었다. '신소보국선교고사神霄保國宣教高士'에 제수되었고 '신소보국홍

---

5) 『留青日劄摘抄』.

제6장 명대: 도교의 세속화와 분화 255

열선교진법통진충효병일진인神霄保國弘烈宣敎振法通眞忠孝秉一眞人'에 봉해졌다. 도중문은 기도로써 질병을 치료한 공으로 특별히 소보少保(태자의 교육을 담당하는 관리)와 예부상서에 임명되었다. 나중에는 또 소부少傅(임금을 보좌하는 관리)에 임명되었는데, 여전히 소보의 직을 겸하여 삼공의 위치에 이름으로써 그가 받은 총애는 소원절을 넘어섰다. 가정 23년에는 기도를 통해 역신逆臣 세 명을 사로잡은 공으로 '소사少師'의 직위가 더해졌다. 이때에도 여전히 '소부'와 '소보'를 겸했으니, 이렇게 삼공을 겸한 이는 명대가 끝날 때까지 오직 도중문 한 사람뿐이었다. 세종의 은택이 누차 더해져 도중문은 특별히 '광록대부주국겸지대학사光祿大夫柱國兼支大學士'에 임명되었고, 자식들도 대를 이은 은택을 받아 '상보승尙寶丞'이 되었다가 다시 백작에 봉해졌으며, 그 제자 곽홍경郭弘經, 왕영녕王永寧은 '고도高道'의 직위를 받았다. 가정 29년에는 억울한 죄에 대한 진실을 밝힌 공으로 '공성백恭誠伯'에 봉해지고 천이백 석의 녹봉을 받았으며, 곽홍경과 왕영녕은 진인에 봉해졌다. 후에 또 공을 세워 백 석의 녹봉이 증가되었고, 관직에 특채된 자식들이 대를 잇게 되어 식솔로서 비단옷을 입은 관원들이 백 호에 이르렀다. 도중문은 20년간 총애를 받아 신하로서는 최고의 지위에 올랐다. 그는 가정 39년에 죽었는데, 이때 나이가 80여 세였다고 한다.

그 밖에 세종이 신봉했던 도사로는 단조용段朝用, 공가패龔可佩, 남도행藍道行, 호대순胡大順, 왕금王金, 고가학顧可學, 성단명盛端明, 주융희朱隆禧 등이 있었다. 이들은 아첨쟁이들로 도술과 방술로써 환심을 사서 관직과 작위를 얻은 후 직접 조정 일에 관여하며 세속을 오염시켰으니, 결과적으로 도교 본래의 청허함을 크게 손상시키고 말았다. 이것은 모두 세종이 미혹한 탓에 도사들의 말이라면 조정의 위아래에서 무조건 옳다고만 한 데서 기인한 것으로, 그러한 결과는 필연적인 것이었다.

만년에 세종은 방술에 더욱 더 빠져들었다. 그는 가정 41년에 어사 강경姜儆과 왕대임王大任에게 천하의 방술 및 부록, 비서를 찾아올 것을 명하여 수천 종의 비법서를 얻었다. 세종은 또한 송 휘종이 했던 짓을 그대로 따랐는데, 그 정도가 더욱 심했다. 자신의 부친에게는 '인화대제仁化大帝'라는 도호를, 모친에게는 '묘화원군妙化元君'이라는 도호를 붙였고 스스로를 '영소상청통뢰원양묘일비현진군靈霄上淸統雷元陽妙一飛玄眞君'이라 칭했다가 후에 제군帝君이라는 호를 더함으로써 자신의 일가를 신선세가로 꾸몄다. 아울러 세종은 제초를 좋아한 까닭에 '청사靑詞[6]'를 지을 필요가 있었다. 이에 대신들이 앞다투어 청사를 짓고, 그 성과에 따라 총애를 입어 높은 지위에 오르는 풍조가 일시에 형성되었다. 그 결과로 원위袁煒, 엄눌嚴訥, 이춘방李春芳, 곽박郭樸 등 4인의 '청사재상'이 나타나게 되었다. 세종은 방술과 재초의 폐단을 간쟁하는 이가 있으면 대신이라 하더라도 즉시 죽였고, 대권은 권신 엄숭嚴嵩의 수중에 떨어져 조정 안팎이 난장판이 되었다.

훗날 엄숭이 비난을 받아 몰락하고 서계徐階가 대신 수보首輔를 맡으니 상황이 약간 호전되었다. 세종은 죽기 전에 깨달은 바가 있었던지, 유언 가운데 "병이 많은 까닭에 단지 장생을 구하려 했더니, 간사한 자들을 만나 더욱 미혹되었다"[7]라는 말을 남겼다.

---

6) 역자주: 푸른 등나무 종이 위에 붉은 글씨로 쓴, 제초의식에서 천신에게 바치는 상주문이다.
7) 『明通鑒』, 권63.

2. 무당파의 흥기와 내단연양술의 발전

명대 도교는 여전히 북방의 전진교와 남방의 정일교가 양대 교파를 형성하고 있었다. 그러나 전진교가 미미해진 반면 정일교는 높고 귀하였다. 정일교의 천사는 원대 때만 하더라도 겨우 강남의 여러 도교를 총괄하는 정도에 지나지 않았지만, 명나라 홍무 초년부터 전국의 도교사道敎事들을 장악함으로써 정일교의 지위는 전진교를 넘어서게 된다. 제42대 천사 장정상張正常은 명나라 초기에 두 차례 입경하여 황제를 알현하고, '정일사교진인正一嗣敎眞人'이라는 지위를 부여받아 지속적으로 전국의 도교사들을 장악한다. 이후 명나라 말기 제51대 장현용張顯用에 이르기까지 정일교의 천사들은 대대로 '대진인'의 지위를 세습하여 전국의 도교사들을 관장하였고, 세종 대의 소원절에 이르러서는 정일교의 정치적 지위가 최고봉에 달했다. 그러나 정일교는 지나친 권세 때문에 오히려 부패하기 시작했고, 때로는 불법을 저지른 범죄자들이 나타기도 했다. 그리하여 장우초張宇初, 조의진趙宜眞을 제외하고는 이름난 천사가 없게 되었다.

장우초가 편찬한 『도문십규道門十規』는 도교의 교의와 교제를 체계적으로 서술하여 정일교의 종지를 매우 잘 보여 주고 있다. 그의 도교사상은 전통적인 부록·초제에 국한되지 않고 전진도의 엄격한 교규·교풍

및 성명쌍수의 이론을 대부분 흡수했을 뿐 아니라 다른 종파들의 사상까지도 잘 융화시켜 내었으며, 아울러 유학과 도교를 융합시킴으로써 도교에 다양한 외부적 요소를 끌어들이고 있다.

장우초는 도가사상의 권위를 빌려, 도교의 근원이 노자에 있음을 강조한다. 그는 『도문십규』에서 "도교에는 도道·경經·사師의 삼보가 있지만, 그 시작은 태상이 『도덕경』 5천 자를 관령 윤에게 준 데 있다"라고 하였다. 이는 도교의 내단연양술內丹煉養術이 모두 노자와 장자에게서 연원한다는 인식이다. 후세의 방술과 기도, 무축의 술수는 모두 노자의 허무청정의 본지를 벗어나 말류로 흐른 것으로, 이런 말류의 폐단으로 인해 세상 사람들이 도교를 이단으로 보게 만들었다는 것이다. 이에 그는 밖으로 법을 따르고 안으로 수련을 근본으로 삼아야 함을 주장하여, "원元을 껴안고 일一을 지킬 수 있다면 기를 부리고 신을 응결하여 육식六識이 청정하게 되니, 일진一眞이 홀로 드러나서 내가 바로 뇌정대법왕雷霆大法王이 된다. 무슨 부적과 주문구결이 필요하겠는가", "바람과 우레와 담소하는 것만이 나의 일일 뿐이다"[8]라고 하였다.

장우초는 전진교 남북 두 종파의 내단학을 완전히 추숭하여 성명쌍수를 교법의 근본으로 삼았다. 『도문십규』에서는 이렇게 말한다.

> 근래에 선가는 성종性宗이 되었고 도교는 명종命宗이 되었으며 전진교는 성과 명을 함께 닦고 정일교는 과의만을 배울 뿐이다. 누가 도의 근본을 배운다고 하겠는가? 성과 명 두 가지 일이 아니라면 무엇이 있겠는가? 비록 과의를 베푼다고 하더라도 또한 오로지 성명의 학일 뿐이다.

이렇게 전진도에서 강조하는 성명쌍수의 법을 받아들인 장우초는 원대 전진교의 "백일 동안 기초를 세우고, 열 달 만에 태가 원만해지며,

---

8) 『峴泉集』.

3년 만에 원만히 끝난다"는 점진적인 연단법에 찬동한다.

한편, 장우초는 심성을 유불도 삼교의 공통적인 근원으로 삼아서, 송대 성리학의 태극설로써 심성을 해석하였다. 『현천집峴泉集』에 실린 다음의 말이 그러한 입장을 잘 드러내고 있다.

태극이란 도의 온전한 체이니, 혼연하여 치우침이 없고 확연하여 형상화할 수 없다. 성명의 근본이 아니겠는가? 성이 명에 근본하고 리가 성에 갖추어져 있으며 심이 그것을 통괄하는 것을 일러 도라고 하고, 도의 체를 일러 극이라 한다.

장우초는 명대 초기의 정일교는 계율이 느슨하고 도풍이 타락했다고 보아 전진교의 교계를 흡수할 것을 주장했다. 전진교의 검소하고 소박한 도풍을 좇아서 종파를 부흥시키려는 목적에서였다. 그는 수련을 하는 사람은 마땅히 계율을 행하고 세속을 벗어나 초목으로 의식을 해결하며 참된 수련과 고행으로 심신을 단련해야 한다고 강조하면서, 이를 궁관에서 더욱 엄정하게 관리해야 함을 주장하였다. 또한 도관의 주지는 정밀하게 계율을 행하여 대중을 복종시키고, 권력에 얽매이지 않고 공적인 일에 간여하지 않으며, 사사로이 재산을 축적하지 않고, 경박한 무리들을 계율에 따라 엄히 처벌해야 한다고 보았다. 그는 도우들에게 조귀진·임영소의 무리를 경계로 삼아 사치와 부귀, 과장된 언설로 후세 사람들에게 견책을 당하는 일이 없도록 강조하였다.

조의진趙宜眞은 원명교체기의 이름난 도사로 전진과 청미 두 파의 교법을 이어받았으며, 또 일찍이 허손의 현신으로부터 정명충효의 도법을 전수받았다고 하여 정명도의 제5대 조사로 존숭되었다. 그는 부록과 기도로 세상에 이름을 떨쳤는데, 원·명간에 용호산에서 머물며 정일도 천사의 예우를 받았다. 정일도 도사들 대부분이 그를 스승으로 모셨고 만년에는 강서 우도雩都의 자양관紫陽觀에서 머물렀다. 그러나 조의진 자신은 전진·청미·정명 등의 합일을 체현해 내었음을 자부하였다. 그의 단법은 대체로 전진교 북파와 동일하다. 자성自性의 법신을 근본으로 삼고, 정을 이끌어 성에 귀착시키고 성을 이끌어 원에 귀착시키는 것을 수련의 핵심으로 삼아서, 이로써 허虛와 공空마저 깨뜨린 최고의 경지에 도달하는 선성후명先性後命의 방법이다. 그는 또한 외단을 신봉하여, 일월의 정화로써 단약을 제련하면 환골탈태하여 백일비승白日飛昇(白日昇天)할 수 있다고 생각하였다. 한편, 뇌법에 있어서 그는 내단의 수련을 중시한다. 그는 다음과 같이 말한다.

> 천지는 큰 천지이고 사람의 몸은 작은 천지이니, 나의 마음이 바르면 천지의 마음 또한 바르고 나의 기가 순하면 천지의 기 또한 순하다. 그러므로 청미清微한 기도의 오묘함은 그 조화가 내 몸에 있는 것이지, 단을 세우고 거기에 올라 기도하는 번거로움에 있지 않다.[9]

명대 초기에 강남 도교는 여러 교파들이 합류하는 양상을 보였는데, 장우초나 조의진의 예에서 보듯이 강남의 정일교 또한 북방의 전진교와 밀착되어 문호의 경계가 매우 모호했다.

명대의 전진도사들 대부분은 은둔하며 수련을 하였고, 무구자無垢子 하도전何道全, 혼연자混然子 왕도연王道淵 정도만이 저술을 통해 학설을 세웠다. 그러나 후세에 가장 추앙을 받은 이는 바로 장삼풍張三豐(張三峯)이다. 장삼풍은 화룡진인火龍眞人을 사사하였고, 화룡진인은 마의선생麻衣先生 이화李和를 사사하였으며, 이화는 진단陳搏을 사사하였는데, 진단 이전의 계보는 허구적인 것이다. 장삼풍은 명나라 초기에 새롭게 흥성한 전진도 지류에 속한다. 그의 저작으로는 『금단직지金丹直指』, 『금단비결金丹秘訣』 등이 있고, 청대 도광道光 연간에 편집된 『장삼풍선생전서張三豐先生

---

9) 『道法會元』.

全書』가 있다. 장삼풍 사후에 '자연파自然派', '납탑파邋遢派', '은파隱派' 등의 새로운 도파들이 형성되었다.

구현청丘玄淸은 무당산의 도사로 일찍이 장삼풍을 사사하였고, 황제의 총애를 받아 '태상경太常卿'에 봉해짐으로써 전진교 도사들 가운데 가장 영예로운 사람이 되었다. 전진의 정종은 원나라 이래로 7개 종파로 나뉘었는데, 그 중 용문파의 세력이 가장 컸다. 원말명초에 용문파에서는 계율을 특히 중시하는 용문율종龍門律宗이 출현하여, 구처기 문하의 조도견趙道堅이 용문 제1대 율사가 되고, 장덕순張德純이 제2대, 진통미陳通微가 제3대, 명초의 주현박周玄樸이 제4대 율사가 되었다. 주현박의 제자 대에 이르러 용문율종은 다시 두 개의 지파로 양분된다. 하나는 제5대 장정정張靜定, 제6대 조진숭趙眞嵩, 제7대 왕상월王常月, 제8대 오수양伍守陽으로 이어지는 지파이고, 다른 하나는 제5대 심정원沈靜圓, 제6대 위진정衛眞定, 제7대 심상경沈常敬으로 이어지는 지파이다. 이 밖에 본래 용문 4대 율사이던 노산嶗山 도사 손현청孫玄淸이 세운 금산파金山派(嶗山派)가 있는데, 이는 용문파 지파에 속한다. 만력 연간에는 양주揚州 유생 육서성陸西星(호는 潛虛)이 전진 동파東派를 세우기도 했다.

명대 전진교의 이론은 모두 유불도 삼교를 합일시키는 특색을 띠면서 성명쌍수를 종지로 삼는데, 다만 어떤 파는 성을 닦는 데 치중하고 어떤 파는 명을 닦는 데 치중하며, 어떤 파는 청수를 강조하기도 하고 어떤 파는 남녀합수를 강조하기도 한다. 가령 장삼풍의 단도를 보면 성을 닦는 것으로부터 시작한다고 할 수 있다. 『장삼풍전서』에서는 내단에서 말하는 연홍이란 공맹이 말한 인의仁義와 같다고 하면서 다음과 같이 말한다.

인仁은 목木에 속하니, 목은 속에 불을 갖추고 있어서 대체로 만물을 화육하고 밝게 빛나는 쓰임이 있기 때문에 인이라고 한다. 의義는 금金에 속하니, 금은 속에서 물을 생성하여 대체로 제제하고 유통하는 쓰임이 있기 때문에 의라고 한다.

이것은 유학의 심성론으로써 내단을 해석한 것으로, 안으로 본성을 다하고 밖으로 윤리강상을 다하면 곧 내단을 성취할 수 있다는 뜻이다. 인도人道를 온전히 해야만 선도仙道를 온전히 할 수 있다고 본 것이다. 그러므로 장삼풍은 "평상시 행동이 음덕을 쌓고 인의하고 자비로우며 충효스럽고 참되면 인도를 온전히 하여 선도와 저절로 멀지 않게 된다" 라고 말한다. 그는 또 세속을 버리고 출가하는 것을 중시하지 않았다. 그래서 "재가在家가 출가이고, 속세에 머무르는 것이 속세를 벗어나는 것이다. 일 속에서 일에 얽매이지 않고, 사물 속에서 사물에 연연하지 않는다"라고 주장하였다. 이러한 논리는 선종의 무주무념無住無念의 사상과 유사하다.

구체적인 수련방법론에서 장삼풍은 축기築基·연기煉己를 통한 수련의 시작은 바로 '성을 닦는' 옥액환단玉液還丹의 일에 속한다고 주장한다. 『장삼풍전서』「대도가大道歌」에서는 이렇게 말한다.

아직 환단을 단련하지 않고 먼저 성을 단련하며, 아직 대약을 닦지 않고 먼저 심을 닦는다. 심이 안정되면 자연히 단이 진실로 이르러 오고, 성이 맑아진 연후에 약재가 생겨 나온다.

장삼풍이 말하는 '약이란 곧 내약과 외약으로, 내약은 몸속의 원정元精을 가리키고 외약은 허공 속의 진일지기眞一之氣를 가리킨다. 내약은 성을 기르고 외약은 명을 기르니, 성과 명을 함께 닦으면 바야흐로 신선의 도에 합할 수 있다. 일양이 처음 움직일 때 약을 채취하여 굳게 닫아걸고 정기를 단련하는 것을 '금액환단'이라고 한다. 심성을 수련하는 것으로부터 정기화신에 이르고, 유위로부터 무위에 도달하며, 타고난 성을 이끌어 타고난 명을 회복하는 것, 이것이 바로 도를 얻는 길이다.

이처럼 장삼풍을 비롯한 명대의 내단가들은 원대의 선성후명이나 선명후성으로부터 진일보하여, 처음에 심성을 수련하는 데 이어 다시 정기를 단련하여 명을 닦고, 최후에 허공을 깨뜨려 성을 깨닫는 '성性→명命→성性'의 도식을 제출하였다. 첫 단계의 수성修性은 기초를 여는 것이고, 마지막의 성을 깨닫는 단계는 최고의 단계이며, 수명修命이 중간 단계가 된다.

음양을 기준으로 단수를 할 것인지 쌍수를 할 것인지에 대해서는 대다수가 단수를 주장하고 소수만이 쌍수를 주장했다. 바로 전진 동파의 육서성이 음양쌍수를 주장했는데, 다만 그는 이를 부부가 함께 수련하는 것으로 제한했다. 그 수련법은 대부분 입으로 비밀리에 전수되어 기록으로 남아 있는 것이 거의 없다. 중국의 예교 전통에서는 공개적으로 유포할 수 없었기 때문일 것이다. 「청천가주靑天歌注」에서 그는 "도를 배우는 초관은 연기煉己이고, 연기란 극기克己이다. 나를 이기면 사사로움이 없어지고, 사사로운 욕망이 모두 사라지면 청정하여 본체가 담연히 드러난다. 이것이 진성을 아는 것이다"라고 하였다. 이렇게 견성한 이후에 채약을 위해서 화로에 임하고 취감전리하여 정기를 단련하는데, 이때 남녀가 쌍수한다. 그는 「현부론玄膚論」에서 "피아의 기가 하나의 태극에서 나뉘어 음양의 정이 서로의 집에 감추어져 있음을 알아야 하니, 홀로 수련할 수 없다"라고 말하고 있다. 여성의 몸속에는 진양이 감추어져 있고 남성의 몸속에는 진음이 감추어져 있으므로, 음양이 서로 보충할 수 있도록 남녀가 함께 단련하여 동시에 이루어야 한다는 것이다.

명나라 때에는 도교의 내단수련술이 구체화·통속화되어 민간으로 확산되어 나갔다. 그 건신양생健身養生의 실질적인 효과는 도교도가 아닌 사람들에게서도 광범위하게 사랑받았다. 수많은 문인·학자들이 양생과 양성의 입장에서 내단을 학습하였다. 왕수인王守仁은 일찍이 수십 년간 내단을 단련했는데, 비록 장생을 얻을 수 있다는 점에 대해서는 결코 찬동하지 않았지만 연단의 적극적인 작용만큼은 인정하였다. 그는 『전습록傳習錄』에서 "이는 다만 한 가지 일일 뿐인데, 그것이 유행하는 것을 일러 기라고 하고 응결하여 모인 것을 일러 정이라 하며 신묘한 작용을 일러 신이라 한다"라고 하였다. 한편, 삼교합일을 주장한 임조은林兆恩은 스스로 장삼풍을 스승으로 삼아 본받는다고 하면서 내단 성명쌍수의 수련법을 채택했으며, 이시진李時珍은 『본초강목本草綱目』에서 도가의 정정靜定공부를 통해 임·독 양맥의 타통이 가능하다고 긍정하면서 내단수련이 의료술의 하나임을 인정하였다. 무술에서는 특히 권법에서 소림파少林派를 외가外家로, 무당파武當派를 내가內家로 삼는데, 이 가운데 내가권법이 바로 장삼풍이 창설하여 전한 것이다. 이 권법의 특징은 "나아감은 뱀처럼, 움직임은 깃털처럼" 하는 것이다. 이것은 이후 태극권太極拳[10], 팔괘권八卦拳[11], 형의권形意拳[12], 대성권大成拳[13] 등으로 변화해 갔는

---

10) 역자주: 도가의 전통적인 태극음양의 변증논리를 핵심 사상으로 하여 성정을 기르고 신체를 건강하게 하는 권법으로, 중국 국가급 무형문화유산이다. 음양오행사상과 중국의학의 경락학을 결합하고, 고대의 도인술과 연형술을 결합한 권법이다.

11) 역자주: 八卦捶라고도 한다. 청대 중엽 董海川이 전하였다고 한다. 팔괘의 방위를 안배하여 팔문, 팔식, 팔수, 팔법 등을 두었다.

12) 역자주: 行意拳, 心意六合拳으로도 불리며, 송대 嶽飛가 만들었다고 한다. 명말청초에 姬際可가 종남산에서 이인으로부터 『嶽武穆拳譜』를 전수받아 익힌 뒤 抗淸複明운동에 참가하였고, 이후 소림사에 은거하여 하남지역에 전파했다고 한다. 대표적인 내가권법의 하나이다.

13) 역자주: 내가권에 속하는데, 心意拳에서 기원하였다. 이 권법은 站樁, 試力, 步法, 發力, 試聲, 推手, 單操手, 斷手, 健武 등의 내용을 포함한다. 청말·민국초에 하북 深縣 魏家林村의 王薌齋가 형의권의 기초 위에 여러 권법의 장점을 취하여 정립하였다. 의념으로 동작을 이끌어 내는 것을 강조한다고 해서 意拳이라고도 한다.

데, 이들 권법들은 모두 『도덕경』의 "유약함이 강함을 이긴다"라는 구절에 의거하여 의意와 기氣의 단련을 중시하였고, 이 때문에 의를 높이고 힘은 높이지 않는 독특한 풍격을 형성하였다.

　도교는 민간종교에도 지대한 영향을 미쳤다. 도교문화의 확산은 민간에서 다신숭배의 풍습을 더하게 했다. 지속적으로 도교는 민간에서 새롭게 대두한 신령들을 흡수해 나가는 한편으로, 자신들의 신선신앙을 또한 민간으로 확산시켜 나갔다. 그리하여 관제關帝, 현제玄帝, 문창제文昌帝, 여조呂祖, 성황城隍, 옥령관玉靈官, 삼관三官, 진무眞武 등과 같은 도교신선의 사당이 각지의 성과 향에 세워졌으며, 이와 동시에 해신마조海神媽祖, 동악신東嶽神, 토지신土地神, 용왕龍王, 송자낭낭送子娘娘 등과 같은 토속신의 사당도 세워졌다.

　이 밖에도 도교의 영향력은 다방면으로 뻗쳐 나갔다. 먼저 부란扶鸞[14]과 권선서勸善書의 성행을 들 수 있는데, 명대 유학자 이지李贄나 고반룡高攀龍 등이 『태상감응편太上感應篇』에 서문과 주석을 단 바 있으며, 『관제각세진경關帝覺世眞經』, 『문창제군음즐문文昌帝君陰騭文』, 『여조공과격呂祖功過格』, 『문제효경文帝孝經』 등의 책들이 세상에 유행하였다. 도교의 사상은 또 소설, 희곡, 가요 등 대중문학에도 대량으로 침투해 들어갔다. 『수호전水滸傳』, 『서유기西遊記』, 『봉신연의封神演義』 등의 소설을 보면 불보살이나 신선도술에 대한 묘사가 가득하다. 이는 당시의 불교와 도교의 종교생활에 대한 직접적인 묘사이기도 하지만, 또한 불교와 도교의 종교적 환상을 차용하여 작가의 바람을 나타낸 것이기도 하다. 특히 후자의 측면은 낭만주의적 예술사조로 발전하여 인간의 이상과 희망을 의탁하는 동시에 종교적 신령사상과 숙명론, 인과응보 등의 도교적 관점들을 확산시켜

---

14) 역자주: 도교 술수 중의 하나로, 난새나 봉황새가 조각된 막대기를 두 손으로 잡고 접신한 상태에서 그 기운으로 고운 모래판에다 그림이나 문자를 작성하는 것이다.

나갔다. 이러한 도교의 확산은 일종의 문화현상으로, 수많은 건강하고 합리적인 요소를 포함하고 있었다. 가령 기공이나 무술, 회화, 조각 등에 예술적 상상력을 불어넣어 중국 민간의 문화생활을 풍부하게 한 부분이 그것이다. 당연히 부정적인 영향도 있었으니, 미신이나 운명론, 사치와 향락 등이 그것이다. 한편 도교는 과학기술의 발전 등에도 영향을 미쳤다.

　명대의 도교는 표면적으로는 금·원시기보다 지위가 낮아지고 명예도 약화된 상태였지만, 실제적으로는 세속화의 과정을 거치면서 사회문화의 각 영역에 광범위하게 침투하여 일상생활과 떼려야 뗄 수 없는 관계를 형성하고 있었다. 그리하여 도교는 인간 삶의 전 분야에 스며들어 중국의 전통문화와 더욱 긴밀하게 결합하게 되었다.

3. 『정통도장』과 『만력속도장』

명대 영락 연간에 성조는 43대 천사[5] 장우초에게 『도장道藏』을 모아서
교정할 것을 명하였다. 그러나 이 일이 완성되기 전에 성조는 죽음을
맞고, 뒤를 이은 인종과 선종은 이 일을 다룰 여력이 없었다. 이후
정통 연간에 영종의 명으로 통묘진인通妙眞人 소이정邵以正이 교정을 감독
하였는데, 이때 수록되지 않은 책들도 보충하였다. 정통 10년에 이
일을 끝마치니, 총 5,305권 480함函에 이르는 대질이었다. 천자문을
함목函目으로 삼아 '천天'자에서 '영英'자까지의 함목을 두었고, 매 함을
각기 약간 권으로 삼고 각 권을 1책으로 삼아 경절본經折本체제(불교경전체
제)로 만들었다. 이를 『정통도장正統道藏』이라고 부른다. 또 명 신종 만력
35년에 제50대 천사 장국상張國祥이 『도장』을 계승하여 '두杜'자에서
'영纓'자에 이르기까지 총 180권 32함의 책들을 간행하였는데, 이를
『만력속도장萬歷續道藏』이라고 부른다. 두 『도장』을 합치면 총 5,485권
512함이 되고 경판은 121,589엽葉에 이른다. 명대 이전에 펴낸 『도장』은
대부분 훼손되거나 흩어져 버리고 이 『정통도장』(『만력속도장』을 포함한)이
일실된 서적들을 잘 간직하고 있었기 때문에, 이것은 후세에 비교적
완전한 형태의 도교문화총서로 유행하게 되었다.

---

15) 역자주: 이때는 '嗣教眞人'이라 불렸다.

청대에 들어 경판은 대광명전大光明殿의 시렁에 간직되어 날로 훼손되어 갔다. 그리고 광서光緒 경자년에 8개국연합군[16]이 북경에 들어와서 약탈을 자행할 때, 그나마 남아 있던 경판도 모두 소실되고 만다.『정통도장』이 간행된 후 명청 양대를 거치면서 각처의 매우 많은 도관들이 이를 인쇄하였지만, 거듭된 병란을 거치면서 대부분 소실되고 간직된 것은 그 수를 헤아릴 정도에 불과했다. 그리하여『도장』은 점차로 비급으로 여겨지게 되었다.

1923~1926년에 상해의 함분루涵芬樓에서 북경 백운관에 소장되어 있는『정통도장』과『만력속도장』을 6개의 방책본으로 축소 영인하였는데, 모두 1,120책이었다. 함분루본의 간행 이후 학자들은 비로소 명대에 간행된『도장』을 읽을 수 있게 되었다. 함분루본을 제외하고 현존하는 명대『도장』판본으로는, 대만 예문인서관藝文印書館이 함분루본을 근거로 평장한 판본 60책과, 대만 신문풍출판사新文豊出版社가 영인한 정장본 60책, 또 문물출판사文物出版社·상해서점上海書店·천진고적출판사天津古籍出版社 등 16개 출판사가 연합하여 일정한 판형으로 영인한『도장』영인본 36책이 있다. 이상은 대략 조사한 것에 기초한 소개이다.

도교 경전의 편집 관례에 따르면『정통도장』의 경목經目 분류는 '삼통 사보십이류三洞四輔十二類'의 편목체제를 채용했다.

삼통三洞은 통진洞眞, 통현洞玄, 통신洞神을 지칭한다. 도교의 설법에 근거하면 삼통 각각의 내용은 다음과 같다. 통진은 옥청경에 거주하는 천보군天寶君이 말한 경전으로 대승大乘이 되는데, 대체로 원시천존元始天尊에 의탁한 경전이 통진부에 속한다. 통현은 상청경에 거주하는 영보군靈寶君이 말한 경전으로 중승中乘이 되는데, 대체로 태상도군太上道君에

---

16) 역자주: 광서 26년(1900)의 의화단사건 때 조직된 영국, 미국, 독일, 프랑스, 러시아, 일본, 이탈리아, 오스트리아 등 8개국의 연합군을 말한다.

의탁한 경전이 통현부에 속한다. 통신부는 태청경에 거주하는 신보군神寶君이 말한 경전으로 소승小乘이 되는데, 대체로 태상노군에 의탁한 경전이 통신부에 속한다. 삼통은 또 각기 12부部로 나뉘는데, 이들은 다음과 같이 구분된다. 제1은 본문本文, 제2는 신부神符, 제3은 옥결玉訣, 제4는 영도靈圖, 제5는 보록譜錄, 제6은 계율戒律, 제7은 위의威儀, 제8은 방법方法, 제9는 중술衆術, 제10은 기전記傳, 제11은 찬송贊頌, 제12는 장표章表이다. 매 통洞이 12부이니, 삼통을 합하면 36부가 된다.

사보四輔는 태현부太玄部, 태평부太平部, 태청부太清部, 정일부正一部이다. 태현부는 통진을 보충하고, 태평부는 통현을 보충하며, 태청부는 통신을 보충하고, 정일부는 이들 모두를 총괄한다. 내용적으로 보면, 태현부는 노장의 도가로부터 도교와 관련된 제자백가의 저작이 수록되어 있고, 태평부는 『태평경』계열의 경전들이 수록되어 있으며, 태청부는 금단에 관련된 여러 경전들이 수록되어 있고, 정일부는 『정일경』계열의 경전들이 수록되어 있다.

그러나 '삼통사보십이류'의 분류는 결코 과학적이지 않다. 여기에는 모순과 혼란이 존재하고 있는데, 가령 명대 판본의 『도장』에는 『도덕경』이 태현부에 속하지 않고 통신부 옥결류에 속해 있는 것이 그 예이다. 그래서 진국부陳國符는 삼통사보의 분류는 경전의 유래와 전수 계통에 관련된 것이라고 하여, 통진부는 『상청경』을 연역하여 형성된 것이고 통현경은 『영보경靈寶經』계열이 연역되어 이루어진 것이며 통신경은 애초에 있던 『삼황경三皇經』이 증보되면서 다른 경전이 들어온 것이는 견해를 보인다. 또 이와는 별도로, 진영녕陳攖寧은 『도장』속 전적들의 성격을 분석하여 14류로 분류하기도 한다. ①도가류道家類, ②도통류道通類, ③도공류道功類, ④도술류道術類, ⑤도제류道濟類, ⑥도여류道餘類, ⑦도사류道史類, ⑧도집류道集類, ⑨도교류道教類, ⑩도경류道經類, ⑪도계류道誡類,

⑫도법류道法類, ⑬도의류道儀類, ⑭도총류道總類가 그것이다. 진영녕은 분류의 필요에 따라서 도교의 표지를 기준으로 취사한 것일 뿐 자신의 분류가 결코『도장』의 모든 종류의 책들을 포괄하는 것은 아니라고 거듭 밝히고 있지만, 그의 분류법은 도교의 입체적이고 다층적인 구조를 잘 드러내고 있어서 주목할 만한 가치가 있다.『도장』의 내용이 드러내는 것은 결코 도교의 교의만이 아니기 때문이다. 그것은 도교가 이미 하나의 커다란 문화체계를 형성하여 풍부한 내용을 축적해 온 만큼 다양한 방면에서 연구되어야 할 필요가 있음을 드러내고 있다.

　『도장』은『불장佛藏』과 마찬가지로 중국의 초대형 문화총서이자 전통문화의 보고로서 매우 중요한 문화요소이다. 비단 도교를 연구할 때만이 아니라, 체계적인 문화사를 연구할 때에도 결코『도장』을 버려둘 수 없다. 지금『도장』에 대한 연구는 시작 단계에 불과하지만, 앞으로의 연구는 광활할 것이다.

제7장 청대: 도교의 쇠락

1. 정일도의 쇠락

청대에 들어 도교는 비록 신도들은 많았지만 전반적인 상황이 명대와 크게 달라져서 정체와 쇠락을 면하지 못하였다. 이는 본래 도교 자체가 새로운 이론을 만들어 내지도, 변신을 시도하지도 못한 데에 기인하지만, 도교에 대한 청나라 정부의 냉담한 태도 때문이기도 하다. 청나라 정부는 도교를 한족의 종교로 치부하여 겉으로만 보호하는 척하면서 멸시하였고, 대신 장족의 불교(라마교)와 유학을 열심히 선전하였다. 청대에는 정일교를 신봉하는 황제가 전혀 없었다. 이는 명대의 여러 황제들이 그렇게 열심히 초제를 드리면서 기도했던 것과는 달랐고, 이러한 이유로 정일교는 사회적 위상이 크게 격하되었다.

청나라 초기 순치제는 용호산 정일교의 천사세가에 다음과 같이 고지하였다. 첫째, 정일교를 폐하지 않겠으니 천사 직을 세습하는 자는 도록과 가속, 신도를 통제하여 생업을 방해하는 범죄를 짓지 말도록 하고, 둘째, 관직을 줄 터이니 종교 외의 일에는 간여하지 말 것이며, 셋째, 도를 받들고 덕을 수행하되 법도를 지키라는 것이다. 이로 인해 52대 천사 장응경張應京은 '정일사교대진인正一嗣敎大眞人'에 제수되어 천하의 도교사를 관장하였고, 53대 천사 장홍임張洪任은 작위를 세습하여 자신의 집안과 상청궁에 부여된 각종 부역을 면제받았다. 강희제 때에는

54대 천사 장계종張繼宗이 '정일사교대진인'에 제수되어 '광록대부光祿大夫'의 직위를 받았다. 옹정제는 도교가 유학의 존심양기存心養氣의 본지를 해치지 않으며 사람들을 구제하고 만물을 이롭게 하는 효과가 있음을 알아서 비교적 도교를 중시하였다. 그는 강희제의 전례에 따라 55대 천사 장석린張錫麟에게 직위를 주고 은을 하사하여 용호산 태청궁을 수리하게 하는 한편 여러 도관에 향화전香火田 수천 묘畝를 내렸다. 또한 그는 백운관 도사 가사방賈士方을 불러 치병을 빌고 정일도사 누정원婁正垣을 불러 삿됨을 물리치게 하기도 했다.

건륭제 때가 되면서 도교는 억압받기 시작한다. 건륭 5년(1740)에 황제는 세습한 정일교 진인이 조정에 들어와 신하들과 나란히 알현하는 일을 금하였으며, 건륭 17년(1752)에는 정일진인을 정5품으로 강등하였다. 비록 건륭 31년(1766)에 57대 천사 장존의張存義가 정3품으로 승진하고 '통의대부通議大夫'를 하사받기도 했으나, 이는 어디까지나 회유책에 불과한 것이었다. 결국 천사의 명예와 지위는 보잘것없어지고 다시는 예전처럼 회복되지 못하였다.

청대 각 세대의 천사들 중에는 선학과 도술에 조예가 깊은 자들이 없었고, 유일하게 용호산 정일법관인 누근원婁近垣만이 그 학문을 세상에 드러내었다. 누근원은 부록파에 속하는 도사로, 『황록과의黃籙科儀』를 정리하여 중간하였으며, 청대 초기의 도교 초제과의, 첩문牒文, 부록을 모아 집대성하였다. 그는 또한 부처와 신선과 성인이 모두 도를 같이하고 마음을 하나로 한다고 외치면서, 도를 체득한 사람은 "사물에 무심하므로 마음마다 모두 불심이며 도에 무심하므로 처하는 곳마다 모두 도의 본체"라고 주장하였다. 이러한 주장은 도와 선을 융합시킨 사상이다. 그는 무주무심無住無心한 성의 공부에서 수련에 착수하여 연화정기煉化精氣하는 명의 공부를 닦고, 그런 연후에 끝으로 "저 거짓 형상을 바꾸어 참된 본체를 이루고, 이 참된 본체를 벗어나서 저 거짓 형체로 전환하는" 자재한 경지에 도달해서 세간과 출세간을 마음대로 소요할 수 있다고 한다. 여기에서도 드러나듯이, 이 시기에 정일도와 전진도는 비록 교파의 이름을 유지하고는 있었지만 그 교리가 상당히 융합되어 있어 차별점을 찾기가 힘들었다. 특히 명청대의 내단학은 이미 도교 각 파가 공동으로 제창하고 학습하는 수련의 이론과 방법이었다.

제60대 천사 장배원張培源은 자가 육성育成이고 호가 양천養泉으로 도광 9년(1829)에 천사가 되었다. 함풍咸豊 9년(1859)에 판단련辦團練[1]을 지휘하여 태평군에 대항하였고, 같은 해 10월에 죽었다. 1904년에 '광록대부'로 증직되었다.

제61대 천사 장인정張仁晸은 자가 병상炳祥이고 호가 청암淸巖이다. 장배원의 아들로, 동치同治 원년에 천사의 직을 세습 받았다. 일찍이 제자들과 함께 흩어진 도서들을 편정하였다. 1903년에 죽었는데, 다음해에 '광록대부'로 증직되었다.

제62대 천사 장원욱張元旭은 자가 효초曉初이고 상생庠生 출신이다. 장인정의 아들로, 도법에 정밀하여 광서 29년에 천사 직을 계승하였다. 부록으로 신도들을 가르쳤고 직첩을 도사들에게 전했는데, 구제받은 사람들이 많았다. 일찍이 50대부터 61대까지의 천사들의 전을 보충하여 지었으며, 성명쌍수와 천인합일의 종지를 천명하여 도교와 유교를 회통하였다. 민국 초년(1912) 강서도독부는 청나라에서 내린 천사라는 봉호를 취소하고 그 재산을 몰수하였는데, 1914년 장원욱은 총통 원세개袁世凱에게 장강을 거쳐 순행한 공훈을 과장함으로써 봉호를 회복하고 재산을 되돌려 받았으며 다시 정일진인의 인장을 받았다. 원세개 정부는 장원욱

---

1) 역자주: 태평천국의 난 이후, 청대의 지방 향신들이 나라를 구하겠다고 조직한 무장 단체를 말한다.

에게 또 삼등훈장인 '가화장嘉禾章'과 '도계공동道戒崆峒'이라는 편액을 주었다. 1919년에 '만국도덕회萬國道德會'의 명예회장으로 추대되었으며, 1920년에는 '오교회도교회五教會道教會' 회장으로 추대되었다. 1924년 상해에서 죽었다.

기록에 따르면, 천사부天師府가 융성했던 시기에는 전지田地가 열두 현에 걸쳐 두루 있었는데 특히 천사부가 있는 귀계현貴溪縣에는 전장田莊이 열두 곳에다 점유한 농지가 2,283묘에 달했으며 또 대규모의 산림이 있었다고 한다. 천사부의 규모도 대단히 광대했다. 점유지가 24,000여 평방미터에, 건축면적은 11,000여 평방미터에 달했다. 그러나 건륭 이후로 천사의 지위는 날로 하락하여, 청대 말기에는 토지나 산림을 다시는 하사받지 못했고 소유하고 있던 땅과 재산은 점차 사라져 갔다. 천사부와 상청궁이 수리되는 일도 다시는 없었다. 1940년대 말에 이르러 상청궁은 '태상청궁'이라는 문루와 '오조문午朝門', '종루鐘樓', '하마정下馬亭', '동은원東隱院' 등을 제외하고는 파괴된 잔해만 남아 있을 뿐이었다.

『청조야사대관淸朝野史大觀』 권11에는 '도교의 역사를 폄척하는 글'(貶斥道教之歷史)이 실려 있는데, 여기에서는 청대 말기 천사들의 행태를 이렇게 지적하고 있다.

> 장씨(장릉)의 자손들은 여전히 최상의 의례를 참용僭用하여, 수레를 따르는 사람들이 끊이지 않았고 시끄러운 소리가 요란하였다. 강남, 절강, 민, 오 등의 여러 성들을 노닐며 지나갈 때에는 길가에서 부록을 돈으로 바꾸었으며 지방의 관리를 윽박질러 과다한 예물을 제공받았다.

이러한 행위는 정일도의 이미지를 더욱 손상시키는 것이었다. 이미 정부도 중시하지 않았고 자신들 또한 재주와 덕이 없었으니, 정일도의 쇠퇴는 피할 수 없는 당연한 결과였다.

2. 왕상월의 전진도 중흥

　　명대의 전진도는 은둔청수하는 개인의 수련에 치중하여 세상을 구제하고 교단을 흥기시키는 일에 소홀하였고, 이러한 이유로 조정의 중시를 받지 못하였다. 그러나 청대의 여러 황제들은 부록과 초제를 멀리하고 성리학과 선학禪學을 좋아했기 때문에 전진도의 도선道禪융합의 이론과 청정무위의 도에 관심을 보였고, 때로는 찬양하기도 했다. 순치제의 경우는 전진도가 수계授戒와 전도傳度를 하는 데 방편을 제공하기도 했고, 강희제는 왕상월王常月을 '전진중흥고도全眞中興高道'로 봉했으며, 옹정제는 남종 조사 장백단을 '대자원통선선자양진인大慈圓通禪仙紫陽眞人'으로 봉하고 그의 「선종시계禪宗詩偈」를 『어선어록禦選語錄』에 편입시켰다. 건륭제는 백운관의 수리를 제안하고 두 차례나 몸소 백운관을 방문하여 예배를 드렸는데, 이때 주련柱聯에 적힌 구처기의 말에 탄복하여 다음과 같이 읊기도 했다.

　　만고의 장생은 신선을 배우거나 구결을 구하지 않는 것이네. 한마디 말로 살인을 멈추게 하니, 비로소 세상을 구제하는 기묘한 공이 있음을 알겠네.

　　이는 전진도의 종지와 고도들에 대해 존중과 앙모의 뜻을 드러낸 것이다.

명대 말기에 들어 도풍이 쇠퇴하고 삿된 설이 유행하여 교계敎戒가 느슨해졌다. 이에 용문파 제7대 도사 왕상월은 교맥의 진흥과 옛 풍속의 회복을 자임하여 전진도를 정돈하였는데, 주된 내용은 계율을 정리하는 것이었다. 이는 대단히 성공적이어서, 그는 전진도의 중흥조사라는 명예를 얻었다. 왕상월은 호가 곤양자昆陽子이고 산서 노안부 장치현 사람이다. 명나라 말기에 태어나 중년에 조복양趙復陽을 좇아 도교를 배우고, 은밀히 『천선대계天仙大戒』를 전수받았다. 순치제 때에 연경을 수도로 정하자 왕상월은 북쪽으로 올라가서 영우궁靈佑宮에 머물렀다. 순치 13년(1656) 3월에 왕상월은 백운관 주강主講이 되어 자의紫衣를 하사받고 세 차례에 걸쳐 계를 설법하였는데, 사방의 도류들이 분주하게 상경하여 계를 받으니 제도한 제자가 천여 명이었다. 강희 2년(1669)에 제자들을 거느리고 남하하여 남경과 항주, 호주, 무당산 등지에서 단을 세우고 계를 전수하였는데, 입교자가 매우 많았다. 강희 13년(1680)에 왕상월이 죽자(일설에는 강희 19년이라고 한다) 강희제는 '포일고사抱一高士'라는 시호를 내렸다. 의발은 제자 담수성譚守誠이 이어받았다.

왕상월의 제자들은 각지에서 단을 세우고 계를 전수하여 약간의 용문 지파를 형성하였다. 황허당黃虛堂이 소주 태미율원지파太微律院支派를 열었고, 금축노인金築老人이 여항餘杭 천주관지파天柱觀支派를 열었으며, 도정암陶靖庵이 호주 운소지파雲巢支派를 열었고, 여운은呂雲隱이 소주 관산지파冠山支派를 열었으며, 황적양黃赤陽의 재전제자 허청양許靑陽이 항주 기신전지파機神殿支派를 열었다. 이 밖에도 제자들은 사방으로 전도해 가거나 은거수도를 하였는데, 담수성의 경우는 경사의 백운관 주지가 되어 일시에 용문파의 교세를 크게 떨쳤다.

왕상월은 계를 우선시하는 수련법을 주창하였다. 제자들은 그가 강설한 내용을 정리하여 『용문심법龍門心法』이라는 책으로 펴내었는데,

청대 전진도는 이 책으로부터 심대한 영향을 받아 단법의 중시에서 계율의 중시로 방향을 전환하였다. 『용문심법』은 모두 20강으로 되어 있다. 제1강은 삼보에 귀의함(歸依三寶), 제2강은 죄업을 회개하고 뉘우침(懺悔罪業), 제3강은 장애를 끊어 없앰(斷除障礙), 제4강은 애욕의 근원을 끊어 버림(舍絶愛源), 제5강은 계율을 엄정히 행함(戒行精嚴), 제6강은 치욕을 참고 마음을 다스림(忍辱降心), 제7강은 심신을 청정하게 함(淸淨心身), 제8강은 스승을 구해 도를 물음(求師問道), 제9강은 재앙과 지혜를 동등하게 대함(災慧等待), 제10강은 은밀히 진을 수행함(密行修眞), 제11강은 은혜를 갚고 재앙을 소멸함(報恩消災), 제12강은 뜻을 세워 발원함(立志發願), 제13강은 효험을 인증함(印證效驗), 제14강은 명을 보호하고 생명을 연장함(保命延生), 제15강은 교를 드러내고 도를 넓힘(闡敎弘道), 제16강은 중생을 제도함(濟度衆生), 17강은 지혜와 광명(智慧光明), 제18강은 신통묘용神通妙用, 제19강은 생사를 깨달아 앎(了悟生死), 제20강은 공덕원만功德圓滿이다.

『용문심법』은 수도를 우선으로 하는 신앙을 수립하고 도道·경經·사師 삼보三寶에 귀의할 것을 강조하였다. 삼보에 귀의하는 핵심은 신身·심心·의義의 '진삼보眞三寶'에 귀의하는 것이다. 몸(身)을 잘 쓰는 자는 신선이 되고 부처가 되며, 몸을 잘 사용하지 못하는 자는 마귀가 되거나 괴물이 된다. 몸을 규제하려면 반드시 계를 지켜야 한다. 여러 가지 죄가 모두 마음에서 생기니, 마음(心)을 규제하려면 계를 지켜 정定에 들어가야 한다. 사람의 뜻(意)은 변화가 무상하여 예측할 수가 없다. 뜻을 잘 쓰는 자는 진眞을 이루어 성인의 경지에 들어가고 나라를 다스리면 백성이 안정되지만, 뜻을 잘 쓰지 못하는 자는 강물처럼 뜻이 넘실대다가 고통의 바다에 빠지게 된다. 그러므로 요점은, 분명하게 깨달아서 이 뜻을 참되게 하는 데 있다. 몸을 규제하여 스승에 의지하고, 마음을 규제하여 경전에 의지하며, 뜻을 규제하여 도에 의지할 수 있어야 한다.

신·심·의를 변화하여 삼보의 참된 몸(眞身)으로 삼고, 계정혜법문에 의지하여 수행하되 나태하지 않으면 도를 이룰 수 있다. 다만 왕상월은 공덕이 원만하다고 해서 육신이 죽지 않는 것은 결코 아니라고 보아서, "죽지 않는 것은 우리의 법신法身이며, 장생하는 것은 우리의 원기元氣이다", "사람은 모두 죽지만 잘 죽는 것이 핵심이라는 것은 분명하다"라고 하였다. 이것은 『용문심법』의 이론적 요지이다.

『용문심법』의 특색은 계를 엄정히 행하는 데 있다. 이 책에서는 '계戒' 자를 강조하여 '마귀를 항복시키는 막대기'이자 '수명을 보장하는 부적'이며 '선단의 보배'라고 형용하고, 계를 지키되 한 올의 구차함이 없어야 비로소 공덕이 원만해져서 교풍을 진작시킬 수 있다고 본다.

전진도는 구처기 때부터 시작해서 도교의 계규戒規들을 총결하여, 이윽고 불교의 계율과 유사한 '삼단대계三壇大戒'를 제정하였다. 삼단대계란 초진계初眞戒, 중극계中極戒, 천선계天仙戒를 가리킨다. 초진계는 '삼귀의계', '오계', '십계', '여진구계女眞九戒' 등을 포괄한다. 중극계는 "도에 나아가는 배이자 신선계에 오르는 계단"으로 표현되는데, 이 계를 받은 자는 '묘덕사妙德師'가 되고 죽을 때까지 이 계를 지키면 '묘덕진인'이 된다. 천선계는 교단의 계율 가운데 가장 차원이 높은 계율로, 모두 10가지 종류의 270가지 법이 있다. 이 계를 받은 자는 '묘도사妙道師'가 되고 삼단의 공덕이 두루 원만한 자는 '묘도진인'이 된다.

엄격한 계는 전진도 신도들의 생각과 행동을 도교 교의의 규율에 맞추도록 했다. 거칠거나 난폭한 자는 입교할 수 없게 하였고, 산만한 자는 마음을 다잡아 행동을 근신하게 했다. 이러한 엄격함은 전진교도들의 이미지를 개선시켜 주었고, 또 왕상월을 계승하여 도정암, 주명양周明陽 같은 영향력 있는 도사들이 이어져 나왔다. 그리하여 용문파는 비약적인 발전을 이루어 전국의 남북 각지로 전파되었다. 이들의 기세가 선불교

임제종과 비등하여 세간에는 "임제와 용문이 천하를 양분했다"라는 말이 떠돌 정도였다.

명말청초에 오충허伍沖虛와 유화양柳華陽은 '오류파伍柳派'를 건립하였는데, 이들의 단법은 북파 청수단법에 속한다. 이들은 불교 선종의 논리를 빌려 내단술을 설명하고 그 속에 구결을 깃들어 놓았다. 이들의 저술은 대중들에게 단법을 계몽하는 데 유용한 책으로 인정받아 도교 내단학의 보급에 혁혁히 기여하였다. 유화양의 『금선논증金仙論證』은 '산약産藥'(약의 생성)의 광경을 묘사하고 있는데, 그 내용은 다음과 같다.

> (약이) 온 몸을 돌며 융화하니 달콤하고 즐겁다. 심경이 저절로 허정해져서 마치 가을 달이 맑은 강물에 비친 듯하다. 기가 가득 차서 임맥과 독맥이 저절로 열리니, 신관腎管의 뿌리와 모제毛際의 사이(회음부 부근)가 간질간질 상쾌하다.

이는 내단공법이 신체에 행해질 때의 구체적이고 생동적인 상황을 묘사한 것으로, 대중들에게 내단을 단련하여 현묘하고 오묘한 변화를 느끼고자 하는 기대감을 심어 주었다. 유화양의 『혜명경慧命經』 또한 단도의 새로운 국면을 열어 후세에 거대한 영향을 미쳤다.

강희제 때의 도사 주원육朱元育은 『오진편천유悟眞篇闡幽』 등을 지어 심득을 발휘하고 단공의 구결을 암시하였으며, 유불도 삼가의 종지를 하나로 회통시켜 성명쌍수의 은미한 뜻을 간이하면서도 참되게 밝혔다. 『오진편천유』는 후세 사람들에게 유화양의 『혜명경』과 더불어 도교 경전의 해석본들 가운데 가장 뛰어난 책으로 존중되었다.

장청야張淸夜(1676~1763)는 옹정제와 건륭제 때의 도사로, 성도의 청양궁靑羊宮과 무후사武侯祠에서 수도하였다. 그는 번잡함을 버리고 간략함을 취했으며, 공허한 수련을 배척하고 실천적 행위를 중시하였다. 그래서 『현문계백玄門戒白』에서는 말하기를 "도덕경 5천 자는 청정을 종지로 삼고 금단 4백 자는 수진修眞을 임무로 삼는다", "대도는 강상을 벗어나지만 강상 밖에는 대도가 없다", "방편만 행하는 것은 음도만 쌓는 것이다"라고 하였다. 그는 당시에 도교가 쇠퇴하는 것을 보고서는 "근래에 스승이 많으면 많을수록 갈래가 많아지고, 덕이 얇아지면 얇아질수록 마음은 어두워진다", "신선파의 원류는 끊겨 버렸다"라고 개탄하면서 그 원류의 계승을 자임하였다.

용문파 제11대 도사 유일명劉一明(1734~1821)은 호가 오원자悟元子이고 별호는 소박산인素樸散人이다. 청대의 걸출한 내단학 대가로 저작으로는 후대인이 출간한 『도서십이종道書十二種』이 있다. 그는 유학과 불교에 출입한 끝에 따로 신이론을 만들어 청수파의 내단법을 설하였는데, 그 설이 지극히 철저하여 큰 명성을 얻게 되었다. 그는 성실하고 근면하게 수련을 하였다. 내단이론에서도 조예가 깊고 높았으며, 실천에서도 깊은 공부가 있었다. 이것은 그의 '성의 공부'와 '명의 공부'가 동시에 상승의 경지에 도달할 수 있게 해 주었고, 이로써 그는 일대종사가 되어 중국 양생학사에서 현격한 지위를 점하게 되었다. 이론적인 측면을 살펴보면, 그는 유불도 삼교를 융합하여 성명쌍수를 주장하였고 정진적인 수련을 강조하였는데, 『수진구요修眞九要』에서는 내단수련을 몇 단계로 나누어 설명하고 있다. 세상일들을 간파하기, 덕을 쌓고 수행하기, 마음을 다해 이치를 궁구하기, 참된 스승을 참방하기, 연기축기, 음양화합, 화후를 분명히 알기, 외약으로 명을 깨치기, 내약으로 성을 깨치기 등의 아홉 단계이다. 성을 먼저하고 명을 뒤로하며 최후에 허와 공마저 타파하는 수련법에 해당한다고 할 수 있다. 그는 무형의 대도를 우주의 본원으로 삼았는데, 이는 도가의 본래 사상이다. 또 역수逆修의 수련을 통해 참됨으로 복귀하려 했는데, 이는 진단과 장백단의 도교 내단학을 계승한 것이다. 아울러 그의 돈오점수의 방법은 불교를 학습한 것이고,

진성궁리의 학설은 유학을 이용한 것이다. 그래서 그는 "유학이 도교이고 도교가 유학이며, 유학 밖에 도교가 없고 도교 밖에 유학이 없다"[2]라고 말한다.

민소간閔小艮 역시 용문파 제11대 도사로 도명은 일득一得이며, 건륭에서 도광에 이르는 시기의 인물이다. 금개산金蓋山에 은거하며 『고서은루장서古書隱樓藏書』, 『금개지등金蓋之燈』을 저술하였다. 중황中黃에 곧바로 들어가는 내단법을 발휘하였는데, 북파도 남파도 아닌, 청수淸修를 주로 하는 중파中派라고 할 수 있다. 민소간은 중황을 다음과 같이 논했다.

> 단가에서 기를 다루는 데에는 원래 세 가지 길이 있다. 적赤이라 하고 흑黑이라 하고 황黃이라 하는 것이 그것이다. 적은 곧 임맥任脈인데, 그 길이 앞에 있다. 심心의 기가 말미암는 길로서, 심의 색이 적색이기 때문에 적도라 한다. 위로 치솟는 불의 성질을 지녔으니, 그 단법은 반드시 제재하여 아래로 내려오도록 해야 한다.…… 흑은 곧 독맥督脈인데, 그 길이 뒤에 있다. 신腎의 기가 말미암는 길로서, 신의 색이 흑색이기 때문에 흑도라 한다. 아래로 적셔 흐르는 물의 성질을 지녔으니, 그 단법은 반드시 제재하여 위로 오르도록 해야 한다.…… 황은 곧 황중黃中인데, 그 길이 적과 흑 사이에 끼어 있으니 바로 등마루의 앞이고 심장의 뒤이다. 그 덕은 두 기를 통솔하여 합벽을 주재하고, 그 경지는 지극히 텅 비고 고요하다. 그러므로 지나가거나 머무르는 것으로는 오직 선천의 기만을 용납한다. 이것이 중황이다.[3]

왕목王沐은 북경 서쪽 외곽에 위치한 중의학연구원에서 현대의학의 기구로 적도와 흑도의 두 길을 측량하여 민소간의 설을 증명할 수 있었는데 여전히 황도는 측량할 수 없었다고 한다.[4]

---

2) 『三敎辨』.
3) 『泄天機』按語.
4) 王沐, 「道敎丹功宗派漫談」, 『中國道敎』 1987年 第2期.

3. 도교서의 정리와 저술

청대 강희 연간에 팽정구彭定求는 『정통도장』 속에 있는 200여 종의 도서를 발췌하여 『도장집요道藏輯要』를 편집하였다. 별자리 28수의 자호에 의거해서 28집으로 분류하였는데, 모두 200여 책이다. 이 책에는 도교의 주요 경전, 역대 조사와 진인의 저작, 주요 과의와 계율, 비문碑文과 전기, 보기譜記 등이 모두 수록되어 있다. 이는 『도장』의 유포와 사용의 편의를 위해 편찬한 축약본으로, 비슷한 유로는 가경 연간에 편찬된 장원정蔣元庭의 『도장집요목록道藏輯要目錄』이 있다.

청대에는 상당수의 새로운 도교서와 도교 경전 주석이 출현하였는데, 그 중 비교적 유명한 저자와 저술을 보면 다음과 같다.

동덕녕董德寧은 『황제음부경본의黃帝陰符經本義』, 『태상황정경발미太上黃庭經發微』, 『선전종원仙傳宗原』, 『오진편정의悟眞篇正義』, 『원단편元丹篇』, 『단도발미丹道發微』, 『주역참동계정의周易參同契正義』를 저술하였다.

유일명은 『황제음부경주黃帝陰符經注』, 『황정경해黃庭經解』, 『오진편직지悟眞篇直指』, 『고효가직해敲爻歌直解』, 『백자비주百字碑注』, 『수진변난修眞辨難』, 『신실팔법神室八法』, 『무근수해無根樹解』, 『오도록悟道錄』, 『참동계경문직지參同契經文直指』, 『참동계직지전주參同契直指箋注』, 『참동계삼상류參同契三相類』, 『서유원지독법西遊原指讀法』을 저술하였다.

민일득(민소간)은 『황제음부경현해정의黃帝陰符經玄解正義』, 『우향천경주雨香天經咒』, 『천선도계기수지天仙道戒忌須知』, 『도규현묘道規玄妙』, 『서운산오원자수진변난참증棲雲山悟元子修眞辨難參證』, 『정정황극합벽증도선경訂正皇極闔闢證道仙經』, 『설천기泄天機』, 『관규편管窺編』, 『천선심전天仙心傳』 및 부록, 『천선도정보칙天仙道程寶則』, 『서왕모여수정도십칙西王母女修正途十則』, 『니환이조사여종쌍수보벌泥丸李祖師女宗雙修寶筏』, 『독여조삼니의세설술관규讀呂祖三尼醫世說述管窺』, 『정정요양전문답편訂正廖陽殿問答編』, 『삼라심활三懶心活』, 『지혜진언주智慧眞言注』, 『일목진언주一目眞言注』, 『증지혜진언주增智慧眞言注』, 『제연심주주祭煉心咒注』를 저술하였다.

부금전傅金銓은 『천선정리독법점정天仙正理讀法點睛』, 『단경시독丹經示讀』, 『도서시금석道書試金石』, 『신흠전도서도인제경新欣鐫道書度人梯經』, 『도서일관진기이간록道書一貫眞機易簡錄』, 『성천정곡性天正鵠』, 『신전도서초양경新鐫道書樵陽經』, 『심학心學』, 『도서배계록道書杯溪錄』, 『적수음赤水吟』을 저술하였다.

주규준朱珪揆은 『음즐문주陰騭文注』, 『문창효경文昌孝經』, 『원황대도진군구겁보경元皇大道眞君救劫寶經』, 『진경眞經』을 저술하였다.

이 밖에 한두 종의 책을 저술한 사람들도 있다. 왕상월은 『초진계율初眞戒律』을 저술하였고, 혜동惠棟은 『태상감응편주太上感應篇注』를 저술하였다. 주원육은 『오진편천유悟眞篇闡幽』와 『참동계천유參同契闡幽』를, 왕수상王守上은 『삼보만령법참三寶萬靈法懺』을, 장지진張持眞은 『천법대규懺法大規』를, 팽정구彭定求는 『진전眞銓』을, 왕인준王仁俊은 『영보요략靈寶要略』을, 도소사陶素耜는 『주역참동계맥망周易參同契脈望』과 『승지록承志錄』을, 이광지李光地는 『참동계주參同契注』와 『음부경주陰符經注』를, 원인림袁仁林은 『고문주역참동계주古文周易參同契注』를, 왕불汪紱은 『독참동계讀參同契』와 『독음부경讀陰符經』을, 기대규紀大奎는 『주역참동계집운周易參同契輯韻』을, 유월俞樾은 『태

상감응편찬의太上感應篇纘義』를, 왕사서王士瑞는『양진집주養眞集注』를, 강함
춘江含春은『해진편解眞篇』·『금단오金丹悟』·『금단의金丹疑』를, 시수평施守
平은『벽원단경碧元丹慶』을, 도태정陶太定은『여조사삼니의세설술呂祖師三尼
醫世說述』을, 설양계薛陽桂는『매화문답편梅花問答篇』을, 이덕흡李德洽은『상품
단법절차上品丹法節次』를, 장세건章世乾은『원단편약주元丹篇約注』를, 유홍전
劉鴻典은『감응편운어感應篇韻語』를, 장국조蔣國祚는『태상황정내경경주太上
黃庭內景經注』와『태상황정외경경주太上黃庭外景經注』를 저술하였다.

이상의 저자들 중에는 도사도 있고 도교 외부의 학자들도 있는데,
이는 도교의 문화가 이미 학계에 보편적인 관심을 불러일으키고 있었음
을 의미한다.

4. 전진도의 만경

    청나라 초기의 용문파龍門派 중흥의 여세를 빌려 용문파의 일부 세력은 청나라 말기까지 상당히 강대했다. 전진도는 여전히 용문파를 주축으로 북방지역을 근거지로 삼아서 전국 각지로 전파되어 나갔다. 비록 전진도 전체로 볼 때는 교단의 본바탕이 줄어들고 명망 있는 도사의 수도 지극히 드물었지만, 민간에서는 도교에 의지하는 자들이 여전히 많았고 정식 도사가 아닌 민간 신자가 늘어 갔다. 이는 도교가 여러 지역에서 일종의 생활방식이 되었다는 의미이다.

    전진도의 도관은 두 종류이다. 하나는 '소도원小道院'이라고 부르는데, 북경의 여조묘呂祖廟나 상해의 삼모각三茅閣이 그 예이다. 다른 하나는 '시방총림十方叢林'이라고 부르는데, 각 성의 현묘관이나 백운관 같은 것들이 그 예로서 이들은 계戒를 전수할 수 있는 특권이 있었다. 도사 또한 두 종류가 있었다. 하나는 이름만 출가한 경우로, 신체가 허약하거나 병이 있다는 등의 이유로 소도원으로부터 도제徒弟로 집에서 가르침을 받는 것을 허락받은 경우이다. 이들 중에는 성년이 되어서 도주하여 아내를 맞아들이는 사람들이 많았다. 다른 하나는 정식으로 출가한 경우로, 종신토록 도사가 되어 결혼을 할 수 없는 사람들이다. 이들은 일반적으로 선배 소도원 원주를 스승으로 삼아서, 머리를 묶어 상투를 틀고 둥근 깃에 소매가 넓은 도포를 입고 흰 무명허리띠를 차며, 운리를 신고 청혁을 맨다.[5] 글자를 익히고 경전을 읽는 외에 마당 쓸고 불 때고 물을 긷고 나무를 하며 1년을 보낸다. 이 과정을 마치고 나면 계를 받는다. 예를 들어 백운관에서 계를 받는 경우, 소도원 원주를 따라 백운관에 들어간 뒤 받은 계율에 제대로 응했을 때 비로소 정식 도사 자격을 받는 것이다. 이들을 세속에서는 노도老道라고 부른다. 이들 가운데 성적이 가장 우수한 자는 도관에 머물면서 도를 전해 받고, 나머지 무리는 의발과 계첩을 받은 후 본래의 도관으로 돌아가거나 각 성에 있는 시방총림으로 유학을 떠난다. 소도원은 문도를 받을 수 있지만 수계를 줄 수 없고, 대도원은 수계를 줄 수 있지만 직접적으로 문도를 받을 수는 없다.

청대 말기에 전진도의 핵심 도관인 북경의 백운관에서 한 명의 유명한 정치도사가 배출되었다. 산동 비성費城 출신의 고인동高仁峒(1840~1907, 자는雲溪)으로, 청년 때에 청도 노산嶗山으로 출가하여 후에 천진의 도관에 머물다가 직예총독 영록榮祿[6]의 눈에 들어 북경 백운관으로 와서 방장을 역임하였다. 이 사람이 백운관 제20대 주지로 있을 때는 광서 연간이다. 당시 백운관의 명예방장은 궁내태감 유성인劉誠印으로, 그는 내무부 총관 이연영李蓮英의 부관이었다. 명나라 이래로 궁내태감은 모두 전진도교를 자임하여 백운관과 밀접한 관련이 있었는데, 청대에도 상황은 마찬가지였다. 유성인 또한 소운도인素雲道人이라는 도호까지 받은 전진 도인이었다. 고인동은 유성인, 이연영과 교제했기 때문에 궁궐출입을 자유롭게 할 수 있었다. 그 덕에 자희태후慈禧太后를 만나 청나라 조정의

---

5) 역자주: 꽃 모양의 문양을 수놓은 신발을 운리라 하고 그런 혁대를 청혁이라 하는데, 도사들이 착용했다.
6) 역자주: 1836~1903. 만주족 출신으로, 청나라 말기의 실세 정치인이다. 부의황제의 외조부가 된다.

총애를 얻을 수 있었고, 급기야 궁중에 도장을 짓는 데 이르렀다. 고인동이 청도에 있을 때 박과제璞科第(러시아 외교관)라고 불리는 외국인과 교제하였는데, 이 사람은 국제간첩으로 서방열강을 위해 일하고 있었다. 후일 8개국연합군이 북경을 침략하여 약탈을 자행한 끝에 청나라 조정은 국권을 잃어버리는 치욕적인 조약을 맺게 되는데, 이때 조약의 내용은 사전에 백운관의 후원에서 비밀리에 조정되었고 고인동이 연락책을 맡았다.

고인동이 백운관의 주지를 맡을 동안 백운관의 세력은 매우 컸다. 민국 초년 직전까지는 보유한 토지가 5,800여 묘에 달했다. 청대 말기에는 백운관에서 향을 피우는 행위가 매우 성행하였고, 설날이면 경성의 대중들이 구름처럼 모여들었다. 해마다 정월대보름 이후 10여 일 동안 묘를 개방하면 경성의 사녀士女들이 모두 와서 놀았는데, 이를 '회신선會神仙'이라고 불렀다. 그럼에도 고인동이 종교사업의 측면에서 세운 공적은 없다. 이는 전진도 교단의 영수가 이미 완전히 세속화되어 버렸음을 보여 주는 사례이다.

청대 말기에도 전진도 내단학에서 의미 있는 저술을 남긴 몇 명의 도사들이 나왔다. 바로 이서월李西月, 유명서劉名瑞, 조피진趙避塵, 황원길黃元吉 등이다. 이들은 당시에 이미 중요한 인물로 간주되었고, 후세에도 상당한 영향을 미쳤다.

이서월은 내단공법 서파西派의 창시자로, 1806년(가경 11)에 태어나 1856년(함풍 6)에 죽었다. 사천 낙산현樂山縣 사람으로 초명은 원식元植이고 자는 평천平泉이었는데, 함풍 6년에 득도한 이후 서월西月로 개명하고 자를 함허涵虛로 하였다. 호는 장을산인長乙山人, 원교외사圓嶠外史이다. 이서월은 정박산鄭樸山을 스승으로 모셨는데, 정박산은 손교란孫敎鸞의 적통을 이은 제자이다. 손교란은 그의 『금단진전金丹眞傳』에서 "단을 결성하는 법은 나에게 있지 남에게 있지 않고, 환단의 공은 저 사람에게 있지 나에게 있지 않다"라고 하여 수련의 핵심은 음양쌍수, 피아합련에 있다고 보았다. 이는 동파 육서성陸西星의 학설과 비슷하다. 손교란과 정박산을 이은 이서월은 육서성에 대해서도 깊은 존경의 마음을 가지고 있었다. 『해산선적海山仙跡』의 자서에 따르면, 일찍이 『여조연보呂祖年譜』를 개정할 때 어떤 노인이 양주의 빼어난 선비를 데리고 방문하여 수십 줄을 비정하고는 표연히 떠난 일이 있었다고 하면서, "노옹은 반드시 여조사를 이은 사람이고, 양주의 빼어난 선비는 바로 육잠허가 아니겠는가"라고 적고 있다. 『해산선적』에서는 또 냉생冷生[7]에 가탁하여, 여순양과 장삼풍을 신앙했다고 하면서 다시 다음과 같이 말한다.

> 순양에게는 삼대제자가 있었으니, 유해섬은 남파를 열었고 왕중양은 북파를 열었으며 육잠허는 동파를 열었다. 나는 서쪽으로 들어가길 원해…… 스스로 서조西祖가 되었다.

이서월은 육서성의 후신임을 자처하고 있다. 그래서 달(月)과 별(星)이 모두 밝게 빛나는 것처럼 자신 또한 육서성의 '성'자에 맞추어 서월로 개명하였고, 자도 함허로 바꾸어 잠허와 비견되게 하였던 것이다. 그러나 이서월은 장삼풍張三豊의 단법에 영향을 받아 종려단법을 따르기에 육서성의 동파와는 같지 않은 점이 있다.

이서월의 저술은 매우 풍부한데, 대략 두 가지 종류로 구분된다. 하나는 주석과 편집류로, 『태상십삼경주해太上十三經注解』, 『대통노선경발명大洞老仙經發明』, 『무근수도정사이주無根樹道情詞二注』, 『산정해산기우刪訂海山奇遇』, 『개편삼풍전집改編三豊全集』 등이 이에 속한다. 다른 하나는

---

7) 역자주: 淸대 蒲松齡의 『聊齋志異』 「冷生」에 등장하는 인물로, 뛰어난 문장력을 갖추었지만 계속 과거에 낙방하는 인물이다.

논저류로, 『후천관술後天串述』, 『구층연심九層煉心』, 『도규담道竅談』, 『삼거비지三車秘旨』, 『원교내편圓嶠內篇』 등이 있다. 이들 저술 가운데 『도규담』은 내단 서파의 특색을 가장 잘 드러내고 있는데, 성인成人의 수도에 집중하여 그 내단수련을 다음과 같이 논하고 있다.

중년에 도를 배우는 자에게 중요한 것은 응신凝神과 조식調息의 법도이다. 음교맥陰蹻脈에서 기가 싹트면 단전으로 끌어들여 잊지도 말고 조장하지도 말아야 한다. 후천의 기가 생길 때 다시 조절하여 삶으면 진기眞機가 저절로 움직인다. 그 움직임을 타고 도인하면 힘을 쓰지 않아도 관關이 저절로 열리고, 힘을 쓰지 않아도 구규가 저절로 열린다. 진기眞氣가 한 번 니환에 오르니, 여기에서 하거의 길이 열린다. 요점은 저절로 그러하도록 하는 데 있다. 그 길을 타면 잠시 움직이고 고요한 사이에 미미하게 화후를 일으켜 미려尾閭를 지나고 거슬러 천곡天穀으로 흐르니, 저절로 연정화기가 이루어져 삼궁에 물을 댄다. 이후에 다시 외부에서 묘약을 얻어 내 몸의 진기를 가두어 제어하여, 그것이 서로 엉기게 하여 어지러이 흩어지지 않게 한다. 그런 뒤에 서로 친하고 서로 사랑하게 하기를, 마치 용이 여의주를 기르듯이, 닭이 알을 품듯이 하여 따뜻한 기가 끊이지 않게 하면 황정의 사이에 함께 떨어져서 붉은 귤과 같은 결정을 얻는다. 이것을 내단이라고 한다. 초후初候의 공이 이루어지면 수명을 연장하는 묘법을 얻고 형체를 온전히 하는 도가 갖추어진다.

이 글의 정수는, 관關을 열고 규竅를 펴는 것은 마땅히 저절로 열고 닫히도록 해야 하며, 약을 제조할 때 외약은 반드시 내약과 합해져야 한다고 논한 데 있다.

이 책에는 창조적인 내용이 많다. 예를 들어, 전통적 관점이었던 축기와 연기라는 수련의 두 단계를 개관開關, 축기築基, 득약得藥, 연기煉己의 네 단계로 나누어 "관을 열어 축기의 길을 열고, 득약으로 축기의 필요를 돕고, 연기로써 축기의 일을 마친다"라고 하였으며, 또 '연정화기煉精化氣, 연기화신煉氣化神, 연신환허煉神還虛'의 구학설을 개조하여 연정, 연기, 연신요성煉神了性, 연신요명煉神了命, 연신환허의 오관으로 나누었

292

다. 또한 전통적으로 말하는 '하거河車[8]'를 세 건으로 분석하여, "제1건은 기를 운행하는 것으로, 소주천하여 자오子午에 화火를 운행하는 것이다. 제2건은 정을 운행하는 것으로, 옥액玉液과 하거河車가 수를 운행하여 따뜻하게 기르는 것이다. 제3건은 정과 기를 함께 운행하는 것으로, 대주천하여 선천의 금홍金汞을 운행하는 것이니 칠전하여 환단을 이루고 구전하여 대단을 이룬다"라고 하였다.

이 책은 도교 극비의 요결인 '양공혈법兩孔穴法'을 세인들에게 펼쳐 보이고 있다. 이에 따르면, 한 혈에는 두 구멍이 있는데 가운데가 텅 비어 있고 두 끝에 구멍이 있으니, 이를 양공혈이라고 한다. 이것은 곧 도사들이 비밀스럽게 전한 "입과 입이 마주치고 구멍과 구멍이 마주치는"(口對口,竅對竅) 곳으로, 임맥과 독맥이 교합하고 음양이 교차하며 오토烏兎(日月)가 왕래하는 장소이다.

이 책에서 논하는 '현관玄關' 또한 독창적인 점이 있다. 현관은 인체 내의 신과 기가 상교하여 기틀이 열릴 때 나타나는 신령스러운 빛으로, 허무 중에서 생겨나오고 오장육부 내에는 자리하지 않는다. 따라서 현관이 나타나는 황정, 기혈, 단전은 사규死竅인데, 이 셋 중의 어느 곳이든지 신이 응기고 기가 모여서 진기眞機가 드러나면 곧 활규活竅가 된다. 현관이 출현할 때에는 밝기도 하고 어둡기도 하여 일정하지 않으니, 오직 서로 껴안고 순수하게 익혀야만 비로소 점차 단단하게 맺힌다고 한다.

이 책에서는 또 선도와 불교를 같이 수련해야 한다고 주장하면서 "삼교라는 것은 우리 도의 세 기둥이다. 나누면 셋이지만 합하면 하나가 된다", "불교는 성을 말하지만 명에는 침묵하고, 선도는 명을 전하지만

---

8) 역자주: 내단수련에서 임독맥을 따라 정기를 옮기는 것을 河車라고 한다.

성에는 침묵하며, 유도는 세상 법을 담당하여 성과 명에 대해 모두 침묵하지만 묵묵히 성과 명을 닦는다"라고 말한다. 삼교가 모두 성명의 도를 떠나지 않고, 모두 도맥이 된다는 것이다.

『도규담』은 확실히 매우 정묘하다. 그래서 근대 도교학자 진영우陳攖宇도 이를 매우 높게 평가했다. 이서월의 제자로는 강서의 주도창周道昌과 복건의 이도산李道山이 있다.

유명서劉名瑞(1839~1931)는 동치와 광서 연간의 도사로, 호는 반섬자盼蟾子이며 남무파南無派의 20대 종사이다. 북경 교외의 천수산天壽山 도원관桃源觀에 은거하면서 『도원정미가道源精微歌』, 『고교사장敲蹺詞章』, 『역고易考』등의 책을 지어 청수淸修의 비전을 밝혔다. 원명대 이래로 남무파의 종사들 가운데 유일하게 저작을 지어 세상에 드러낸 도사이다. 유명서는 스스로 "용문파의 법을 연역하고 남무파의 법을 받았다"라고 하였는데, 이를 통해 그가 용문과 남무 두 파의 도를 아울러 받았음을 알 수 있다. 그의 사상은 정情을 잊고 생각을 끊는 것을 주로 한다. 마음이 밖으로 떠돌지 않게 하고 고요한 방에 거처하여, 바른 생각으로 정과 욕망이 싹트는 때를 다스리고 두 젖가슴 사이에서 신을 단련한다. 여성의 단련은 반드시 먼저 월경을 끊은 이후에 청수해야 한다.

조피진趙避塵은 스스로 유명서의 제자라고 하는데, 광서와 선통宣統연간의 도사이다. 1927년에 죽었다. 그는 북종의 단법을 계승하였고, 도교와 불교를 융합하여 일시에 이름을 드날렸다. 그의 『성명법결명지性命法訣明指』에서는 단법을 시행할 때 먼저 양미간을 조규祖竅로 삼아 관하다가 눈을 떠서 콧등을 살핀다고 했는데, 이것은 불교의 공부이다. 또 좌식할 때는 "두 손을 화합하여 연환을 만들고, 사문四門을 굳게 닫아 정중正中을 지키는" 것을 구결로 삼는데, 이것은 바로 북파의 공부이다. 그는 스스로를 북파의 지류로 생각했고, 천봉노인千峰老人이라 자칭하면서 천봉파를 세웠다. 북파는 그 전수가 끊이지 않아 홍콩과 대만에 지금까지도 여전히 남아 있다.

황원길黃元吉은 이름이 상裳이고 풍성豊城 사람이며, 청말 광서 연간의 도사이다. 저서로는 『낙육당어록樂育堂語錄』, 『도덕경주석道德經注釋』 등이 있다. 그의 내단 공법은 중파中派의 계통을 계승한 것이었으나 창조적인 면이 많았다. 그는 '후승전강後升前降의 법'[9]을 택하지 않고, 대신 『도덕경주석』 제26장 주에서 이렇게 말하였다.

> 어떻게 그 성질을 거스르고 이길 수 있겠는가? 처음에는 그 길에 순응해야 한다. 신이 기 속에 들어오면 화火가 찌고 수水가 들끓어(신이 원정을 이끌어 움직임) 수에서 금金이 생겨나니(원정이 발현함), 이때에 현규玄竅가 열리고 진신眞信이 이르러 진양眞陽이 생겨나고 자약이 만들어진다. 이를 일러 외약外藥이라 하고 소약小藥이라 하니, 그것은 신관腎管의 밖에서 생겨나서 기가 작기 때문이다. 이어서 목木이 싣고 금이 올라타서(신이 정을 이끌어 위로 끌어올림) 절실하게 촉진하여 건정乾鼎(니환)에 이르게 되고, 진의眞意로써 아래로 끌어내려 단전으로 들어가니 곧 곤복坤腹에 들어가는 것이다. 다시 진양을 기다려 화가 움직이면 내약內藥이 생겨난다. 이 약은 기근氣根의 뿌리 속에서 생겨나는 까닭에 그렇게 일컫는다. 이 내외의 약이 서로 단련하여 금단을 맺으니, 이것이 바로 『오진편』에서 말한 "변화하여 한 조각 자금상紫金霜을 이룬다"는 것이다.

황원길의 단법은 남파 『오진편』의 사상을 드러내고 있고 또 내외의 약을 합하여 쓴다는 측면은 서파의 이서월에도 가깝지만, 본질적으로는 중황中黃을 곧바로 투과하는 중파의 법을 따른다. 개합을 말하지 않고 각파를 회합시켜서 중파의 공법을 실천한다는 데에 그 단법의 특색이 있다. 황원길은 또한 유학의 영향을 받아서, 리기理氣가 합일하여 만물을

---

9) 역자주: 도인법의 하나. 신체 뒤쪽의 督脈은 아래로 흐르는 水의 성질을 지녔으므로 기를 위로 이끌고 신체 앞쪽의 任脈은 위로 치솟는 火의 성질을 지녔으므로 기를 아래로 이끈다.

만드니 이것이 '안仁'이라고 하였다. 그에 따르면, 원기는 '진일의 기'라고
도 하는데 사람과 사물, 신선과 부처가 모두 이로부터 생겨난다. 성은
곧 리요 명은 곧 몸속의 원기인데, 성명쌍수는 바로 성으로써 명을
세우고 명으로써 성을 완결하여 성명합일을 이루는 것이며, 그 비결은
움직임에 처해서는 성을 단련하고 고요함에 처해서는 명을 단련하는
데 있다. 그는 단을 닦는다는 것은 인자함을 지키는 것일 뿐이라고
하면서 성의 공부를 지극히 중시했다.

　청대 말기에 호북 무창의 장춘관長春觀은 방이 천 칸이 넘고 도우가
만 명을 헤아려 서안의 팔선암八仙庵, 성도의 이선암二仙庵과 더불어 천하
용문파의 대총림으로 일컬어졌다. 용문파의 제15대 도사 제수본齊守本은
자가 금휘金輝로 용문파의 지파인 '금휘파'를 세웠고, 제23대 도사인
산동 복산현의 장종선張宗璿은 광서 연간에 '곽산파霍山派'를 세웠다. 그
밖에도 '금산파金山派', '화산파華山派', '선천파先天派', '자양파紫陽派' 등 용
문파 이외의 기타 전진도의 지파들이 세워져서 청대 말기에 이르기까지
끊이지 않고 전해졌다.

5. 도교와 민간신앙, 문학예술, 학술사상

청대의 도교문화 역시 명대와 마찬가지로 지속적으로 민간을 향해 확산되어 민간의 다신숭배의 분위기는 한층 더 고조되었다. 권선서勸善書가 더욱 유행하였고, 민간의 종교들 중에 새롭게 생긴 많은 종파들은 도교의 영양분을 섭취하였다. 민간문학과 문인문학의 지도적인 사상이나 예술적 구상 및 이야기의 내용 등에서는 유불도 삼교가 합일되는 경향이 나타났으며, 도교의 인물과 고사, 연단술법, 도교적 이상이 항상 문학창작의 소재로 채택되었다.

도교는 전형적인 다신교로, 도교의 신선계보는 복잡다단하다. 한편으로 도교는 부단히 신을 만들어 내어 사회로 전파하였고, 이 신들은 점차로 민간신앙의 신이 되어 갔다. 태상노군, 옥황상제, 여조, 진무대제 등이 그 예이다. 다른 한편으로는 도교는 끊임없이 민간신앙 속에서 새로운 신을 흡수하여 자신들의 신선계보에 편입시키면서 신상을 조각하고 사당을 건립하여 그들을 숭배했다. 용왕, 토지신, 태산신(碧霞元君), 송자낭낭送子娘娘 등이 그 예이다. 신들 가운데서도 특히 관성제군關聖帝君(관우를 신성화한 도교신)은 청대에 관방과 민간, 도교에서 모두 특별히 존숭했다.

관제關帝는 명대에 이미 강태공을 대신하여 '문성文聖' 공자와 비견되는

'무성武聖'이 되어[10] 대제大帝 혹은 제군帝君으로 추봉되었는데, 청대에
들어서도 황제들은 지속적으로 관성제를 추봉하였다. 순치제는 그를
'충의신무관성대제忠義神武關聖大帝'로 추봉하였고, 옹정제는 관제의 3대
(증조부·조부·부친)를 공작에 추봉하고 대신들에게는 관제에게 제사를
올릴 때 세 번 꿇어앉고 아홉 번 절하는 예를 표하게 했다. 건륭제는
원래 봉호인 '장무壯繆'(송 고종이 관우에게 내린 봉호)를 '신용神勇'으로 바꾼
뒤 '영우靈佑'라는 호를 더했고, 가경제는 '인용仁勇'이라는 호를 더했으며,
도광제는 '위현威顯'이라는 호를 더했다. 함풍제는 '호국護國'과 '보민保民'
이라는 호를 더한 뒤 중사中祀[11]에 배열하여 제왕의 의례로 제사하게
하였고, 다시 '정성수정精誠綏靖'이라는 호를 더하고 친히 '만세인극萬世人
極'이라는 편액을 썼다. 끝으로 동치제가 '익찬翊贊'이라는 호를 더하고
광서제가 '선덕宣德'이라는 호를 더함으로써 관제는 그 봉호가 26자에
달하게 되었다. 관제는 관방종교의 가장 뛰어난 신으로, 경성과 직할성
의 관제묘에서는 일 년에 세 번 제사를 지냈다.

　민간에서 관제는 수명을 관장하고 과거급제를 도우며 병을 치료하고
재앙을 물리치며 음지를 순찰하는 등의 다양한 기능을 갖춘 신으로
인식되었는데, 이는 그가 천추에 의로운 사람이자 올곧아서 사사로움이
없는 큰 신이었기 때문이다. 『삼국지연의』가 유전되면서부터 그는 집집
마다 알게 되어 민중의 커다란 존경을 받았다.

---

10) 역자주: 관우는 남북조시대 때부터 점차로 민간의 숭배와 조정의 추존을 받으면서
　　신화화되어 간다. 북송 숭녕 연간에 忠惠公에 봉해졌다가 이내 崇寧眞君에 봉해졌고
　　(천사교에서 神將으로 전해지기도 했다), 선화 연간에 武安王(義勇武安王)에 봉해져서
　　武聖王 강태공과 함께 제사되었다. 남송대에 '壯繆義勇武安英濟王'에 봉해졌고, 원대
　　에 '顯靈義勇武安英濟王'으로 고쳐졌다. 명대 만력 연간에 '三界伏魔大神威遠震天尊關聖
　　帝君'이라는 봉호를 받았다.
11) 역자주: 중사는 고대의 제례 중에서 大祀 다음가는 중요한 제사로, 청대에는 日, 月,
　　先農, 先蠶, 전대의 제왕, 文昌, 太歲 등이 제사의 대상이었다.

청대에 관제묘는 전국 각지에 편재하여, 서장이나 내몽고라 하더라도 그의 묘가 있었다. 관제는 한족 불교에서는 호법신護法神이 되어 받들어 졌고, 장족 불교에서는 팔부신八部神 중의 하나로 받들어졌다.[12] 사찰이나 궁원에는 그를 위한 전각이 세워지고 신상이 조각되었으니, 예를 들어 북경 옹화궁雍和宮에는 관제전이 있고 항주 영은사靈隱寺에는 관제신상이 있다. 『경사건륭지도京師乾隆地圖』의 기록에 따르면 당시 북경 성내의 관제묘는 116좌에 달했다고 하는데, 경성 묘우의 상황만으로 미루어도 전국적 상황을 가히 짐작할 수 있다. 전국의 관제묘 중에서 관우의 고향인 산서 해주解州의 관제묘가 가장 크고 웅장하다. 이를 두고 지은 건륭시기의 장원狀元 진간천秦澗泉의 대련이 있다.

삼교가 모두 귀의해 오니 그 바르고 총명함이여, 심心은 해가 하늘에 걸린 듯, 구주가 융성하게 제사하니 그 신령하고 밝음이여, 신神은 물이 땅속에 스민 듯.

이는 당시에 관제숭배가 성행하였음을 그대로 보여 주고 있다. 한편, 낙양의 관림은 관제총關帝冢으로 불리기도 한다. 관제총은 명나라 때 건립되어 청나라 때 중수되었는데, 전당이 150여 칸에 이르는 광대한 규모의 수려하고 아름다운 고건축군이다. 이것 또한 관제가 사람들의 마음속에 숭고한 지위를 점하고 있음을 보여 주며, 사람들이 수많은 아름다운 희망을 그에게 가탁하고 있음을 알게 한다.

명청대에는 도교의 도덕 신조를 통속화된 형태로 가공하여 담아 낸 각종 권선서들이 민간에서 광범위하게 유행하여 유가윤리의 중요한 보충점이 되었다. 이들 권선서는 유가의 가르침과 더불어 민간풍속을 순화하는 데 중요한 역할을 담당하였다.

---

12) 역자주: 호법신은 불교와 도교를 보호하는 신명으로 인식되었고, 장족의 불교에서는 호법신이 팔부신으로 신격이 바뀌어 가장 총애를 받는 신명이 되었다.

우선, 송대에 편찬된 『태상감응편太上感應篇』은 이 시기에 자연발생적으로 민간에 유포되었을 뿐만 아니라 황제와 왕공대신, 명유문사 등 통치계층의 관심까지도 얻어 내었다. 순치제가 「권선요언서勸善要言序」를 썼으며, 여사홍黎士弘, 양헌梁憲, 경개耿介, 시윤장施閏章, 주찬周燦, 팽정구彭定求, 진정경陳廷敬, 장숙정張叔珽, 탕내하湯來賀, 팽소승彭紹升, 육농기陸隴其, 혜동惠棟, 주규朱珪, 오숭요伍崇曜, 정안丁晏, 유월兪樾, 정병丁丙 등의 관료・학자들이 『태상감응편』에 주나 소를 달거나 서문을 썼다. 또한 각지의 관리나 부자 중에는 자본을 대어 이 책을 인쇄하고 배포한 자가 매우 많았다.

『도장집요道藏輯要』에 수록된 『관제각세진경關帝覺世眞經』, 『문창제군음즐문文昌帝君陰騭文』, 『여조공과격呂祖功過格』, 『문제효경文帝孝經』 등도 모두 당시에 성행했던 권선서이다. '음즐陰騭'은 음덕을 쌓으라는 뜻이다. 『문창제군음즐문』은 천인감응과 인과보응을 주요 사상으로 삼아 유가의 도덕규범과 도교 및 불교의 교계를 선전한 것으로, 문창제군이 겪었던 옛일을 가지고 음덕을 널리 행하면 장차 선한 응보를 얻는다는 것을 보여 주는 내용이다. 구체적으로는 충효경신忠孝敬信의 도리, 환과고독鰥寡孤獨에 대한 안타까움, 남의 재산을 탐내지 않고 남의 처를 범하지 않음, 부유함을 믿어 가난한 이를 속이지 않음, 권세에 의지해 선량한 사람을 욕보이지 않음 등 수십 항의 신조를 입신과 처사의 준칙으로 삼아, 이에 따라 행하면 온갖 복과 상스러움이 모여 가깝게는 주변 사람들에게 보답이 따르고 멀리는 자손에게까지 복택이 미친다고 말한다. 백성들 중에는 그 영향을 받은 자가 자못 많았다.

도교 외적으로 보면, 도교사상은 공자진龔自珍이나 요평寥平 같은 유학자들에게도 영향을 주었다.

공자진龔自珍(1792~1841)은 청대 후기의 대사상가로, 근대 학술의 새로운 사조를 연 인물이다. 그는 유불을 신앙하고 도교는 믿지 않았지만, 그의 유명한 『기해잡시己亥雜詩』에 다음과 같은 시가 있다.

구주의 생기生氣는 풍뢰風雷에 의지하고,
일만 필의 말들이 모두 울음을 삼키니 끝내 슬픔이 더하네.
하늘에 부탁하노니, 세상을 거듭 떨쳐 흔드시기를,
하나의 틀에 얽매이지 않는 참 인재를 내려 주시기를.

이 시는 도교 재초 때 사용하는 기도의 말 즉 청사靑詞의 형식이다. 시제에는 "진강鎭江을 건너가다가 옥황과 풍신, 뇌신에게 굿하는 것을 보았다. 기도하는 말이 만여 글자나 되었다. 도사에게 얻어 '청사'를 지었다"라고 되어 있다. 이를 통해 공자진의 이 명시가 신을 맞이하는 굿판에서 영감을 얻어 지어진 것임을 알 수 있다. 모든 청사들 가운데서도 으뜸가는 한 수라 하겠다.

사천의 유명한 근대 경학자 요평廖平은 1852년에 태어나 1932년에 세상을 떠났다. 요평은 고문경학과 금문경학에 두루 능통하였다. 일생 동안 그의 경학사상은 여섯 차례의 변화를 겪었다. 앞선 세 번의 변화에서는 금고지학今古之學을 이야기하고 뒤의 세 번의 변화에서는 천인지학天人之學을 이야기하는데, 도교와 관련해서는 특히 뒤의 세 변화가 중요하다. 그는 공자가 저술한 육경에는 '인학人學'과 '천학天學' 두 부분이 있다고 하면서, 인학은 오직 천하 안의 일에 대해서만 말하고 천학은 천하 바깥의 일에 대해 말한다고 한다. 또한 성인을 넘어서서 다시 한 번 더 나아갈 경지가 있는데, 그것이 바로 신인 즉 진인의 경지라고 했다. 이것이 요평 경학의 네 번째의 변화이다. 이로부터 불교와 도교가 그의 사상 속으로 들어오게 된다. 그는 이렇게 말한다.

만약 다시 수천 년이 더 주어진다면 정진하고 개량하여 각 학문들이 대를 이어 밝아질 것이니, 이른바 장수복기長壽服氣하여 입지도 않고 먹지도 않는다는 것도 그 진보를 진실로 과정에 따라서 계산할 수 있게 될 것이다.[13]

장래에 세계가 진화하면 중생이 모두 부처가 되고 사람 모두가 벽곡하여 하늘을 날고 사려가 없게 될 것이라는 최근 어떤 사람의 논의가 실로 상세하다. 사람들은 다만 부처가 바로 도교에서 나와 화호化胡가 된 것이라는 선구가 있음을 알지 못할 뿐이다. 그 말한 것은 장래의 실제 일이 될 것이니, 천학의 결과이다. 한 사람이 그러하면 괴이한 것이 되지만 세상 모두가 그러하면 항상된 것이 된다.[14]

요평이 생각하는 이상적인 인격자는 실로 부처와 신선을 한 몸에 갖춘 자이다. 그리하여 그는 "도교와 석가의 학문은 또한 경학을 연구하는 박사들의 큰 가르침이 된다"[15]라고 말한다. 요평 경학의 다섯 번째 변화에서는 점차 불경을 버리고 『역』을 더욱 중시하여 『역』으로써 『시』를 말했는데, 그는 『시』는 정신을 노닐게 하는 학문이고 『역』은 몸을 노닐게 하는 학문이라고 여겼다. 여섯 번째 변화에서 요평은 『시』, 『역』의 천학에서 한 발 더 나아가 오운五運·육기六氣·소대천지小大天地의 천인합일의 학문에 대해 상세히 밝혀내었다. 그래서 문일다聞一多는 요평의 '정신과 몸을 노닐게 하는 학문'을 신선학으로 칭한 바 있다.[16] 요평은 노년에 이미 선학을 유학보다 더 높은 위치에 두었고 신선을 인류의 최고 경지로 보았다. 이는 그가 도교의 영향을 깊게 받았다는 것을 충분히 증명한다.

무술유신운동의 주역 강유위康有爲(1858~1927)는 청대 말기 개량파의 정치가이자 사상가로, 금문경학의 부흥을 이끌어 낸 경학의 대가이다.

---

13) 『四變記』.
14) 『釋典』.
15) 『經學四變記』.
16) 『神話與詩』.

그는 요평廖平에게서 많은 영감을 얻어 "대동大同의 세상에는 오직 신선과 불, 두 학문만이 크게 행한다"라고 주장하였다. 『대동서大同書』에서 그는 이렇게 말한다.

> 대동이란 세간법의 지극함이다. 선학이란 장생불사이니 세간법의 지극함을 뛰어넘은 것이요, 불학이란 불생불멸이니 세간을 벗어나지 않으면서도 세간을 벗어난 것이어서 대동의 세상을 뛰어넘은 것이다. 여기에 이르면 인간세상을 벗어나서 선불의 경지에 들어가게 되니, 여기에서 선불의 학이 바야흐로 시작된다.

그가 생각하는 이상사회의 진화 순서는 대동태평大同太平의 세계 → 선불仙佛의 세계 → 천유天遊의 세계이다. 이른바 천유의 세계라는 것은 선불 세계의 최고 경지이니, 사람들 모두에게 신선성과 불성이 있으므로 선불仙佛의 신성함이 따로 없이도 모든 사람은 이 세계에 들 수 있다. 강유위는 이를 "빛과 우레를 타고 기를 부려 우리가 사는 땅을 벗어나서 다른 별에 들어가는 것, 이는 또한 대동의 극치이자 인간 지혜가 일신한 것이다"[17]라고 표현하고 있다. 이것은 선불의 신통함과 소요에 우주여행을 더한 데 불과한 것으로, 이제는 더 이상 지구인이 아니라 우주인이이다. 이를 통해 알 수 있듯이, 강유위가 생각한 대동세계는 유불도 삼교가 결합한 산물이고, 도교가 추구하는 이상은 빠질 수 없는 구성 부분인 것이다.

도교문화가 세속문학에도 깊고 넓게 침투하였다는 것은 『요재지이聊齋志異』, 『홍루몽紅樓夢』, 『녹야선종綠野仙踪』, 『노잔유기老殘遊記』 등의 소설들을 통해 어느 정도 확인할 수 있다. 유악劉鶚이 쓴 『노잔유기』는 1906년에 완성된 작품으로 청대 말기 소설의 한 떨기 꽃이다. 책에서는 진력을 다해 산속에 은거하는 황룡자黃龍子를 추종하는데, 그는 유불도를 겸한

---

17) 『大同書』.

인물이다. 황룡자의 시에 "일찍이 요지瑤池[18]의 구품연대九品蓮臺를 배알
하였더니, 희이가 나에게 『지원편指元篇』을 주었네", "보살이 노자와
합하니 『법화』가 새롭네. 남북이 동일하게 등불을 전하네" 등의 구절이
있다. 그는 '세력존자勢力尊者'가 우주만물의 삶과 죽음을 결정한다는
주장을 폈고 『역』으로써 사회의 변화를 예측하는데, 자못 대예언가의
모습이다. 이처럼 그는 도가적 기질의 인물로 그려지고 있다. 소설에는
태산 벽하궁碧霞宮의 어느 도사의 딸인 여고璵姑[19]가 등장하는데, 여고는
황룡자의 설을 인용하여 다음과 같이 말한다.

> 유불도 삼교는, 비유하자면 가게의 삼면에 각기 다른 세 개의 간판이 걸려 있지만
> 실제로는 땔감, 쌀, 기름, 소금 등의 잡화가 모두 다 갖추어져 있는 것과 같다.
> 단지 유가가 벌여 놓은 것이 조금 크고 도교와 불교가 벌여 놓은 것이 조금
> 작을 뿐 포함하지 않는 것이 없다.

> 무릇 도는 두 층차로 나뉘는데, 하나는 도의 겉면이고 하나는 도의 속이다. 도의
> 속은 모두가 같고 도의 겉면에만 각각의 분별이 있을 뿐이다.

여고는 생동감 넘치는 표현으로 당시의 상당수 인사들이 지녔던
삼교에 대한 관점을 그려내었다. 이는 곧 이름만 다르고 실제 내용은
같으며 가지만 다를 뿐 뿌리는 같으며 가는 길은 다르지만 하나로
귀결된다는 전형적인 삼교합일의 관점이다. 여고는 선진시대 유가들만
이 최고의 공명정대함을 지니고 있었다고 생각했다. 그런데 그 정신이
실전된 지 오래되어, 한나라 유학자들은 장구章句만을 고수했고, 당대의
한유는 옳은 것을 오히려 그르다 했으며, 송대 유학자들은 천리를 보존하
고 욕망을 멸해야 한다고 하면서 자기를 속이고 타인을 속였으며, 현재의

---

18) 역자주: 곤륜산 정상에 있는 연못으로, 서왕모가 산다고 한다.
19) 역자주: 『노잔유기』 제10회에 등장한다.

유가는 향원鄕愿(『논어』에 나오는, 덕을 해치는 사람)에 불과하게 되었다는 것이다. 이 책에서는 이처럼 유학자들을 신랄하게 풍자하였고, 또 당시 벼슬아치들의 정치적 부패에 대해서도 폭로한다. 수많은 고위 관리들은 다만 백성들을 죽여서 공을 가로채고 사람들의 피를 이용하여 높은 관직에 오른 망나니일 뿐이라고 했다. 작가는 국가와 사회, 가정이 무너지는 것을 절감하고 있었다. 백성들 삶의 간난신고에 대해 『노잔유기』에 의탁하여 눈물을 지었으며, 현실에 대해 성토하고 채찍질을 가하였다. 그 사상적 성취는 유불도의 비판정신에서 힘을 얻은 것이었으며, 그 예술적 성취 또한 도교의 풍부한 상상력에서 힘을 얻지 않은 바가 없었다.

도교사상이 세상에 널리 전해진 것은 삼교합일사상의 전면적 확산과 연관된 것으로, 이러한 사상을 담고 있는 대중소설의 전파에 힘입어 희곡과 평탄評彈[20], 회화가 개편되었다. 이들 장르는 도교 내로 포섭된 삼교사상이 수많은 민중들의 머릿속으로 들어가도록 해 주었다. 그 영향을 받은 사람들은 다른 교의 영향을 입은 사람들의 수를 한참 초과하여, 거의 전체 민중을 아우르는 양상을 보이고 있었다.

---

20) 역자주: 민간문예의 한 가지로 '評話'와 '彈詞'를 결합한 형식이다. 江蘇·浙工 일대에서 유행했으며, 講도 하고 唱도 한다.

인물 설명

【가사방賈士芳】 백운관 도사이다. 옹정제가 제위에 오르기 전에는 병약했는데, 이를 치료하여 후일 옹정제의 총애를 받았다.

【간길幹吉】 일명 於吉, 幹室로 불린다. 동한 시대의 도사로, 낭야 사람이다. 『태평경』의 작자로 이해되기도 한다.

【갈현葛玄】 164~244. 삼국시대의 도사로, 자는 孝先이다. 한대 말기에 左慈에게서 도를 배우고 『태청단경』 3권과 『구정단경』, 『금액단경』 각 1권을 받아 제자 鄭隱에게 전했다. 부록과 법술에 뛰어났다. 도교에서는 葛仙公이라고 존칭하며 太極左仙公이라 일컫기도 한다.

【갈홍葛洪】 283~363. 호는 抱朴子이다. 중국에서 가장 이름난 도교 연금술사이자 신학자이다. 어린시적 유학 교육을 받았으나 성장한 뒤 도교의 신선도에 깊은 관심을 갖게 되었다. 대표적인 저작으로 『포박자』가 있다.

【감시甘始】 한나라 말기의 방사. 감릉 사람이다. 容成의 제자로 방술(御女術)에 능하고 행기를 잘했으며, 노년에도 어린아이 얼굴을 하였다고 한다.

【감충가甘忠可】 서한시기의 방사로 제나라 사람이다. 『천관서』와 『包元太平經』을 저작하였고, 황로학과 참위학을 결합하여 長生成仙을 추구하였다. 제자로는 夏賀良, 丁廣世 등이 있다.

【계자훈薊子訓】 한나라 건안 연간의 도사이다. 도술이 빼어났음에도 드러내지 않고 신의와 겸손을 지녔으며 다른 사람을 위해 일했다고 한다.

【고반룡高攀龍】 1562~1626. 자는 存之 또는 雲從이고, 景逸先生이라 불렸다. 시호는 忠憲이다. 명나라의 정치가이자 사상가로, 東林黨의 영수이기도 하다. 東林八君子의 일인이며, 저서로 『高子遺書』 12권 등이 있다.

【공가패龔可佩】 명대 인물로 도교의 신명에 통달하였다고 한다. 조정 대신들이 청사를 지을 때면 공가패에게 조언을 구했다고 전한다. 태상소경에 올랐으나 사람들의 모함을 받아 옥에서 죽었다.

【공도무孔道茂】 수나라 때의 인물로, 도가의 진인이다. 당시 사람들이 孫天師라고 존칭했다. 왕원지와 함께 벽곡에 뛰어났다고 알려졌다.

【공자진龔自珍】 청대 후기의 학자로, 자는 璱人 호는 定庵이다. 외조부 段玉裁로부터 고증학과 공양학을 배웠으며, 천태종에 귀의하기도 했다.

【곽박郭璞】 276~324. 자는 景純으로, 동진시기의 훈고학자이자 복술가이다. 박학다재하여 음양오행·曆算에 조예가 깊었다. 도교에서는 시해하여 신선이 되었다고 여긴다.

【곽박郭樸】 1511~1593. 安陽 사람으로, 자는 質夫이다. 세상에서는 東野先生이라고 불렀다.

【구겸지寇謙之】 365~448. 자는 輔眞으로, 북위 때의 도사이다. 18세에 成公을 따라 嵩山에 들어가 7년 동안 수도하였다. 신서 2년에 태상노군이 숭산에 임하여 자신에게 천사의 지위를 내리고 교단을 정비할 것을 명했다고 선언하였으며, 시광 연간에는 위나라 도읍인 평성으로 가서 중신 최호의 도움으로 태무제에게 도서를 바치기도 했다. 평성의 동남쪽에 새로운 천사도장을 건립하였는데, 후대 사람들은 그를 북위천사라고 불렀다. 대연 연간의 말미에 국사가 되었다.

【구양수歐陽脩】 1007~1072. 송대 인물로, 자는 永叔, 호는 醉翁, 시호는 文忠이다. 시와 글씨로 유명했다. 전집으로 『구양문충공집』 153권이 있고, 『新唐書』, 『五代史記』를 편찬하였다.

【구처기丘處機】 1148~1227. 금나라 등주 서하 사람으로 자는 通密, 호는 長春子이다. 전진교 6대 도사 중의 한 사람으로, 『大丹直指』, 『鳴道集』 등의 저술이 있다.

【구현청丘玄淸】 1327~1393. 원말명초의 인물로, 黃得禎을 따라 출가하여 전진교 도사가 되었다. 홍무 초에 장삼풍을 예방하고 오룡암에 거처하였다. 후에 조정에 천거되어 감찰어사가 되었다가 태상경에 올랐다. 평소에 『도덕경』과 『황정경』을 즐겨 염송하였고, 홍무 26년에 죽었다.

【궁숭宮崇】 동한시기의 사람으로, 간길에게서 『태평경』을 전수받았다. 순제 때에 이 책을 바쳤으나 요망한 말과 잡어가 많다는 이유로 수용되지 못하였다. 운모를 복용하여 안색이 어린아이와 같았다고 한다.

【난대欒大】 한 무제가 신선술을 좋아하여 방사들을 모으자 무제에게로 가서 황금과 불사약을 만들어 신선이 되게 할 수 있다고 했는데, 무제가 이를 믿고 五利將軍·天道將軍에 봉했다가 방술에 효험이 없자 그를 죽였다.

【남도원藍道元】 원대 초기 사람으로 지치 연간에 전진교 장교를 지냈다. 지치 2년에 정일교의 장사성, 오전절과 함께 궁궐에 들어가 은인을 받았으나, 오래지 않아 장교직에서 쫓겨나 평민으로 강등되었다.

【남도행藍道行】 명조 가정 연간의 도사이다. 황제 앞에서 당시 내각의 우두머리였던 엄숭을 공격했다가 엄숭에 의해 보복을 당하였다. 엄숭은 남도행을 감옥에 가두고 박해를 가해 죽음에 이르게 하였다.

【냉수광冷壽光】 동한시기의 방사로 도인술을 잘하였다. 容成公의 禦陰法을 행하였고 朱英丸方을 복용하여 장수하였는데, 아이의 얼굴과 같았다고 한다.

【누근원婁近垣】 1689~1776. 청대 정일파 도사로, 자는 朗齋이고 호는 三臣 혹은 上淸外史이다. 松江 婁縣 사람이다. 옹정 11년(1733) 8월에 妙正眞人에 봉해졌으며,

건륭제 때 通議大夫에 봉해지고 북경 東嶽廟의 주지가 되었다.

【단조용段朝用】 명대 인물로, 외단 제련술과 황백술에 뛰어났다. 단약을 만들어 황제에게 헌상하고 紫府宣忠高士에 제수되었지만 약효가 없자 옥에 갇혀 죽었다.

【담처단譚處端】 금대의 도사이자 서예가로, 북칠진 중의 한 사람이다. 이름은 玉, 호는 長眞子이다. 전진도 조사 왕철로부터 도를 배워 전진도 南無派를 개창하였다.

【담초譚峭】 오대시기의 도사이자 도교학자로 자는 景升이다. 과거를 보라는 부친의 말씀을 어기고 황로학을 공부하여 종남산 등 명산을 떠돌았다. 숭산 도사를 스승으로 삼아 10여 년 수행한 끝에 벽곡양기의 연단술을 얻었다. 저서로 『化書』가 있다.

【도림道林】 중국 당나라 때의 승려로 속명은 潘씨, 이름은 香光이다. 9세 때 출가하여 21세에 구족계를 받았다. 시호는 圓修禪師이다.

【도선道宣】 596~667. 당나라 초기의 율사로, 戒律宗 南山派의 개조이다. 南山律師로 불렸다. 潤州 丹徒 사람이며, 湖州 長城 사람이라고도 한다. 시호는 澄照이고, 속성은 錢씨이다. 고종 武德 연간에 智首法師에게 율을 배웠고, 나중에 종남산에 들어가 白泉寺에 머물면서 손사막과 교유하였다.

【도안道安】 314~385. 중국 불교의 개척자로 속성은 魏이다. 佛圖澄을 스승으로 삼았고, 法濟, 支曇 등에게서도 배웠다. 반야공론을 주창함으로써 중국 불교를 일으켰다는 평가를 받는다. 경전의 해석에 있어 序分·正宗分·流通分의 3분 과목을 창설하였고, 승려 생활의 규범 등을 마련하였다.

【도중문陶仲文】 1475~1560. 명대 인물로, 원래 이름은 眞典이다. 만옥산에서 부수결을 받고 도교에 입문하였고, 가정 18년에 邵元節을 이어 總領道敎事가 되었다. 세종의 남행에 동행하였고, 세종이 병이 들자 기도를 통해 낫게 하였다. 神霄保國弘烈宣敎振法通眞忠孝秉一眞人이라는 봉호를 받고 소보 및 예부상서에 제수되었다. 이후 소보, 소사가 더해졌다. 가정 36년 병을 핑계로 산으로 되돌아가 죽었다. 왕금이 거짓으로 약물을 제련해 옥에 갇혀 죽은 일에 연루되어 봉호와 관직이 삭탈되었다.

【도홍경陶弘景】 456~536. 남조 양나라 때 인물로, 자는 通明이다. 茅山에 은거하여 학업에 정진했고, 유불도 삼교의 통합을 주장했다. 양 무제가 초빙했지만 나오지 않았다. 그러나 조정에 대사가 있을 때마다 그에게 자문을 구해 당시 산중재상으로 불렸다. 晩號는 華陽眞逸이다. 도교 관계 저서로는 경전으로 존중되고 있는 『眞誥』 20권과 『登眞隱訣』 3권, 『眞靈位業圖』 등이 있다. 문집에 『華陽陶隱居集』 2권이 있으며, 『本草經集注』와 『帝代年曆』, 『肘後百一方』도 저술했다.

【두광정杜光庭】 850~933. 당말의 도사. 과거에 실패한 뒤 천태산에 들어가서 응이절을 사사하였다. 만년에 성도 서부의 청성산에서 살면서 道書의 수집과 정리에 힘을 기울였다. 당대까지의 도교 교리학의 대성자로서 많은 저술을 남겼으며, 상당수가 『정통도장』에 수록되어 오늘날에 전해진다.

【두도견杜道堅】 1237~1318. 송말 원초의 인물로, 자는 處逸, 호는 南穀子이다. 14살에 異書를 보고 모산에 들어가 도사가 되었다. 대덕 7년에 杭州路道錄, 敎門高士眞人에

제수되었고, 황경 연간에는 隆道沖眞崇正眞人에 제수되었다. 저서로『道德玄經原旨』,
『玄經眞原旨發揮』 등이 있다.

【두성관杜成寬】 원대 인물로, 호가 休庵老人이고, 진대도의 법사이다. 崇道廣演法師라
는 호를 받았다. 저서로는『洛京緱山改建先天宮記』등이 있다.

【마상馬相】 동한 말기의 인물로, 黃巾으로 자칭하였다. 綿竹에서 봉기한 후 익주,
건위, 파군 등을 연파하여 익주 대부분을 차지했으나, 이후에 익주종사 賈龍에게
패배하였다.

【마옥馬鈺】 1123~1183. 금대 도사로, 원래 이름은 從義이고 자는 宜甫이다. 후에
이름을 鈺으로 고치고 자를 玄寶, 호를 丹陽子로 하였다. 대정 7년에 왕철이 영해에서
전진교를 포교할 때 손불이와 함께 그를 모셨고, 왕철로부터 전진의 비결을 받고
전진교를 직접 계승하였다. 이후에 전진 遇仙派의 창립자가 되었다. 원 세조가
丹陽抱一無爲眞人에 봉했다. 저서로는『神光璨』,『洞玄金玉集』이 있다.

【마원의馬元義】 황건군 대방 수령이다. 荊·揚지역의 민중 수만 명을 모아 冀州의
황건군과 합류하여 함께 낙양으로 향했는데, 증상시와 내통하여 반란을 획책했으
나 장각의 제자 唐周의 배반으로 실패하고 사로잡혀 낙양에서 거열형을 당했다.

【막월정莫月鼎】 1223~1291. 송말원초의 신소파 도사이다. 원래 이름은 起炎인데,
입도 후 添乙로 바꾸었다. 月鼎은 호이다. 당시 사람들이 막월정 혹은 莫眞官이라고
불렀다. 王繼華와 潘無涯가 그의 진전을 이어받았다.

【매표梅彪】 서촉 江源 사람으로, 연단술을 좋아하였다. 연단에 사용되는 약물과
광물질들을 정리한『石藥爾雅』를 남겼다.

【맹선孟詵】 당대 초기 인물이다. 天仙觀 도사로 손사막을 스승으로 모셨고, 仙堂觀
주지를 지냈다. 藥金에 정밀하고 藥餌에 뛰어났다.『食療本草』라는 책을 남겼다.

【모희종毛希琮】 1186~1223. 금대 인물로, 호는 體玄子이고, 진대도교 4대 조사이다.
금나라가 멸망할 즈음에 진대도교의 교풍을 지켜 내었다. 5년 동안 교풍을 전하다가
병으로 죽었다.

【목수穆修】 979~1032. 자는 伯長이고, 鄆州 汶陽 사람이다. 고문에 뛰어났고, 한유와
유종원의 문집을 교정하여 간행하였다.

【묘도일苗道一】 원대 인물로 張志仙을 계승하여 전진교 玄門演道大宗師掌敎를 지냈다.
지순 원년(1330)에 黃金神仙符命印을 받았고 掌敎道一에 제수되었다. 원통 원년에
神仙掌敎凝和大眞人에 제수되었다.

【반사정潘師正】 586~684. 당대의 저명한 도사로, 자는 子眞이고, 상청 모산파 11대
종사이다. 어려서 육경을 익혔고, 모친으로부터『도덕경』을 받았다. 왕원지를
스승으로 모시고 도문은결과 부록을 받았다. 제자로는 郭崇眞, 韋法昭, 司馬子微
등이 있다.

【반탄潘誕】 수나라 양제 때의 嵩山 도사이다. 스스로 300세가 넘었다고 말하였다.
양제를 속여 금단을 제련하다가 거짓임이 들통 나서 죽임을 당했다.

310

【백옥섬白玉蟾】 1194~1229. 남송시대의 도사로, 도교 내단파 남종의 5대 조사이다. 원래 성명은 葛長庚이었는데 모친의 개가에 따라 백옥섬으로 바꾸었다. 자는 如海・白叟이고, 호는 海瓊子이다. 陳楠에게서 금단비결을 전수받았다. 『海瓊問道集』, 『海瓊白眞人語錄』 등의 저서가 있다.

【백운제白雲霽】 명대의 도사이다. 자는 明之이고 호는 在虛子이다. 남경의 치성산 조천궁에 거처하면서 『道藏目錄詳注』 4권을 저술하였다.

【법림法琳】 572~640. 당나라 때의 승려로, 속성은 陳이다. 어릴 때 출가하여 삼교에 정통했다. 태사 傅奕이 12가지 조항으로 對策을 올려 佛法을 금지할 것을 주청하자, 『破邪論』 1권을 지어 변난했다. 나중에 李仲卿 등의 배불론에 대항하여 다시 『辯正論』 8권을 지어 논의를 꺾었다.

【비장방費長房】 汝南 사람으로, 壺公을 따라 산에 들어가 신선의 도를 배웠다고 한다. 중병을 잘 고쳤으며, 귀신을 물리치고, 축지술에 뛰어났다고 한다.

【사마계주司馬季主】 한나라 때 楚땅 사람으로 장안 東市에서 점을 치며 살았다.

【사마승정司馬承禎】 647~735. 자는 子微, 자호는 白雲子・赤城居士, 법호는 道隱이다. 반사정을 스승으로 모시고 숭산에 출가하였다. 반사정으로부터 『金根上經』을 받고 삼동비록과 복식, 도인 등의 수련비법을 익혔다. 상청파 제4대 전주가 되어 천태산에 은거하였다. 당나라 중기에 도교사에서 가장 중요한 학자로, 사후에 貞一先生이라는 시호가 내려졌고 송대에 들어 丹元眞人에 봉해졌다. 저서로는 『修眞精義論』, 『服氣精義論』, 『修眞秘旨』, 『坐忘論』 등이 있다.

【사마표司馬彪】 자는 紹統. 서진의 종실이자 역사학자로, 젊어서 독학하여 典籍을 널리 보았다. 秘書丞을 지냈으며 저서로는 『莊子註』, 『九州春秋』, 『續漢書』 등이 있다.

【서경휴徐景休】 동한시대의 인물로, 『周易參同契』 전수자 중의 한 사람이다. 생몰과 행적에 대해서는 알려진 것이 없다.

【서복徐福】 진나라 방사로, 자는 君房이다. 서복이 동해의 三神山에 불사약이 있다고 진시황을 속인 뒤에 동남동녀 수천 명을 배에 태우고 바다로 나가 소식이 없었는데, 나중에 알고 보니 일본에 도착했다고 하는 전설이 전한다.

【서수신徐守信】 『歷世眞仙體道通鑒』에 나오는 도사로, 해릉 사람이다. 여원길로부터 도를 전수받았다고 한다. 송나라 철종의 병을 부적으로 치료하여 仙源萬壽宮에 거처하게 되었고, 虛靖沖和先生이라는 호를 하사받았다.

【서이徐異】 1291~1350. 원대 인물로, 다른 이름은 慧이고 자는 子奇, 호는 丹扇子이다. 시호는 淨明配道格神昭效法師이다. 인종 때 숭도궁에 가서 정명도를 익혔다. 태정 원년에 역병이 크게 돌자 초제를 지내어 구제하였다. 그가 교정한 『淨明忠孝全書』가 세상에 유통한다.

【서칙徐則】 솔잎, 송지, 송실만 먹고 목이법을 하여 시해했다고 한다.

【석태石泰】 1022~1158. 북송 말기 남송 초기의 인물로, 자는 得之, 호는 杏林 혹은 翠玄子라고 하였다. 장백단에게서 금단대도를 전수받았고, 설도광에게 전수하였다.

전진교에서는 그를 남오조 중에 하나로 높인다. 『還元篇』의 저술이 있다.

【설도광薛道光】 1078~1191. 북송시대 사람으로, 이름은 式이고 자는 太源이다. 일찍이 출가하여 승려가 되었는데, 법명을 紫賢이라고 하였다. 이후에 불교를 버리고 도교에 입문하니 도교에서는 그를 자현진인이라고 한다. 송나라 휘종 5년에 석태를 만나 장백단의 내단비결을 전수받았다. 이후 내단 남종 오조 가운데 3대 전수자가 되었다. 『丹隨歌』, 『還丹復命編』, 『悟眞編注』 등을 저술하였다.

【섭법선葉法善】 616~720. 당대 인물로, 자는 道元·道素이고 호는 羅浮眞人이다. 어려서 출가하였는데, 집안이 5대가 모두 도사였다. 가전의 비법을 전수받았다. 당 고종 때부터 여러 차례 경사에 불려가 초제를 지냈고 排佛論을 강력하게 주장하였다. 예종 때 越國公에 봉해졌고, 송나라 휘종 때 致虛觀素法師에 봉해졌다.

【성단명盛端明】 1476~1556. 다른 이름으로 盛希道이고, 시호는 榮簡이다. 안계 학궁에서 수학할 당시, 땅을 파다가 송대 端明學士 希道先生의 묘지명을 발견하여 이름으로 삼았다.

【성현영成玄英】 당대 초기의 도사이자 도교학자로, 자는 子實이다. 정관 5년 부름을 받고 경사에 이르러 西華法師라는 호를 받았다. 진나라와 수나라의 道家 重玄學을 계승하였다. 저서로는 『老子道德經注』, 『道德經義疏』, 『度人經注』 등이 있다.

【소계남邵啓南】 명대 용호산 선원궁 도사이다. 호는 小溪이고 소원절의 조카이다.

【소도희蕭道希】 태일교의 2대 조사로, 원래 이름은 韓道熙였다. 태일교의 조사가 된 이후 성을 바꾸었다. 금나라 세종이 총애하여 태일교에 萬壽碑를 내려주니, 이로부터 태일교의 명성이 높아지고 신도가 늘어났다.

【소보도蕭輔道】 ?~1252. 태일교의 4대 조사이다. 자는 公弼이고 호는 東瀛子이다. 원 정종 2년(1247)에 中和仁靜眞人이라는 호를 받았다. 그의 노력으로 태일교는 원나라 초기에 큰 발전을 이루었다. 저명한 제자로 이거수가 있다.

【소시옹邵時雍】 소원절의 증손자로 태상박사가 되었다.

【소식蘇軾】 1037 ~ 1101. 북송시대 인물로, 자는 子瞻 또는 和仲이고, 호는 東坡居士 또는 雪堂, 端明, 眉山謫仙客, 笑髯卿, 赤壁仙 등을 썼다. 蘇洵의 아들이고 蘇轍의 형으로, 당송팔대가의 한 사람이다. 저서에 『東坡七集』과 『東坡志林』, 『東坡樂府』, 『仇池筆記』, 『論語說』 등이 있다.

【소연蕭衍】 464~549. 남북조시대 梁나라의 武帝. 자는 叔達이다. 齊나라 竟陵王 子良이 西邸를 마련한 뒤 문인들을 불러 함께 즐겼는데, 당시 沈約·王融·謝朓·任仿·陸倕·芒雲·蕭琛 등과 함께 竟陵八友로 불렸다. 齊의 제위를 물려받은 뒤 국호를 梁이라고쳤다. 만년에는 佛典을 좋아하여 불교에 통달했으며, 많은 절을 세웠다. 사람됨이 인자했고 붓글씨에 뛰어났으며 말 타기, 활쏘기를 좋아하였다. 549년 侯景이 난을 일으켜 경사를 포위하자 음식을 전폐하고 자진하여 餓死했다.

【소옹小翁】 한 무제 때의 방사이다. 무제가 총애하던 이부인이 죽자 도술로 죽은 이부인을 불러내어 만나게 해 주겠다고 하여 文成將軍에 임명되었으나, 방술이

효과가 없자 죽임을 당했다.

【소옹邵雍】 자는 堯夫이고 시호는 康節先生이다. 북송대 성리학의 성립에 공헌한 다섯 선생 중의 한 사람이다. 역학에 조예가 깊었으며, 역학의 도설들과 수적 체계로 우주와 세계를 설명하는 상수학의 체계를 완성하였다. 저서로 『梅花易數』와 『伊川擊壤集』 등이 있다.

【소원랑蘇元朗】 수당교체기의 도사로, 靑霞子라는 호를 썼다. 구곡산에 은거하여 도를 닦은 끝에 司命의 비결을 얻어 成仙하였다. 나부산 청하곡에 은거하여 대단을 제련하였다. 『太淸石壁記』를 지어 丹道의 뜻을 밝혔고, 이후에 『旨道篇』을 지어 내단수련법을 밝혔다.

【소원절邵元節】 ?~1539. 명나라 인물로, 자는 仲康, 호는 雪崖이다. 용호산 도사로, 範文泰, 李伯芳 등에게 사사하였다. 가정 3년 조정에 불려가 기우제와 기설제를 지냈고, 황제에게 자식이 없자 초재를 지내어 아들 둘을 얻게 하였다. 가정 18년에 병사하니, 가정제는 文康榮靖이라는 시호를 내리고 그와 그의 삼대조 모두를 진인으로 추증했다. 저서에 『太和文集』이 있다.

【소지충蕭志沖】 1151~1216. 금원시기의 인물로, 태일교의 3대 조사이다. 본래 성은 王씨이고, 諱는 志沖, 자는 用道이다. 어려서부터 영특하였고, 18세에 소도희를 따라 제자가 되었다. 金나라 泰和(1201~1208) 연간에 황제의 후손을 잇기 위한 초재를 지냈는데 효험이 있어 元通大師라는 호를 받았다. 大安 2년(1210) 경사로부터 돌아와 소보도에게 조사를 잇게 하고 處西堂으로 물러났다.

【소징은蘇澄隱】 오대말 송초의 도사로 자는 棲眞이다. 龍興觀과 머물면서 양생술을 얻어 80세가 넘도록 늙지 않았다. 後唐의 明宗이 불렀으나 병을 핑계로 만나지 않았고, 호를 내려주어도 받지 않았다. 송나라 태조가 후하게 상을 내렸다.

【소포진蕭抱珍】 ?~1166. 금대의 도사로, 태일교의 창시인이다. 元升이라고 불리기도 했다. 金나라 熙宗 天眷 연간 초기에 衛州에서 창교하였다. 金 皇統 8년(1148)에 휘종이 그의 이름을 듣고 불러 太一萬壽觀이라는 편액을 하사하였고, 元나라 憲宗이 太一悟眞人으로 추봉했다.

【손덕복孫德福】 1218~1273. 금원시기의 인물로, 호는 通玄子이다. 지원 5년(1268)에 진대도교의 6대 조사가 되어 15년 동안 眞大道를 통괄하였다.

【손덕욱孫德彧】 1243~1321. 원대 인물로, 자는 用章이다. 6세 때 목진인에게 사사받았고 10세 때 정식으로 도사가 되었다.

【손벽운孫碧雲】 정일도 도사로, 호는 虛玄子이다. 13세에 화산에 들어가 도사가 되었고, 籛刀의 흔적과 희이의 종적을 찾았다. 복기와 양신의 수련을 하면서 황로학을 연구했다. 『周易參同』, 유가의 경전, 불교의 경전 등 읽지 않은 책이 없었다.

【손불이孫不二】 1119~1182. 금나라 때의 인물로, 이름은 富春이고, 법명은 不二이며, 호는 淸淨散人이다. 세상 사람들은 그를 孫仙姑라고 불렀다. 馬鈺의 처이다. 마옥과 함께 왕철을 스승으로 섬겼다. 전진교 청수파의 창립자로 北七眞 중의 한 사람이다.

『孫不二元君法語』라는 저서가 있다.

【손사막孫思邈】 581~682. 수당시기의 도사이자 도교학자, 의학자로, 노장과 백가의 학문에 통달하였고 의학과 음양추보에 정밀하였다. 장기간 종남산에 거처하면서 승려와 도사들과 친분을 쌓았다. 사람들의 병을 치료하는 데 힘써 후세 사람들로부터 藥王이라는 칭송을 받았다. 도교의 양생이론과 의학이론을 결합하였고, 도인과 행기, 복식과 복약, 기거와 음식에 대해 이론을 남겼다. 시호는 妙應眞人이다. 저서로 『千金要方』, 『千金翼方』, 『攝生論』, 『福壽論』 등이 있다.

【손유악孫遊嶽】 399~489. 남조 송제 시기의 인물로, 자는 玄達이다. 육수정을 사사하였고, 47년 동안 산에 거처하면서 세상일에 관여하지 않았다. 유송 태시 연간에 육수정을 따라 경사에 들어가 삼통경법을 전수받았고, 육수정 사후에 옛 거처로 돌아가서 전적을 연구하고 복이술을 수련하였다.

【손이도孫履道】 원나라 인물로, 호는 明德子이다. 변량 朝元宮 주지를 지냈다. 원나라 인종이 불러 泰定虛白文逸眞人에 봉했다. 전진교 장교 남도원이 파직되었을 때, 오전절의 천거로 大宗師가 되어 각종 도교사를 총괄하였으며 泰定虛白文逸明德眞人에 제수되었다.

【손하孫夏】 한충을 이어 황건군의 수령이 되었다. 황건군을 이끌고 성을 지키려 했지만 여의치 못하자 鄂땅의 精山으로 옮겨 갔다. 주준과 손하 등의 공격을 받고 전사하였다.

【손현청孫玄淸】 1517~1569. 명대의 도사로 호는 海嶽山人이다. 어려서 출가하여 李顯陀를 스승으로 모셨고, 후에 철사산 운광동에서 진인 通源子를 만나 五行升降天門運籌法을 전수받았다. 원래 용문파였으나 후에 따로 金山派를 세웠다.

【송도안宋道安】 북송 황우 연간의 도사로, 淳素明義大師라는 호를 받았다.

【송렴宋濂】 1310~1381. 자는 景濂이고 호는 潛溪이다. 다른 호로는 玄眞子, 玄眞道士, 玄眞遁叟가 있다. 원말명초의 문학가로, 일찍이 명 태조로부터 개국문신 중에 으뜸이라는 평가를 받았다.

【송충宋忠】 자는 仲子이다. 동한 말의 학자로, 건안 연간에 형주 목사 유표가 학궁을 세우고 유생을 구할 때, 송충이 편찬한 『五經章句』가 채택되었다.

【순우숙통淳於叔通】 『周易參同契』 전승자 중의 한 사람으로, 淳於斟이라는 인물로 보기도 한다. 자는 叔顯으로, 회계 상우 사람이다. 한나라 환제 때 서주 현령을 지냈고, 吳烏目山에 들어가 은거하였다고 한다.

【시견오施肩吾】 오대 때의 도사로 강서 九江 사람이다. 자호는 華陽眞人인데, 『종려전도집』의 실질적인 저자로 알려져 있다.

【심상경沈常敬】 1523~1653. 명말청초의 인물로 자는 一齋, 호는 太和子이다. 어려서부터 유학을 익혔으나 40세에 금개산 봉운관에 들어가 도법을 수행하였고, 이후 명산을 유람하다가 平陽子를 만나 스승으로 섬겼다. 모산에 은거하였다.

【심정원沈靜圓】 ?~1465. 명대 인물로 강남 구용 사람이다. 자는 哉生이고, 원래

이름은 旭이다. 만년에 頓空氏라고 자호하였다. 어릴 때 부모가 함께 상을 당하여 관을 매고 서산에 장사지내러 가던 중 천태산 도사 장정정을 만나 출가하였다. 장정정을 스승으로 모시고 이름을 정원으로 고쳤다. 천순 3년에 금개산 書隱樓에 거처하였고, 용문파 5대 종사가 되었다.

【악덕문嶽德文】 1235~1299. 원대 인물이다. 16세에 진대도교에 귀의하여 융양궁에 출가하였고, 18세에 정식으로 황관과 의복을 받았다. 7대 조사 이덕화를 이어 대도교 8대 조사가 되었다. 후세 사람들이 嶽祖祖라고 불렀다.

【양해襄楷】 ?~186. 동한시대 인물로, 자는 公矩이다. 천문, 음양술에 뛰어났고, 천문, 음양, 재이술로 인사를 예측하였다.

【양희楊義】 중국 東晉 말기의 도사이자 서예가로, 자는 義和이다.

【엄눌嚴訥】 1511~1584. 자는 敏卿이고 호는 養齋이다. 명 가정 20년에 진사가 되어 編修에 제수되었고, 이후 翰林學士, 太常少卿, 禮部尙書 등을 역임하였다. 저서로『嚴文靖公集』20권이 있다.

【엄숭嚴嵩】 1480~1567. 자는 惟中이고 호는 勉庵, 介溪 등이다. 홍치 18년에 진사가 되었다. 명대의 가장 저명한 권신이자 간신으로 국정을 20여 년간 농단하였다.

【엄준嚴遵】 자는 君平이고, 서한 촉군 사람이다. 노장을 좋아하였고, 벼슬에 나아가지 않고 성도에서 점을 쳐서 생활하였다.

【여동빈呂洞賓】 당말오대의 도사이다. 경조 사람으로 이름은 巖, 호는 純陽子·回道人이며, 동빈은 그의 자이다. 진사시에 낙방한 후 종남산에서 수련하다가 종리권을 따라 鶴嶺으로 가서 上眞秘訣을 전수받았다. 天遁劍法을 깊이 체득하여 도를 얻고 선화하였다. 도교 팔선의 일인으로, 전진교에서는 종조로 받든다.

【역희성酈希誠】 1182~1259. 금원시기의 인물로, 진대도교의 5대 조사이다. 교문의 擧正이 되어 산동지역에서 전도하던 중, 대도교 제4대 조사 毛希琮이 서거하자 급히 돌아와 교문을 이어받았다. 대도교의 조사가 되어 하북, 하남, 산동, 산서, 섬서 등의 지역으로 교세를 확대하여 대도교를 크게 일으켰다. 이후 연경의 천보궁에 거처하며 원나라 선종의 총애를 받았다. 太玄眞人이라는 호를 하사받고 대도교의 이름을 眞大道로 바꾸었다.

【영양이공靈陽李公】 금나라 초기의 도사로 경조 사람이다. 선도를 좋아하였고, 이인을 만나 神仙抱一符火大丹訣法을 전해 받고 오랫동안 수련하였다. 왕철과는 仙林의 벗이어서, 왕철의 제자들은 모두 靈陽子를 사숙이라 불렀다.

【영전진寧全眞】 1101~1181. 남송시대의 대표적인 영보파 도사이다.『上淸靈寶大法』이라는 저술을 남겼는데, 이 책은 영보파의 다양한 술법들을 모아 정리한 대표적인 영보파의 책이다.

【오균吳筠】 ?~778. 당대 도사로 자는 貞節이다. 유학을 공부하였으나 과거에 낙방한 후 숭산에 들어가 반사정을 따라 도사가 되었다. 상청경법을 수련하였고 모산, 천태산, 금릉 등에서 도사들을 찾아 다녔다. 당시의 시인 이백 등과 시문을 주고받았

으며, 당 현종이 불러 한림이 되었다. 저서로는 『崇玄先生文集』이 있다.

【오도자吳道子】 680~759. 당대의 화가인데, 황로도학을 믿어 道玄으로 개명했다고 한다. 후세인들이 중국 산수화의 조사로 받들어 畫聖이라고 일컬었다.

【오맹吳猛】 ?~374. 서진시기의 사람으로 자는 世雲이다. 일찍이 벼슬을 하여 오나라 西安令이 되었다. 나이 40세에 丁義로부터 神方을 배우고 또 남해태수로부터 비법을 배워 세상에 유행시켰다. 허손에게 도를 전하였다.

【오수양伍守陽】 1565~1644. 명대 말기의 인물로, 원래 이름은 양, 자는 端陽이고 호는 沖虛子이다. 오류파의 창시인이다. 조환양을 만나 단법을 전수받았고, 이니환, 왕곤양을 사사하여 용문파 8대 제자가 되었다. 용문파의 수련법을 새롭게 해석한 여러 저술들을 남겼는데, 특히 『天仙正理』는 내단이론을 체계적으로 설명하고 수련이론에서도 보편성을 갖추고 있는 최고의 경전으로 평가된다.

【오전절吳全節】 1269~1346. 원대 인물로, 자는 成季이고 호는 閑閑老人이다. 어려서 출가하여 도사가 되었고, 1287년 장유손을 따라 경사로 갔다. 인덕과 도술이 빼어나서 스승 장유손과 더불어 당대의 전진교 천사보다 더한 성망을 누렸다.

【오징吳澄】 1249~1333. 원대의 유학자로, 자는 幼淸이고 호는 草廬이며 시호는 文正이다. 魯齋 許亨과 함께 원대 남북의 2대 유학자로 불렸다.

【완고阮郜】 중국 당말오대의 인물화가. 정교하고 세밀한 仕女圖를 특기로 한다.

【왕금王金】 명대 인물이다. 17세 때에 물에 빠진 도사를 구해 주었다가 그로부터 비법을 전해 받고 종남산에 귀의했다. 명 세종에게 불려가 삼원대단의 뜻을 밝히고 연단한 약을 헌상함으로써 도중문·소원절과 이름을 나란히 할 정도로 총애를 받았다.

【왕기王畿】 명대 사람으로 호는 龍溪이다. 왕수인의 제자로 양명좌파의 태두이다. 저서에 『龍溪全集』 등이 있다.

【왕노지王老志】 ?~1122. 송대 도사로, 말단 관리였다가 자칭 종리권이라는 사람을 만나 내단요결을 얻어 도술로 이름이 났다. 전간땅에 초막을 짓고 수련하였다. 송 휘종이 불러 경사에 들어갔고, 洞微先生에 봉해졌다.

【왕단王旦】 957~1017. 자는 子明으로 북송시기 재상이다. 眞宗 때 同知樞密院事·參知政事가 되었고, 景德 3년에 재상이 되어 권력을 18년 동안 부렸고, 재상으로 12년을 지냈다. 天禧 원년(1017)에 병 때문에 재상에서 물러났다. 시호는 文正이다.

【왕도王導】 276~339. 십육국시대 東晉 때 낭야 臨沂 사람으로, 자는 茂弘이고 시호는 文獻이다. 서진 말 司馬睿(元帝)가 낭야왕이 되었을 때 安東司馬가 되어 군사전략의 수립에 참여했다. 사마예를 옹립하여 동진왕조를 건립하는 데 공을 세우고 승상이 되었다. 동진왕조에서 세 황제에 걸쳐 승상을 지냈다.

【왕도연王道淵】 원말명초의 전진 도사 호는 混然子이다. 전진교가 성을 먼저 닦고 명을 나중에 닦는다는 先性後命을 주장하였는데, 왕도연은 性命雙修를 주장하였다. 저서로는 『還眞集』, 『道玄篇』이 있고, 교정을 본 책으로는 『三天易髓』가 있으며, 주석한

책으로는 『太上升玄說消災護命妙經』 등이 있다.

【왕문경王文卿】 1093~1153. 북송 말기의 도사로, 자는 述道, 호는 沖和子이다. 이인에게 飛神術과 雷書를 받아 오뢰법으로 이름을 떨쳤다. 휘종이 불러 경사에 이르러 玄化無爲의 도로 대답하여 총애를 받았다. 沖虛妙道先生이라는 시호를 받았다. 도교 신소파의 창시인이다.

【왕상월王常月】 1522~1680. 호는 昆陽子이고, 서산 장치현 사람이다. 20세에 용문파 6대 조사 조복양을 만나 天仙大戒를 전수받고 화산에 은거하였다. 순치 13년에 국사에 봉해졌다. 전진교 교내에서 공개적으로 계를 전한 최초의 인물이다. 전진교 교문의 수계법규를 만들어 교세를 회복함으로써 전진교가 청대에 최대의 도교파가 될 수 있게 하였다. 강희 19년에 의발을 담수성에게 전하고 서거하였는데 나이가 159세였다. 강희 45년에 抱一高士로 추증되었다.

【왕수인王守仁】 1472~1529. 초명은 雲이고 자는 伯安, 호는 陽明이다. 명대의 저명한 사상가이자 문학가이며, 군략에도 빼어났다. 양명심학의 집대성자로 유학과 도가, 불가에 정통했다. 시호는 文成이다.

【왕영녕王永寧】 명대 인물로 도중문을 사사하여 도사가 되었다. 가정 연간에 기우제를 지냈는데, 효험이 있었다. 명 세종이 通眞眞人이라는 시호를 내렸다.

【왕원지王遠知】 528~635. 수당교체기의 도사로 자는 廣陽이다. 도홍경을 스승으로 삼아 그 법을 전했다. 이후에 모산에 은거하였다.

【왕이용王利用】 자는 國賓이고 通州 潞縣 사람이다. 집안 대대로 금나라 조정의 관리였다. 원나라 세조가 번왕으로 있을 때, 그를 모셨다. 이후 여러 관직을 지냈다. 榮祿大夫에 제수되고 柱國이라는 호를 받았으며 사후 文貞이라는 시호가 내려졌다.

【왕자교王子喬】 동한시기의 전설 속의 신선으로 황제의 후손이라 한다. 桐柏眞人으로도 불린다.

【왕자석王仔昔】 송대 도사이다. 유학을 공부하였는데, 허손을 만나 大洞隱書와 黃落七元의 법을 얻었다. 숭산에서 수련하였다. 휘종이 불러 沖隱處士라는 호를 내렸다. 황제의 비가 안질에 걸렸는데 치료하여 通妙先生에 봉해졌다. 도사 임영소와 환관들의 미움을 받아 옥에 갇혀 죽었다.

【왕처일王處一】 1142~1217. 금대의 도사로, 호는 玉陽이다. 왕철을 사사하여 오랫동안 昆崙山에 은거하며 수도하였다. 전진교 崳山派의 창시자로, 북칠진 중의 한 사람이다. 지원 6년에 玉陽體玄廣度眞人이라는 호를 받았다. 저서로 『雲光集』, 『淸眞集』이 있다.

【왕철王喆】 1112~1170. 전진도의 창교인으로 호는 重陽子이다. 원래 이름은 中孚이고 자는 允卿으로, 섬서 함양 사람이다. 대족출신으로 어려서 유학을 배웠고, 활쏘기와 말 타기를 배웠다. 무과시험에 합격한 후 호걸과 협객들과 어울리면서 집안을 돌보지 않았다. 58세가 되어 감하에서 선인을 만나 수련의 비결을 얻은 뒤 비로소 창교의 길에 접어든다.

【왕현람王玄覽】 626~697. 당대의 도사로 이름은 暉, 법명은 현람이다. 두세 명의 고향친구와 모산에서 수련하다가 장생의 도는 함께 닦을 수 없다고 탄식하며 행주좌와하는 순간에도 홀로 도에 힘썼다. 측천무후의 부름으로 72세의 나이에 경사에 가다가 낙주에 이르러 죽었다. 호는 洪元先生이다. 저서로는 『玄珠錄』, 『遁甲四合圖』, 『眞人菩薩觀門』 등이 있다.

【왕흠약王欽若】 962~1025. 북송시기 인물로, 자는 定國이다. 송나라 진종과 인종의 총애를 받았고, 관직에 있을 동안 도교를 힘써 주장하였다. 진종의 명을 받들어 『寶文總錄』을 완성하였다. 저서로는 『天書儀制』, 『翊聖眞君傳』 등이 있다.

【우번虞翻】 164~233. 손권의 모사. 관우가 형주를 잃고 패하자 미방·부사인 등을 설득하여 항복하게 하는 등 손권을 도와 많은 공을 세웠고, 이후 벼슬에서 물러나 오직 학문에만 전력한다. 특히 易에 빼어났다.

【우집虞集】 1272~1348. 원대의 저명한 학자이자 시인이다. 자는 伯生, 호는 道園이다. 사람들이 邵庵先生이라고 불렀다. 성종 때 大都路儒學教授로 천거되었고, 인종 때 集賢修撰과 翰林待制가 되었다. 저서로 『道園學古錄』과 『道園遺稿』가 있다.

【원위袁煒】 1507~1565. 자는 懋中 호는 元峰이다. 절강 여조 사람으로, 明 世宗 嘉靖 17년에 진사가 되었다.

【원찬袁粲】 陳郡 陽夏 사람으로 본명은 湣孫이고, 자는 景倩이다. 남조 宋나라의 대신으로, 侍中, 給事中, 吏部尚書, 司徒 등을 역임했다.

【원호문元好問】 호는 遺山. 금나라의 유명한 시인으로, 북위 선비족 탁발족 출신이다. 金나라 선종 때에 진사가 되었고, 儒林郎에 제수되기도 했으며, 여러 곳의 현령을 지내다 左司都事 등을 역임했다. 저서로는 『遺山集』이 있다.

【위백양魏伯陽】 동한시기의 방사로서 회계 상우 사람이다. 일설에 따르면 이름은 翺, 호는 백양 또는 雲牙子로, 본래 고관대작의 자식이었으나 본성이 도술을 좋아하여 연단을 하였다고 한다. 『주역참동계』를 지었다.

【위진정衛眞定】 ?~1645. 명말청초의 인물로, 자는 元宰, 호는 平陽子이다. 성격이 어리석었지만 지극히 효성스러웠고, 심정원을 만나 도의 종지를 받은 이후로 수도에 조금도 게으름이 없었다고 한다. 용문파 6대 종사가 되었다.

【위화존魏華存】 252~334. 진대 여도사이다. 자는 賢安이고, 사도 魏舒의 딸이다. 어려서 도를 좋아하여 노자와 장자에 심취하였다. 결혼하지 않고 수련생활을 하고자 했으나 부모가 허락하지 않아 24세에 태보 劉文에게 시집갔다. 유문이 수무 현령이 되자 따라가 두 자식을 낳았다. 아이가 자라자 별거하면서 수련을 하였고, 도교 신서를 광범위하게 수집하였으며, 천사도 祭酒가 되었다. 유문이 죽은 뒤 난리를 피해 두 아들을 데리고 강남으로 이주했다. 큰 아들은 태수가 되고 둘째 아들은 중랑장이 되었다. 성제 함화 9년(334)에 선약 두 알을 먹고 7일 후에 선화하였다. 후에 紫虛元君上眞司命南嶽夫人에 추봉되었고, 송 원우 연간에 高元宸照紫虛大道元君에 추봉되었다.

318

【유대빈劉大彬】 원나라 초기 인물로, 별호는 玉虛子이다. 연우 4년에 九老仙都君玉印을 얻었다. 인종이 洞觀行妙玄應眞人에 봉했다. 상청파 제45대 종사를 이었다. 저서로 『茅山志』가 있다.

【유덕인劉德仁】 1122~1180. 금나라 때 인물로, 자는 無憂子이다. 대도교를 창립하여 따르는 자가 매우 많았다. 제자들에게 도덕의 핵심을 강의하여, 색을 끊고 욕심을 끊으며 살인하지 말고 술을 마시지 말며 인으로써 마음을 삼고 고행할 것을 강조하였다. 이후에 그 법을 반사정에게 전하였다.

【유악劉鶚】 청대의 소설가로, 원래의 이름은 孟鵬이고 자는 雲博·公約이었는데, 후에 이름을 鶚으로 고치고 자를 鐵雲으로, 호를 老殘으로 하였다. 교양을 강조하고 경제발전을 주장하며 부유한 이후에 교육이 필요하다는 태곡학파에서 공부하여, 평생 교양천하를 실천하며 태곡학파의 정신적 지주가 되었다.

【유연연劉淵然】 1351~1432. 명대 초기의 인물로, 호는 體玄子이다. 어려서 출가하여 趙原陽에게 사사받고 정명충효법과 부록주문, 대단을 전수받았다. 능히 우레와 풍우를 부릴 수 있었으며, 귀마를 물리칠 수 있었다. 의약에 뛰어났다. 명 태조에게서 高道라는 호를 받았고, 인종에게서 沖虛至道玄妙無爲廣範衍敎莊靜普濟長春眞人이라는 호와 이품인을 받았다.

【유옥劉玉】 1257~1308. 원대의 도사로, 자는 頤眞, 호는 玉眞子이다. 원대의 신정명도의 창시자이다. 대대로 유학을 업으로 삼았으나, 부모가 일찍 죽고 집안이 가난하여 직접 농사를 지으며 신선의 학문에 뜻을 두었다. 호혜초를 만나 정명도법을 전수받았고, 후에 곽박을 만나 경산위수의 술을 전수받았다. 원나라 성종 연간에 정명교주 허손이 강림하여 비결을 전수해 주었다. 저서로는 『玉眞先生語錄內外集』이 있다.

【유용광留用光】 ?~1206. 남송시기 강서 귀계 사람으로, 자는 道輝이다. 남악에 놀러 갔다가 이인을 만나 天心五雷法書를 받았다. 순희 42년에 위주에 큰 가뭄이 들었는데, 기우제를 지내어 비를 내리게 했다. 이 일로 조정에 천거되어 효종으로부터 관복을 하사받고 沖靜先生이라는 호를 받았다.

【유장劉璋】 부친 劉焉의 뒤를 이어 益州刺史가 되고 曹操의 振威將軍이 되었다가 劉備에게 항복하였다.

【유지고劉知古】 당대의 도사로 자는 先玄이다. 출가하여 태청관 삼통도사가 되었다. 이후에 이인을 만나 『神虎寶經』, 『上淸隱文』 등을 얻었다.

【유처현劉處玄】 1147~1203. 금대의 도사로, 자는 通妙 또는 道妙, 호는 長生子이다. 왕철을 따라 도를 배웠고, 왕철이 서거한 후 경락에 은거하면서 靜心煉性하였다. 전진교 隨山派 창립자로 북칠진 중의 한 사람이며, 長生輔化明德眞人이라는 시호를 받았다. 저서로는 『仙樂集』, 『至眞語錄』, 『道德經注』, 『陰符衍』, 『黃庭述』 등이 있다.

【유해섬劉海蟾】 오대시기의 도사이다. 본래 이름은 操이고 자는 宗成이다. 도교에 입도한 이후 이름을 哲로, 자를 玄英으로 바꾸었다. 자를 昭遠, 호를 海蟾子라 하기도 한다. 그의 출신지에 대한 설은 여러 가지이다. 발해인이라 하기도 하고, 요동 사람이라고도 하며, 하북성 사람이라고도 한다. 평소에 황로학을 좋아하였다.

연나라의 승상을 지내기도 했으나, 여동빈이 전수한 淸淨無爲養性修命의 법과 금액환단의 도법을 만난 이후 관직을 버리고 화산에 은거하여 수도하였고, 이후 종남산으로 옮겨 갔다. 저서로는 『還金篇』, 『還丹破迷歌』, 『皇帝陰符經集解』 등이 있다. 도교 전진도 북오조 중의 한 사람이 되었다.

【유혼강劉混康】 1037~1108. 북송시대의 도사로, 자는 志通이다. 모산 상청파 25대 종사로, 13세에 상주의 태화관 湯含象을 스승으로 모시고 도교를 배웠고, 다시 모산의 毛奉柔를 스승으로 모시고 공부하였다. 元祐 원년(1086)에 철종의 황후가 실수로 침을 삼켜 목에 걸렸는데, 부록으로 이를 치료하여 洞元通妙法師라는 호를 받고 上淸儲祥宮의 주지가 되었다. 대관 2년(1108)에 황제의 부름으로 경사에 와서 저상궁에서 서거하였다. 이후 葆眞觀妙沖和先生太中大夫에 봉해지고 靜一이라는 시호가 내려졌다.

【육서성陸西星】 1520~1601(혹은 1606). 명대 인물로 양주 흥화현 사람이다. 자는 長庚이고 호는 潛虛이다. 어려서 재주와 이름이 고향에 널리 알려졌으나 진사시험에 아홉 번 떨어진 후 유학을 버리고 도사가 되었다. 가정 25년에 여동빈이 북해의 초당에 강림하여 친히 단결을 주어 마침내 내단의 진전을 얻었다고 한다. 종려내단의 도를 계승하여 남녀쌍수와 성명겸행을 주장하였다. 저서로는 『賓翁自記』, 『道緣滙錄』이 있는데, 도법의 연원을 기록한 것이다. 내단 동파의 비조로 받들어진다.

【육속陸續】 후한대 會稽 吳縣 사람. 자는 智初이고 陸閎의 손자이다. 郡戶曹史에 오르고, 나중에 郡門下掾을 지냈다. 明帝 永平 13년(70)에 楚王 劉英의 일에 연루되어 낙양의 옥에 갇혔다. 나중에 사면되어 귀향했지만 종신금고를 당했다.

【육수정陸修靜】 406~477. 남조 송나라 사람으로, 자는 元德이며 簡寂先生으로 불렸다. 젊었을 때 유학을 공부해 전적에 정통했으나, 항상 道術을 그리워한 끝에 처자를 버리고 雲夢山에 은거하여 수도하면서 도교 경전을 연구했다. 文帝 元嘉 말에 경사에 와서 문제의 존경을 받았다. 孝武帝 大明 5년(461)에 廬山에 은거하여 陶淵明, 慧遠과 교유했다고 한다. 明帝 泰始 3년(467)에 다시 경사에 와서 崇虛館에서 도교의 경전을 정리하였다. 태시 7년(471)에 후세 『道藏』의 기초가 되는 『三洞經書目錄』을 편찬해 올렸고, 또 도교 齋醮의 법식을 정해 典式으로 만들었다. 丹元眞人으로 추존되었으며, 남조 도교의 일대종사이다. 저서는 거의 없어지고 『도장』 안에 『靈寶經目序』와 『太上洞玄靈寶衆簡文』 등이 전한다.

【육유陸遊】 1125~1210. 남송시기 인물로, 자는 務觀이고, 호는 放翁이다. 젊었을 때부터 문명이 있었다. 저서에 『劍南詩稿』85권과 『渭南文集』, 『南唐書』, 『老學庵筆記』가 있다.

【윤지평尹志平】 1169~?. 금나라 말기 원대의 저명한 전진도사이다. 구처기가 유언으로 교권을 이어받아 전진교 6대 조사가 되었다.

【이거수李居壽】 1220~1280. 금말원초의 인물로, 자는 伯仁, 도호는 淳然子·貞常大師이다. 어려서부터 도학을 좋아하여 13세 때부터 태일도 4대 조사 소보도를 스승으로 모셨다. 태일도 5대 조사가 되어 성을 소씨로 바꾸었다. 태일도의 강령과 규율을

정비하고 도기를 정립하여 신도가 매우 많았다. 1260년 정월에 황명을 받들어 황록대초를 거행하였고, 9월에는 금록초연을 거행하였다. 이거수의 제자 이전우가 6대 조사가 되었다.

【이덕화李德和】 ?~1284. 진대도교 7대 조사로, 지원 12년에 교지를 받들어 嶽瀆을 제사하였다. 지원 18년에 정일 천사 장종연, 전진 장교 기지성과 함께 도경을 불사르는 화를 입었다. 12년 동안 진대도교를 관장하였다.

【이도겸李道謙】 1219~1296. 원대의 도사로, 자는 和甫, 자호는 樂天道人이고, 시호는 玄明文靖天樂眞人이다. 24세에 전진도사 於志道를 스승으로 섬겨 도를 배웠고, 종남산에서 50여 년을 거주하였다. 저서로는『終南山祖庭仙眞內傳』,『七眞年譜』,『終南山記』,『감수선원록』등이 있다.

【이도순李道純】 원대 초기의 걸출한 도교이론가로, 자는 원소, 호는 청암이며 별호는 영섬자이다. 의진 장생관에 거처할 때, 선종의 타좌법과 참구, 원상법을 채용하여 공안을 해설하기도 하였다. 명심견성과 수성연명을 도교 수도의 단법이자 치중화의 허정한 도로 삼았다. 그의 단법은 원래 백옥섬의 제자로부터 나온 것으로, 스스로 전진도사라고 칭하면서 남북 두 종파를 융합해 내었다.『道德會元』,『三天易髓』,『太上玄通經注』,『太上老君說上清靜經注』,『中和集』등의 저술이 있다.

【이보문李譜文】 노자의 현손으로, 태상泰常 8년 숭악에 강림하여 구겸지에게『錄圖眞經』60여 권을 주면서 九州眞師, 治鬼神, 泯民師, 繼天師의 네 가지 명을 내린 신선이다. 구겸지에게 북방태평진군(북위 태무제)을 도와 교문을 열라고 했다고 한다.

【이소군李少君】 서한시기의 방사로 제나라 사람이다. 한 무제가 방사를 모집할 때, 祠竈 · 穀道 · 卻老의 수법으로 무제에게 총애를 받았다.

【이순풍李淳風】 당나라의 풍수가이자 명학가이다.『法象書』,『典章文物志』등의 저술을 남겼다.

【이시진李時珍】 1518~1593. 중국의 의약학자로 명대 인물이다. 자는 東壁이고 만년에 瀕湖山人으로 자호하였다. 皇家太醫院判을 지냈으며, 사후에 文林郎에 봉해졌다.『本草綱目』,『奇經八脈考』,『瀕湖脈學』등의 저술이 있다.

【이전우李全佑】 금원시기 인물로, 태일교 6대 조사가 되어 성을 蕭씨로 바꾸었다. 어려서부터 병약하여 결혼을 하지 않았고, 태일교에 들어가서 5대 조사를 이어 교사를 계승했다. 황제와 태자로부터 총애를 받았다. 원정 2년(1296)에 태일집선관을 세우고 교풍을 크게 떨쳤다.

【이전李筌】 당대의 도사로, 자호는 達觀子이다. 개원 연간에 강릉 절도부사, 어사중승을 지냈는데, 당시에 권력가인 재상 이임보에 의해 배척당하자 관직을 버리고 명산에 들어가 도를 닦았다. 이후의 행적은 알 수 없다.『太白陰經』,『中台志』를 지었고,『陰符經』을 주석하였다.

【이지상李志常】 1193~1256. 자는 浩然이고 호는 眞常子이다. 내주에서 구처기를 스승으로 모셨고, 원 태조 15년에 구처기와 함께 서역으로 갔다가 수년 만에

연경으로 되돌아왔다. 전진교 7대 장문이 되었다. 선종이 즉위하고 나서 조서를 받들어 嶽瀆에 제사하고 초재를 거행하였으며, 이후에 『老子八十一化圖』, 『老子化胡經』 등을 간행하였다. 선종 5년(1255)에 정전에서 벌어진 도불쟁론에서 『화호경』의 진위 논쟁을 벌였는데, 그의 주장이 졸렬하다고 폄하되고 비판을 받자 다음해에 화병으로 죽었다. 저작으로 『長春眞人西遊記』 2권, 『又玄集』 20권이 있다. 원 세조가 眞常上德宣敎眞人이라는 시호를 추봉하였다.

【이지李贄】 1527~1602. 명대의 사상가이자 문학가로 泰州學派의 일대종사이다. 처음의 성은 임林이고 이름은 載贄였으나, 이후에 성을 李로, 이름을 贄로 바꾸었다. 자는 宏甫이고 호는 卓吾, 별호는 溫陵居士·百泉居士 등이다. 國子監博士, 姚安知府 등을 역임했으나 관직을 버리고 黃安, 麻城에 거처하였다. 만년에 모함을 받아 감옥에 갇혔다가 자살하였다. 저서로 『焚書』, 『續焚書』, 『藏書』 등이 있다.

【이지재李之才】 980~1045. 자는 挺之이고 山東 靑社 사람이다. 목수에게서 역학을 배워 이를 소옹에게 전했다. 宋 仁宗 天聖 八年(1030)에 진사가 되었고, 衛州의 獲嘉 主簿로 관직생활을 시작하여 共城令, 澤州簽署判官 등을 역임하였다. 이후 모친의 상을 펑계로 관직을 떠나 65세에 서거하였다.

【이화李和】 375~457. 진대 인물로, 자는 順甫, 호는 麻衣子이다. 28세에 출가하여 도사가 되었다. 종남산에 들어가서 도사로부터 수단비결을 얻어 영험을 얻었다고 한다. 당 태종이 慈惠普濟眞人이라는 시호를 내렸다.

【임영소林靈素】 1075~1119. 북송 말기의 도사로, 자는 通叟, 본명은 靈噩이다. 어려서 불교에 입문하였다가 도교로 개종했다. 요술과 기우제를 잘하여 서지상의 추천으로 조정에 들어가서 총애를 받았다. 通眞達靈先生이라는 호를 받았다. 황제의 명으로 丹經子書를 교정하고 道敎史를 산정하여 元妙라는 봉호가 더해졌다. 선화 원년에 태자에게 무례를 범해 쫓겨나 고향에서 죽었다.

【임조은林兆恩】 1517~1598. 三一敎의 창시인이다. 자는 茂勛이고 도호는 子穀子·心隱子이며 별호는 龍江이다. 만년에 混虛氏·無始氏라는 호를 사용하기도 하였다. 유불도 삼교의 경전에 통달하였으나 향시에 3차례 떨어져 실망한 뒤 세상의 학문들에 회의하기 시작하였고, 마침내 유불도를 개조하여 합일하는 사상에 관심을 두었다. 가정 37년에 三敎堂을 세웠는데, 이는 학술단체이자 사회단체의 성격을 갖는 것이었다. 삼교당을 통해 각계각층의 인사들을 흡수하여 艮背法(일종의 기공)으로 사람들을 치료하고 시체와 유골을 수습하는 등 광범위한 사회구제활동을 벌였고, 71세가 되는 해에 정식으로 삼일교를 창립하였다. 주요 저작으로 『道一敎三』, 『煉心實義』, 『孔門心法』, 『三敎異端』, 『心鏡指迷』, 『三敎合一六要』, 『三敎會編』 등이 있다.

【장가대張可大】 정일파 35대 천사로, 자는 子賢이다. 長景淵의 동생이자 張伯瑀의 손자이며, 張天麟의 둘째 아들이다. 송나라 이종 때에 교직을 세습하여 도화를 펼쳤다. 황제의 명으로 경사에 와서 초재를 행하고 기우제를 지냈으며, 觀妙先生이라는 호를 받았다. 경종 4년에 죽었다. 원 세조가 通玄應化觀妙眞君이라는 시호를 추증했다.

【장각張角】 ?~184. 동한시기 태평도의 창시인이자 황건군의 우두머리이다. 황로도와 『태평경』을 신봉하고 부수치병으로 신도를 모아 大賢良師라 자칭하면서 중평 원년에 天公將軍이 되어 문중봉기를 일으켰다.

【장계선張繼先】 1092~1127. 북송 말기 강서 용호산 사람으로, 천사파 29대 천사 張景端의 아우 張處仁의 둘째 아들로, 9세에 30대 천사가 되어 교위를 계승하였으며, 숭정 4년(1105)에 虛靖先生이라는 호를 받았다. 저서로는 『虛靖詞』, 『明眞破妄章頌』이 있고, 원나라 때에 虛靖弘悟妙道眞君이라는 시호를 받았다.

【장계종張繼宗】 1666~1715. 정일도 54대 천사로, 자는 善述이고 호는 碧城이다. 2세 때 천사가 되었으나 숙부인 張洪偕가 교파를 관할하였다. 강희 33년(1691)에 황제의 칙령을 받들어 오악에 진향제를 지냈고, 43년에 광록대부에 봉해졌다. 향년 48세로 서거하였다.

【장과張果】 중국 당나라 때의 도사. 흰 당나귀를 타고 하루에 수만 리를 갔는데, 쉴 때는 호리병에 당나귀를 집어넣었다고 한다. 그림의 소재로 많이 채택되었다. 도교 八仙 중의 한 명이다.

【장군방張君房】 송대에 『도장』을 편수할 때의 총책임자이다. 북송 진종 경덕 연간에 진사가 되었다. 대중상부 5년에 비각도서교정주지로서 도사 십여 명과 함께 교정을 보아 천희 3년에 『대송천관보장』 4,565권을 편성하였고, 또 그 핵심을 모아 『운급칠첨』 122권을 편집하였다.

【장담張湛】 동진시기의 현학을 대표하는 인물로, 자는 處度이다. 본체 상에서 至虛를 핵심으로 하는 주장을 폈다. 저서로는 『列子注』, 『養生要集』, 『延年秘錄』 등이 있다.

【장덕륭張德隆】 원나라 인물로 자는 元傑, 자호는 環溪이다. 용호산에서 도를 공부하였고, 이후에는 백부인 대종사 장유손을 따랐다. 경사의 만수궁에서 오전절을 사사하였다. 沖眞明遠玄靜眞人에 제수되었다.

【장덕순張德純】 ?~1367. 원나라 말기 낙양 사람이다. 본명은 珩, 호는 碧芝이다. 원래 집안이 부유하여 술사들, 연단객들과 교유하며 강학하기를 즐겼으나, 집안이 파산하면서 도사가 되었다. 조도견을 스승으로 모시고 용문파의 교지를 정밀하게 연구하였다. 조도견이 18년 동안 전혀 가르침을 주지 않아도 공경함을 잃지 않으니, 이후 그의 인물됨을 알고 심법을 전수해 주었다. 용문파 2대 율사가 되었다.

【장도귀張道貴】 원대 인물로, 원래 이름은 雲岩, 호는 雷翁이다. 무당산에 들어가 汪貞常을 스승으로 모시고 도사가 되었다. 황순신을 참방하여 청미선천도법을 전수받았고, 이후 오룡궁으로 되돌아가서 수련을 지속하였다.

【장량張良】 자는 子房이고 시호는 文成公이다. 한 고조를 도와 項羽를 멸하고 천하통일을 이루었으며, 만년에 황로를 좋아하여 신선벽곡의 술법을 닦았다. 博浪沙에서 시황제를 습격했다가 실패하여 하비땅에 은신하고 있던 중에 黃石公으로부터 『太公兵法書』를 물려받았다고 한다. 陳勝·吳廣의 난이 일어났을 때 유방의 진영에 속하였으며, 후일 항우와 유방이 만난 '홍문의 會'에서 유방의 위기를 구하였다. 留侯에 책봉되었다.

【장로張魯】 오두미도의 3대 천사로 자는 公祺이다. 오두미도의 창시자인 장릉의 손자로, 유언으로부터 독의사마로 임명되어 별부사마 장수와 함께 한중태수 소고를 공격했다. 이후에 장수를 죽이고 그의 무리를 거두어들였다.

【장릉張陵】 ?~156. 張天師라고도 한다. 동한시기의 오두미도 창시자이다. 沛國 豊 사람이다. 소년 시기에 『노자』 및 천문지리, 하락도참 등을 공부하였고, 동한 명제 때에 파군 강주의 수령이 되었다. 이후 관직을 그만두고 北邙山에 은거하여 장생의 도를 닦았다. 조정에서 수차례 불렀지만 모두 응하지 않았다. 순제 연간에 파촉지방에 명산이 많고 풍속이 순후하다는 말을 듣고 제자들을 데리고 가서 학명산에 은거하여 도를 닦았다. 오두미도를 창립하여 노자를 교주로 높이고 『도덕경』을 경전으로 삼았다.

【장만성張曼成】 ?~184. 동한 말기 남양 황건군의 우두머리이다. 한나라 영제 때 태평교 대방이었는데, 스스로 神上使라고 불렀다. 마원의가 패배하고 사로잡혀 거열로 죽자, 장만성이 무리를 거두어 남양에서 기병하였다. 3월에 남양군 저공을 공격하여 완성을 점령하였다가 남양군장 秦頡이 반격할 때 죽었다.

【장무몽張無夢】 북송 초기 도사로 자는 靈隱, 호는 鴻濛子이다. 천성이 청허함을 좋아하고 제자백가를 두루 밝혔다. 『노자』와 『주역』에 정밀하였다. 화산에 들어가 유해섬, 충방 등의 은사와 교유하였고, 진단을 사사하여 그 미묘한 핵심을 얻었다. 진종이 그의 이름을 듣고 불러 장생의 대책을 묻자 『역』으로 대답하면서 謙괘를 제시하였고, 이후에 진종을 위해 『환원편』의 뜻을 강론하였다. 진종이 금과 비단을 내리고 호를 하사하였으나 받지 않고 산으로 되돌아왔으며, 천태산·종남산 등지에 은거하였다. 저서로 『還元篇』, 『學仙辨疑訣』이 있다.

【장배원張培源】 ?~1859. 정일파 제60대 천사로, 자는 育成, 호는 養家이다. 당시 사람들은 그를 白鶴仙師라고 불렀다. 도광 9년(1829)에 천사의 직위를 이었고, 부법에 뛰어나고 평생 동안 베풀기를 좋아하였으며, 함풍 9년(1859)에 질병 없이 서거하였다고 한다. 광서 30년에 光祿大夫에 추증되었다.

【장백단張伯端】 984~1082. 북송시대의 도사로, 도교 내단파 남종의 개산조사이다. 나중에 用成으로 이름을 바꾸었으며, 자는 平叔이고 호는 紫陽眞人이다. 저서로는 『悟眞篇』이 있다.

【장보張寶】 149~184. 장각의 동생으로 동한 황건 봉기 때의 수령이다. 中平 원년(184)에 형을 따라 봉기하여 地公將軍으로 불렸다.

【장사성張嗣成】 ?~1344. 정일파 39대 천사로 자는 次望, 호는 太玄이며, 張與材의 아들이다. 원나라 至大 3년에 부친을 모시고 항주에 이르렀을 때 符水로 화재를 구하여 太玄輔化體仁應道大眞人에 제수되었다. 延祐 4년에 천사 직위를 세습하여 三山符籙를 주관하였다. 영종 때에 기우제와 기설제를 지냈는데, 모두 효과가 있었다. 至治 3년에 知集賢院事를 더해 주었다. 至正 4년에 배에서 죽었다.

【장삼풍張三豊】 원말명초의 도사로, 이름은 全一이고 자는 君實이며 호는 三豊(三峯)· 玄玄子·張邋遢이다. 원나라 때 하남 녹읍 태청궁에서 도교를 배웠고, 명초에 무당산

에 들어가 스스로 초막을 짓고 수행하였다. 홍무 23년 무당산을 떠나 종적을 알 수 없었다고 한다. 영종에 의해 通微顯化眞人에 봉해졌고, 성화 22년에 韜光尙志眞仙에 봉해졌으며, 가정 42년에 淸虛玄妙眞君에 봉해졌다.

【장석린張錫麟】 ?~1727. 정일파 55대 천사로 자는 仁祉이고 호는 龍虎主人이다. 성격이 돈후하며 책읽기를 좋아했다고 한다. 청나라 강희 54년(1715)에 천사 직을 세습했다. 옹정 원년(1723)에 광록대부에 봉해졌고 1727년에 죽었다.

【장성張盛】 장도릉의 4대손이다. 그에 의해 용호산 천사부가 천사도의 중심지로 삼은 이후로부터 대대로 천사부가 천사도의 중심지가 되었다.

【장소경張素卿】 당나라 말기 簡州 사람. 도사 陳乾輝에게 도교 이론과 회화를 배워 도교 인물화를 잘 그렸다. 형상과 색채가 독특해서 도교화의 선구자로 불린다. 작품에 「五嶽圖」와 「十二仙君圖」, 「十二溪女圖」 등이 있다.

【장수張修】 동한 말의 오두미도로, 파군지역에서 푸닥거리로 치병을 하면서 신도를 모았는데, 신도들이 오두미를 내서 五斗米師라고 불렀다. 황건군이 봉기하자 파군에서 봉기를 일으켰다.

【장신진張信眞】 ?~1252. 금원시기 어양 사람으로 호는 通玄子이다. 張悟眞을 스승으로 삼아 수련하여 도사가 되었다. 원 태조 10년에 조정의 香火에 참여하였고, 이를 계기로 조정의 서쪽에 도관을 짓고 거처하였다. 청화대종사로부터 通仙觀이라는 편액을 하사받고 청화의 법통을 이었다. 원나라 선종 2년에 병으로 죽었다.

【장여체張與棣】 ?~1294. 정일파 37대 천사. 자는 國華, 호는 希微子이며, 장종연의 아들이다. 어려서 시문을 좋아하여 수천 편의 시문을 지었고, 장종연을 시종하여 조정에 들어가서 영민하게 응대한 공으로 여러 차례 상을 받았다. 원 세조로부터 江南諸路道敎事에 제수되고 體玄弘道廣敎眞人이라는 호를 하사받았다. 원 세조 지원 31년에 명을 받들어 圓殿, 장춘궁 등에서 초재를 거행하였다.

【장우張雨】 1277~1348. 원대 인물로, 다른 이름으로 嗣眞이고 자는 天雨, 호는 貞居子·句曲外史이다. 20살에 집안을 버리고 천태 등의 산들을 떠돌다가 모산 상청법사 周大靜을 사사하여 大洞經錄을 받았다. 이후 장유손의 제자 玉壽衍을 다시 사사하여 그를 따라 경사에 갔다. 지치 2년에 모산으로 돌아와 崇壽觀 주지를 지냈고, 이때부터 두문불출하며 시문을 지어 도교의 대시인으로 이름이 났다. 저서로는 『外史山世集』, 『碧岩玄會錄』, 『尋山志』, 『玄品錄』, 『句曲外史集』 등이 있다.

【장우청張宇淸】 ?~1433. 정일파 44대 천사이다. 자는 彥璣, 별호는 西璧이며, 장우초의 동생이다. 영락 8년에 嗣敎가 되었다. 조정의 환란에 공을 세워 매우 총애를 받았다. 선종이 正一嗣敎淸虛沖素光祖演道崇謙守靜洞玄大眞人에 봉하고 天下道敎事를 관장하게 하였다. 선덕 8년에 병으로 죽었다. 저서로 『西璧文集』이 있다.

【장우초張宇初】 1359~1410. 정일파 43대 천사로, 자는 子璿, 별호는 耆山이고, 장정상의 큰 아들이다. 홍무 11년에 正一嗣敎道合無爲闡祖光範大眞人에 제수되었다. 홍무 25년에 황제가 예부에 유지를 내려 거짓 부록을 금하게 하고 正一玄壇印을 하사하였는데, 건문 초에 법령을 어겨 정일현단일을 빼앗겼다. 저서로 『峴泉文集』이 있다.

【장원욱張元旭】 1862~1925. 정일파 제62대 천사로, 자는 曉初이고 貴溪縣 사람이다. 광서 34년(1904) 정일교를 이어받았다. 문장에 뛰어나, 정일도 50대에서 61대에 이르는 천사들의 전기를 보완하여 『補天師世家』를 저술하였다. 民國 초에 정일도의 봉지가 폐지되었지만, 袁世凱가 다시 正一嗣教大眞人이라는 호를 내려주었다. 당시에 상해에서 中華民國道教總會가 열리기로 하자 각지의 정일파 도사들을 소집하여 스스로 중화민국도교총회의 발기인이 되었다. 1924년에 죽었고, 용호산에 묻혔다.

【장유손張留孫】 1248~1321. 자는 師漢이다. 어려서 용호산 달관원에 출가하여 도를 배웠고, 장종연 천사에게 사사하여 정일교 도사가 되었다. 지원 13년 스승을 따라 조정에 가서 북경에 머물렀고, 上卿이라는 호를 받았다. 지원 15년에 은인을 하사받고 玄教宗師에 제수되었으며 掌江南諸路道教提點이라는 호를 받았다. 무종이 즉위하고 나서 大眞人이 되고 諸路道教事에 제수되었다. 인종 연우 2년에는 輔成贊化保運玄教大宗師라는 호를 더하였으며 闡道弘教沖元仁靖大眞人에 책봉되었다. 지치 원년 (1321)에 서거하였고, 문종이 道德神應眞君이라는 시호를 내렸다.

【장응경張應京】 정일파 52대 천사로, 자는 翊宸이다. 숭정 9년(1636)에 천사 직위를 이었고, 13년(1640)에 북경으로 불려 와서 기도를 통해 황제 아들의 염병을 치유하고 상을 받았다. 되돌아가는 길에 양주경화관에서 죽었다. 경희 42년에 광록대부에 봉해졌다.

【장인정張仁晸】 정일파 제61대 천사로, 자는 炳祥, 호는 淸巖이다. 동치 원년(1862) 천사 지위를 이었다. 도교 경전을 정밀하게 연구하였으며, 도법에 밝았다. 63세로 수명을 마쳤고, 광서 30년(1904)에 광록대부에 추증되었다.

【장정상張正常】 ?~1377. 정일파 42대 조사로 자는 仲紀 호는 沖虛子이다. 39대 천사 張嗣成의 아들이다. 어려서부터 예지력이 뛰어났으며 두 눈에 불타는 듯하여 신기가 있었다고 한다. 성격이 너그럽고 부드러웠으며, 노장의 말과 신선비법을 좋아하였다. 護國闡祖通誠崇道弘德大眞人이 되어 삼산부록, 강남도교사에 제수되었다. 저서로는 『漢天師世家』가 있다.

【장정수張正隨】 송대 도사로 천사도 24대 천사이다. 자는 寶神이다. 성격이 순박하였고 항상 약물로 세상 사람들을 구제하였다. 송 진종이 불러 경사로 가서 貞靜先生이라는 호를 받았다. 원나라 순제가 淸虛廣教妙濟眞君으로 추봉하였다.

【장정정張靜定】 ?~1522. 명나라 절강 餘杭 사람으로 원래 이름은 宗仁이고 호는 無我이다. 유학을 업으로 삼는 집안으로 태어나 성리학에 정밀하였으나 관직에 나아가지 않고 은거하며 강학활동을 하였다. 부모가 죽고 나자 집안을 버리고 떠돌아다니면서 달사들을 탐방하였다. 천태산에 들어가 도교에 입문하였고, 청성산에 들어가 周元樸을 만나 스승으로 모셨다. 다시 천태산으로 갔다가 청성산으로 되돌아와 용문의 대계를 받고 가정 원년 7월에 서거하였다. 용문 제5대 율사이다.

【장존의張存義】 1751~1779. 정일파 51대 천사로, 자는 方直이고 호는 宜亭이다. 건륭 31년(1766) 15세에 천사의 직위를 계승하였고, 기우제를 지낸 것이 효험이 있어 정삼품에 올랐다. 건륭 34년(1769)에 황제의 뜻을 받들어 눈이 오기를 기도하였

는데, 효험이 있어 道冠과 法衣를 하사받았다. 건륭 44년(1779)에 병으로 죽었다.

【장종연張宗演】 1245~1292. 정일파 36대 천사로, 자는 世傳이고, 호는 簡齋이다. 지원 36년(1276)에 원 세조가 二品의 관직을 내리고 은인을 하사했으며, 嗣漢天師에 제수하고 演道靈應沖和玄靜眞君에 봉했다. 지원 29년에 죽었다.

【장중張中】 원말명초의 사람으로, 자는 景和이고 호는 鐵冠子·鐵冠道人이다. 진사시험에 떨어진 후 산수간을 떠돌다가 이인을 만나 술수를 배웠고, 이후 출가하여 도사가 되었다. 철관을 하고 다니기를 좋아하여 철관자라는 호를 얻었으며, 명 태조가 거듭 부르자 도성에 와서 태조를 만났다.

【장청지張淸志】 ?~1325. 원대 초기의 인물로, 호는 玄應子이다. 악덕문의 제자로, 진대도의 9대 혹은 12대 조사로 알려져 있다.

【장허백張虛白】 북송 때의 인물로, 자는 致祥이다. 태일궁 도사로, 太一과 六任, 금단비결에 능했다. 어려서 의학을 배워 병을 낫게 한 사람이 많았다. 송 휘종이 여러 번 불러 만났는데, 종일토록 도에 관해 토론하면서 세상사에 관련된 말은 일절 하지 않으니 황제가 아꼈다. 관직은 太虛大夫, 沖和殿侍晨, 金門羽客에 올랐다.

【장현용張顯用】 51대 정일교 천사이다. 기타 내용은 알 수 없다.

【장형張衡】 장릉의 아들로, 오두미도의 2대 천사이다. 자는 靈眞이고 부친을 이어 도를 전하니, 후세 도교도들이 嗣師라고 칭했다. 전설에 따르면 한나라 영제 광화 2년에 백일승천했다고 한다.

【장홍임張洪任】 ?~1660. 정일파 53대 천사로, 자는 漢基이다. 어려서부터 도술을 좋아하였고, 도교 경전과 비급에 정통하였다고 한다. 청나라 순치 8년(1651)에 천사 직을 이었고, 순치 12년(1655)에 북경에 들어와 당시에 유행하던 문둥병을 몰아내었다. 경희 6년(1667)에 서거하였다.

【적송자赤松子】 고대신화에 나오는 상고시대의 선인으로, 신농씨 때 우사를 맡았으며 곤륜산에 거처하면서 비 내리는 것을 주관한다고 한다. 수옥을 복용하여 병을 물리치고 수명을 연장하는 방법을 신농씨에게 알려준 것으로 전해진다.

【정은鄭隱】 자는 思遠이고, 서진의 방사이다. 갈현을 스승으로 모시고 『正一法文』, 『九鼎丹經』, 『金液丹經』, 『太淸丹經』을 받았으며, 금단제련에 정밀했다. 진나라 혜제 때 난리가 있을 것을 예견하여 제자들을 이끌고 霍山에 은거하였는데, 이후의 행적은 알 수 없다. 그 제자들 중에 갈홍이 있어 남방에서 연단술이 크게 행해졌다.

【정진원鄭進元】 1276~1307. 원대 인물로, 호는 明眞子이다. 演敎大宗師, 明眞慧照觀復眞人이라는 호를 받았다.

【정초鄭樵】 1104~1162. 송대 인물로, 자는 漁仲이고, 자호는 溪西逸民 또는 夾漈先生이다. 저서로는 『爾雅注』, 『通志』, 『夾漈遺稿』 등이 있다.

【조귀진趙歸眞】 ?~846. 연홍법에 정통하여 경종 보력 2년에 道門都敎授博士가 되었다. 문종 때 영남으로 유배되었다가 무종 즉위 후 불려와 비승수련을 하면서 막대한 백은을 소모하였다. 선종 즉위 후에 장살되었다고도 하고 유배되었다고도 한다.

【조도견趙道堅】 1163~1221. 금나라 때의 인물로, 원래 이름은 九古이고 도호는 虛靜子이다. 마단양을 스승으로 섬기다가 마단양을 따라 구장춘을 배알하고 이름을 도견으로 바꾸었다. 구장춘을 따라 서역으로 갔으나 도중에 병으로 죽었다. 용문율종의 초대 율사가 되었다. 죽은 이후에 中貞翊教玄應眞人이라는 시호를 받았다.

【조우흠趙友欽】 원대의 인물로, 호는 綠督子이다. 장자경을 사사하여 금단대도의 법을 익히고, 『仙佛同源』을 지어 삼교귀일의 이치를 밝혔다. 다른 저서로는 『金丹問難』이 있다. 금단이론을 진치허에게 전수하였다.

【조의진趙宜眞】 ?~1382. 원대 말기 인물로, 자는 原陽, 호는 原陽子이다. 과거보러 가는 길에 병이 나서 시험을 치르지 못했는데, 꿈에 신인이 나타나 도사가 될 것을 예언하자 용호산에 출가하여 李元, 張天全을 사사하고 전진도를 수련하였다. 전진교의 북종과 남종, 정일교를 회통시켜 사후에 崇文廣道純德原陽眞人이라는 시호를 받았다. 저서로는 『仙傳外科秘方』, 『原陽子法語』 등이 있다.

【조진숭趙眞嵩】 ?~1628. 명대의 인물로, 호는 復陽子이고 원래 이름은 得源이다. 25세에 부모가 모두 돌아가자 집을 떠나 떠돌다가 모산에서 장정정을 만나 도교에 입문하였다. 장정정이 이름을 진숭으로 고치게 하고 계율과 교지를 내려주었다. 가정 2년에 王屋山에 이르러 법요를 수련하니 육통이 갖추어졌다. 숭정 원년에 왕평에게 도를 전하고 천태로 돌아와 은거하였다. 용문 제6대 율사이다.

【조청림趙淸琳】 원대 인물로, 葆眞大師라는 호를 받고 諸路眞大道道教所知書가 되었다.

【조홍趙弘】 남양 황건군 거수 장만성의 수하이다. 장만성이 秦頡에게 사로잡히자 거수가 되어 완성을 공격해 함락시켰다. 한의 군대와 대치한 끝에 전사했다.

【종리권鐘離權】 당말오대의 사람으로 자는 雲房·寂道이고 호는 正陽子·和穀子이다. 王玄甫에게 공부하여 장생의 도를 얻었고, 난리를 피해 종남산에 들어갔다가 석벽 사이에서 『영보필법』을 얻었다. 여동빈이 그의 내단학설을 계승하여 종려내단학파를 형성하였다. 도교에서는 그를 북오조의 한 사람으로 높이며, 민간전설에서는 팔선 중의 한 사람으로 일컬어진다.

【좌자左慈】 동한 말기의 방사이다. 자는 元放이고 廬江 사람으로, 육갑에 능했다고 한다. 도교사에서는 동한시기 단정파의 대표적 인물 중에 하나로서 『九丹金液經』, 『太淸丹經』, 『九鼎丹經』을 갈현에게 전한 인물로 평가된다.

【주자영朱自英】 976~1029. 송대의 도사로, 자는 隱芝이다. 어려서부터 朱文吉을 스승으로 모시고 도교를 배워 11세 때에 도사가 되었다. 복기와 벽곡술을 수련하였고, 강남으로 건너와 여러 도사들을 참방하였으며, 陳鐵脚을 만나 金鼎九轉과 飛精劍法을 얻었다. 송 진종 원년에 嗣掌教門이 되었고, 모산 상청파 제23대 종사이다.

【주전周顚】 명대의 인물로, 원래 이름이 없었으나 당시 사람들이 顚으로 불렀다. 建昌 사람으로, 행동거지가 특별하고 언어가 빼어나 顚仙이라고 불렸다.

【주현박周玄樸】 1340~1450?. 이름은 知生이고 호는 大拙이다. 농사일에 종사하다가 원말의 난리를 피해 종남산에 은거하였고, 이후 청성산에 들어가 진통미에 귀의하

328

였다. 용문파 4대 율사가 되었다.

【진남陳楠】 ?~1213. 송대의 도사로, 도교 내단파 남종의 제4대 조사이다. 자는 南木이고, 호는 翠虛이다. 사람들이 陳泥還이라고 불렀다. 『翠虛篇』등을 지었다.

【진단陳摶】 871~989. 오대송초의 도사로, 亳州 眞源 사람이다. 자는 圖南, 호는 扶搖子이고, 송나라 태종으로부터 希夷先生이라는 호를 하사받았다.

【진사정陳師正】 ?~1194. 금대의 인물로, 호는 大通子이다. 어려서 물고기를 잡으며 연명하다가 대도교 초대 조사 유덕인을 만나 도법을 받았다. 진대도교 2대 조사가 되어 15년 동안 교법을 행하고 병으로 죽었다.

【진우량陳友諒】 1320~1363. 원말의 군웅 중의 한 사람이다. 1351년 徐壽輝가 군대를 일으켜 天完政權을 세울 때 장군이 되었고, 1357년 서수휘를 죽이고 스스로 勤王이 되어 국호를 漢으로 하였다. 1363년 60만의 수군을 이끌고 주원장과 파양호에서 싸워 크게 패하고 화살에 맞아 죽었다.

【진지안秦志安】 1188~1244. 금원시기 인물로, 자는 彦容이고 호는 通眞子이다. 송피운을 사사하여 上淸大洞紫虛符籙을 전수받았다. 송피운으로부터 『도장』의 간행을 총괄할 것을 명받고 그 완수해 내었다.

【진치허陳致虛】 원대의 도사로, 자는 觀吾이고 호는 上陽子이다. 40세에 처음 조우흠으로부터 북종의 내단술을 배우고, 이후 청성산의 도사로부터 남종의 음양쌍수법을 배워 남북 두 종파의 단법을 융합하였다. 저서로는 『金丹大要』16권과 『周易參同契分章注』가 있다.

【진통미陳通微】 ?~1378. 원말명초의 인물로, 산동 동창 사람이다. 원래 이름은 致中이고, 호는 沖夷子이다. 어려서 부모를 모두 잃고 떠돌다가 驅邪祈禱法을 배웠다. 이후에 화산에서 장덕순을 만나 계율을 받고 도교에 입문하였고, 다시 청성산에서 수도하였다. 용문파 제3대 율사가 되었다.

【채천우蔡天佑】 태일교 제7대 조사로, 조사가 된 후 성을 蕭씨로 바꾸었다. 張留孫, 孫德彧 등과 대도 長春宮에서 金籙大醮에 참가했다. 太一崇玄體素演道眞人이라는 호를 받았다. 泰定 원년에 吳全節 등과 함께 崇眞萬壽宮에서 金籙大醮를 지낼 때 太一道嗣教七祖가 되었다. 玄教大宗師 吳全節과 동년배의 좋은 벗이었다고 한다.

【최호崔浩】 ?~450. 자는 伯淵이다. 북위의 道武, 明元, 太武 세 황제 시기에 벼슬하여 司徒에까지 올랐다. 태무제가 가장 아끼는 신하로, 북위가 북방지역을 통일하는 데 공을 세웠다. 천문을 살펴 인사를 결정하는 등 도교적 성향이 있었다.

【추연騶衍】 전국 말의 음양가로, 金木水火土의 다섯 물질에 덕성을 부여하여 이를 본체로 삼고 여기에 運이라는 음양변화의 작용성을 부가한 뒤, 이 五德이 相生·相克하여 자연의 명운과 왕조의 흥망을 결정짓는다는 五德終始論을 주장하였다.

【충방種放】 955~1015. 송나라 인물로, 자는 明逸, 호는 雲溪醉侯이며, 하남 洛陽 사람이다. 역학에 뛰어났다. 부친이 죽자 모친을 따라 종남산에 은거하며 강학에 전념하였다. 여러 차례 관직에 천거되었으나 출사하지 않았다.

【팽조彭祖】 갈홍의 『신선전』에 따르면, 팽조는 성이 錢씨이고 이름이 鏗이며 황제 顓頊의 현손이라고 한다. 은나라 말기에 767세가 넘었지만 조금도 늙지 않았으며, 보정술과 도인술, 폐기술에 뛰어났다고 한다. 『장자』에서도 팽조는 토고압신과 도인술에 뛰어난 인물로 기록되어 있다.

【팽효彭曉】 ?~955. 오대시기 후촉 사람으로, 본래 성은 程이고 자는 秀川이며, 자호는 眞一子이다. 어려서 유학 경전에 정통하였고 漢州金堂令을 지냈으나, 관직의 덧없음을 느끼고 飛鶴山에 들어가 도사가 되었다. 이후 화산에 은거하여 이인으로부터 비결을 받았다. 저술로는 『周易參同契分章通眞義』,『水火匡廓圖』,『三五至精圖』 등이 있다.

【포관鮑觀】 동진시기 도교도로, 남해태수를 지냈다. 자는 太玄이며 동해 사람이다. 천문과 하도 · 낙서에 밝았다고 한다. 갈현의 장인이다.

【하도전何道全】 1319~1399. 원말청초의 인물로, 호는 無垢子 혹은 松溪道人이다. 종남산을 유람하다가 규봉에 거처하였다. 문인 賈道玄이 그의 어록과 시문을 모아 『隨機應化錄』 2권을 간행하였다.

【하문영夏文泳】 원나라 성종 때 인물로, 용호산에 들어가 도사가 되었고 오전절을 사사하였다.

【하상공河上公】 『신선전』에 따르면, 하상공은 한나라 초기 인물로 황로도술을 수련하였고, 황하의 강가에 암자를 짓고 살아서 하상공이라는 이름을 얻었다.

【하지장賀知章】 당나라 인물로, 자는 季眞 또는 維摩이고, 자호는 四明狂客이다. 어릴 때부터 文詞로 이름을 드날렸다. 현종을 섬겼고, 李白의 발견자로 알려져 있다. 성격이 소탈하고 술을 아주 좋아하여 杜甫의 「飮中八仙歌」에서 豪酒人으로 손꼽혔다. 서예에도 뛰어나 초서와 예서를 잘 썼다.

【학대통郝大通】 1140~1212. 금나라 때의 도사로 이름은 璘이고 호는 大通이다. 도호는 恬然子 · 廣寧子이며, 太古道人이라고 자칭하였다. 대정 8년(1168)에 왕철을 따라 도를 배웠고, 대정 15년에 옥주에서 걸식하다가 홀연히 깨달았다. 이후 6년 동안 수련하면서 말을 하지 않아 사람들이 不語先生이라고 불렀다. 전진도 華山派의 창시자이며 북칠진 중의 한 사람이다. 지원 6년에 廣宇通玄太古眞人에 추증되었다. 저서로는 『太古集』,『太易圖』가 있다.

【한충韓忠】 ?~184. 한말 황건군의 남양 영도자 중에 한 사람이다. 장만성과 조홍에 이어 무리를 이끌고 朱儁과 맞섰으나 대패한 끝에 투항하여 죽임을 당했다.

【허밀許謐】 동진시기의 도사이다. 穆이라는 이름으로 불리기도 한다. 자는 思玄이다. 어려서부터 총명하고 박학하여 이름이 났다. 관직생활을 하면서도 도에 뜻을 두어 항상 방외의 일들을 생각하였다. 楊羲로부터 『상청경』을 받았고, 도교 상청파의 3대 종사로 받들어진다. 북송시기에 太元廣德真人이라는 시호가 내려졌다.

【허손許遜】 239~374. 진나라 사람으로 자는 敬之이다. 정양현령을 지냈는데, 선정을 베풀어 현의 사람들로부터 칭송받았다. 팔왕의 난 때 관직을 버리고 太上靈寶淨明法을 구하였다. 후대 사람들은 그를 淨明派 · 閭山派의 개산조사로 추대한다.

【허홰許翽】 동진시기 도사로, 초명은 玉斧, 자는 道翔이며, 허밀의 아들이다. 군의 추천으로 주부가 되었으나 사양하고 뇌평산에 거처하며 도를 닦았다. 부친과 함께 『상청경』을 받았으며, 도교 상청파의 4대 종사로 받들어진다. 북송시기에 混化元一眞人이라는 시호가 내려졌다.

【호대순胡大順】 ?~1565. 호북 황풍 사람이다. 도중문의 천거로 조정에 들었는데, 거짓으로 『萬壽金書』를 짓고 呂祖로부터 받은 却疾不老의 三元大丹이라고 속였다가 그 아들 元玉과 함께 죽임을 당했다.

【호혜초胡惠超】 ?~703. 당나라 고종·무후 때의 인물로, 예장의 서산에 은거한 도사이다. 아름다운 머리털과 눈썹에 풍모가 매력적이며 지팡이를 짚고 다녀서, 사람들이 胡長仙人이라고 불렀다. 허손, 오맹으로부터 延生煉化超三元九紀의 도를 받아 신명을 부르고 우레를 부렸다고 한다. 고종 때 壽春宮에 요괴가 나타나자 영험으로 물리쳐 洞眞先生이라는 호를 받았다. 저서로 『晉洪州西山十二眞君內傳』이 있다.

【황순신黃舜申】 속명은 應炎이고 자는 晦伯이며, 舜申은 그의 법명이다. 민지방의 세가 출신으로 어려서 경사와 백가의 학문을 익혔고, 16세에 청미파 1대 종사 南畢道를 만나 청미뇌법을 전수받았다. 이종에게서 雷淵眞人이라는 호를 받았고, 원 세조 23년(1286)에 부름을 받아 입궐하여 雷淵廣福普化眞人이라는 호를 받았다.

【황원길黃元吉】 1271~1325. 원대 인물로, 자는 希文, 호는 中黃子이다. 명문가에서 태어나 12세에 만수궁에 들어가 朱尊師를 사사하였고, 이후에 다시 劉玉을 사사하여 정명도의 진결을 얻었다. 지치 3년에 경사에 가서 법사라는 호를 받고 玉隆萬壽宮焚修提點이 되었으며, 2년 후에 새서와 봉호를 받았다.

【희지진姬志眞】 1192~1267. 금원시기 서산 진성 사람이다. 원래 이름은 翼이고 자는 輔之이다. 원래 성씨는 雍씨인데, 금 세종이 즉위하고 나서 姬씨로 바꾸었다. 1221년 병화가 휩쓸 때 기주 남궁에 맡겨졌는데, 1234년 王棲雲이 이곳에서 도를 행하다가 그의 영민함을 보고 志眞이라는 이름을 주었다. 1254년 변량으로 돌아와 조원궁에 거처하다가 얼마 지나지 않아 왕서운이 죽자 교주직을 계승하였다. 저서로는 『雲山集』, 『道德經總章』, 『周易直解』 등이 있다.

찾아보기

인명

책명 및 편명

개념어구 및 기타

지은이 **모종감**牟鐘鑒

1939년 山東 烟台 출신. 북경대학교 철학과에서 중국철학사를 전공하고 1966년부터 1987년까지 중국사회과학원 세계종교연구소에서 중국철학과 종교를 연구했다. 1987년부터 지금까지 중앙민족대학 철학과에서 교육과 연구에 종사하고 있다. 현재는 중앙민족대학 교수, 중국사회과학원 연구생 및 박사연구생 지도교수, 청화대학 사상문화연구소의 겸직교수를 맡고 있다. 주요 저서로는 『呂氏春秋與淮南子思想硏究』, 『中國宗教與文化』, 『道敎通論』, 『中華文明史』, 『中國哲學發展史』, 『中國民族宗敎史』 등이 있으며, 100여 편의 논문이 있다.

옮긴이 **이봉호**李奉鎬

성균관대학교에서 박사학위를 받았다. 서울대, 성균관대, 한양대, 국민대 등에서 강의를 했고, 인천대에서 연구교수를, 덕성여대에서 초빙교수를 지냈다. 현재 경기대학교 교양학부 조교수로 있다. 저서로는 『정조의 스승, 서명응의 철학』이 있고, 공저로 『문명이 낳은 철학』, 『철학이 바꾼 역사 1』, 『한국철학사전』 등이 있다. 논문으로는 「장자에서 자연과 자유」, 「노장에서 아기 메타포」, 「노자사상과 초기 도교의 민중성」 등이 있다. 노장철학과 도교, 동양과학사상에 관심을 두고 연구하고 있다.

예문서원의 책들

원전총서

박세당의 노자 (新註道德經) 박세당 지음, 김학목 옮김, 312쪽, 13,000원
율곡 이이의 노자 (醇言) 이이 지음, 김학목 옮김, 152쪽, 8,000원
홍석주의 노자 (訂老) 홍석주 지음, 김학목 옮김, 320쪽, 14,000원
북계자의 (北溪字義) 陳淳 지음, 김충열 감수, 김영민 옮김, 295쪽, 12,000원
주자가례 (朱子家禮) 朱熹 지음, 임민혁 옮김, 496쪽, 20,000원
서경잡기 (西京雜記) 劉歆 지음, 葛洪 엮음, 김장환 옮김, 416쪽, 18,000원
고사전 (高士傳) 皇甫謐 지음, 김장환 옮김, 368쪽, 16,000원
열선전 (列仙傳) 劉向 지음, 김장환 옮김, 392쪽, 15,000원
열녀전 (列女傳) 劉向 지음, 이숙인 옮김, 447쪽, 16,000원
선가귀감 (禪家龜鑑) 청허휴정 지음, 박재양 · 배규범 옮김, 584쪽, 23,000원
공자성적도 (孔子聖蹟圖) 김기주 · 황지원 · 이기훈 역주, 254쪽, 10,000원
공자세가 · 중니제자열전 (孔子世家 · 仲尼弟子列傳) 司馬遷 지음, 김기주 · 황지원 · 이기훈 역주, 224쪽, 12,000원
천지서상지 (天地瑞祥志) 김용천 · 최현화 역주, 384쪽, 20,000원
도덕지귀 (道德指歸) 徐命膺 지음, 조민환 · 장원목 · 김경수 역주, 544쪽, 27,000원
참동고 (參同攷) 徐命庸 지음, 이봉호 역주, 384쪽, 23,000원
박세당의 장자, 남화경주해산보 내편 (南華經註解刪補 內篇) 박세당 지음, 전현미 역주, 560쪽, 39,000원
초원담노 (椒園談老) 이충익 지음, 김윤경 옮김, 248쪽, 20,000원
여암 신경준의 장자 (文章準則 莊子選) 申景濬 지음, 김남형 역주, 232쪽, 20,000원

퇴계원전총서

고경중마방古鏡重磨方 — 퇴계 선생의 마음공부 이황 편저, 박상주 역해, 204쪽, 12,000원
활인심방活人心方 — 퇴계 선생의 마음으로 하는 몸공부 이황 편저, 이윤희 역해, 308쪽, 16,000원
이자수어李子粹語 퇴계 이황 지음, 성호 이익 · 순암 안정복 엮음, 이광호 옮김, 512쪽, 30,000원

연구총서

논쟁으로 보는 중국철학 중국철학연구회 지음, 352쪽, 8,000원
논쟁으로 보는 한국철학 한국철학사상연구회 지음, 326쪽, 10,000원
중국철학과 인식의 문제 (中國古代哲學問題發展史) 方立天 지음, 이기훈 옮김, 208쪽, 6,000원
중국철학과 인성의 문제 (中國古代哲學問題發展史) 方立天 지음, 박경환 옮김, 191쪽, 6,800원
현대의 위기 동양 철학의 모색 중국철학회 지음, 340쪽, 10,000원
역사 속의 중국철학 중국철학회 지음, 448쪽, 15,000원
중국철학의 이단자들 중국철학회 지음, 240쪽, 8,200원
공자의 철학 (孔孟荀哲學) 蔡仁厚 지음, 천병돈 옮김, 240쪽, 8,500원
맹자의 철학 (孔孟荀哲學) 蔡仁厚 지음, 천병돈 옮김, 224쪽, 8,000원
순자의 철학 (孔孟荀哲學) 蔡仁厚 지음, 천병돈 옮김, 272쪽, 10,000원
유학은 어떻게 현실과 만났는가 — 선진 유학과 한대 경학 박원재 지음, 218쪽, 7,500원
유교와 현대의 대화 황의동 지음, 236쪽, 7,500원
역사 속에 살아있는 중국 사상 (中國歷史に生きる思想) 시게자와 도시로 지음, 이혜경 옮김, 272쪽, 10,000원
덕치, 인치, 법치 — 노자, 공자, 한비자의 정치 사상 신동준 지음, 488쪽, 20,000원
리의 철학 (中國哲學範疇精髓叢書 — 理) 張立文 주편, 안유경 옮김, 524쪽, 25,000원
기의 철학 (中國哲學範疇精髓叢書 — 氣) 張立文 주편, 김교빈 외 옮김, 572쪽, 27,000원
동양 천문사상, 하늘의 역사 김일권 지음, 480쪽, 24,000원
동양 천문사상, 인간의 역사 김일권 지음, 544쪽, 27,000원
공부론 임수무 외 지음, 544쪽, 27,000원
유학사상과 생태학 (Confucianism and Ecology) Mary Evelyn Tucker · John Berthrong 엮음, 오정선 옮김, 448쪽, 27,000원
공자曰, 공자는 이렇게 말했다 안재호 지음, 232쪽, 12,000원
중국중세철학사 (Geschichte der Mittelalterischen Chinesischen Philosophie) Alfred Forke 지음, 최해숙 옮김, 568쪽, 40,000원
북송 초기의 삼교회통론 김경수 지음, 352쪽, 26,000원
죽간 · 목간 · 백서, 중국 고대 간백자료의 세계1 이승률 지음, 576쪽, 40,000원
중국근대철학사(Geschichte der Neueren Chinesischen Philosophie) Alfred Forke 지음, 최해숙 옮김, 936쪽, 65,000원
리학 심학 논쟁, 연원과 전개 그리고 득실을 논하다 황갑연 지음, 416쪽, 32,000원

강의총서

김충열 교수의 노자강의 김충열 지음, 434쪽, 20,000원
김충열 교수의 중용대학강의 김충열 지음, 448쪽, 23,000원
모종삼 교수의 중국철학강의 牟宗三 지음, 김병채 외 옮김, 320쪽, 19,000원

역학총서

주역철학사 (周易研究史) 廖名春·康學偉·梁韋弦 지음, 심경호 옮김, 944쪽, 30,000원
송재국 교수의 주역 풀이 송재국 지음, 380쪽, 10,000원
송재국 교수의 역학담론 — 하늘의 빛 正易, 땅의 소리 周易 송재국 지음, 536쪽, 32,000원
소강절의 선천역학 高懷民 지음, 곽신환 옮김, 368쪽, 23,000원
다산 정약용의 『주역사전』, 기호학으로 읽다 방인 지음, 704쪽, 50,000원

한국철학총서

조선 유학의 학파들 한국사상사연구회 편저, 688쪽, 24,000원
실학의 철학 한국사상사연구회 편저, 576쪽, 17,000원
퇴계의 생애와 학문 이상은 지음, 248쪽, 7,800원
조선유학의 개념들 한국사상사연구회 지음, 648쪽, 26,000원
유교개혁사상과 이병헌 금장태 지음, 336쪽, 17,000원
남명학파와 영남우도의 사림 박병련 외 지음, 464쪽, 23,000원
쉽게 읽는 퇴계의 성학십도 최재목 지음, 152쪽, 7,000원
홍대용의 실학과 18세기 북학사상 김문용 지음, 288쪽, 12,000원
남명 조식의 학문과 선비정신 김충열 지음, 512쪽, 26,000원
명재 윤증의 학문연원과 가학 충남대학교 유학연구소 편, 320쪽, 17,000원
조선유학의 주역사상 금장태 지음, 320쪽, 16,000원
율곡학과 한국유학 충남대학교 유학연구소 편, 464쪽, 23,000원
한국유학의 악론 금장태 지음, 240쪽, 13,000원
심경부주와 조선유학 홍원식 외 지음, 328쪽, 20,000원
퇴계가 우리에게 이윤희 지음, 368쪽, 18,000원
조선의 유학자들, 켄타우로스를 상상하며 理와 氣를 논하다 이향준 지음, 400쪽, 25,000원
퇴계 이황의 철학 윤사순 지음, 320쪽, 24,000원
조선유학과 소강절 철학 곽신환 지음, 416쪽, 32,000원
되짚어 본 한국사상사 최영성 지음, 632쪽, 47,000원

성리총서

송명성리학 (宋明理學) 陳來 지음, 안재호 옮김, 590쪽, 17,000원
주희의 철학 (朱熹哲學研究) 陳來 지음, 이종란 외 옮김, 544쪽, 22,000원
양명 철학 (有無之境—王陽明哲學的精神) 陳來 지음, 전병욱 옮김, 752쪽, 30,000원
정명도의 철학 (程明道思想研究) 張德麟 지음, 박상리·이경남·정성희 옮김, 272쪽, 15,000원
주희의 자연철학 김영식 지음, 576쪽, 29,000원
송명유학사상사 (宋明時代儒學思想の研究) 구스모토 마사쓰구(楠本正繼) 지음, 김병화·이혜경 옮김, 602쪽, 30,000원
북송도학사 (道學の形成) 쓰치다 겐지로(土田健次郎) 지음, 성현창 옮김, 640쪽, 32,000원
성리학의 개념들 (理學範疇系統) 蒙培元 지음, 홍원식·황지원·이기훈·이상호 옮김, 880쪽, 45,000원
역사 속의 성리학 (Neo-Confucianism in History) Peter K. Bol 지음, 김영민 옮김, 488쪽, 28,000원
주자어류선집 (朱子語類抄) 미우라 구니오(三浦國雄) 지음, 이승연 옮김, 504쪽, 30,000원

불교(카르마)총서

학파로 보는 인도 사상 S. C. Chatterjee·D. M. Datta 지음, 김형준 옮김, 424쪽, 13,000원
불교와 유교 — 성리학, 유교의 옷을 입은 불교 아라키 겐고 지음, 심경호 옮김, 526쪽, 18,000원
유식무경, 유식 불교에서의 인식과 존재 한자경 지음, 208쪽, 7,000원
박성배 교수의 불교철학강의: 깨침과 깨달음 박성배 지음, 윤원철 옮김, 313쪽, 9,800원
불교 철학의 전개, 인도에서 한국까지 한자경 지음, 252쪽, 9,000원
인물로 보는 한국의 불교사상 한국불교원전연구회 지음, 388쪽, 20,000원
은정희 교수의 대승기신론 강의 은정희 지음, 184쪽, 10,000원
비구니와 한국 문학 이향순 지음, 320쪽, 16,000원
불교철학과 현대윤리의 만남 한자경 지음, 304쪽, 18,000원
유식삼심송과 유식불교 김명우 지음, 280쪽, 17,000원
유식불교, 『유식이십론』을 읽다 효도 가즈오 지음, 김명우·이상우 옮김, 288쪽, 18,000원
불교인식론 S. R. Bhatt & Anu Mehrotra 지음, 권서용·원철·유리 옮김, 288쪽, 22,000원
불교에서의 죽음 이후, 중음세계와 육도윤회 허암 지음, 232쪽, 17,000원

한의학총서

한의학, 보약을 말하다 — 이론과 활용의 비밀 김광중·하근호 지음, 280쪽, 15,000원

동양문화산책

주역산책 (易學漫步) 朱伯崑 외 지음, 김학권 옮김, 260쪽, 7,800원
동양을 위하여, 동양을 넘어서 홍원식 외 지음, 264쪽, 8,000원
서원, 한국사상의 숨결을 찾아서 안동대학교 안동문화연구소 지음, 344쪽, 10,000원
안동 금계마을 — 천년불패의 땅 안동대학교 안동문화연구소 지음, 272쪽, 8,500원
안동 풍수 기행, 와혈의 땅과 인물 이완규 지음, 256쪽, 7,500원
안동 풍수 기행, 돌혈의 땅과 인물 이완규 지음, 328쪽, 9,500원
영양 주실마을 안동대학교 안동문화연구소 지음, 332쪽, 9,800원
예천 금당실・맛질 마을 — 정감록이 꼽은 길지 안동대학교 안동문화연구소 지음, 284쪽, 10,000원
터를 안고 仁을 펴다 — 퇴계가 굽어보는 하계마을 안동대학교 안동문화연구소 지음, 360쪽, 13,000원
안동 가일 마을 — 풍산들가에 의연히 서다 안동대학교 안동문화연구소 지음, 344쪽, 13,000원
중국 속에 일떠서는 한민족 — 한겨레신문 차한필 기자의 중국 동포사회 리포트 차한필 지음, 336쪽, 15,000원
신간도견문록 박진관 글・사진, 504쪽, 20,000원
안동 무실 마을 — 문헌의 향기로 남다 안동대학교 안동문화연구소 지음, 464쪽, 18,000원
선양과 세습 사라 알란 지음, 오만종 옮김, 318쪽, 17,000원
문경 산북의 마을들 — 서중리, 대상리, 대하리, 김룡리 안동대학교 안동문화연구소 지음, 376쪽, 18,000원
안동 원촌마을 — 선비들의 이상향 안동대학교 안동문화연구소 지음, 288쪽, 16,000원
안동 부포마을 — 물 위로 되살려 낸 천년의 영화 안동대학교 안동문화연구소 지음, 440쪽, 23,000원
독립운동의 큰 울림, 안동 전통마을 김희곤 지음, 384쪽, 26,000원

일본사상총서

도쿠가와 시대의 철학사상 (德川思想小史) 미나모토 료엔 지음, 박규태・이용수 옮김, 260쪽, 8,500원
일본인은 왜 종교가 없다고 말하는가 (日本人はなぜ 無宗教なのか) 아마 도시마로 지음, 정형 옮김, 208쪽, 6,500원
일본사상이야기 40 (日本がわかる思想史) 나가오 다케시 지음, 박규태 옮김, 312쪽, 9,500원
일본도덕사상사 (日本道德思想史) 이에나가 사부로 지음, 세키네 히데유키・윤종갑 옮김, 328쪽, 13,000원
천황의 나라 일본 — 일본의 역사와 천황제 (天皇制と民衆) 고토 야스시 지음, 이남희 옮김, 312쪽, 13,000원
주자학과 근세일본사회 (近世日本社會と朱學) 와타나베 히로시 지음, 박홍규 옮김, 304쪽, 16,000원

노장총서

유학자들이 보는 노장 철학 조민환 지음, 407쪽, 12,000원
노자에서 데리다까지 — 도가 철학과 서양 철학의 만남 한국도가철학회 엮음, 440쪽, 15,000원
不二 사상으로 읽는 노자 — 서양철학자의 노자 읽기 이찬훈 지음, 304쪽, 12,000원
김항배 교수의 노자철학 이해 김항배 지음, 280쪽, 15,000원
서양, 도교를 만나다 J. J. Clarke 지음, 조현숙 옮김, 472쪽, 36,000원

남명학연구총서

남명사상의 재조명 남명학연구원 엮음, 384쪽, 22,000원
남명학파 연구의 신지평 남명학연구원 엮음, 448쪽, 26,000원
덕계 오건과 수우당 최영경 남명학연구원 엮음, 400쪽, 24,000원
내암 정인홍 남명학연구원 엮음, 448쪽, 27,000원
한강 정구 남명학연구원 엮음, 560쪽, 32,000원
동강 김우옹 남명학연구원 엮음, 360쪽, 26,000원
망우당 곽재우 남명학연구원 엮음, 440쪽, 33,000원

예문동양사상연구원총서

한국의 사상가 10人 — 원효 예문동양사상연구원/고영섭 편저, 572쪽, 23,000원
한국의 사상가 10人 — 의천 예문동양사상연구원/이병욱 편저, 464쪽, 20,000원
한국의 사상가 10人 — 지눌 예문동양사상연구원/이덕진 편저, 644쪽, 26,000원
한국의 사상가 10人 — 퇴계 이황 예문동양사상연구원/윤사순 편저, 464쪽, 20,000원
한국의 사상가 10人 — 남명 조식 예문동양사상연구원/오이환 편저, 576쪽, 23,000원
한국의 사상가 10人 — 율곡 이이 예문동양사상연구원/황의동 편저, 600쪽, 25,000원
한국의 사상가 10人 — 하곡 정제두 예문동양사상연구원/김교빈 편저, 432쪽, 22,000원
한국의 사상가 10人 — 다산 정약용 예문동양사상연구원/박홍식 편저, 572쪽, 29,000원
한국의 사상가 10人 — 혜강 최한기 예문동양사상연구원/김용헌 편저, 520쪽, 26,000원
한국의 사상가 10人 — 수운 최제우 예문동양사상연구원/오문환 편저, 464쪽, 23,000원

인물사상총서

한주 이진상의 생애와 사상 홍원식 지음, 288쪽, 15,000원
범부 김정설의 국민윤리론 우기정 지음, 280쪽, 20,000원

민연총서 ─ 한국사상

자료와 해설, 한국의 철학사상 고려대 민족문화연구원 한국사상연구소 편, 880쪽, 34,000원
여헌 장현광의 학문 세계, 우주와 인간 고려대 민족문화연구원 한국사상연구소 편, 424쪽, 20,000원
퇴옹 성철의 깨달음과 수행 ─ 성철의 선사상과 불교사적 위치 조성택 편, 432쪽, 23,000원
여헌 장현광의 학문 세계 2, 자연과 인간 고려대 민족문화연구원 한국사상연구소 편, 432쪽, 25,000원
여헌 장현광의 학문 세계 3, 태극론의 전개 고려대 민족문화연구원 한국사상연구소 편, 400쪽, 24,000원
역주와 해설 성학십도 고려대 민족문화연구원 한국사상연구소 편, 328쪽, 20,000원
여헌 장현광의 학문 세계 4, 여헌학의 전망과 계승 고려대학교 민족문화연구원 편, 384쪽, 30,000원

동양사회사상총서

주역사회학 김재범 지음, 296쪽, 10,000원
유교사회학 이영찬 지음, 488쪽, 17,000원
깨달음의 사회학 홍승표 지음, 240쪽, 8,500원
동양사상과 탈현대 홍승표 지음, 272쪽, 11,000원
노인혁명 홍승표 지음, 240쪽, 10,000원
유교사회학의 패러다임과 사회이론 이영찬 지음, 440쪽, 20,000원

경북의 종가문화

사당을 세운 뜻, 고령 점필재 김종직 종가 정경주 지음, 203쪽, 15,000원
지금도 「어부가」가 귓전에 들려오는 듯, 안동 농암 이현보 종가 김서령 지음, 225쪽, 17,000원
종가의 멋과 맛이 넘쳐 나는 곳, 봉화 충재 권벌 종가 한필원 지음, 193쪽, 15,000원
한 점 부끄럼 없는 삶을 살다, 경주 회재 이언적 종가 이수환 지음, 178쪽, 14,000원
영남의 큰집, 안동 퇴계 이황 종가 정우락 지음, 227쪽, 17,000원
마르지 않는 효제의 샘물, 상주 소재 노수신 종가 이종호 지음, 303쪽, 22,000원
의리와 충절의 400년, 안동 학봉 김성일 종가 이해영 지음, 199쪽, 15,000원
충효당 높은 마루, 안동 서애 류성룡 종가 이세동 지음, 210쪽, 16,000원
낙중 지역 강안학을 열다, 성주 한강 정구 종가 김학수 지음, 180쪽, 14,000원
모원당 회화나무, 구미 여헌 장현광 종가 이종문 지음, 195쪽, 15,000원
보물은 오직 청백뿐, 안동 보백당 김계행 종가 최은주 지음, 160쪽, 15,000원
은둔과 화순의 선비들, 영주 송설헌 장말손 종가 정순우 지음, 176쪽, 16,000원
처마 끝 소나무에 갈무리한 세월, 경주 송재 손소 종가 황위주 지음, 256쪽, 23,000원
양대 문형과 직신의 가문, 문경 허백정 홍귀달 종가 홍원식 지음, 184쪽, 17,000원
어질고도 청빈한 마음이 이어진 집, 예천 약포 정탁 종가 김낙진 지음, 208쪽, 19,000원
임란의병의 힘, 영천 호수 정세아 종가 우인수 지음, 192쪽, 17,000원
영남을 넘어, 상주 우복 정경세 종가 정우락 지음, 264쪽, 23,000원
선비의 삶, 영덕 갈암 이현일 종가 장윤수 지음, 224쪽, 20,000원
청빈과 지조로 지켜 온 300년 세월, 안동 대산 이상정 종가 김순석 지음, 192쪽, 18,000원
독서종자 높은 뜻, 성주 응와 이원조 종가 이세동 지음, 216쪽, 20,000원
오천칠군자의 향기 서린, 안동 후조당 김부필 종가 김용만 지음, 256쪽, 24,000원
마음이 머무는 자리, 성주 동강 김우옹 종가 정병호 지음, 184쪽, 18,000원
문무의 길, 영덕 청신재 박의장 종가 우인수 지음, 216쪽, 20,000원
형제애의 본보기, 상주 창석 이준 종가 서정화 지음, 176쪽, 17,000원
경주 남쪽의 대종가, 경주 잠와 최진립 종가 손숙경 지음, 208쪽, 20,000원
변화하는 시대정신의 구현, 의성 자암 이민환 종가 이시활 지음, 248쪽, 23,000원
무로 빛고 문으로 다듬은 충효와 예학의 명가, 김천 정양공 이숙기 종가 김학수 지음, 184쪽, 18,000원
청백정신과 팔련오계로 빛나는, 안동 허백당 김양진 종가 배영동 지음, 272쪽, 27,000원
학문과 충절이 어우러진, 영천 지산 조호익 종가 박학래 지음, 216쪽, 21,000원
영남 남인의 정치 중심 돌밭, 칠곡 귀암 이원정 종가 박인호 지음, 208쪽, 21,000원
거문고에 새긴 외금내고, 청도 탁영 김일손 종가 강정화 지음, 240쪽, 24,000원
대를 이은 문장과 절의, 울진 해월 황여일 종가 오용원 지음, 200쪽, 20,000원
처사의 삶, 안동 경당 장흥효 종가 장윤수 지음, 240쪽, 24,000원
대의와 지족의 표상, 영양 옥천 조덕린 종가 백순철 지음, 152쪽, 15,000원

기타

다산 정약용의 편지글 이용형 지음, 312쪽, 20,000원
유교와 칸트 李明輝 지음, 김기주·이기훈 옮김, 288쪽, 20,000원
유가 전통과 과학 김영식 지음, 320쪽, 24,000원
유가철학의 덕과 덕성치유 최연자·최영찬 지음, 432쪽, 30,000원
한시, 슬픈 감성으로 가을을 읊다 권명숙 지음, 232쪽, 17,000원